市場経済と価値

価値論の新機軸

飯田和人 著

明治大学社会科学研究所叢書

ナカニシヤ出版

凡　　例

1．参考・引用文献は，アルファベット順にして巻末に列記した。なお，そのさい発行年（原則として使用した版の初版発行年）を［　　］に入れて編著者名のあとにおいた。本文および脚注などで参考・引用文献を示すさいには，当該文献の編著者名［発行年］および頁数のみを記した。
2．参照・引用文献は，評注その他が付されないかぎり，原則として本文中で（　）内に入れて——たとえば（飯田［1998］162‐63頁参照）のように——示している。
3．本書に頻出するマルクスの引用文献のうち，つぎのものについては原則として本文中に示すこととし，以下のように略記する。
　(1) Karl Marx, *Das Kapital, Kritik der politischen Ökonomie*, 3 Bande. in: Karl Marx‐Friedrich Engels, Werke(MEW), Bde. 23‐25, Dietz Verlag, Berlin, 1962‐64. 引用にさいしてはそれぞれ K. Ⅰ, K. Ⅱ, K. Ⅲと略記して原書ページを示した。また邦訳は岡崎次郎訳『資本論』（『マルクス・エンゲルス全集』第23‐25巻，大月書店，1965‐67年）を参照した。
　(2) Karl Marx, *Das Kapital, Kritik der politischen Ökonomie*, Bd. 1, erste Auflage, 1867. in: Karl Marx‐Friedrich Engels, Gesamtausgabe(neue MEGA), 2 Abteilung, Bd. 5, Dietz Verlag, Berlin, 1983. 引用にさいしては，K. Ⅰ, 1 Aufl. のように略記して原書ページを示した。また邦訳は岡崎次郎訳『資本論 第1巻 初版』（大月書店，1976年）を参照した。
　(3) Karl Marx, *Zur Kritik der politischen Ökonomie*. in: Karl Marx‐Friedrich Engels, Werke(MEW), Bd. 13, Dietz Verlag, Berlin, 1961. 引用にさいしては Kr. と略記して原書ページを示した。また邦訳は杉本俊朗訳『経済学批判』（『マルクス・エンゲルス全集』第13巻，大月書店，1964年）を参照した。
4．外国文献で邦訳があるばあい，訳文は原則としてそれに依拠したが，必ずしも訳文どおりでないものもある。これらの文献の表示にさいしては，上記第3項(1)〜(3)の文献以外は原著ページにつづけて邦訳頁をつけてある（たとえば，Pilling［1972］p. 128. 訳250頁）。また，原著ページが示されていないものは邦訳のみを参照したことを意味する。
5．引用文中の強調傍点は，とくに断りのないかぎり引用者のものである。

目　次

凡　例

序論　問題意識と本書の構成 … 3

第1節　本書における基本的な問題意識 … 3
第2節　本書の構成 … 13

第Ⅰ編　資本主義経済システムと価値論

第1章　商品世界における価値とその実体 … 30

第1節　はじめに … 30
第2節　資本主義・市場経済の把握 … 31
第3節　呪物崇拝に覆われた世界 … 33
　1　呪物崇拝と商品世界の再生産構造　33
　2　物象化　37
　3　狭義の商品世界　43
第4節　価値性格と労働 … 45
　1　価値性格　46
　2　価値性格と私的労働の社会的性格　48
　3　労働の同等性と交換可能性　50
第5節　抽象的人間的労働の2つの導出方法と
　　　　マルクス価値論の課題 … 53

1　商品章第1・2節における価値実体分析　54
　　2　「異種的諸労働の人間的労働一般への還元」の論理　55
　　3　マルクス価値論の2つの課題　59

第2章　価値の量的規定と物量体系 …………………71

第1節　問題の所在 ………………………………………71

第2節　労働と価値の量的規定との理論的関係 …………73

　　1　「転化論」論争の基本的内容　74
　　2　新しい労働価値論の展開　79

第3節　価値論と物量体系 ………………………………82

　　1　価値論と仮構の世界　84
　　2　仮構の世界とその論理的現実性　88

第4節　スラッファ理論とスラッフィアンの価値不要論 …………………………………89

　　1　標準体系の理論的特徴　90
　　2　スラッファ・モデル　91
　　3　標準体系の論理的現実性　97
　　4　スラッフィアンの価値不要論　100
　　5　物量体系の理論的特質　105

第5節　抽象的労働説の論理構造 ………………………108

　　1　クラウゼ・モデル　108
　　2　抽象的労働説の理論的特徴：呪物性視点の欠落　116

第6節　結　語 …………………………………………119

第3章　商品世界と呪物崇拝 …………………………129

第1節　問題設定 …………………………………………129

第2節　商品世界の存立構造 ……………………………131

1　広義の商品世界の基本構造　132

2　商品の呪物性としての価値性格　134

3　価値関係と価値形態　135

第3節　商品および貨幣の呪物性と労働価値論 …………145

1　商品および貨幣の呪物性　146

2　経済的形態規定性と呪物性　149

3　小括：呪物崇拝と労働価値論　151

第4節　価値の関係主義的解読とその方法論的基礎 ……154

1　労働の抽象化機構　155

2　抽象的労働の関係主義的解読　159

3　結論：関係主義の認識論的基盤　165

補論　市場認識と経済学の方法 ………………………175

第Ⅱ編　市場の基本構造と商品・貨幣論

第4章　商品語と価値形態 ………………………………184

第1節　予備的考察：価値形態論と内実論
　　　　――その課題と方法について ………………184

1　商品と貨幣との必然的な関連性　184

2　内実論の課題　188

第2節　内実論の基本的な論理構成 ……………………190

第3節　自己関係の析出 …………………………………195
　　1　同等性関係　　195
　　2　価値存在の現出　　199
　第4節　価値性格の顕現 …………………………………201
　　1　商品章第1・2節の理論的限界とその克服　　201
　　2　労働連関次元への下向：価値形成労働の
　　　　独自的性格の現出　　203
　　3　「課題」の解決　　208
　第5節　価値表現メカニズム …………………………………209
　第6節　商品語の論理と価値表現 …………………………212
　第7節　結　論 …………………………………………………214

第5章　価値形態の発展 …………………………………224

　第1節　予備的考察：「逆の連関」論理を
　　　　　めぐる問題状況 …………………………………224
　第2節　自己関係の論理と価値表現の論理 ……………228
　第3節　移行論：価値表現の論理 ………………………230
　　1　移行論の論理的枠組み　　230
　　2　第一形態から第二形態への移行　　234
　　3　第二形態の特徴　　236
　　4　第二形態から第三形態への移行　　237
　　5　第三形態の特徴　　240
　第4節　移行論の諸問題 …………………………………243
　　1　移行論における労働連関次元への下向　　243

2　商品世界の共同事業：主語＝主体としての商品　　245
　　　3　第三形態への移行は反省の論理では不可能　　248
　第5節　結　論 …………………………………………………252

第6章　貨幣の必然性について …………………………257
　第1節　問題の所在 ………………………………………………257
　第2節　貨幣の必然性と交換過程論 ……………………………260
　第3節　価値形態論の課題と貨幣の必然性 ……………………266
　第4節　「形態Ⅳ」と貨幣の形成 …………………………………270
　第5節　交換過程論の理論的意義 ………………………………283
　第6節　結　語 ……………………………………………………288

第Ⅲ編　関係主義的価値論と資本主義経済

第7章　関係主義的価値概念と労働価値論 …………294
　第1節　問題の所在 ………………………………………………294
　第2節　商品世界と『資本論』冒頭章の論理構成 ……………295
　第3節　価値形態論と関係主義的価値論 ………………………299
　第4節　関係主義的価値概念の論理構造 ………………………303
　第5節　関係主義と労働価値論 …………………………………305
　第6節　結　語 ……………………………………………………308

第8章　商品貨幣説から現代貨幣の説明原理へ ……312
　第1節　問題の所在 ………………………………………………312

第 2 節　価値形態論の基本的構成 …………………………314

　第 3 節　貨幣存在論の射程 ……………………………………318

　第 4 節　貨幣形成論の展開 ……………………………………321

　第 5 節　貨幣形成論の完成 ……………………………………323

　第 6 節　商品貨幣から現代貨幣へ ……………………………324

　第 7 節　結　語 …………………………………………………326

第 9 章　市場システムと貨幣呪物 ……………………………329
　　　　　──貨幣呪物の再生産メカニズム──

　第 1 節　問題の所在 ……………………………………………329

　第 2 節　貨幣特性の理論的根拠と価値尺度機能 ……………332

　　1　貨幣特性の理論的根拠　332

　　2　貨幣特性と価値尺度機能　334

　第 3 節　理念的・原理的貨幣の存在と現代貨幣 ……………336

　第 4 節　流通過程における貨幣呪物の再生産 ………………339

　　1　呪物性としての貨幣価値　339

　　2　貨幣価値の長期的平均値の意味　343

　　3　市場システムそのものへの呪物崇拝　344

　第 5 節　結　語 …………………………………………………346

第10章　資本と市場経済 ………………………………………352

　第 1 節　問題設定 ………………………………………………352

　第 2 節　市場システムと資本の再生産運動 …………………354

　　1　市場システム　354

2　資本：主体＝実体としての価値　356

第3節　「資本の論理」の形成と「資本家」概念 …………357
第4節　主体としての資本と資本の人格化 ……………363
第5節　資本概念と株式会社における
　　　　「会社自体」について ……………………369

　　1　株式会社制度の特徴　370
　　2　「会社自体」の現実資本にたいする所有の実質　371
　　3　株式会社資本における物象化の進展・深化　374

第6節　結　語 ……………………………………376

補論　資本主義経済認識と経済学の方法 …………381

参考・引用文献　393

あとがき　406

人名索引　412

事項索引　414

市場経済と価値
—— 価値論の新機軸 ——

序論　問題意識と本書の構成

第1節　本書における基本的な問題意識

　「市場経済と価値」，これが本書のタイトルである。さらに，これに「価値論の新機軸」という副題が付く。なんと大袈裟なサブタイトルか，と思われるかもしれない。本書の狙いは，経済学における価値論の必要性を再確認しながら，従来の価値論を超える新しい価値論（すなわち関係主義的価値論）を構想して提起することにある。この気負いを肩肘張った副題で示したというわけだが，それが適当であったか否かは，当然のことながら読者諸氏の判断にゆだねられることになる。
　ただ，いかに気負ったとはいえ，本書では価値一般を取り扱うわけではない。つまり，人間が何らかのものにたいしてもつ関心（interest）とむすびついた観念，もしくは理念という意味での価値一般ではない。それは，また人間生活の物質的基盤ともいうべき経済生活のなかのさまざまな対象にたいする関心の評価としての経済的価値一般というのでもない。これよりも，さらに限定された概念である。例をもっていえば，A・スミスが最初に区別した商品の使用価値と交換価値のうちの後者をさすのみである。
　このスミスの交換価値概念も，商品，貨幣さらには資本といった，それ自体としては諸財（goods）もしくは諸物（things）としてあらわれる経済的諸範疇にたいして，人間たちが抱く独特の観念もしくは理念にほかならない。そして，この交換価値または価値を媒介として，われわれ自身の物質的・社会的な生活再生産過程も成り立っている。要するに，生産，消費，分配，交

換という，われわれ自身の物質的・社会的な生活を支える経済的諸過程の全領域が，この交換価値もしくは価値を基準に遂行され規律づけられている，ということである。

したがって，われわれの生活するこの市場経済（資本主義・市場経済もしくはたんに資本主義経済または資本主義）がどのような経済システムなのかを理解するためには，何よりもまずこの意味での価値の理論的存立構造を解明しなければならない。その理解なくしては，資本主義システムの根本的な把握はまったく不可能である。言葉を換えるなら，資本主義システムの社会的・制度的フレームワークを理解するためには，そのもっとも基本的な物象的構成契機たる商品，貨幣，資本が何であるのかを把握することなしには不可能だが，これら経済的諸範疇を把握するためには，先述した意味での価値概念を不可欠とする，ということである。

よく知られているように，価値論は，交換価値もしくは価値の源泉が何であり，またその大きさを規制するのものが何であるのかをめぐって，客観主義的価値論と主観主義的価値論とに分かれている。客観主義的価値論は，労働価値論がその代表である。これは，交換価値もしくは価値の源泉を労働に求め，その大きさがそこに含まれる労働量によって規制されるという主張に集約される。他方，主観主義的価値論は，その始源においてスミスにおける使用価値と交換価値との区別を両者の矛盾として捉え，この問題（たとえば，水は使用価値が大きいのに交換価値は小さく，ダイヤモンドは水と比べて使用価値は小さいのに交換価値が大きいのはなぜか，という問題）の解決として限界効用価値論を提示してきた。

とはいえ，ここにおいては，これら主観・客観両説がスミスの発見した交換価値概念を前提に成り立ち，その基礎上で対立しているにすぎないという点に注意すべきである。それというのも，スミスの交換価値概念は，第一義的には，たんなる相対的価値（ある商品の他の商品に対する交換割合）を意味するのではなく，ある商品の他の商品にたいする購買力（すなわち「他物購買力（power of purchasing other goods）」）として，商品に内在する一種の社会的・経済的力能をさしている。この意味での交換価値概念は，客観主義的価値論はもとより主観主義的価値論によっても否定されてはいないから

非選主義社会の実現など）へと客観的方向づけられるものであろう。いずれにしても、目的論的な展望を与える傾向がある。このほかにもいろいろあろうが、構造主義社会の関係性の総体（構築）として捉えられる全体性（あるいは総体）そのものが、また外的に（歴史的、構造的、慣習的、生活者、生産者など）に開かれた存在として機能性を顧みて判断されていく、ひとつの開かれた空間として捉えられることになるのである。

これは、いわば「急進的全体主義 (radical holism)」の立場であるが、そこにおいては、諸個人は目的論的な社会的関係力の代理人あるいはその一関節点でしかなく、その役割の制約・選択から免れえない。そしてこのような全体のありかた（全体性）によって決定される（全体性）によって規定される、という立場に立つことになる。著するに、この「諸個人である全体性（それ自体からおり行為も社会的諸力）に規制された機構の担い手として、一般的表現をとる者ではないのである。要するにこれは「社会的諸関係の全体のなかのひとつの「関節点 (Levine, A. / Wright, E. O. [1987] p. 74.) でしかない）としてのみ存在する」――一方的に捉えられることになる。

著するに自身は、諸個人 (persons) をつぎに特徴づけの社会的諸関係の担い手として捉えている（そうした諸個人とそのような社会的諸関係を変化させるように相互的に関係性の一性を再現される諸個人は多様であるものと捉えている。それは、（）立場は議論されない。。各の多様な意識的な人格のあいだを結ぶにはほどほどほどに、その多様性の全体性のさまざまな個人たち（「個人」）は「集合としてのもあるが、人間の根本はこうしたマルクス的ではない。あるいに、一人ひとりの個人が実際にどう受けとられているのかが社会的諸関係でもあるようにこう社会的諸関係の総体として認識されなければならないのだ、というのが社会的諸関係の総体として多様な個人たちが相互に自首体的な個性をもまして行動の発想を起えて、こうとした、諸実践は自体的な個人だったし、多様な社会的関係のがあった、それぞれの個人がもする体性なのである。したがって、諸実践が自体的な個人があればほとんど個人が多様いくつかの束に分節され、相互的な関係性一性をも必要とはならない。もし、一人ひとりの個人が実際に引き起こすされている社会的諸関係のこのように社会的諸関係の総体として起動されなければならないのはないし、その関係に限りがあり、そのことによって関係性の総体から生立と目自の作用の条件を構築できる存在なのだ、と考えるのである。

序論 問題意識と本書の構成　8

序論　問題意識と本書の構成

方法論的全体主義は、簡単にそのものの発生項目（たとえば、社会主義
のもつ特有の効果）をも捉されなければならない。
いえる。ここにいうのが方法論的全体主義（methodological holism）
というものである。それだけ経済現象において暮らなかものを仮定している。と
基本主義・市場経済において、より自体的な経済的現象をまとって経験
を構成することというで経済的特性な社会的諸関係（と同時に諸関係）を
これに対して、マルクス主義のほうは、経済主体は、商品所有者、賃労働
者であるが、ゆくの場合、その経済的特性性は無機能性でもとを忘念できる
のである。つまり、この方法論的個人主義を一個の経済主体として取り扱う経済学
体は資本主義・市場経済という経済的現象項目の社会的諸関係は存在しないもの
としてて経済学の世界に登場させることになるのである。彼らはなぜ
いうわの方法論的個人主義の立場から、人間はどのような経済的の種類的主
義されて市場を使用することになっているのか。新古典派経済学において
は、として経営された個人の議論がまるをとして、通まっしい人間像ではあるかた
された方主体として振る舞う。そこにおいては、彼らは同一の種類的経済人
（著者にしていい）にほかならばあり、そこの者的経済人 (homo oeconomicus) の存在をまと
経済学の世界に乗り手、しって登場させるとが発同になる。たとえば、新古典派経済
関係があるが、とこで、経済学において、彼らはから特徴を
いずれにせよ、このような主体としての人間は社会的諸関係の総体として
なる関係項的でもある。

これは、いうれまでもなくマルクスにおけるあな有名な人間認識——「人
間の本質は一個の個人に内在する抽象物ではない。その現実性において
はそれは社会的諸関係の総体である。」（フォイエルバッハ論に関する第6テーゼ）—―
と相違するものである。これが、認識論上のいかなる的に本来あるかについ
ては、本書の第3章において価値論プロパーの問題として取り戻がら検
討するのみらしみる。

いま一度まとれば、彼がはそのなか諸業的個人としたが社会的諸関係、
諸関係の総体としての方を活動すことができる。

働きの関連において把握している。ところが，あとで明らかなように，また
陀物性としての価値は労働価値に上位構造として位置づけられる。また
ものである。したがって，その本質（上位構造）は労働価値とまざまに
別の論理によって説明されなければならないということである。

本書において明らかにしたいのは，この経済主義的ならびに主義主義的な
商品価値の上位構造としての価値，すなわち陀物性あるいは通約的な
な立構造である。そして，これを解明するには，価値の新しい論理軸
く，その実証的根拠が不十分なものと言えよう。このためには，観点からの新たな
を措定し，それとともに，資本，賃金，利潤，経済成長という経済機構を其
備成民する同時に其本主義・市場経済における基本的な存立構造を明らかにし，その
をまたまえ経済社会における価値論の必要性（意義）を深く。これが
本書の課題である。

ところで，ここでいう経済主義的ならびに主義主義的な価値形成論の上位構
造としての価値（陀物性）とは，マルクスの他物崇拝論に関連して提出
する一種の社会的・経済的な概念を意味している。また，経済主義的な価値
請求主義的な表象とは，それぞれ価値の客観的規定において（物体
価値力）の物らの客観的な属性によって決定するものであるかのあるいは主観的
な効用判断によって決定するものであるかという意に言い換えられなかった
いずれのほかも，このタイプのおいて価値（陀物性）は，現象一ここでは，
資本等の諸物＝経済関係的物象一にすぎない。人間たちの経済が受け
取る神秘的な観念にしくは彼質が隠蔽されていないないのである。このことは，また
かるならば，人間としての人間が持持つ類の何なのかということ（すなわち本来性
を受けけなければならないとしていうこと，特殊歴史的にあられた社会
概念）である。

もちろん，このような本質としての人間は，特殊歴史的にあられた社
会（共同体）の一員としての人間または個人（individual）である。と同
時に，それぞれに差異化された個体性（観察される体的属性なる）をそ
れぞれ固有のペーソナリティーをもった職業的な個人（または人格：
person）である。そして，この後さらに，特者の社会諸関係，諸関連運
はこの二つの概念性格としてあらわれているのであるが，彼のランも存

9 序論 問題意識と本書の構想

である。もし、その存在が所持されうるとして、禁欲価値（＝価値購買力）の大きさが客観的な労働量に従属する力、あるいは主観的な効用判断に従属する力を有するか、という点に重心が置かれていたにすぎない。

こうして、マルクスの諸価値概念のうちで、新古典派および主観主義を徹底した主観主義者も、この吸物性としての価値の存在を拒絶したとすれば、これをもちろん「価値としての価値」と呼ぶことができよう。これを「価値としての価値」と呼ぶとすれば、新古典主義も主観主義も、その価値の所持者によって担われた価値を問題にしているのであり、それぞれの価値にはこのような所持者の重要な論点を開いたにすぎない。

もちろん、正統派経済学（新古典派）経済学者のほうでは、けっして「価値無用」以来、現在ではほぼ本質的に価値論を経済学として存在しているのだ、ということを言いたいのではない。つまり、マルクスは正統派経済学に対して、価値が問題になるわけではなく、と言われたにすぎない。しかしながら、この正統派経済学とはいっても、その重要な本質が商品の所持者としての価値を具体的に論じ立てるようになっている。吸物のある経済学とはいっても、その吸物自身の価値はもちろんあり、交換価値、価値という意味（あるいは構造）をそれ自体がより根源的な疑問であるという実体的な疑問を有していることとは、この類が意味されているからである。

吸物性としての価値の機能は、資本主義・市場経済がしたがってきた諸関係である。

もしくは自分性としての象徴が、それによって構造されることもあり、正確には要素 (element) であり概念そのものであることでもよい。ただし、正確には経済学、資本主義・市場経済しくは市場価値を置くというよりは、構造をと関連として取り上げることもしばしばし、それに問題があるとう、ということだけの理解なのである。

他方、労働価値論の側ではどうであるか。マルクスはの点は、価値を吸物として把え、それを生みだす原因として労働諸量の規定を固有のものとし、商品中の価値の吸物性であり、この選挙では、この吸物性としての価値の機能を、世界対象として、その足跡を充足するといえ。しかし、マルクスの人の価値を吸物としての価値を検証するにあたり、

人間は，いわばそうした矛盾に満ちた存在として，自らにあたえられた歴史的・社会的諸条件のなかを生き抜くことにより，むしろ外に開かれた全体性（諸関係，諸関連の総体）を形成する真の現実的主体たりうる存在なのである。それは，方法論的には相互的な内的統一性をもたない全体性から出発する，ということである。また，多様な社会的諸関係を引き受け，そのことによって内部にさまざまな葛藤を抱え込んだ，弱い（fragile）個人を前提する，ということでもある。本書もまた基本的に方法論的全体主義に近い立場から理論を展開するが，それはこうした主体概念に関する独自の認識をふまえたうえでの理論的立場だということを言明しておきたい。

　さて，客観主義的ならびに主観主義的な価値把握の上位概念としての価値（呪物性）をその意識において受けとめる人間は，どのような存在として捉えられるべきか。こうした主体概念について確認したところで，つぎに取り上げるべきは，そうした人間たちの受けとめる独特の観念もしくは理念としての価値（呪物性）がいかなる内容（概念構造）をもつのか，ということであろう。むろん，その詳細はあとの諸章にあたってもらうしかないが，ここでそのエッセンスだけを記せば以下のようである。

　呪物性としての価値とは，まず結論からさきにいえば，資本主義・市場経済を構成する人々の独自の社会的諸関係が，この人々の意識に商品，貨幣，資本といった諸物（＝経済的諸範疇）のもつ呪物的性格として反映されたものである。ここでは，呪物性としての価値が，商品世界を構成する人々の独自の社会的諸関係として——究極のところはたんに「関係」として——捉えられることになる。このような価値把握を関係主義的な価値概念とよぶなら，筆者が本書において価値の質的分析をとおして「価値論の新機軸」として提示したいのは，この関係主義的な価値概念なのである。[3]

　ではまた，何ゆえにこのような価値概念が必要とされるのか？

　物象化されたシステムとしての資本主義・市場経済の歴史的な独自性とその基本的な存立構造（あるいは，その社会的物質代謝過程における特殊歴史性）を明らかにするためである。ここにおいて物象化とは，ひとまずヒト[4]（person）とヒトとの関係がモノ（thing）とモノとの関係となってあらわれる事態をいう。さらには，こうした現象を基礎に，物象的諸関係の自立化と

いう事態が発生する。それは、モノとモノとの関連（運動）のなかで独自の「モノの論理」が自立化し、それによってヒトが逆にコントロールされる、ある種の転倒現象である。これもまた広い意味での物象化であるが、こうした転倒現象が市場の基本的な編成原理となっているばかりか、さらには資本主義経済の駆動力ともいうべき資本の内部組織を編成する原理にもなっているということは、本書で明らかにされるべき中心課題のひとつである。なお、そのさい、このような自立化した「モノの論理」（たとえば「市場の論理」、「資本の論理」など）によって制御され規律づけられるヒトとヒトとの関係は、それぞれの社会に固有の歴史や伝統に根ざした文化的諸要素に彩られており、そこからこの「モノの論理」の貫徹様式がそれぞれに異なってこざるをえない、ということについてもあらかじめ注意しておきたい。

　ところで、ここでいうモノとは、商品、貨幣、資本という独特の経済的規定性をあたえられた諸物象（Sachen）をさしている。これらによって物的に構成される市場と資本（企業）の内部において、市場の論理や資本の論理というかたちで「モノの論理」が自立化し、この論理に諸個人（あるいは諸人格：Personen）が制御されコントロールされることによって、資本主義・市場経済の社会的再生産過程が遂行されてゆく。そして、こうした独特の社会的物質代謝過程の構造を解明するための基礎範疇として、何よりもまず価値概念が不可欠とされるということである。

　さらにいえば、このような物象化現象の論理的な一構成契機であるヒトとヒトとの社会的関係は、それが〈人間と自然との関係〉を媒介する〈人間と人間との関係〉として把握されたばあいには、生産力（すなわち、人間がどれほどの外的自然を領有しているのか、その力の大きさを示す概念）にたいする生産関係という概念で捉えられることになる。さらに具体的なレヴェルにおいては、これを「制度」という概念でより内容豊かに捉えることも可能である。このばあいの制度とは、「伝統、慣習ないし法的制約によって、持続的かつ定型化された行動パターンをつくりだす傾向のある社会組織」[5]という意味である。このレヴェルでは、問題のヒトとヒトとの社会的関係は、慣習的、法的、政治的、その他さまざまな社会的制約によって彩られることになろう。

なお，このばあい制度は，生産関係と同じようにヒトとヒトとの社会的関係ではあるが，前者に比べて後者はより抽象的・基本的な関係として捉えられている。そこで，たとえば資本主義的な生産諸関係のもとでも，国によってそれぞれの資本主義経済を彩る諸制度にはさまざまな種差が存在しうるし，また同じ生産諸関係のもとでもそれら諸制度の変化・変革ということは当然に起こりうる。このような生産関係には，市場に成立するヒトとヒトとの関係（＝「社会的生産関係」）や，直接的生産過程あるいは資本（企業）内部のヒトとヒトとの関係を規定する賃労働‐資本関係などがあるが，同時に価値，商品，貨幣，資本などの，いわばヒトとヒトとの関係の〈とりもち役〉もまたひとつの生産関係として捉えることが可能である。これは，伝統，慣習，法律等々の社会的な諸制約が制度にとっての不可欠の構成契機であると同時に，それ自体がひとつの制度として把握されるというのと同じことである。そして，このような生産関係，制度，組織等々として捉えられる，資本主義・市場経済を構成するヒトとヒトとの社会的関係（＝諸人格の社会的関係：die gesellschaftlich Beziehung der Personen）を真に解明するためにも，実は価値概念が不可欠なのである。

　それというのも，資本主義・市場経済システムにおける生産関係，制度，組織等々は，たんなるヒトとヒトとの直接的な関係ではなく，商品，貨幣，資本という独特の経済的規定性をあたえられた諸物象に媒介された関係であり，これら諸物象の担う経済的形態規定性を把握するための基礎範疇となるのが価値概念だからである。

　ここでいう諸物象の担う経済的形態規定性を把握するための基礎範疇こそ，本書の解明しようとしている呪物性としての価値であり，関係主義的な価値概念にほかならない。その概念構造の全体を明らかにするためには，実は特殊歴史的な資本主義経済システム独自の物質代謝過程の基本構造に論及してゆく必要がある。というのは，これも本書全体で明らかにすべきことではあるが，この呪物性としての価値概念そのものが資本主義経済システムを基本的に構成する諸関係，諸関連の総体にその存立を支えられているからである。

　こうして，呪物性としての価値たる関係主義的価値概念を開示することがまた，資本主義経済システムの物質代謝過程の基本構造を明らかにしてゆく

プロセスであり，さらにはそれが価値論を主題とする本書の全体的内容を構成することになる。かくて，この関係主義的価値理論を展開することによって資本主義経済システムの基本構造を解明すること，それが本書の最終的目標となる。

　ただし，ここではあらかじめつぎの点を注意しておかなければならない。価値論によって解明される資本主義経済システムの構造とは，あくまでもその生産関係レヴェルの，ごく基本的な骨格体系でしかないということである。もちろん，この骨格体系は資本主義を資本主義たらしめているものであって，これが崩れてしまえば，その経済システムはもはや資本主義ではなくなる。逆にいえば，これが変化しないかぎりは，慣習的，法的，政治的，その他さまざまな社会的制約によって彩られ，多様な調整機能を果たす「制度」レヴェルにおいて，いかなる変容が起ころうと，資本主義は資本主義として存続しつづけるということである。こうして，資本主義を資本主義たらしめている社会的関係とはいかなるものなのか，この点を明らかにすることが価値論の基本的使命なのである。本書で提起する関係主義的価値論もまた，当然のことながら，そこに標準を合わせて展開されている。

　さて，こうした関係主義的な価値概念は，実のところは，マルクス価値論の内部に潜在していたものであり，一部分はその表層に姿を見せてもいたものである。その主著『資本論』第1巻第1章すなわち「商品」章において，とりわけその第3節「価値形態論」および第4節「呪物性論」のなかに，そうした関係主義的な価値概念を見出すことができる。

　ただしマルクスのばあい，周知のように価値論は労働価値論として論じられており，当然のことながら，その関係主義的価値概念もまた労働との密接な理論的関連のもとで展開されている。したがって，マルクスの労働価値論のなかには，それ自体の理論的限界を超える革新的な要素として，関係主義的な価値論（労働価値論の上位概念としてのそれ）が潜在していることが事実だとしても，現状ではそのこと自体が一つの論証すべき課題として存在するのである。

　それゆえまず必要なことは，マルクス価値論の分析をとおして，彼が労働価値論の一環として展開した関係主義的価値概念を抽出し明確化してゆく，

という作業である。呪物性としての価値を（労働価値論とは別に）もっぱら関係主義的に規定し，これを労働価値の上位概念として措定するのは，そのあとの作業になる。そこで，この関係主義的価値論の構築という，ここでのいわば主旋律に焦点を合わせるかたちでひとまず本書（全3編）の構成上の特徴を示せば，以下のようになろう。

　第Ⅰ編（第1章‐第3章）では，基本的に労働価値論の立場から，呪物性としての価値の説明原理である関係主義的価値論の内容が明示される。と同時に，ここではそうした内容を成り立たせる理論的背景が明らかにされる。第Ⅱ編（第4章‐第6章）では，主に『資本論』のテキスト・クリティークによりそこでの労働価値論ベースの関係主義的価値概念が摘出される。さらに，そのことをふまえて関係主義的な立場から再構成（再解釈）された商品・貨幣論（具体的には価値形態論および交換過程論）が提示される。第Ⅲ編（第7章‐第10章）では，労働価値論をも包摂する，いわば一般化された（あるいは上位概念としての）関係主義的価値論が——それの資本概念への適用も含めて——展開される。関係主義的価値論が筆者自身の積極説として呈示されるのは，この第Ⅲ編においてである。

　以下では，こうした構成をとる各編の内容にもう少し立ち入って紹介してゆこう。

第2節　本書の構成

　ここでのキーコンセプト，すなわち関係主義的価値概念の基本的内容が明らかにされるのは本書の第Ⅰ編においてである。ただし，それを直接に取り扱うのは，価値の質的分析と量的分析とに価値論を腑分けして議論の全体的な方向づけを指示する第1章（「商品世界における価値とその実体」）と，価値の質的分析を本格的に展開して呪物性としての価値を規定する第3章（「商品世界と呪物崇拝」）である。第2章（「価値の量的規定と物量体系」）では，呪物性に関わる価値の質的分析は論じられない。そこでは，価値の量的分析に関わる基本問題がもっぱら取り扱われることになる。

　また，労働価値の上位概念としての関係主義的価値論は，この第Ⅰ編第1

章および第3章での価値の質的分析に関する理論展開を基礎に，本書の第Ⅲ編各章において本格的に示される。そのさい注意すべきは，この第Ⅲ編では関係主義の方法論的フレームワークに本質的な変更がなされるわけではないという点である。関係主義の土俵上で価値規定がなされる点では第Ⅰ編と同様であり，ただこの呪物性としての価値を規定する社会的諸関係もしくは関係性の位相が異なっているというだけなのである。

したがって，本書の骨格体系をかたち作る関係主義的価値論は，その基本的内容については第Ⅰ編第1章および第3章においてほぼ解明されているといっても過言ではない。こうした事情をふまえて，この第Ⅰ編第1章・第3章で示される関係主義的価値論に関しては，その内容にやや立ち入った説明をここで行ない，それ以外のものについてはごく簡単な紹介にとどめるというかたちで以下に本書の構成を示してゆくことにしたい。

◆商品世界における価値とその実体

まず，第Ⅰ編第1章で明らかにされるのは，資本主義・市場経済がその再生産の全過程を商品呪物や貨幣呪物さらには資本呪物などによって支えられ，それら諸物象（＝経済的諸範疇）に付着した呪物的な要素（elements）もしくはそうした環境なしには存立しえぬ，文字どおりの呪物崇拝（fetishism）に覆い尽くされた社会的生産システムだということである。さらには，マルクスがこれを「商品世界（Warenwelt）」と名づけ，独特の物象化構造をもつ経済的空間としてこれを把握しているということである。そして，この商品世界における社会的物質代謝過程の基本構造を解明するための基礎範疇として，呪物性としての価値が措定されていたということである。要するに，ここにおいては，マルクス価値論が何よりもまずこうした商品世界を覆う呪物性の説明原理として存在していたことが確認されるわけである。

もちろん，マルクスの労働価値論は，他方において剰余価値の存在やその搾取を理論的に説明するための基礎範疇としても存在していたことは周知である。この意味で，それは呪物性の説明原理と搾取の説明原理という2つの異なった課題をもっていた。

この事実をふまえて，本書第1章では，価値の実体とされる「抽象的人間

的労働」がこうした2つの課題に対応する概念として，実は2種の労働の同質性概念——すなわち①類概念としての同質労働（=「抽象的労働」）と②尺度単位としての同質労働（=「人間的労働」）——の合成物であったことを明らかにしている。この内容については，実際に第1章（とくに，第5節3の(a)）にあたってもらうしかないが，ここで結論だけをいえば，類概念としての同質労働は商品や貨幣（さらには資本）の呪物的性格の内容を規定するものであり，尺度単位としての同質労働は剰余価値の存在やその搾取を取り扱う価値の量的分析のための基礎として不可欠とされるものであった。

◆価値の量的規定と物量体系

本書第2章では，こうした独特の抽象的人間的労働概念——すなわち①類概念としての同質労働と②尺度単位としての同質労働との合成概念——を価値実体とするマルクス価値論において，価値の量的分析がいかなる内容と問題をはらんでいるのかを主題的に論じている。

この価値の量的分析の領域では，いわゆる転化問題（およびそれをめぐる長期にわたる論争）が存在していることはよく知られている。これは，価値が生産価格をどう規制するのか，あるいは生産過程で投下労働に規定される価値が流通過程で長期・平均的に交換価値を規制する生産価格へどのような論理的手続きをとおして転化されるのかをめぐる問題である。これはまた，剰余価値および搾取の説明原理としてのマルクス労働価値論にとってはある種の必然的で不可避の問題であるともいえる。という理由は，こうである。

資本主義経済のもとでは，剰余価値（および搾取）は交換もしくは市場をとおして実現される。そして，この剰余価値を含む商品価値は，市場においては交換価値もしくは市場価格変動の重心（規制原理）として作用する。と同時に，さらに進んだ論理レヴェルでは，この変動の重心としての価値が，資本の運動によって形成される市場の平均化機構を介して成立する生産価格として捉えられることになる。要するに，商品に含まれる労働，すなわち間接労働と直接労働（=必要労働＋剰余労働）からなる投下労働全体が，その商品の交換価値（価値価格あるいは生産価格）の大きさを規制する，というのが労働価値論の基本的主張なのであって，これが厳密に論証されないかぎ

り剰余価値および搾取の存在が証明できないという論理構造になっているのである。

　この転化問題は，労働価値論の最重要問題としての位置づけをもつが，ただし議論の中心は，労働と質的価値規定（すなわち呪物性としての価値概念）との問題をめぐってではなく，もっぱら労働と量的価値規定をめぐる問題である。第2章の課題は，この労働と量的価値規定との理論的関連が従来どのように論じられ，どのようなかたちで問題として取り上げられてきたのかを明らかにすることにある。

　なお，この転化問題についての長い論争の過程をへて，現在では，この問題をめぐって体化労働説と抽象的労働説の2つが労働価値論の陣営内で対峙する状況になっている。そこで第2章では，この2つの労働価値論の違いを確認しつつ，とりわけ現代の労働価値論の重要な理論装置となっているマトリックス利用の「物量体系」が両説においてどのような理論的機能を果たしているのかを解明している。それによって，現代の労働価値論における価値の量的分析の意義とその限界とを見極めるためである。また，これとの関連で，ここでは現代の労働価値論に大きな影響を与えたスラッファ理論，さらにはこの理論を基礎に据えたスラッフィアンの労働価値論批判（＝価値不要論）等もとりあげ，それらの理論的な諸特徴を明らかにしている。その狙いは，ひとまずここで価値の量的分析に関わる諸問題をまとまったかたちで論じておき，それによって以後の価値の質的分析をめぐる議論にある程度の論点整理と見通しをあたえておこうとしたためである。

◆**商品世界と呪物崇拝**

　つぎに，第Ⅰ編第3章である。ここでの議論の核になるのは，さきに第1章の内容に関連して指摘した2種の同質労働——すなわち①類概念としての同質労働（＝抽象的労働）と②尺度単位としての同質労働（＝人間的労働）——の合成物としての「抽象的人間的労働」概念である。

　このような抽象的人間的労働概念が価値実体として措定されるのは『資本論』冒頭章第1・2節であったが，実のところ，これは同章第3節「価値形態論」においても論じられている。そこでは，第1・2節の価値実体規定が

価値形態論独特の論理によって再度規定し直されているのである。この価値形態論段階でなされた価値実体の再規定について，本書ではそれを「異種的諸労働の人間的労働一般への還元」の論理と名づけ，これに独自の検討を加えている。

この第3節における論理（価値実体の再規定）が明らかにしていることは，諸商品を生産する私的な異質的諸労働が互いに無差別で同質的な社会的労働（＝抽象的労働）へと還元される「社会的過程」が商品世界の内部に存在する，ということである。ただし，筆者自身は，このような労働の同質化もしくは抽象化機構の存在は，マルクスが抽象的人間的労働に付与した2つの同質労働のうちの一方についてのみ妥当し，もう一方には妥当しないと考えている。つまり，類概念としての同質労働（＝抽象的労働）には，そうした労働の社会的抽象化機構の存在が認められるが，尺度単位としての同質労働（＝人間的労働）にはそれが認められないということである。その論証は本論にゆだねるが，いまはつぎの諸点に注意を喚起しておきたい。

第一に，このような「異種的諸労働の人間的労働一般への還元」の論理が作用する「社会的過程」の存在——すなわち労働の同質化（還元）もしくは抽象化機構の存在——が明らかにされることによって，少なくとも類概念としての同質労働（＝抽象的労働）はその客観的な存立基盤があたえられる，ということである。第二には，本書の主題たる呪物性としての価値は，この類概念としての同質労働（＝抽象的労働）によってその内容を規定されている，ということである。そして第三に，この呪物性としての価値の内容（規定）はあとで関係主義的な立場から把握し直されるが，そのさいこの「異種的諸労働の人間的労働一般への還元」の論理が極めてクリティカルな理論的局面へとわれわれを導いてゆくということである。

では，それはいったいどのような理論的局面か？　また，このような労働の同質化もしくは抽象化機構（＝「社会的過程」）によって，その存立を支えられる類概念としての同質労働（＝抽象的労働）は，呪物性としての価値の内容をどのように規定するのか？　さらには，その内容（規定）は関係主義的な価値論とどのような理論的関連をもっているのか？　第3章の基本的主題を構成するのは，このような問題である。

こうした問題を取り扱うさい，まず必要とされるのは，呪物性としての価値を存立させる「環境」ともいうべき資本主義・市場経済独自の社会的諸関係がいかなるものかを把握する，ということである。これは，すでに第1章において商品世界として明らかにされており，第3章では最初にその基本構造が論理的に整理されたかたちで呈示されることになる。ここではそのミニマム・エッセンスだけを示そう。

商品世界とは，すでに述べたようにヒトとヒトとの関係（＝諸人格の社会的関係）がモノとモノとの関係（＝諸物象の社会的関係）となってあらわれ，こうした物象的諸関係のなかで自立した「モノの論理」によって人々が制御され規律づけられる，この意味で，それはいわば「魔術をかけられ逆倒した世界」だといえる。つまり，それは物象と人格との相互依存的かつ転倒的な関係からなる，独特の物象化構造をもった空間なのである。このような物象化構造は，現代のような，いわゆるインターネットのサイバー空間上に市場（商品世界）が成立しているばあいにも何ら変更されることがない。問題の呪物性としての価値は，このような特殊な社会的関係（環境）のなかに存立している。その基本的な存立構造を明らかにすることが第3章の課題であるが，ここでその核心部分だけを示すなら，つぎのようである。

呪物性としての価値とは，商品，貨幣，資本などの諸物（＝経済的諸範疇）が，上述の商品世界を構成する諸物象の社会的関係のなかであたえられた独特の経済的形態規定性であり，これが人間の意識に反映されてそれら諸物の呪物的性格となったものにほかならない。要するに，商品世界という「魔術をかけられ逆倒した世界」において，商品（以後，経済的諸範疇としての諸物をこれで代表させる）に付与された独特の経済的形態規定性が，同じ商品世界で生きる人々の頭脳にその商品固有の属性として映現したもの，それがここでいう呪物性としての価値なのである。

さて，このような商品に付与される独特の経済的形態規定性であるが，これは商品世界を構成する諸商品の社会的関係を分析することによって明らかにされる。本書においては，マルクスの方法にしたがい，諸商品の社会的関係（＝価値関係）を取り上げ，そのなかに見出される商品自身の反省関係を分析することによって，これを摘出している。この反省関係は，自己関係

（Beziehung auf sich selbst）とよばれるものである。この自己関係のなかで諸商品に付与される独特の経済的形態規定性が，人々の意識に反映された商品の呪物的性格（＝呪物性としての価値）として措定されるのである。

　さらに先走っていえば，このような自己関係の理論的な成立根拠は，相互に関係をとりむすぶもの同士のあいだに「本質の同等性（Wesensgleichheit）」が存在する，ということである。商品の自己関係のばあい，この本質の同等性とはそれぞれの商品が価値として存在するということで，それはまた価値としてはそれぞれ抽象的労働の生産物（その凝固）である，ということに求められる。先述した呪物性の内容を規定する類概念としての同質労働とは，この抽象的労働なのである。そこで，つぎに問題になるのは，これが関係主義的な価値論とどう理論的に関連するのかということである。

　ここでも結論だけをいえば，関係主義的価値論とは，実のところ，この自己関係の成立根拠である本質の同等性——このばあいには価値の実体とされる抽象的労働——これを実体主義的にではなく，もっぱら関係性の位相で捉えようとする立場である。

　言葉を換えるなら，関係主義的価値論とは，価値実体とされる抽象的労働を生産過程においてそれ自身で自存するものとしてではなく，それをひとつの実体たらしめている社会的諸関係という関係性の位相において捉え直し，そこから抽象的労働概念を社会的反照規定として措定しようとする理論的立場なのである。さらにいえば，このばあい価値の実体としての抽象的労働は，社会的諸関係という関係性の位相で捉えられるが，この価値実体（＝抽象的労働）概念そのものを成り立たせている社会的諸関係とは，究極のところ資本主義・市場経済（もしくはマルクスの用語で商品世界）独特の物質代謝過程を支える諸関係，諸関連の総体として捉えられなければならないということである（詳細は当該章で）。

　こうして，関係主義的価値論の核心的内容は，本書第3章において呈示されることになる。ただし，ここではそれがいまだマルクス価値論の圏域内にあるということに注意しなければならない。要するに，この段階では，われわれはいまだ労働価値論の圏外に脱出しておらず，労働価値をも論理的に包摂する，上位概念としての関係主義的価値論の世界に到達してはいない，と

いうことである。したがって，この第Ⅰ編第3章の段階で示される関係主義的価値論は，いわば関係主義的労働価値論というべきもので，これを超克した関係主義的価値概念は本書第Ⅲ編をまたなければならない。

なお，この第Ⅰ編第3章では，その第4節で，さきに略説したような抽象的労働概念の関係主義的な解読と，その方法的な基礎について論じている。それによって，本書の拠って立つ関係主義の認識論的基盤を明らかにしておこうというわけである。これは，むろんここでの関係主義的労働価値論にだけ当てはまるというのではない。第Ⅲ編の諸章で措定される，労働価値をも論理的に包摂できる上位概念としての関係主義的価値論にたいしても，その方法論（認識論）的な存立基盤をあたえようと企図したものである。

以上が，本書第Ⅰ編の概要である。すでに指摘したように，労働価値論を超克する関係主義的価値論そのものを別にすれば，関係主義価値論の基本的内容はこの第Ⅰ編第1章および第3章でほぼ解明されている。本書の冒頭で，この2つの章の内容をこのように長々と紹介せざるをえなかった理由もこの点にあったわけで，ここから先の第Ⅱ編，第Ⅲ編についてはごく簡単な紹介にとどめて，その詳細は本論にゆだねてゆくことにしよう。

◆市場の基本構造と商品・貨幣論

本書第Ⅱ編は，基本的に『資本論』のテキスト・クリティークによって，関係主義（ただしマルクス労働価値論を基礎とする）の立場から価値形態論，交換過程論を読み解くことを主要課題としている。第Ⅱ編第4章（「商品語と価値形態」）および第5章（「価値形態の発展」）は価値形態論であり，第6章（「貨幣の必然性について」）は交換過程論――とりわけそれと価値形態論との理論的関連と区別について――がテーマである。ここには，いずれも研究史上の係争問題が存在しており，本書ではこれらの研究史をふまえながら自らの積極説を提起している。

第4章および第5章で検討される価値形態論は，つぎの2系列の理論プロセスから構成される。すなわち，①簡単な価値関係を分析して価値形態の基本的構造を解明する「第一形態」論，②価値形態の「発展」を（価値概念を導きの糸として）簡単な価値形態から貨幣形態まで論理的に追跡する「移

行」論である。このうち第4章は，①「第一形態」論（とりわけそのなかの「相対的価値形態の内実」と題されたセクション）を，第5章は②「移行」論をそれぞれ固有のフィールドにする。以下，これら諸章の理論的特徴について，研究史上の係争問題との関わりを中心に略述してゆこう。

　第4章で主題的に取り扱われるのは，価値表現のメカニズムとよばれるものである。この研究領域で通説の地位に立っているのは，久留間理論（＝「回り道」の論理）である。本章では，この久留間理論に対峙し，それが実は価値形態論におけるマルクス独特の方法——すなわち，諸商品の価値関係のなかからそれらの自己関係を析出し，この自己関係を価値表現関係（価値形態）に読み替えるという方法——の誤認に基づくものであることを明らかにしている。

　また，いわゆる「移行」論を主題とする第5章では，価値形態の「発展」を価値概念を導きの糸として簡単な価値形態から貨幣形態まで論理的に追跡することにより，商品と貨幣との必然的な関連性が解明されている。ここでの最大の係争問題は，第二形態から第三形態への移行に関わって用いられる「逆の連関」論理とよばれるものである。本書では，これが商品世界の基本構造と密接な理論的連関をもっていることを明らかにし，これを呪物性論さらには物象化論をも含む商品論の全体構造のなかに位置づけている。

　さらに，交換過程論を主題的に取り扱う第6章であるが，ここには貨幣形成に関わる係争問題が存在する。ここでもまた通説の地位に立つのは久留間理論である。それによれば，貨幣形成の「何ゆえに」が価値形態論で，その「なぜ」が呪物性論，「何によって」が交換過程論で説かれ，貨幣形成論は価値形態論のテーマではなく交換過程論の固有のテーマであるとされる。これにたいして，本書では，この解釈は実際には妥当せず，貨幣形成論は価値形態論においても展開可能であり，現行版『資本論』では事実そうなっていることを検証している。

　以上，第II編（第4章‐第6章）の展開をとおして明確になることのひとつは，価値形態論における貨幣形成論としての限界とその可能性である。その限界という意味は，マルクスの価値形態論が実は貨幣形成論としては重大な難点をもっていたということである。また可能性とは，その理論自体はま

ぎれもなく貨幣商品説に立つものであったが、他方ではそれを克服する論理をも伏在させていたということである。この価値形態論の限界を克服し、さらにはその貨幣形成論としての可能性を顕在化させ実現させることは第Ⅲ編で行なわれる。

◆関係主義的価値論と資本主義経済

　第Ⅲ編において、われわれはようやく労働価値論の圏域から脱出して、その上位概念としての関係主義的価値論の立場に立つことになる。その立場は、まず第7章（「関係主義的価値概念と労働価値論」）で示されるが、ただしすでに述べたように、ここでは関係主義について何か新しい方法論が付け加わるわけではない。労働価値の上位概念としての関係主義的価値とは、呪物性としての価値であり、それは商品世界を構成する人々の独自の社会的諸関係が彼らの意識に商品、貨幣、資本といった諸物（＝経済的諸範疇）のもつ呪物的性格として反映されたものであることはすでに解明ずみだからである。さらに、商品世界を構成している社会的な諸関係、諸関連の総体についても、先行する諸章において十全に把握されている。

　むしろ問題は、こうして確立された関係主義的価値概念にたいして労働価値論がどのような位置づけを占めるのかということである。むろん、ここにおいてはいわゆる実体主義的な労働価値論は完全に否定されざるをえない。なぜなら、この実体主義的な価値把握を拒否したところに関係主義的な価値把握が成り立つからである。したがって、ここでその下位概念として認められ比較の対象になる労働価値論は関係主義的な労働価値論であって、その内容もまた独特のものだということである（詳細は当該章で）。

　第8章（「商品貨幣説から現代貨幣の説明原理へ」）では、関係主義的価値論の立場から、価値形態論が現代貨幣の説明原理へと理論的に再構成される。そのためにはまず、価値形態論そのものを独自の貨幣形成論として完成させておくことが必要となる。つまり、マルクスの価値形態論は貨幣形成論としては未完であったということであり、この章ではまずそのことが論証される。そのうえで、価値形態論は貨幣形成論として完成させられることになるが、それは呪物性論と価値形態論との理論的関連を解明し、それをふまえて価値

形態の発展を論ずることによって達成される。そして，この基礎上に現代貨幣の説明原理として価値形態論が再措定されるのである。ただし，もともとマルクスの価値形態論がそうした可能性をもっていたことは，先行する第II編の諸章において前もって明らかにされている。

ところで，価値形態論が措定する貨幣は，いうまでもなく商品貨幣である。本書において関係主義的に再構成された価値形態論においても，このことは変わらない。問題は，この商品貨幣と現実的貨幣たる現代貨幣（＝価値標章）とのあいだの理論的関連をどのようにつけるのか，ということである。第9章の主題はこれを解明することにおかれている。ここで明らかにされることは，まずこの価値形態論で措定された一般的等価物（＝商品貨幣）は，商品世界がその固有の論理にしたがってその内部から不断に紡ぎだしてくる理念的・原理的貨幣だということである。さらにいえば，現実的貨幣の特性（すなわち一般的購買力＝呪物性）は，この理念的・原理的貨幣によって理論的な根拠をあたえられ，その貨幣特性はまた実際の流通過程のなかで不断に維持・再生産されつづける，ということである。

このことを明らかにするためには，現実の流通過程に赴き，そこにおける貨幣の機能（とくに価値尺度機能と流通手段機能）を具体的に分析する必要がある。そこで，この章では，流通過程における貨幣機能の分析をとおして，関係主義的価値論に基づいた貨幣論（とりわけ貨幣機能論）の基礎を固めながら，価値形態論によって措定される理念的・原理的貨幣と現実的貨幣たる価値標章とのあいだの理論的関連が明らかにされている。

さて，以上みてきた第1章から第9章までは，基本的に市場を固有の研究領域として理論展開が行なわれている。この市場（流通過程）は，いうまでもなく資本主義経済のもっとも重要な領域であって，「市場経済と価値」をタイトルとする本書にとっても主たる対象とすべき研究領域である。

しかし，いま注意しなければならないことは，これまで関係主義的価値論が展開されてきたのは，市場の物象的な構成契機としての商品と貨幣に関してだけであったという点である。市場の物象的構成契機は，この商品，貨幣だけではなく資本もまたそうである。これは，市場経済が資本主義経済として正確かつ明確に把握されるためには不可欠の理論的契機なのである。資本

こそは，資本主義経済のもっとも重要な経済主体であり，この資本の活動，あるいは資本の再生産・蓄積運動によって資本主義経済全体の再生産と発展が規定されているからである。第10章の主題は，この資本について関係主義の立場からその内部構造を解明し，これを理論的に再構成することにある。

ここにおいて，まず資本は関係主義的価値論を基礎に〈自己増殖する価値の運動体〉として，あるいはそのような運動する〈主体＝実体としての価値〉として概念規定される。さらには，ここにおいて資本主義経済は，このような〈自己増殖する価値の運動体〉としての資本の再生産運動に媒介されて，全体としての経済過程（生産，消費，交換，分配の諸過程）が遂行され，それによって，われわれ一人ひとりの物質的および社会的生活再生産が実現されてゆく，歴史的に独自な社会的生産＝経済システムとして把握されることになる。この社会的物質代謝過程の独自性（＝物象化構造）は，資本概念をも包摂する価値論を基礎にしてはじめて十全に解明されうるのである。こうして第10章において最終的に確認されることは，このような資本主義経済に独自の社会的物質代謝過程の構造を解明するための基礎範疇として，何よりもまず価値（正確には，関係主義的価値論に基礎づけられた呪物性としての価値）概念を必要とするということにほかならない。

以上が本書の概要である。全体として，資本主義・市場経済をどのような経済システムとして把握すべきなのかという認識論的展開が基調であり，その理論展開ための基礎範疇として関係主義的価値論を措定することによって，経済学における価値論の必要性を明らかにするという構成をとっている。そこからまた，ここでの議論は〈経済学の方法〉に関わる論点をいくつか含んでおり，このことをふまえて本書ではその第Ⅰ編および第Ⅲ編の最後にそれぞれ〈経済学の方法〉に関連した補論を加えている。第Ⅰ編では「市場認識と経済学の方法」，そして第Ⅲ編では「資本主義経済認識と経済学の方法」である。これらの方法論に関わる議論も本書の主題にとっては極めて重要な要素であって，こうした経済学方法論をも含めた構成全体により価値論の新機軸を打ち出すこと，これが本書の目的なのである。

なお，これまでの展開からも明らかなように，本書における筆者自身の積極説は，価値の質的分析に関わって第Ⅰ編の第1章および第3章，そしてこ

れをふまえた第Ⅲ編の各章で展開されている。第Ⅰ編第2章は価値の量的分析に関わる議論であり，また第Ⅱ編の全体は『資本論』のテキスト・クリティークによる解釈問題が議論の中心である。もちろん，これらも本書にとって不可欠の構成要素であるとはいえ，もし本書の核心部分だけを把握しておきたいと思われるなら，これらの諸章をとばして読みすすめることも可能であることを最後に付言しておきたい。

1) ここでは，individual（あるいは Individuum）と person（あるいは Person）という言葉にいずれも「個人」という訳語をあてた。ただし，individual はもともと「分割できないもの」をあらわす言葉であり，ここから individual は集団のなかで互いに同質的なものとして存在しても何ら問題はないが，person はそうではない（多様であり，異質的でなければならない）という点に注意すべきである。この意味で両者は区別される必要があり，ここから person にたいしては「人格」という訳語があてられることが多い。この点について，大井正はつぎのように説明している。「肉体的，生命的単位としての個人は，もちろんアトムにちかい概念である。これにたいして，「人格」は，モナドにちかいであろう。「人格」は，それぞれとしてはもちろん一つであるが，しかし，多くの「人格」は，たがいに，そして無限に異質的であることを特色としているのである。」（大井正［1970］234頁）。これを望月清司はさらに直截にこう述べている。「「人格【ペルゾーン】（Person）」とは，ギリシャ演劇における仮面【ペルソナ】，その意味でまさに他人と不可換的な体軀・資質そして「顔」である。」（望月清司［1973］322頁）。そこで本書でも，とくに断りのないかぎり，この person（Person）に「人格」という訳語を用いて individual（Individuum）と区別し，たとえば die gesellschaftliche Beziehung der Personen は「諸人格の社会的関連」というように表現している。なお，ついでながら individual と private については，平田清明［1969］129‐47頁を参照されたい。
2) 「急進的全体主義（radical holism）」なる用語については，Levine, A./Wright, E. O.［1987］pp. 73‐75. を参照。確かに，この論文で強調されているように「マルクス学派の伝統は，こうした考え方（方法論的全体主義―引用者）にたいしては多分に容認的になっている」（p. 73.）ということはいえそうである。
3) いわゆる関係主義的価値理論の代表的論客といえば，わが国では誰よりもまず廣松渉［1987］の名があげられる。この廣松独特の価値論の基底にある

「関係主義的存在観」さらには「物象化論」がマルクス体系とどのような思想史上の関連をもつのかについては、吉田憲夫［1995］を参照（とくに、第9章「廣松哲学とマルクス」）。なお、同じ関係主義の立場に立つ筆者自身の価値論は、基本的な関係主義のフレームワークにおいては廣松によって開拓された物象化論的地平の境界内にとどまるとはいえ、価値論の内容は廣松やそのグループ（廣松編［1986］）のそれと同一ではない。その方法論的な枠組みについては本書の第Ⅰ編第3章において、またその理論の基本的内容については第Ⅲ編とくに第7章において明らかにしたい。

4) 筆者は、ここでヒトとヒトとの関係が当事者たちの意識にあたかもモノ（Sache, Ding）のように映現する事態、あるいは諸人格の社会的関連が諸物象の社会的関係となってあらわれる事態をとりあえず「物象化（Versachlichung）」とよんでいる。この「物象化」概念は、G・ルカーチ（Lukács, G.［1923］）がマルクス体系のなかから掬い取り資本主義分析の基軸的概念に鍛え上げたものであり、わが国では平田清明［1971］や廣松渉［1983］等の研究によってその意味や重要性がいっそう明確化されてきたものである。ちなみに、廣松はこの物象化をこう説明する。「人と人との社会的関係（この関係には事物的契機も媒介的・被媒介的に介在している）が、"物と物との関係"ないし"物の具えている性質"ないしはまた"自立的な物象の相で現象する事態"、かかる事態が物象化という詞で指称されている」（廣松［1983］95頁）。また平子友長はつぎのように規定する。「経済的形態規定の神秘的性格は二重の転倒過程、二重の Quid pro que（置き換え）によって媒介されていることがわかる。すなわち、生産において人格と人格とがとりむすぶ社会的関連 Beziehung が、人格の外部に自立化して、物象と物象との社会的関係 Verhältnis として現象するという第一の転倒（物象化）と、この物象と物象との社会的関係が、さらに物のうちに自己内反省をとげ、物象化された関係そのものからも相対的に自立化した物の dingliche Qualität（物的質）、あるいは dingliche Eigenschaft（物的属性）として現象するという第二の転倒（物化）によって二重に媒介されている」（平子［1979］120頁）。要するに、廣松の規定で「人と人との社会的関係が……物と物との関係」の相で現象する事態を、また平子の規定で「人格と人格とがとりむすぶ社会的関連が……物象と物象との社会的関係として現象するという、第一の転倒」を、筆者はこれらの論者にならって「物象化」という用語でいいあらわすということである。ただし、このような物象化現象を基礎に発生する物象的諸関係の自立化という事態に関しては、あとで確認するようにマルクス自身は「呪物崇拝（Fetischismus）」という用語でいいあらわしている。「物象化」と「呪物崇拝」については、高橋洋児の指摘するとおり「マルクス論

者たちの間でも，両者を明別することなくむしろ同義にもちいることがならわしとなっている」(高橋［1981］167頁）ともいえ，確然とした線引きができないということもまた否定できない事実であろう．

5) Hodgson［1988］p. 10. 訳9頁。なお，制度そのものは，たんに「社会的組織」というだけでなく，こうした制度にとっての不可欠の構成契機である，伝統，慣習，法律等々の社会的な諸制約もまた，それ自体がひとつの制度として把握されなければならないことはいうまでもなかろう．

第Ⅰ編

資本主義経済システムと価値論

第1章　商品世界における価値とその実体

第1節　はじめに

　いわゆる市場経済をどのような経済システムと捉えるのかについては，第2次世界大戦後の主流経済学のなかでも大きくは2つの相対立する見解が存在する。一方は，市場経済を完全情報と完全な計算能力（あるいはつねに最適な行動を選択可能な能力）を具えた個人すなわち合理的経済人からなる安定的な自己調節的システムとして捉えようとし，他方は，これを不確実性や不完全情報，さらには投機などの存在によりつねに不均衡にさらされた不安定なシステムとして捉えようとする。前者に属するのは，いずれ新古典派的正統と合流してゆくことになる，ケインズ主義の黄金時代にサムエルソン，ヒックス，クライン等によって試みられた「新古典派総合」の立場，さらには1970年代以降に反ケインズ主義の経済学として一世を風靡するマネタリズム，サプライ・サイドの経済学，合理的期待形成学派などであろう。これにたいして，後者は，そうしたシステムの不安定性が資本主義経済の制度的諸条件に内在することを強調し，それを克服するための政策的手段と制度的改革の道を模索したケインズ経済学の基本的な立場であり，とりわけJ・ロビンソン等のケインズ左派，あるいはスラッフィアンを含むポスト・ケインジアンによって継承された立場であるといえる。

　マルクス学派のばあいには，これも諸派による理論構成の違いも無視できないとはいえ，一般的には，この市場経済（資本主義経済）を不均衡累積的な資本蓄積過程によって恐慌や悪性インフレ，スタグフレーション，あるい

はバブル経済（資産インフレ）などに周期的に見舞われながら，歴史的時間のなかでその制度的枠組みそのものが変化してゆくようなシステムとして捉えようとしている，ということはできよう。

さらにいえば，マルクス学派のばあいには，この市場経済が同時に特殊歴史的な資本主義経済として把握されることは確認するまでもないにせよ，これがさらに呪物崇拝（Fetischismus）を基軸的な要素とした経済システムとして捉えられていることが大きな特徴であろう。いいかえるなら，マルクス学派のばあい，資本主義・市場・経済は，何よりもまず商品呪物（＝価値）や貨幣呪物（＝一般的な価値姿態）さらには資本呪物（＝自己増殖する価値の運動体，すなわち主体＝実体としての価値）などに媒介され存立する歴史的に独自の経済システムとして捉えられているということである。

本章の目的は，まず第一に，この資本主義・市場・経済システムの基本的な物象的契機をなす商品および貨幣の呪物性について，マルクスがこれらをどのような理論構造のなかで把握しているのかを示すことにより，その市場経済に関する基本的認識の特徴を闡明してゆくことにある。第二に，そのことをふまえて，彼の呪物性に関する認識がどのようなものであったのか（その詳細については第3章で）をあらかじめ確認し，これがまたその労働価値論——とりわけ，価値実体概念としての抽象的人間的労働把握——のなかにどのような位置づけをあたえられていたのかを究明することである。

第2節　資本主義・市場経済の把握

ここでいう市場経済システムとは，その実質からいえば，資本主義経済システムをさすことはいうまでもなかろう。では，いかなる意味で市場経済は資本主義経済と一致するのか。まずは，この点から確認してゆくことにしたい。

資本主義経済システムとは，資本という独自の運動体（主体＝実体としての価値）の不断の再生産運動に媒介されて，全体としての社会的生産過程（生産，消費，流通，分配の諸過程の総体＝経済）が遂行され，そのことによってわれわれ自身の物質的ならびに社会的な生活再生産が実現されてゆく，

歴史的に独自な経済システムである。この意味で，資本はこの経済システムの現実的な担い手ともいうべき存在であり，この資本（ならびに，その再生産運動）なしには何も動かない経済システムが資本主義である，といっても過言ではないであろう。

この資本主義システムの現実的担い手としての資本は，われわれの立場からは自己増殖する価値の運動体として把握される。このばあい，資本（運動体）としての価値は，貨幣資本からはじまり剰余価値をともなって再びもとの貨幣資本に還帰する循環運動（再生産過程）を無限に繰り返す運動の主体として把握される。と同時に，それは，貨幣資本，生産資本，商品資本，そしてまた貨幣資本というかたちで，流通過程と生産過程との2過程にまたがって不断の変身（姿態変換）を遂げつつ運動する実体——すなわち，変身もしくは姿態変換の実体——としても把握される。この意味において，主体および実体として把握された価値が，自己増殖する価値の運動体としての資本なのである。

このような資本概念は，よく知られているようにマルクス体系では商品および貨幣からの理論的〈上向〉過程の一環として措定されている（貨幣の資本への転化）。ここにおいては，貨幣はその現物形態そのものが価値をあらわす文字どおりの価値の絶対的定在として措定され，使用価値と価値との矛盾的統一体として措定される商品とともに市場の基本的な論理的構成契機として把握されている。このように，市場経済（または商品経済）は，いわば商品と貨幣という相互に不可分の関係に立つ2つの物象的契機から論理的に概念構成されているのであるが，その基礎上に資本（すなわち資本主義システムの現実的担い手）が概念構成されるという関係になっている。

そこで，市場経済システムは，以上のように把握されているかぎりで，資本をその現実的な担い手とする資本主義システムの論理的な先行条件をなすものといわなければならないであろう。もちろん，ここでの立場からすれば，市場経済システムと資本主義システムとは現実的に一個同一の存在であって不可分のものである。それをこうした論理的関連（または序列）において捉えるのは，いわゆる下向プロセスを介して両者を理論的に分離し，しかるのち市場経済システムの基礎上に資本主義経済システムを理論的に再構成（総

合）するという独自の方法（上向法）が取られるからである。

　実際『資本論』の理論展開は，こうした〈上向〉法に基づいてなされている。第1‐3章までは，いわゆる単純商品流通の想定のもとで，資本主義のいわば理論的な表層部分ともいうべき市場経済（＝商品経済）の基本的構造を明らかにし，第4章以下で資本を登場させて，いわば総体としての資本主義経済システムを理論的に再構成（上向）する過程にとすすんでいる。上記の商品─貨幣─資本という概念構成上の序列も，こうした上向過程にしたがったものであることはいうまでもない。

　このばあい注意すべきは，単純流通のもとで資本は論理的に排除されてはいるが，そこに資本が存在していないわけではないという点である。単純流通のもとでも，その背後にあって資本は自らの不断の再生産運動をとおして経済システム全体の再生産（生産，消費，流通，分配）を動かしつづけている。しかし，われわれがこの社会的生産の流通過程にだけ焦点を合わせているかぎりでは，そのことは視野に入ってこないのである。

　要するに，ここでわれわれが問題にしている市場経済（商品経済）とは，資本主義的な社会的再生産過程（＝経済）の流通部面にのみ着目し，もっぱらこの側面から資本主義経済システムを捉えたものだということである。この意味で，資本主義システムの再生産運動（総体）の現実的な担い手である資本の存在は，ここではひとまず理論的に捨象されているというに過ぎない。市場経済システムがその実質から言えば資本主義経済システムであるというのは，以上の意味においてである。

第3節　呪物崇拝に覆われた世界

1　呪物崇拝と商品世界の再生産構造

　市場経済システムという独自の社会的生産過程が実現されてゆくためには，その現実的な担い手としての諸個人が，各自の計算や判断，そしてその責任に基づいて自らの遂行しうる生産量や消費量を決定すること，さらには一般商品のみならず労働力商品，土地，貸付資本などを含むさまざまな商品の購買量や販売量を決定することを条件としている。

こうした決定は，市場経済システムのもとではつねに価格計算を媒介にして行なわれるが，この価格計算は商品ならびに貨幣の呪物性もしくはそれらにたいする人間たちの呪物崇拝の存在を前提している。つまり，生産，消費，分配，流通等々，社会的生産過程を構成するそれぞれの経済的過程において，そうした価格計算が可能なのは，人々の意識のなかで一定量の価値を内属すると思われている諸商品に一般的購買力をもつ貨幣が観念的に等置される――そうしてあたえられた諸商品の交換価値（＝価格）をとおしてそれらの価値が表現される――からであり，したがってまた，そこにおいて彼らが商品および貨幣の呪物崇拝に陥っているからである。

こうしたそれぞれの経済的過程でなされる個々さまざまな決定は，終局的には市場すなわち流通過程に反映（集約）され，そこをとおして社会的生産過程全体の規模と内容が決定されてゆくことになる。市場（＝流通過程）がこうした独自の位置づけをあたえられるのは，この市場をとおして社会全体の生産と消費とがむすびつけられ，さらには，この市場をとおして賃金，利潤，地代，利子，配当収入等々の所得諸形態を取った社会的総生産物の分配が遂行されるからである。そして，ここでもまた呪物崇拝が重要な機能をはたす。

なぜなら，ここにおいてさまざまな経済的諸関係の担い手としてあらわれる諸個人は，彼らの所持する諸商品が価値性格をもつと思い込むからこそ，これを市場において貨幣として実現しようとするのであり，彼らはまた貨幣があらゆる商品にたいする直接的交換可能性（＝一般的購買力）という独特の経済的力能をもつと思うからこそ，この貨幣との交換を求めるのである。つまり，彼らは商品ならびに貨幣の呪物崇拝に陥ることによって，はじめてそれらの持ち手変換（＝交換）過程を実現することができ，そのかぎりではまた自らの社会的生産過程を実現してゆくことができるのである。この点については，たとえばインターネット上に成立している現代の新しい形態の市場においてもまったく変わることがない。

以上は，資本主義経済システムにおける社会的物質代謝過程の特質を市場経済という当該システムのいわば表層領域で捉えたものである。マルクスは，こうした市場経済という論理次元で把握された資本主義経済システムを「商

品世界（Warenwelt）」とよんでいるが，これは，市場経済という独自の経済的空間に付着する呪物崇拝に着目して名づけられたものにほかならない。

　この商品世界においては，諸商品がそれら自身のあいだで関係をとりむすぶ独立した主体としてあらわれてくる。それは，確かに奇怪といえば奇怪な空間だが，マルクスにとっては，そうした空間の設定は資本制生産社会をその総体において開示してゆくための理論的上向過程の不可欠の一環として捉えられていたといってよい。そこでは，諸商品すなわち諸物象（Sachen）が運動の担い手としてあらわれ，われわれ社会形成の主体だと思いこんでいる諸個人（Personen）はそうした諸商品の運動（「諸物象の運動」）にふりまわされ，規制される奴隷かロボットのごとき存在として位置づけられているのである。そして，そのような独特の商品世界の想定に基づいたうえで，マルクスはつぎのように論じている。

　　もし諸商品がものを言うことができるとしたら，彼らはこう言うだろう。われわれの使用価値は人間の関心をひくかも知れない。使用価値は，物としてのわれわれに具わっているものではない。が，われわれに物的に具わっているのはわれわれの価値なのである。われわれ自身の商品物としての交通（Verkehr）がそのことを証明している。われわれはただ交換価値としてたがいに関連しあうだけなのだ。(K. I, S. 97.)

　みてのとおり，ここでは商品そのものが互いに交通（もしくは交流，交際）をとりむすぶ主体，あるいは「交換価値としてたがいに関連しあう」主体として取り扱われている。このような主体としての諸商品の交通によって形成されるような関係は「価値関係」とよばれるが，商品世界とは，こうした諸商品を能動的主体として形成される独特の空間なのである。マルクスは，このような商品世界の構成契機としての諸商品の価値関係について，つぎのように論じている。

　　商品形態やそれが自らをそこで表示する諸労働生産物の価値関係（Wertverhältnis）は，諸労働生産物の物理的性質やそこから生ずる物

的な諸関連とは絶対に何のかかわりもない。ここで人間にたいして諸物の関係という幻影的形態をとるものは，ただ人間自身の特定の社会的関係でしかないのである。それゆえ，その類例をみいだすためには，われわれは宗教的世界の夢幻境に逃げこまなければならない。ここでは人間の頭脳の産物が，それ自身のあいだでも人間とのあいだでも関係をとりむすぶ自立的な諸主体のようにあらわれてくる（erscheinen）。商品世界では人間の手の生産物がこうなのである。これを私は呪物崇拝（Fetischismus）と名づけているが，それは諸労働生産物が諸商品として生産されるや否やこれに付着するものであって，したがって商品生産と不可分なものである。(Ibid., S. 86-87.)

このように「人間の手の生産物」がそれ自身の生命をふきこまれ，それら自身のあいだでも人間とのあいだでも関係をとりむすぶ自立的な諸姿態のようにあらわれてくる事態をマルクスは「呪物崇拝と名づけている」。ただし，諸商品が現実的にこうした運動をくりひろげるというわけではもちろんないだろう。ただ，商品世界では事態がそのようにみえる（erscheinen）のである。諸商品がそれら自身のあいだで関係をとりむすぶ自立的な諸主体としてあらわれてくる（erscheinen）のは，実際には人間たちの社会的運動でしかないものが諸物象の運動の形態をとり，この諸物象の運動に人間たちが逆に制御されるという転倒的状況がそこに発生しているからである。この点，マルクスは言う。「生産者たち自身の社会的運動が彼らにとっては諸物象の運動の形態をもっているのであって，彼らはこの運動を制御するのではなくて，この運動によって制御されているのである。」(Ibid., S. 89.)

例をあげて説明しよう。たとえば商品の価格運動の背後には供給と需要それぞれの側に立つ人間たちの社会的運動がかくされている。この意味で，商品の価格運動は人間たちの社会的運動が諸物象の社会的運動となってあらわれてきたものといえる――資本制社会にあっては，多くのばあい，この価格運動の背後に人間たちの社会的運動を直接的に見出すことはもはやできず，そこに直接見出しうるのは，これまた資本という独自の行動原理と行動様式とをもつ諸物象の運動体である（つまり，ここでは社会的生産過程の物象化

構造がそれだけ深化している）——が，こうした価格運動は，同時に人間たちの意思や予見や行為と直接関わりをもたない，それに固有の運動法則をもって展開されているようにみえる。ここでは，人々は，この価格運動（諸物象の運動）を制御するのではなく，逆にそれに制御され導かれながら，彼ら自身の社会的生産を遂行してゆかざるをえないのである。彼らは，その生産，消費，分配そして流通という社会的生産過程の諸局面において，それに固有の運動法則をもって展開する諸物象の運動に規制されながら[2]，さまざまな経済的決定やその変更を行なってゆかざるをえないわけで，ここにいわば転倒的な構造（物象化された構造）をもった社会的物質代謝過程が形成され，遂行されてゆくことになるのである。諸商品がそれら自身のあいだで関係をとりむすぶ自立した主体であるかのようにあらわれてくるのは，こうした転倒的な社会的生産構造をもつ商品生産（さらには資本制生産）社会に固有の事態なのであって，マルクスはこうした独特の経済空間を商品世界と名づけているのである。

2 物象化

商品世界とは，商品や貨幣（より高次には資本）などの呪物崇拝に陥った人間たちの社会的運動が諸物象の運動の形態をとり，この諸物象の運動を人間たちが自由に制御できずに逆に「これによって制御される」——だから，ここではそうした諸物象の運動が人間たちの外部の存在するひとつの「客観」としてあらわれてくる——そういった転倒的な経済空間，もしくはそうした物象的論理が支配する社会をあらわしている。

この独自の空間は，理論的には，もっぱら諸物象（Sachen）の社会的関係として物象的な側面からだけ捉えることができるし，他面ではまたこれをもっぱら人間と人間（＝諸個人もしくは諸人格：Personen）の社会的関係としてだけ捉えることも可能である。

たとえば，われわれが入手できる生きた現実経済の運動を示す諸データは，ほとんどが人間抜きの（すなわち，それぞれに独自の彼らの社会的諸関係抜きの），物象と物象との社会的関係だけを表現する価格タームや物量タームによって表示されるデータである。これは，経済をもっぱら物象的な側面か

ら捉えたものである。このような物象と物象との社会的関連としてあらわされる現実経済の運動は，われわれ人間の個人的な思惑や期待や予測を超えて，それ固有の運動法則をもって自律的に展開している。これは物象的諸関係の自立化あるいは広い意味での物象化とよぶべき事態である。

　ここで物象化（Versachlichung）とは，とりあえずヒト（Person）とヒトとの関係が当事者たちの意識にあたかもモノ（Sache）のように映現する事態，あるいは諸人格の社会的関連が諸物象の社会的関係となってあらわれてくる（erscheinen）事態をいう。ただし，このように物象化するヒトとヒトとの関係は，たんなる諸個人同士の社会的関係というわけではない。ここでのコンテキストをふまえていえば，彼らは，互いに商品世界に固有の経済的諸関係の担い手として独自の社会的関係をとりむすぶのであり，そうした社会的に規定された特定の人格性（Persönlichkeit, personality）を帯びているということに注意しなければならない。

　さらに，商品世界においては，このヒトとヒトとの関係がモノとモノとの関係となってあらわれる（第1段階）だけではなく，このモノとモノとの関係のなかで自立化した「モノの論理」（＝物象的論理）にヒトが逆にコントロールされる，ある種の転倒現象（第2段階）が発生することはすでに指摘したとおりである。このような物象的諸関係の自立化は，商品世界における物象化に必然的に付随するもので，ここではこれを広い意味での物象化として捉えている。そこで，この広い意味での物象化については，つぎの諸点に留意すべきである。

　まず第一に，こうした物象化現象は，モノがヒトを支配するという意味でネガティヴな面をもつが，他方ではまた人間のもつある種の能力としてポジティヴな面をもあわせもっているという点である。たとえば，人間は，貨幣というモノの力を借りて，経済外的な強制力として働く人格的依存関係（封建的くびき等）から解放され自由になった部分もあるし，また同じくモノとしての「資本の論理」に身をゆだねたことによって巨大な生産力を獲得することもできたということもある。むろん，それはその裏側にあるネガティヴな事柄と引き替え可能になっているということも看過すべきではなく，そのいずれか一方だけを強調することはできない。

第二に,この広い意味での物象化は,諸人格の社会的関連が諸物象の社会的関係となってあらわれ（第1段階）,この諸物象の社会的関連のなかで自立化した「物象の論理」によって逆に人間たちがコントロールされる（第2段階）という2段階の論理からなるが,この物象化構造のなかでは,その第1段階の諸人格の社会的関係が第2段階で自立化した「物象の論理」によって規律づけられる,ということに注意しなければならない。つまり,ここで互いに社会的関係をとりむすぶ諸個人は,その第2段階では,自立化した「物象の論理」の存在を前提し,それを意識のうえにおいて行動を取らざるをえないということである。これが,物象的論理による諸人格の社会的諸関係の制御あるいはコントロールの実質的な意味である。

　ただし,第三に注意すべきは,物象的諸関係の自立化あるいは広い意味での物象化といっても,そこではヒトとヒトとの社会的関係（＝諸人格の社会的関係）が全面的（あるいは普遍的）にこの物象的論理によってコントロールされ規制されるということにはならない,ということである。たとえば,そこに商品世界が成立していれば,国やその歴史的・文化的段階がどんなに違っていても,まったく同じように物象的論理（たとえば「市場の論理」「価格メカニズム」等々）が貫徹するというようにはならず,その貫徹様式はそれぞれに異なったものとなる。というのも,諸人格の社会的関係は,それぞれの社会に固有の歴史や伝統に根ざした,倫理や道徳,宗教,人間・社会観,自然観,美意識等々の文化的要素（広い意味での価値観）によって支えられている部分も大きいからであり,そうした文化的要素の如何によってはこの関係を制御するところの物象的論理の貫徹の仕方もそれぞれに異なってこざるをえないからである。

　そこで,この事態をみやすくするために,広い意味での物象化構造の第1段階で,商品世界に固有の経済的諸関係の担い手としてあらわれた諸個人（persons）をいま仮に「経済人」と名づけることにしてみよう。すると,ただちにわかることは,人間はこのような「経済人」としての被規定性においてのみ存在しているのではないということである。現実的で具体的な個人は,彼をとりまく多様な社会的諸関係のなかで,それらの担い手としてさまざまな役割行動を時と場所に応じて取りうるのであり,それによってまた独自の

パーソナル・ヒストリーと個性とを獲得して，この世にただひとりの人格（person）として存在できるのである。そこで，さらにこの人間のもつ「経済人」以外の被規定性を「社会人」という概念で把握するなら，この広い意味での物象化構造の第2段階においては，こうした人間の「社会人」としての被規定性が物象的論理の貫徹様式をさまざま異なったものにする，とみることも可能となろう。

　それゆえ，分析の具体的レヴェルにおいては，こうした物象的論理によって規制されコントロールされるヒトとヒトとの関係（＝諸人格の社会的関係）がどのような歴史的・文化的な特質をもつのか，あるいはそこでの主体としての諸人格がどのような歴史的・文化的な特徴を帯びた社会的諸関係の担い手なのか，ということを認識することが決定的に重要な意味をもつことになる。それによって，商品世界の一極を構成するモノとモノとの関係（＝諸物象の社会的関係）のなかで形成される物象的論理の貫徹の仕方がそれぞれ異なってくるからである。

　そこで，たとえば欲望の充足だけを目的に行動（＝最適化行動）するような，極めて単純な人間類型（たとえばホモエコノミクス）を主体とした諸人格の社会的関係を想定しておき，価格メカニズム等の経済法則（＝物象的論理）がいかなる社会状況のもとにおいても普遍的に貫徹すると主張する経済学があるとすれば，その経済学がいかに大きな誤りを犯しかねないのか。この点に思いを致すべきであろう。これは理論経済学の陥りがちな弊害として，つねに心しておかなければならない点でもある。

　とはいえ，この物象的論理は，国によってあるいはその歴史的・文化的段階によってそれぞれに異なることはあっても，商品世界においては何らかのかたちで貫徹されてゆかざるをえない（でなければ，それは市場経済ではない）ということもまた重要な事実である。広い意味での物象化構造の第1段階において，互いに社会的関係をとりむすぶ諸個人がもっぱら商品世界に固有の経済的諸関係の担い手（「経済人」）としてだけあらわれたのは，この商品世界の第一義性をふまえてのものにほかならない。が，この第一義性は商品世界の部分性をも意味しているのである。こうして，物象的諸関係の自立化あるいは広い意味での物象化という事態は，上述したような諸人格の社会

的関係を規制する文化的要素をも包含しうる概念として把握されなければならない。と同時に，商品世界という固有の経済的空間はこのような意味での物象化をその基本的な編成原理として存立している，ということがあらためて強調されなければならないであろう。

さて，このような物象化という事態について，マルクスはこれをどう捉えていたのか。この点を確認しておこう。彼のばあいには，これを商品連関（＝諸商品の交換関係）の内奥に理論的に析出される労働連関次元にまで遡って，つぎのように論じている。

> 交換価値を生み出す労働を特徴づけるものは，諸人格の社会的関連（die gesellschaftlich Beziehung der Personen）がいわば逆転して，つまり諸物象の社会的関係として（als gesellschaftliches Verhältnis Sachen）自らを表示することにある。ひとつの使用価値が交換価値として他の使用価値に関連するかぎりにおいてのみ，種々の諸人格の労働は同等でしかも普遍的な労働として，相互に関連させられる。したがって交換価値とは，諸人格間の関係だということが正しいとしても，物的外皮（dingliche Holle）のもとに隠された関係だということがつけ加わらなければならない。(Kr., S. 21.)

> 商品世界の呪物的性格は，商品を生産する労働の特有な社会的性格から生ずる。……私的諸労働は，事実上，交換が労働生産物をして――また労働生産物を介して生産者たちをして――入り込ませる諸関連（Beziehungen）によって，はじめて社会的総労働の構成分肢たることを実証する。したがって，生産者たちにとっては，彼らの私的労働の社会的関連はそのあるがままにあらわれる。すなわち，彼らの労働そのものにおける諸人格の直接的に社会的な関係としてではなく，むしろ諸人格の物象的関係および諸物象の社会的関係としてあらわれる。(K. I, S. 97.)

要するに，ここでいわんとしていることは，労働連関次元における人間たちの関係が，商品世界では「彼らの労働そのものにおける諸人格の直接的関

連 (die gesellschaftlich Beziehung der Personen)」としてではなく，商品連関に媒介されて行なわれるということ，言い換えるなら，ここでは人間たち（もしくは諸個人：Personen）の社会的関係が物象に媒介され（＝「諸人格の物象的関係」），さらにはそれが自立化した物象的諸関係（＝「諸物象の社会的関係」）としてあらわれる，ということである。ただし，ここにおいては先述した広い意味での物象化には言及されていない。だが，商品世界がそのような広い意味での物象化構造をもつことを示唆していたのは，もちろんマルクスその人であった。

いずれにせよ，こうした物象化という事態を承認したうえで，これら諸物象のあいだに生ずる運動の因果関係や法則性を解明しようとしたのが経済学という学問のそもそもの成り立ちであったわけで，この意味でも，市場経済すなわち商品世界をもっぱら物象的な側面からだけ捉えることは現実的・理論的意義をもつのである。

他方，こうした物象的関係の背後に隠されているとはいえ，現実的に経済を動かしているのは，さまざまな社会的関係を形成し，そのなかで活動している人間たちである（彼らの社会的諸関係のなかには，それぞれの個別資本＝企業体を形成する人々の社会的関係も当然含まれる）。そして，こうした立場に立てば，われわれは物象と物象との関係を主体的に作りだす諸人格の社会的関係として，もっぱら人格的側面から現実経済を捉えることもできるであろう。

とはいえ，すでに述べたように，人間たちはこの現実経済における本来の運動の主体でありながら，呪物崇拝に囚われているばかりか，彼らからは自立した，固有の運動法則をもって展開する諸物象の運動を制御できずに逆にこれに規制され，その時々の意思決定やその変更を行なっていかざるをえないという立場におかれている（その典型を，ある種の矛盾累積過程としてあらわれる景気循環の諸局面にみることもできよう）。ここにおいては，社会的運動の真のイニシアティヴは人間たちにではなく，あくまでも諸物象の側にある。

そして，こうした商品世界という独自の空間を構成する，諸物象の社会的関係と諸人格の社会的関係のうちの前者については，さらに次のように説明

をつけ加えてゆくことができよう。

3　狭義の商品世界

　商品世界においては，あらゆる商品が「それ自身の生命をあたえられて，それら自身のあいだでも人間とのあいだでも関係をとりむすぶ独立した姿」であらわれ，そこに諸物象の社会的諸関係が形成される。もちろん，商品世界そのものは，すでにみたように，こうした諸物象の社会的関係だけではなく同時に諸人格の社会的関係としても捉えられなければならないが，理論的には後者を捨象してもっぱら前者のレヴェルでだけ商品世界を捉えることも可能である。そこでいま，物象と人格との相互依存的かつ転倒的な関係として捉えられた空間を広義の商品世界とよび，人格的関係を捨象した物象的関係のレヴェルでだけ把握された空間を狭義の商品世界とよぶとするなら，後者は次のような物象的関係として示される。

$$W_1 = G, \quad W_2 = G, \quad W_3 = G, \quad W_4 = G, \quad W_5 = G, \quad \cdots\cdots W_n = G$$

　要するに，これは商品世界に存在するすべての種類の商品（W_1, W_2, W_3, W_4, W_5, ……W_n）が一般的等価物の地位に立つ貨幣（G）に関係行為することによって形成される諸物象の社会的関係であって，ここにおいては，商品（物象）そのものがそれらの社会的な関係をとりむすぶ自立的な主体として取り扱われている。ちなみに，『資本論』第1編第1章「商品」（以下，商品章とよぶ）で前提されているのはこの狭義の商品世界であって，そこではもっぱら商品を主語＝主体として理論展開がはかられているわけである。[4]

　さらに，こうした狭義の商品世界から貨幣を理論的に捨象するなら，われわれはまた市場経済を表象する独自の理論的空間に到達する。それは，商品世界のあらゆる種類の商品が他のあらゆる種類の商品にたいして関係をとりむすぶことによって形成される，次のような多極的商品関係あるいは多極的価値関係として示される。

$$W_1=W_2, \quad W_1=W_3, \quad W_1=W_4, \quad W_1=W_5, \quad \cdots\cdots W_1=W_n$$
$$W_2=W_1, \quad W_2=W_3, \quad W_2=W_4, \quad W_2=W_5, \quad \cdots\cdots W_2=W_n$$
$$W_3=W_1, \quad W_3=W_2, \quad W_3=W_4, \quad W_3=W_5, \quad \cdots\cdots W_3=W_n$$
$$\vdots \qquad \vdots \qquad \vdots \qquad \vdots$$
$$W_n=W_1, \quad W_n=W_2, \quad W_n=W_3, \quad W_n=W_4, \quad \cdots\cdots W_n=W_{n-1}$$

　こうした多極的商品関係あるいは多極的価値関係は，発達した商品世界（狭義の商品世界）から貨幣が捨象された空間であって，あくまでも理論的，仮設的な空間でしかないのであるが，それは現実経済の分析（下向）をとおして到達した商品世界のある種の理論的表象として捉えることができる。あるいは，それはここから実際の貨幣に媒介された諸商品の価値関係（すなわち完成された狭義の商品世界，さらには広義の商品世界）へと上向展開できる論理的な一段階として位置づけることが可能である。

　たとえば，商品章の第1・2節では，2商品の価値等式（$W_1=W_2$）の分析から価値ならびに価値実体の分析が行なわれているが，ここで前提されている経済空間は上述の理論的・仮設空間であり，2商品の価値等式（$W_1=W_2$）そのものはこの理論的・仮設空間を構成する多極的商品関係の一構成要素，と考えることができる。また，商品章・第3節（価値形態論）では，簡単な価値関係（$W_1=W_2$）の分析から簡単な価値形態（価値表現関係）が析出されるが，この形態分析の対象とされる簡単な価値関係もまたこの多極的商品関係の一構成要素としての商品関係として捉えることができるのである。

　さらに，われわれはこうした商品連関（＝「諸物象の社会的関係」）の次元からその内奥に理論的に析出される労働連関（＝「労働そのものにおける諸人格の直接的関連」）の次元へと下向することができる。それというのも，市場経済のもとでは，すでにみたように，諸労働の社会的関連がそれらの生産物の（商品としての）社会的関係に媒介されて遂行されるからで，こうした労働連関次元への下向分析はそのような社会的生産（＝経済）構造の認識をふまえたものである。

こうして，マルクス学派のばあい，そのもっとも基礎的なレヴェルにおける市場経済の把握は，呪物崇拝を基軸とした物象と人格との相互依存的かつ転倒的な空間すなわち商品世界（広義）としてなされうる。次いで，市場経済はそこでの物象的関係に焦点を定めた狭義の商品世界として捉えられ，さらには，こうした物象的関係（＝商品連関）の内奥に理論的に析出される労働連関次元にまで分析が深められることになる。この点は，現代資本主義においてますます大きな存在になりつつある，インターネット上のサイバー空間に成立したバーチャル市場を含めて考えても，同じことである。問題は，このような呪物崇拝を基軸とした，重層的・構造的な市場経済の把握がどのような理論的内容をもつのかであるが，この点については節をあらためて論じてゆくことにしたい。

第4節　価値性格と労働

　マルクスにおける資本主義・市場経済の基本認識を問題にするばあい，やはりマルクス理論の骨格体系をかたちづくる労働価値論がその問題とどのように関わるのかを明らかにすることが必要となろう。通常，労働価値論（投下労働説）とは，商品の価値（その源泉と大きさ）をそこに投下もしくは対象化されている労働によって説明する理論と考えられている。ただし，ここでの問題に関するかぎり，その労働価値論は呪物性論もしくは呪物崇拝論との関連が重要である。

　マルクス理論では，価値は，何よりもまず商品の呪物的性格をあらわすものとして捉えられなければならず，これと価値の実体とされる「抽象的人間的労働」との理論的関連が理解されなければならないのである。言い換えるなら，その労働価値論においては，呪物崇拝の主体である人間（その意識）と商品価値ならびに価値実体との関係，さらには，この関係を基本的に説明すべき価値形態論の理解が決定的に重要になるということである。以下では，まず商品の価値とその呪物的性格との関係から考察してゆくことにしよう。

1　価値性格

　商品は，その生産および交換の当事主体にとっては，それが一定の使用価値をもつのと同じように，交換価値または価値をもっているかのように映現している。この意味で，この当事主体たちにとって商品が価値をもつということは，疑う余地のないひとつの客観的な事実なのである。ところが，われわれの立場からすれば，そうみえるのは，彼らが商品世界に特有の呪物崇拝に陥っているからだということになる。このように考えるかぎり，価値とは，何よりもまず商品の呪物的性格として捉えられなければならない，ということが理解されよう。

　これにたいして，この価値の実体が「抽象的人間的労働」であり，その凝固が商品の価値対象性であるというのは，もっぱら分析者の立場からする商品価値の規定である。こうした価値の内容は，呪物崇拝に陥っている生産・交換の当事主体にとってはまったくあずかり知らぬ事柄であって，彼らにとっては，そこに人間労働が対象化されていようとなかろうと，商品であるかぎり，それは価値をもつのである。この点に関連して，マルクスはつぎのように論じている。

　　　人間が彼らの労働生産物を互いに価値として関係させるのは，これらのものが彼らにとっては一様な人間労働の物的な外皮として認められるからではない。逆である。彼らは，彼らの異種の諸生産物を互いに交換において価値として等置することによって，彼らのいろいろに違った労働を互いに人間労働として等置するのである。……使用対象の価値としての規定は，言語と同じように，人間の社会的な産物だからである。(K. I, S. 88.)

　要するに，生産・交換の当事主体たる人間にとっては，商品価値ははじめからあたえられている[5]，ということである。したがって，商品が価値をもつのはそこに価値の実体たる抽象的人間的労働が対象化されているからだ，あるいは，この対象化された抽象的人間的労働が人々の意識に商品価値（商品呪物）として反映されているのだという主張は，もっぱら分析者の立場から

商品呪物の秘密を言明したものといわなければならないであろう[6]。

では，この抽象的人間的労働概念によって説明される商品価値（＝商品呪物），つまり商品の呪物的性格とは具体的には商品のどのような性格をいうのであろうか？

マルクスは，人々の意識に映現している商品の呪物的性格を商品の「価値性格（Wertcharakter）」またはその「社会的な自然属性（gesellschaftlche Natureigenschaften dieser Dinge）」とよんでいる。のちに確認するとおり，商品価値とは，もっぱら社会的関係のなかでのみその存立を支えられるのであって，そのかぎりでは商品の社会的属性でしかない。ところが，人々の目にはそれがあたかも商品に生まれながらに具わった自然的属性であるかのようにみえる。ここから商品の価値性格はその「社会的な自然属性」とよばれたわけであるが，では，この価値性格は具体的には人々の意識にどのような商品の性格として映っているのであろうか？

まず，いいうることは，商品の価値性格は直接的には価格という現象形態をとってあらわれるということである[7]。商品の価格形態は，その価値性格の現象形態というべきものであり，たとえば A 商品 X 量の価格はつぎのような貨幣との等置関係によって示される。

$$A商品X量＝貨幣Y量$$

ここで，貨幣はあらゆる商品に対する直接的交換可能性という特殊な経済的力能をもつことが前提されている。なにゆえに貨幣はそのような特性をもつのか？　分析者は，この謎を明らかにしなければならない立場にいる。が，とりあえずは，こうした貨幣の呪物的性格もしくは貨幣呪物をそのまま認めたうえで，商品の価値性格（商品呪物）が人々の意識にどのような性格をもつものとして映っているのかを確認してゆこう。

ここで商品は，貨幣との等置関係のなかで２つのことを表現している。ひとつは，あらゆる商品との直接的な交換可能性をもつ貨幣と A 商品とがイコールだということによって，A 商品自身も貨幣と同じ経済的力能をもつということを間接的に表現しているということである。これは，商品の価値性格の質的な側面の表現といえよう。もうひとつは，この価値性格の量的な側面

で，A 商品 X 量のもつ経済的力能（交換可能性）の大きさが貨幣の Y 量に等しいということである。

さて，商品の価値性格が人々の意識にどのように映現しているのか。これはすでに明らかであろう。要するに，商品の価値性格すなわち商品の呪物的性格とは，あらゆる商品にたいする直接的交換可能性という特性をもつ貨幣との等置関係のなかであらわされるような，商品のもつある種の経済的力能なのである。具体的には，他の諸商品にたいする直接的交換可能性——アダム・スミスのいう「他の財貨にたいする購買力（power of purchasing other goods)」——として人々の意識に映じている商品の属性，これが価値性格（商品呪物）だということになろう。さらに一般化していうなら，われわれ人間が商品や貨幣さらには資本などの諸物に内属していると感じるある種の経済的力能，それが諸物の呪物性にほかならない。

2　価値性格と私的労働の社会的性格

では，この商品の呪物性すなわちその価値性格の根拠は何であろうか？言い換えるなら，商品の価値性格として人々の意識に反映されているものはいったい何なのであろうか？

マルクスは，商品を生産する異種的な私的諸労働の同等性という独自の社会的性格が人々の意識に商品の価値性格として反映され，それが商品呪物をつくりだすと考えている。この価値性格という概念そのものは，『資本論』の現行版ではじめて登場したものであるが[8]，ひとまずはこれを典拠によって確認しておこう。

> 互いに非依存的な私的諸労働の独自な社会的性格は，これらの労働の人間労働としての同等性にあり，そしてこの社会的性格が労働生産物の価値性格（Wertcharakter）の形態をとる。(K. I, S. 88.)

> 私的生産者たちの頭脳は，……異種の諸労働の同等性という社会的性格を，これらの物質的に違った諸物の，諸労働生産物の，共通な価値性格という形態で反映させる。(Ibid., S. 88.)

商品形態の神秘に満ちたものは単純につぎのことにあるのである。すなわち商品形態は人間にたいして彼ら自身の労働の社会的性格を労働生産物そのものの対象的性格として，これらのものの社会的な自然属性（gesellschaftlche Natureigenschaften dieser Dinge）として反映させる……ということである。(Ibid., S. 86.)

みてのとおり，商品の呪物性すなわちその価値性格とは，商品を生産する「私的諸労働の独自な社会的性格」あるいは「異種の諸労働の同等性という社会的性格」が人々の意識に反映されたものとして捉えられている。最後の引用文でいわれている「労働生産物そのものの対象的性格」「これらのものの社会的自然属性」というのも，その内容からすれば商品の価値性格をいいあらわしたものであろう。

ここで，商品生産・商品交換の当事主体たる人間たちの意識に商品の価値性格として反映されている「私的諸労働の独自な社会的性格」とは，分析者の観点からは，その生産物を社会的に有用たらしめる労働の具体性・有用性を一切捨象した抽象的労働をさしている。この抽象的労働の凝固が，いわゆる価値対象性である。人々の頭脳のうちに商品のもつ「対象的性格」として反映され，いわば「労働の社会的性格の対象的外観」(Ibid., S. 88.)となっている価値性格（呪物的性格）の正体とは，マルクスによれば，この抽象的労働の凝固としての価値対象性である。もちろん，このことは商品世界の呪物崇拝のなかに生きる人々にとっては不可視なのであって，分析者（実はマルクス）だけがいいうることでしかない。

なお，ここでいう私的労働の社会的性格とは二重の性格をもっている。この点も，マルクスの論述によって確認しておこう。

生産者たちの私的諸労働は実際にひとつの二重の社会的な性格をうけとる。それは，一面では，一定の有用労働として一定の社会的欲望を満たさなければならず，そのようにして自分を総労働の諸環として，社会的分業の自然発生的体制の諸環として実証しなければならない。他面では，

私的諸労働がそれら自身の生産者たちのさまざまな欲望を満足させるのは，ただ特殊な種類の有用な私的労働のそれぞれが別の種類の有用な労働とそれぞれ交換可能であり，したがってこれと同等なものとして通用するかぎりでのことである。(Ibid., S. 87.)

もちろん，商品の呪物的性格（＝価値性格）として人々の意識に反映されるのは，後者の社会的性格，すなわち相互に異質な諸労働のあいだの交換可能性であり，同等性である。これについて，マルクスは上記の引用文につづけてつぎのように論じている。「互いにまったく違っている諸労働の同等性は，ただ諸労働の現実の不等性の捨象にしかありえない。すなわち，諸労働が人間の労働力の支出，抽象的人間的労働としてもっている共通な性格への還元にしかありえない」(Ibid.) と。

以上から明らかになることは，ここでマルクスが労働間の「交換可能」性と労働の同等性とをほぼ同一視しているということであり，さらには，この労働の同等性を抽象的労働として捉えているということである。すなわち，ここでは，諸労働の交換可能性＝労働の同等性＝抽象的労働という，三位一体的な関係が成立しているということである。では，異種的な諸労働の同等性（＝私的労働の社会的性格）と，商品が具えるようにみえる，あるいは商品生産・交換の当事主体の意識に映現する他商品への直接的交換可能性（＝呪物性）とはいったいどのような関係にあるのか？　言い換えるなら，なぜ労働の同等性と交換可能性とがつながるのか？　以下では，この問題を検討してゆこう。

3　労働の同等性と交換可能性

同等性と交換可能性については，ひとまずつぎのような意味でならば，われわれはそこに一定の共通項を見出すことができるように思われる。

いま仮に，AとBという互いに形態の異なった物体を取り上げ，そこに共通の内容を見出すことができたとする。このようなばあい，たとえその形態は異なっていても，その内容（または本質）の「同等性」において，AとBとは互いに「置き換え」あるいは「取り替え（wechseln）」可能であり，し

たがってまたこの意味において「交換（wechseln）」可能であるとはいいうる。つまり，内容（＝本質）の「同等性」という概念のなかには，この意味での「交換（Wechsel）」の可能性が含蓄されている，ということができるのである。

　もちろん，これは，商品の譲渡による領有またはその持ち手変換という意味での「交換（Austausch）」の可能性ではありえない。つまり，それは鉄10ｇと砂糖10ｇとは同じ重さをあらわすという意味では，お互いに「置き換え」または「取り替え（wechseln）」可能だが，だからといって，それらがそれぞれ固有の欲望をもつ人間たちのあいだで互いに等しいものとして「交換（austauschen）」可能だとは必ずしもいえない，ということである。

　では，マルクスが労働の同等性とむすびつけている「交換可能性」は，このどちらの意味なのであろうか？

　実のところは，この両方の意味をもつのである。ただし，それぞれの行為主体は異なっているということに注意しなければならない。一方の「交換（Wechsel）」の主体は商品，あるいは商品（＝物象）を主体＝主語として論理を展開する分析者である（彼は，自分の頭脳のなかで２つの商品を等置し相互に「置き換え」ることができる）。他方の「交換（Austausch）」は，いうまでもなく商品所有者またはその交換の当事主体たる人間たちである。この両者の違いについて，マルクス自身は，つぎのように論じている。

　　商品所有者を特に商品から区別するものは，商品にとっては，他のどの商品体も，ただ自分の価値の現象形態として通用しているだけだという事情である。だから生まれながらのレヴェラーズであり，皮肉屋である商品は，他のどの商品とでも，たとえそれがマリトルネスよりもっと見苦しいものであろうと，心だけでなく身体まで取り替えよう（wechseln）といつでも用意しているのである。このような商品に欠落している商品体の具体的なものにたいする感覚を商品所持者は自分自身の５つ以上もの感覚で補うのである。(K. I, S. 100.)

　要するに，生まれながらのレヴェラーズ（＝水平主義者・平等主義者）で

ある商品主体は，相手の商品が自分と同じ価値としての同等性をもつなら，いつでも自分を相手と「取り替え（wechseln）」よう，あるいは「交換（wechseln）」しようとしている。その理由は，商品が「商品体の具体的なものに対する感覚」を欠落しているからであり，したがって商品はその使用価値の相違を無視して，もっぱら価値としての同等性だけであらゆる商品と関係をとりむすぶことができるからである。

これにたいして，人間が商品の「交換（Austausch）」の主体として登場すると，その所持する商品があらゆる商品と交換可能であるというわけには当然いかなくなる。人間にはそれぞれ固有の欲求，欲望があり，それゆえにまた商品の使用価値の違いを無視することができないからである。

以上から，つぎのように結論を出すことができるであろう。商品を主体とする「交換（Wechsel）」の可能性とは，あらゆる商品との交換可能性であり，そのかぎりで無差別性・無制限性に特徴をもつ。これは，それ自体としては価値の実体である抽象的労働の「同等性」を基礎とし，事実上それは諸商品（または諸労働）の等置可能性というべきものである。他方，人間を主体とする「交換（Austausch）」の可能性は，文字どおり商品の持ち手変換（または譲渡による領有）の可能性を意味し，使用価値による制約によって差別性・制限性に特徴をもっている。マルクスは，このように互いに異なった意味をもつ「交換」可能性を接合させているのであるが，ただ単純に両者を同一視しているというわけではなさそうである。そこには，つぎのような理論的関連がつけられているとみることが可能である。

商品をその形成主体とした価値関係を分析し，そこから商品の形態規定性を論定するときには，抽象的労働の同等性を基礎とした「交換（Wechsel）」可能性が用いられる。他方，人間を主体とする呪物崇拝を取り上げて，商品や貨幣のもつ価値をそれらの呪物的性格として論定するときには，持ち手変換という意味での「交換（Austausch）」の可能性が用いられる。ここでもまた，前提されているのは商品世界（広義）の独特の構造であって，2つの意味をもつ「交換（Wechsel, Austausch）」概念の転換は，商品世界の構成契機内部の物象的諸関係から人格的諸関係への，あるいは商品主体から人間主体への，分析者の視点の転換を介して行なわれうるのである。

要するに，ここでは，そうした視点の転換を介して，商品主体の「交換」可能性が人間主体の「交換」可能性に転換される。あるいは，商品を主体とする価値関係のなかで析出された商品の形態規定性が人間たちの意識に映現する商品呪物に読み替えられる，という関係にある。言い換えれば，商品を主体とした「交換（Wechsel）」の可能性が人間の意識に映現するとき，それは商品の持ち手変換という意味での「交換（Austausch）」の可能性となり，これがまた商品や貨幣の呪物的性格を説明すべきものとして措定される，ということである。

こうして，呪物性の内容をなす交換可能性と労働の同等性との理論的関連，もしくはその関連づけを可能にする論理構造は明らかになった。マルクスのばあい，このような労働の同等性がすでにみた私的労働の社会的性格として捉えられる一方で，それがまた価値の実体として「抽象的人間的労働」という概念で捉えられている。そこで，次節では，この価値実体とされる「抽象的人間的労働」概念のもつ独特の論理構造を解明しながら，マルクス労働価値論の基本的課題について確認してゆくことにしよう。

第5節　抽象的人間的労働の2つの導出方法とマルクス価値論の課題

マルクスの価値論は，前節においてみてきたように，何よりもまず商品世界を覆う呪物性の説明原理として存在している。もちろん，それはこれだけの課題で尽きているというわけではない。他方において，その価値概念は，資本主義経済のもとで市場を介して行なわれる搾取の説明のための基礎範疇として存在している。価値実体概念としての「抽象的人間的労働」は，この2つの課題に適応可能な概念として商品章のなかで独特の方法によって措定されている。そこで本節では，この基礎範疇としての抽象的人間的労働がどのように導出され，またそれが呪物性と搾取の説明というマルクス労働価値論の2つの課題とどのように関わっているのかを明らかにしてゆきたい。

商品章のなかでは，抽象的人間的労働概念は，2つの方法または論理レヴェルで導出されている。ひとつは，商品章第1・2節においてであり，いま

ひとつは価値形態論が展開される商品章第3節においてである。まずは，前者のそれからみてゆくことにしよう。

1 商品章第1・2節における価値実体分析

マルクスは，商品の価値とその実体たる「抽象的人間的労働」とを『資本論』商品章第1・2節における商品分析をとおして析出しているが，それは商品から使用価値を捨象することによって抽象的人間的労働を導出するという，みようによってはある種の観念的操作ともいえる方法を用いている。その核心部分を示せば，つぎのようであった。

> 労働生産物の使用価値を捨象するならば，それを使用価値にしている物体的な諸成分や諸形態をも捨象することになる。それは，もはや机や家や糸やその他の有用物ではない。労働生産物の感覚的性状はすべて消し去られている。それはまた，もはや指物労働や建築労働や紡績労働やその他の一定の生産的労働の生産物でもない。労働生産物の有用性といっしょに，労働生産物にあらわされている労働の有用性は消え去り，したがってまたこれらの労働のいろいろな具体的形態も消え去り，これらの労働はもはや互いに区別されることなく，すべてことごとく同じ人間的労働に，抽象的人間的労働に還元されているのである。(K. I, S. 52.)

このような独特の方法にたいして，かつてベーム・バヴェルクは「蒸留法」なる悪名を授けたものであるが，この方法的意義についても実はマルクスに固有の呪物性論もしくは呪物崇拝論との関連を理解することが必要である。この点の詳細については，またあと（本書第3章）で明らかにすることにして，とりあえず，ここではこの商品章第1・2節で措定された価値実体としての抽象的人間的労働概念の内容を確認しておこう。

ここで「無差別な人間労働の，すなわちその支出の形態には関わりのない人間的労働力の支出」，この意味ではまたいかなる具体的有用労働にも共通する「人間の脳や筋肉や神経や手などの生産的支出」として措定された抽象的人間的労働は，つぎの二重の規定性をもっている。

まず第一に，抽象的人間的労働は，さまざまな使用価値を生産する具体的有用労働からその具体性や有用性が一切捨象された労働——そのかぎりではまた「生理学的意味での人間的労働力の支出」(K. I , S. 61.) としてしか捉えようのない労働——として規定されている（抽象的労働）。第二に，抽象的人間的労働は，「平均的に誰でも普通の人間が，特別の発達なしに，自分の肉体のうちにもっている単純な労働力の支出」という意味で「人間的労働一般の支出」(Ibid., S. 59.)——あるいは「労働そのものの尺度単位 (Maßeinheit)」(K. I , 1 Aufl., S. 4.) としての単純労働の支出——に還元された労働として規定されている（人間的労働）。こうした二重の規定性において，抽象的人間的労働は，相互に無差別，同質的な労働であると同時に，相互に量的な比較や等置を可能にする労働なのである。

さて，この抽象的人間的労働概念は，上述したような商品章第1・2節における独特の商品分析から析出されるのであるが，この商品章第1・2節の論理レヴェルにおいて，まず前提されていることは商品が価値をもつということ，言い換えるなら，そこでは商品の呪物的性格がそのまま認められているということである。そのうえで，商品から使用価値を捨象し，その使用価値を生産する具体的有用労働の「有用性」やそれらの諸労働の「具体的形態」をも捨象することで抽象的人間的労働が価値の実体として析出され，この抽象的人間的労働の凝固が価値対象性として規定されている。要するに，ここでは，はじめから商品世界に付着している呪物崇拝が前提され，そのうえで，もっぱら分析者の立場から——いわば彼の思惟に媒介されるかたちで——商品呪物の正体が開示されているということである。しかも，それは分析者の立場から一方的・定義的に言明されているにすぎない。以上が，商品章第1・2節における価値実体分析の特徴である。他方で，商品章第3節ではどうか。

2 「異種的諸労働の人間的労働一般への還元」の論理

商品章第3節では，第1・2節とは異なり，抽象的人間的労働概念が分析者の思惟（観念操作）に媒介されるのではなく，「社会的過程」(K. I , S. 59.) によって成立する実在的概念として措定されている。以下に示す「異種的諸

労働の人間的労働一般への還元」の論理がそれである。

> ただ異種の諸商品の等価表現だけが，価値形成労働の独自的性格を現出せしめる（zum Vorschein bringen）。けだし，等価表現こそが異種の諸商品のうちに含まれている異種の諸労働を，事実上，それらに共通なものに，人間的労働一般に還元する（reduzieren）のだからである。(K. I, S. 65.)

ここで示されている等置（＝「等価表現」）による「異種的諸労働の人間的労働一般への還元」は，商品章第1・2節でなされた分析者の思惟のなかでの，いわばその抽象力による還元とは明らかに異なる。ここでは，そうした還元もしくは抽象が諸商品の価値関係という，それらの社会的関係（社会的過程）のなかで遂行されるのであり，ここに文字どおり「社会的生産過程のなかで日々行なわれる抽象」（Kr., S. 18.）として異種的諸労働の「人間的労働一般」への還元が論定されている。要するに，この「異種的諸労働の人間的労働一般への還元」の論理は，商品世界内部の労働の社会的な抽象化機構の存在を明らかにしたものといってよい。この「異種的諸労働の人間的労働一般への還元」の論理のもつ意義について，物象化論を視軸として独自の『資本論』理解を提示している廣松渉は，つぎのように論じている。

> マルクスは，第一節「商品の二要因」論では，初めから学知的立場において，交換的等置における「共通の第三者」を分析し，「価値抽象への還元」を遂行してみせたのであったが，そこでは当の還元の過程的構造，すなわち「日々現実に遂行される抽象」——人間的労働の社会的平均的な抽象的人間的労働としての措定——の過程的構造は明示されていなかった。そこでは，抽象的・実体的な規定が，学知的フェア・ウンスな立場でストレートに定立されていたかぎりで，抽象の手続があたかも単なる論理的抽象・論理的還元の手続にすぎないかのような外観を呈したのであった。しかし，当の抽象は，決して悟性論理的な抽象ではなく，日々現実に，つまり，社会的過程で遂行される抽象なのであって，これ

の過程的構造を明示する必要がある。そして現実に，この課題が，価値形態論における「廻り道」の論理構制の呈示によって応えられている次第なのである。

　商品世界の原初的な現象形態に立返って，当事主体たちの für es な視座を扮技してみるとき，そこでは，交換的等置の両極，リンネル（生産・所有者）と上衣（生産・所有者）との対他‐対自的な被媒介的存立構造において，はじめて，「価値」および「抽象的人間的労働」への対他‐対自＝対自‐対他的な「還元」が遂行される。（廣松［1987］171頁）

　この廣松独特の言い回しと論理展開のうちに「異種的諸労働の人間的労働一般への還元」の論理がもつ理論的意義は言い尽くされているといってよい。つまるところは，商品章第3節「価値形態論」で第1・2節における「価値実体論の再措定」が行なわれているというわけだが，問題は何ゆえにそのような手続きがとられたのかということであろう。ただし，この点を本書の立場から究明するには，残念ながら現段階では準備不足といわざるをえない。これについては，本書の第3章でもう一度取り上げ，こうした手続きのもつ理論的意義を明らかにする予定である。いまここでは，つぎのことを注意しておきたい。

　上記引用文中で廣松のいう「人間的労働の社会的平均的な抽象的人間的労働としての措定」とは，商品を生産する私的具体的諸労働がそれらの社会的関係（諸商品の価値関係）のなかで「抽象的人間的労働」に還元される――すなわち，それら諸労働がその具体性や有用性を捨象された「人間的労働」（＝単純労働）に還元される――という意味であろう。このばあい，さまざまな使用価値を生産する具体的有用労働がその具体性や有用性を捨象され，あらゆる労働と無差別な「抽象的労働」に還元されるという意味で，そうした労働の抽象化機構もしくは社会的還元機構が存在する，ということは承認できる。ところが，複雑労働を含む諸労働がそれらの尺度単位としての人間的労働（＝単純労働）に還元される，という意味での「社会的過程」もしくは労働の社会的還元機構は存在しうるのかどうか。この点は問題である。海外のマルクス学派でこの問題に着目した数少ない論者のひとりであるＣ・カ

ストリアディスは，この「社会的過程」に言及したあとつぎのように論じている。

> このような"社会的過程"とは何であるのか，そうしたことはありうるのか？　唯一そのような過程としてわれわれが考えうるのは，……市場における異なった労働の生産物の対審（confrontation）の過程であり——したがって再度いうなら"競争"であって，それが間接的にこうした還元に作用するのである。(Castoriadis [1978] pp. 680-81.)

ここでいう「社会的過程」とは，具体的にはマルクスが複雑労働の単純労働への還元の過程を論じたさいに用いた表現である。カストリアディスのばあいにも，この過程はいわば尺度単位としての同質労働の生成過程として肯定的に捉えられているように思われる。だからこそ彼はつぎのように論ずる。「実体・労働それ自体の自己確証（identity）は，大工業，大量生産，市場，競争において行なわれる生産物ならびに労働の「同等化」によってのみ考えることが可能である」(Ibid., p. 684.)。彼はまた，こうした労働の同質性を「現実的な幻想（real phantasmagoria）」と捉え，これをつぎのように説明している。「現実的な幻想，すなわち諸個人と諸労働の実際上の疑似的同質性（pseudohomogeneity）というこの歴史的な構築物は，資本主義のひとつの制度（institution）であり，それの創造物なのである」(Ibid., p. 688.)。

みてのとおり，カストリアディスも廣松と同様に，複雑労働の単純労働への還元という「社会的過程」を肯定的に捉え，これを「資本主義のひとつの制度（institution）」であるとまで言明している[9]。

確かに，マルクス自身がこのような複雑労働を単純労働へと還元する「社会的過程」の存在を認めていたことはカストリアディスのいうとおりであろうし，また例の商品章第3節における「異種的諸労働の人間的労働一般への還元」の論理が，異種的諸労働の同質労働（＝「抽象的労働」）への還元（すなわち労働の抽象化）の過程だけではなく，同時に複雑労働の単純労働への還元の過程としても論定されていた，ということは廣松の明らかにしているとおりであろう。

ただし事実問題として、そのような複雑労働を尺度単位としての人間的労働（＝単純労働）に還元する「社会的過程」もしくは労働の社会的還元機構が商品世界の内部に実在するのかということになれば、それにたいする答えは否定的なものとならざるをえない。

なぜ否定的なのか。この問題については、次項においてあらためて取り上げてゆくことにしよう。

3　マルクス価値論の2つの課題
(a)　労働の同質性あるいは同質労働の二類型

マルクスの価値論には大きくは2つの課題があった。ひとつは、搾取や剰余価値の存在を理論的に説明するという課題である。いまひとつは、商品呪物（＝価値）や貨幣呪物（＝価値の絶対的定在）、さらには資本呪物（＝自己増殖する価値の運動体、主体＝実体としての価値）に媒介されて存立する市場経済の存立構造を明らかにするために、呪物性の説明原理として労働価値論を用いるということである。

第一の課題を果たすためには、剰余労働を含む投下労働による価値規定、それに基づく剰余価値の説明、さらには剰余価値をもとにした利潤率の説明を行なわなければならず、その結果、いわゆる転化問題の解決を不可避的に迫られることになる。この立場は、いわゆる体化労働説とよばれる立場に立って搾取もしくは剰余価値の存在を説明しようとするものだが、このばあいには、何よりもまず価値は量的計算が可能な集計概念として把握されなければならない。そのためにはまた、異質的な諸労働を同一の社会的な単位（Einheit）へと通約し、それらの量的計算を可能にする諸労働の尺度単位（Maßeinheit）が必要とされる。このような同一の単位に通約された労働は、その集計や量的比較が可能な労働であり、そのかぎりで同質労働の資格をもつといいうる。ここでは、これを尺度単位としての労働の同質性とよんでいる。

これにたいして、実は第二の課題（呪物性の説明原理）のためにも、これとはまた異なった意味での同質労働の存在が必要とされる。では、それはどのような意味での同質労働なのか？

呪物性の説明原理としての労働価値論とは，商品，貨幣，資本などに内属する経済的力能として人々の意識に反映されている「価値」の正体（あるいはその本質，秘密）を私的労働の独自の社会的性格，すなわち抽象的労働に求める理論のことである。商品呪物もしくはその呪物的性格とは，われわれ人間の意識に反映された商品の価値性格をさしている。もともとはこれが現象レヴェルでの商品価値というべきものであって，この呪物的性格としての商品価値の貨幣的表現が価格であった。要するに，この商品呪物としての価値とは，貨幣を媒介にして外的に表現される商品の内的な力能，もしくは他商品にたいする交換力能といってもよいであろう。

　ここからまず確認できることは，この呪物的性格としての商品価値がマルクスにとっては価値分析の出発点として，したがってまた説明すべき対象として存在していたということである。したがって，商品の価値対象性を抽象的労働の凝固・対象化として論定する彼の労働価値論は，そうした呪物的性格としての商品価値の正体（本質，秘密）を解き明かす説明原理にもなっていたということである。[10]

　さらにいえば，『資本論』商品章第 3 節の価値形態論においては，一般的等価物としての貨幣の形態規定性が，その自然形態そのものであらゆる商品の価値を代表するものとして，あるいは価値の絶対的定在として論定されている。これは，商品章第 3 節・価値形態論の理論レヴェルでの貨幣の形態規定性であるが，現象レヴェルでの呪物崇拝という観点からは，この貨幣のもつ特性はつぎのようにいわれることになる。「貨幣呪物の謎は，ただ，商品呪物の謎が人目にみえるようになり人目をくらますようになったものでしかない」(K. I, S. 108.)。要するに，これは価値形態論が貨幣呪物の本質を商品呪物と同じ私的労働のもつ独特の社会的性格に求める理論装置であった，ということを物語るのである。

　ところで，商品章では商品価値すなわち商品呪物は，ひとまず抽象的労働の凝固として措定されている。さらに，この抽象的人間的労働は，いかなる種類の労働においても共通して支出される「生理学的な意味での人間的労働力の支出」(K. I, S.61.) として実体主義的に規定されている。つまり，さまざまな使用価値を生産する具体的有用労働から，その具体性や有用性が捨象

された労働，それがここでの商品価値（＝商品呪物）の実体としての抽象的人間的労働なのである。かくして，ここでは，商品価値すなわちその呪物性の正体が人間労働の独自性（その無差別性・同質性）に求められるのであって，この意味での労働の同質性はさきほどの尺度単位としての労働の同質性とはまた区別される，ということがわかる。ここでは，これを類概念としての労働の同質性とよんでいる。

　さて，搾取の説明原理としての労働価値論と呪物性の説明原理としての労働価値論，この２つの課題を同時に解決しようとするマルクス価値論の戦略概念こそが「抽象的人間的労働」概念であった。それは，「抽象的労働」と「人間的労働」との２つの異なった概念の合成物であり，この点はつぎの叙述に明らかである。

　　上衣が価値であるのは，ただそれがそれの生産において支出された人間労働力の物的な表現であり，したがって抽象的人間的労働の凝固であるかぎりのことである。——抽象的労働であるのは，上衣のなかにふくまれている労働の特定の，有用な，具体的な性格からは抽象されているからであり，人間的労働であるのは，労働がここではただ人間的労働力一般の支出としてのみものを言うからである。(K. I, 1 Aufl., S. 767.)

　ここでいう「抽象的労働」とは，その具体性や有用性の捨象された労働ということであり，さしあたっては「生理学的な意味での人間的労働力の支出」を意味すると考えてよい。他方「人間的労働」とは，諸労働の量的比較や集計を可能にする同一の単位に通約された労働ということで，具体的には諸労働の尺度単位としての単純労働に還元された労働を意味している。ここで重要なことは，抽象的労働と人間的労働とはいずれも労働の同質性を表現する概念であるが，実は両者の同質性の内容が異なっているということである。

　「抽象的労働」は，商品を生産する私的労働が交換をとおして転化すべき社会的労働（あるいは「類」Gattung）としての同質性・無差別性に対応し，いわば類概念としての同質労働を意味する。これにたいして「人間的労働」

は,諸労働の量的比較や集計を可能にする,尺度単位としての単純労働に還元された労働を意味している。このような2つの概念の合成物が「抽象的人間的労働」[11]概念であり,商品章第1・2節ではこの「抽象的人間的労働」が他方の具体的有用労働とならんで自存的なものとして措定されている。

そこで,この合成概念としての「抽象的人間的労働」が意味するのは,労働の尺度単位たる単純労働における「生理学的意味での人間的労働一般の支出」ということになろう。マルクスは,このような労働の具体性や有用性が捨象された人間的労働(単純労働)を「人間的労働一般」(K.Ⅰ, S. 69.)と名づけているように思われる。そして,このような人間的労働一般へ個々の私的具体的諸労働が還元されることを彼は「社会的生産過程において日々行われている抽象」(Kr., S. 18.)とし「このような還元が絶えず行われていることは,経験の示すところである」(K.Ⅰ, S. 59.)と主張するのである。

いま,このような還元が尺度単位としての同質労働と類概念としての同質労働の両方に生じうるかどうかという問題は別にして,ここで確認しておくべきはつぎの点である。

まず,尺度単位としての労働の同質性(マルクスのばあい,単純労働に通約された「人間的労働」がそれに該当する)は,価値を量的計算問題として設定する第一の課題(搾取の説明原理)にとっては不可欠の論理的前提であって,あとでみるように抽象的労働説の立場に立つクラウゼが,これを前提として価値・生産価格論を構築する体化労働説にたいして「同質労働のドグマ」(Krause [1979] S. i. 訳2頁)と批判したところのものにほかならない。これにたいし,類概念としての労働の同質性すなわち「抽象的労働」は,第二の(呪物性の説明)課題に応えうる価値論の論理的前提であり,しかも尺度単位としての労働の同質性はこの類概念としての労働の同質性の基礎上にのみ設定されうる。そして,このような類概念としての同質労働は——あとで示すように社会的生産過程における労働の社会的な抽象化機構が存在するところから——クラウゼのいうようなドグマでは決してない。彼の「同質労働のドグマ」批判は,労働の同質性あるいは同質労働の二類型のうち尺度単位としてのそれについてのみ当てはまるにすぎないのである。

(b) 呪物性の説明原理としての価値論：抽象的労働

　さらに，ここで確認しておくべきことは，私的具体的諸労働からその具体性や有用性が捨象された労働としての抽象的労働概念と，諸労働が共通の尺度単位に還元された人間的労働概念とは，それぞれ異なった論理的機能（意味）をもち，そのかぎりでは両者を分離することが可能だということである。それというのも，抽象的労働は諸労働に同じ社会的な性格（類または共同性）をあたえるという意味で労働を同質化するのにたいして，人間的労働（＝単純労働）は諸労働を同一の尺度単位に還元するという意味で労働を同質化するからである。両者は同じ「同質性」というタームであらわされてはいるが，その論理的機能はまったく異なるのである。

　このように２つの同質労働に還元・抽象化される私的具体的諸労働は，それの生産する商品種類によって，あるいはそれが属する生産過程の種類によって，いわゆる複雑労働と単純労働との違いや労働強度の違いなどが存在している。ここから，それぞれの労働は，一定時間あたりに支出される「生理学的意味での人間的労働力」（以下，生理学的エネルギーともいう）の大きさも各々異なってくるわけで，この意味での異質性を互いにもっているのである。

　このばあい，価値の内在的尺度とされる労働の継続「時間」は，そのままで諸労働を集計し相互に量的比較を可能にする尺度として機能できるということは当然にありえない。労働の継続時間によって，直接的に，それら諸労働を量的に比較したり集計したりできるためには，それらの異質労働を同一の単位に通約できる共通の尺度単位によって，それら諸労働が相互に無差別で同質的な労働に還元されていなければならないからである。

　マルクスにあっては，そのような尺度単位が人間的労働もしくは単純労働であった。彼の抽象的人間的労働概念は，抽象的労働であると同時に，他方ではこのような尺度単位としての単純労働を含むのである。このばあい抽象的人間的労働は，諸労働の尺度単位たる単純労働に還元された「生理学的意味での人間的労働力の支出」と捉えられねばならないのであって，そのうえではじめて時間がこうした抽象的人間的労働の大きさを測る尺度（すなわち価値の内在的尺度）たりうるのである。

64　第Ⅰ編　資本主義経済システムと価値論

　したがって，人間的労働から切り離された抽象的労働そのものは，決して価値の内在的尺度（＝時間）によってその大きさを尺度することはできない。抽象的労働は量的存在ではあるが，それらの集計や相互の量的比較が不可能な各々無関係な個別量として存在するからである。つまり，それ自身は，各々を同一の単位に通約する尺度単位を欠くのであり，そのかぎりではそれぞれが何の関係もない個別的な諸量として存在しているということである。

　ただし，本書の全体において明らかにするように，呪物性の説明原理としての価値論としては，このような同質労働概念で十分なのである。このばあい，価値がそのような抽象的労働の対象化として措定されるなら，これによってその価値性格（呪物性）は規定されても，その大きさが客観的に規定できない——正確にいえば，商品の価値性格（呪物性）は抽象的労働概念で説明できるが，その量については投下労働量で決定できない——というだけである。つまり，類概念としての同質労働（＝抽象的労働）は，その尺度単位を欠いたままでも，商品の価値性格を説明できるかぎりで市場経済の構造分析の「道具」として用いうるのであって，この類概念としての同質労働をキーコンセプトにすることによって，マルクス価値論の第二の課題（呪物性の説明原理）も果たされることになる。つまり，それによって資本主義・市場経済を諸物象と諸人格との相互依存的かつ転倒的な空間として編成される商品世界（広義）として，その独特の存立構造を明らかにすることが可能になる，ということなのである。

(c)　搾取の説明原理としての価値論：抽象的人間的労働

　ところで，抽象的労働概念はもともとが量的存在であり，その尺度単位さえ適切なものがあたえられるなら，これらの集計や量的比較の可能性をもっているということはいうまでもないことである[12]。つまり，抽象的労働は，その尺度単位をあたえることによって，数量的な理論モデルの構築に不可欠とされる集計概念へと転化できる。例の商品章第3節における「異種的諸労働の人間的労働一般への還元」の論理は，諸商品を生産する異質的諸労働がこのような尺度単位を具えた抽象的人間的労働へと還元・抽象化される社会的還元機構の存在を説明するものであり，その意味でこの論理は抽象的人間的

労働概念の社会的存立構造を明らかにするものであった，ということができよう。

ただし，ここではつぎの点に注意すべきである。このような諸商品の社会的関係（＝価値関係）としての商品連関を媒介とした諸労働の等置によって，それら労働の具体性や有用性が捨象されるということ，つまり諸労働が抽象的労働に還元されることは，後述するような意味では承認することができる。ところが，それと同時にさまざまな複雑労働を含む諸労働がそれらの尺度単位としての人間的労働（＝単純労働）に還元されるという主張には，何らその合理的根拠が存在していないということである。

というのも，このような還元が行なわれる場は結局のところ社会的生産過程（生産・消費・交換・分配の諸過程の総体）の一局面をなす交換過程なのであるが，そうした還元を主張できそうなのは，ただこの交換が等労働量交換という意味での等価交換として行なわれるかぎりのことだからである。そのようなばあいには，等価交換（＝等労働量交換）を前提条件にして，逆に交換の場における複雑労働の単純労働への還元という結果を導き出せる。もちろん，このような論理は本末転倒であって，仮にこうした方法を認めるにしても，そのような等価交換（＝等労働量交換）条件は生産価格が成立すれば消滅せざるをえないのである。

こうして人間的労働には，抽象的労働にみられるような現実的な社会的還元機構の存在を見出しえない。結局のところ，この尺度単位としての同質労働たる人間的労働概念は，マルクス価値論の第一の（搾取の説明）課題を果たすための基礎範疇として，いわば人為的に外から商品連関に媒介される労働連関次元にもちこまれてきたものといわなければならないのである。

では，そうであれば，このような尺度単位の設定によって抽象的労働を集計概念に転化し，これを数量的モデル構築の「道具」として用いることは否定されるべきであろうか。否である。たとえそのような社会的な還元機構が存在しないとしても，諸労働を同一の単位に通約しうる尺度単位さえ存在するなら，集計概念としての労働をそうした「道具」として用いることまで否定する必要はまったくない。ただし，そのためには尺度単位としての単純労働はつぎのように解されねばならないであろう。

単純労働とは，特別の訓練や教育を必要としない，普通の人間ならば誰でも行なえる労働のことである。生産過程の種類によっては，こうした単純労働で十分に間に合うものもあれば，それでは間に合わず特別の訓練や教育によって獲得される熟練を必要とするものもある。後者のような生産過程では，単純労働は未熟練労働（＝新規労働力）として扱われ，そこでの熟練労働は他の単純労働によって行なわれる生産過程との比較においては複雑労働として扱われるのである。

単純労働‐複雑労働，未熟練労働‐熟練労働の関係は，このコンテキストにおいては以上のように考えられなければならない。いかなる産業部門でも，新規労働力は原則として未熟練労働（＝単純労働）として参入可能であり，いかなる部門でもまた新規労働力の参入は不可欠である。だから，諸労働は単純労働としては相互に転換可能な性質をもつのであり，この意味において単純労働は「人間的労働」として規定される。だからこそまた，それは諸労働の尺度単位として機能しうるのである。

かくして，それぞれ異なった商品生産労働（異質的労働）は，この相互に転換可能な性質をもつ人間的労働すなわち単純労働をひとつの尺度単位として，その単純労働の確定倍数として理論的には表示可能（還元可能）である。もちろん，諸労働がそのような共通の尺度単位（単純労働）に還元可能であるということと，そうした還元が実際に「社会的生産過程において日々行なわれている」かどうかということはまた別の問題であって，この点は注意を要する。

こうして，その尺度単位の存在さえ明確なら，集計概念としての労働をそうした「道具」として用いること——すなわち，搾取や剰余価値の存在を論証する理論的空間を構築するための，あるいは社会的再生産モデルを構築するための便宜的な概念装置として用いること——は別に問題はないといえる。このようにして構築された理論モデルは，ワルラス的な一般均衡論がその過度の抽象性・恣意性を割引いたうえで経済学上の一定の意味をもつというのとほぼ同一レヴェルで意義をもつ，と認めうるであろう。とはいえ，このばあいも，それがいわゆる体化労働説とよばれる立場に立って搾取もしくは剰余価値の存在を説明しようとする以上，労働‐価値‐価格という理論的オー

ダーを必要とするのであって,そのかぎりで転化問題の解決を不可避的に迫られるということに何の変わりもない,という点は注意すべきであろう。

1) 『資本論』冒頭篇の分析対象が何であるのかについては古くから論争のあるところだが,筆者自身はいわゆる「単純流通説」の立場に立って本文中の議論を組み立てている。つまり,『資本論』冒頭篇の分析対象を資本制商品生産社会の「抽象的な部面」＝「表面」としての「単純流通」あるいは「「生産の彼岸性」に立脚する「ブルジョア社会の表面」としての単純流通」（向井公敏［1986］161頁）として捉えているということである。こうした立場は,向井公敏［1973］,頭川博［1978］,佐藤金三郎［1979］等々によって明確化されてきたものである。なお,この冒頭篇をめぐる論争および「単純流通説」の論争史上の位置づけについては,中川弘［1984］が詳しい。

2) 「このような諸物象（things）の運動は,人間たちにたいしてはひとつの強制力になっているのである。——それというのも,生産が組織されるのはこれらの,"諸物象"（諸商品,貨幣,その他）の運動を介してであって,生産者たちの側での何らかの意識的計画にしたがってなどではないからである」（Pilling［1980］p. 162.）。このような認識は,価値の量的分析に傾斜している欧米マルクス学派では少数派に属す。ピリングのばあい,この認識はさらに深められて次のようにも述べられている。「マルクスにとっては,物に社会的諸関係が付着しているということはけっして「幻想」ではなかった。というのは,資本主義のもとでは,社会を構成する諸個人の労働の間の社会的諸関係は,ただ物質的富の諸対象の間の諸関係として現れる,あるいは現象することができるにすぎないからである。この外観は,マルクスがいっているように「必然的な外観」であった」（Pilling［1972］p. 20. 訳118頁）。

3) 高須賀義博は,このような「全面的交換という物象化された世界」に生きる人間を「経済人」と「社会人」とに分けて,「フェティシズム（経済的虚偽意識）成立の根拠を「経済人」の部分性に求め」ている。後者の概念は,「同一の人間の非「経済人」の部分」を意味するものとされ,グラムシの「市民社会」の住民に近い意味で用いているとされている。（高須賀［1991］247‐56頁参照。）

4) 商品を主語＝主体として論理展開される商品章は,その第4節で商品世界の全体構造——すなわち,諸人格の社会的関係に基礎づけられた諸商品の価値関係という物象的諸関係と,この諸物象の社会的関係に媒介された人格的諸関係という,2つの社会的関係の相互依存的かつ転倒的な空間——を開示する。有井行夫のつぎの論述は,商品章の基本的フレームワークについて

――いくつかの論点において相違はあるものの――私見とほぼ同一の理解に立っていることを示している。「生産諸関係の物象化と商品の能動性，すなわち第1章商品論の対象世界の存在性格においては主語はあくまで商品であること。そして商品論の最終節物神性論が人格の主観的能動性と商品の客観的能動性との物象的連関における統一の把握であること」（有井［1991］236頁）。

5) この意味からするならば，これらの当事主体にとっては，商品は価値をもつようにみえるのである。ここで「みえる」という表現を用いると，つぎのような反論を突きつけられるかもしれない。「「商品交換の内部では」，物の自然属性は，必ずその物の「社会的な自然属性」として現れるのであって，……「恰も……の如く見える」というのでは決してない」（佐藤金三郎［1982］248頁）。しかし，これは価値の何たるかを知る分析者の立場からしてそう表現すべきだという主張にすぎない。商品世界に付着する呪物崇拝に囚われる当事主体の立場からは，商品が価値をもつようにみえるというのはひとつの客観的事実の表明なのである。

6) マルクスは，これを「後世の科学的発見」とし「人類の発展史上に一時代を画するもの」（K. I, S. 88.）と述べている。ただし，ここで注意しておかなければならないことは，この商品呪物の秘密の解明という「科学的発見」は「商品世界」という独自な空間（比喩的にいうなら，その「引力圏」または「磁場」）においてのみ妥当するということである。したがって，それは同時に商品世界という独自の空間の発見をともなっていなければならない。

7) 本文中に示したとおり，筆者は，商品の価値性格すなわちその呪物性を価格形態に見出し，それを価値性格（呪物性）の現象形態として捉えている。これは，商品の価値を貨幣で表現したものが価格であり，この価格形態が商品価値のもっとも完成された現象形態だというのと同じ意味でそう述べているのであるが，こうした理解は典型的には平田清明（［1971］「四 物神性世界の批判的省察」とくに305-9頁参照）においてみることができる。このような理解にたいして柴田信也は「商品物神を価格形態において表象することは首肯しがたい」として，つぎのように論じている。「商品価格は，なるほど金との等置関係を背後に想定してはいるが，そこでは，人と人との社会的関係が，物と物との関係として現象するというよりは，商品それ自身のうちに凝結してしまっている。けだし，価格形態は，商品物神の現象形態ではなしに，貨幣物神の商品への反映に過ぎないのである」（［1972］11頁）。さらには「商品の物神性とは，人と人との社会的関係が物と物との関係として現われることにある，というよく知られた命題は，労働生産物のもっとも簡単な商品形態，x 商品 $A = y$ 商品 B という範式に即して理解されるべきであり，

したがって表象すべき対象としてはその具体的実在性を欠くこと，また価格形態として表象されるべきは，すでに完成した貨幣物神の反射であり，商品物神とは区別される」(20頁) と。こうした理解は，柴田が商品の呪物崇拝をもっぱら諸人格の社会的関係が諸物象の社会的関係としてあらわれるというレヴェルだけで捉え，それが諸物象とならんで同じ商品世界（広義）を構成する人間たちの意識にどのように反映されるのかというレヴェルでは捉えていない，ということを示している。

8) この価値性格という概念は『資本論』の現行版で初めて登場したものであるが，つぎの引用文にみられるように，内容そのものは『資本論』初版の段階から存在していた。「商品の神秘性はつぎのようなことから生ずるのである。私的生産者たちにとっては，彼らの私的労働の社会的な諸規定が労働生産物の社会的な自然被規定性としてあらわれるということ，人々の社会的な諸生産関係が諸物の対相互的および対人的な社会的な諸関係としてあらわれるということがそれである」(K.I, 1 Aufl., S. 47.)。「彼ら自身の労働のこれらの社会的性格は，諸労働生産物そのものの社会的な自然属性として，対象的な諸規定としてあらわれ，諸々の人間的労働の同等性は，諸労働生産物の価値属性としてあらわれる」(Ibid., S. 637.)。

9) カストリアディスによれば，この「労働価値」が「資本主義によって作り出された現象なのか」それとも「歴史貫通的な実体/本質」なのかについては「マルクス自身，きちんと確定できなかった」(Castoriadis [1978] p. 735.) とされる。

10) マルクスの労働価値論は商品世界に付着した呪物崇拝を前提したうえで構築されている。したがって，何よりもそれは，われわれ人間の意識に商品の客観的な属性として映現する商品価値（呪物的性格）の説明原理として位置づけられるべきである。海野八尋は，商品価値の根拠として人間の価値意識の存在をあげ，つぎのように論じる。「我々は人間の労働生産物に対する必然的な，つまり交換以前からの一般的価値意識の存在を認める。……人は労働が尊いということと同時に労働の成果が尊いという意識を持つ。これが価値の始まりである」(海野 [1993] 55頁)。しかし，はじめに分析し，その根拠を説明すべき客観的対象としてあたえられているのは商品の呪物的性格（価値性格）であって，この呪物性の根拠は労働やその成果を尊いものとする，われわれ人間の主観的な価値意識によって説明すべきものではない。要するに，それは，私的労働の独自の社会的性格たる抽象的労働によって商品呪物（価値）を説明する理論として把握されなければならず，われわれ人間の主観的な「価値意識」を基礎に商品価値を説明する理論ではないのである。

11) 『経済学批判』においては，「抽象的人間的労働」という概念は登場してい

ない。そこでは,「抽象的一般的労働（abstrakt allgemeine Arbeit)」(Kr., S. 17.) と「一般的人間的労働（allgemein menschliche Arbeit)」(Kr., S. 19.) という概念が用いられている。どちらかというと，前者は後者の上位概念として位置づけられているように思われる。後者は『資本論』段階でいう「人間的労働」すなわち「単純労働」に対応している。

12) 梅沢直樹は，マルクスの抽象的人間的労働概念が2つの側面をもつことを指摘している（梅沢［1991］第3章「「労働」価値説の二本の基軸」）。ひとつは「商品経済に固有の社会的編成のあり方に注目した抽象的人間労働＝歴史的概念説」または「商品所有者の交わり方に着目した抽象的人間労働論」，いまひとつは「社会的総労働の配分問題に立脚した抽象的人間労働論」である。前者は，本書における類概念としての同質労働（＝「抽象的労働」）に対応する概念とみてよさそうだが，後者は尺度単位としての同質労働（＝「人間的労働」）を意味するものではない。むしろ，それは本書のいう実体化された抽象的労働であり，そのかぎりでは量的存在として捉えられた抽象的労働に対応する概念である。私見では，この実体化され量的存在として捉えられた抽象的労働概念に，尺度単位としての人間的労働（＝「単純労働」）概念を装填することで，はじめて抽象的人間的労働が集計概念に転化する。だが，人間的労働には抽象的労働のような客観的な存立基盤（社会的抽象化機構）が存在しないところから，こうした集計概念によって構築された数量モデルはあくまでも便宜的な概念装置（道具）の地位にとどめられている。これにたいし，梅沢説ではつぎのように考えられている。「抽象的人間労働という範疇自体が生成してくる根拠そのものを問えば，それは各商品が社会的分業の一環として相対的に希少な社会的総労働の一可除分子を担っていること，つまり社会的総労働の配分問題に求められるしかないことになる」（梅沢［1991］82頁）と。要するに，梅沢説では，抽象的人間的労働概念を基礎に社会的総労働の配分問題が展開されるのではなく，社会的総労働の配分問題が抽象的人間的労働概念の「生成」根拠にされているのである。

第2章　価値の量的規定と物量体系

第1節　問題の所在

　価値規定は，その質的規定と量的規定に分けることができる。むろん両者は不可分であって，価値の質的規定を基礎にその量的規定が成り立つという関係にある。そこで最初に，価値の質的規定，量的規定，両者の理論的関連について概説しよう。

　価値は，マルクスにあっては，何よりもまず商品，貨幣，資本などの諸物（経済的諸範疇）に付着した呪物性として捉えられている。これは古典派の労働価値論との大きな違いである。このばあい，呪物性としての価値は，諸商品を生産する私的労働の社会的性格が商品世界に生きる人々の意識に諸物の呪物的性格として反映されたものと捉えられる。このような価値と労働との関係の把握はむろんその質的規定に関わるものである。

　他方，マルクスの労働価値論は，剰余価値および搾取の存在を説明するための基礎理論として存在している。また，この剰余価値および搾取は，資本主義経済のもとでは交換（市場システム）を媒介に実現されるところから，この剰余価値を含む商品価値は，交換価値もしくは市場価格変動の重心（規制原理）として捉えられることになる。と同時に，さらに進んだ論理レヴェルでは，この変動の重心としての価値が資本の運動を媒介とした市場の平均化機構を前提に成立する生産価格として捉えられる。要するに，商品に含まれる労働，すなわち間接労働と直接労働（必要労働＋剰余労働）からなる投下労働全体が，その商品の交換価値（価値価格あるいは生産価格）の大きさ

を規制する，というのが労働価値論の基本的主張であって，こうした価値と労働との関係の把握は，もっぱらその量的規定に関わるものである。

このように，マルクス価値論においては，価値の質的規定，量的規定ともに労働（すなわち価値実体）との関連のもとで捉えられていることがわかる。

ところで，現在の労働価値論の二大潮流をなすのは，価値本質論もしくは体化労働説と抽象的労働説であるが，両説には，この労働と価値との理論的関連のつけ方をめぐり大きな違いが存在する。

体化労働説のばあい，商品を生産するあらゆる労働は，使用価値を生産する具体的有用労働であると同時に価値を形成する抽象的人間的労働として二重に措定され，この意味で諸労働は価値形成労働としてははじめから同質化された労働として規定されている。これにたいして，抽象的労働説のばあいには，体化労働説のように抽象的労働（価値実体）を交換に先立ってそれ自体で存在するものとは捉えず，むしろそうした価値実体把握を「同質労働のドグマ」として批判する。彼らは，マルクスの抽象的労働概念の核心を市場における交換をとおして達成される労働の同質化または抽象化の作用として捉え，抽象的労働や価値は交換が現実に行なわれたときにのみ形成される，と考えるのである。

あとで確認するように，こうした労働と価値との理論的関連をめぐる体化労働説と抽象的労働説との相違は，いわゆる転化問題にたいする両説の取り扱いの違いとなってあらわれてくる。ただし，両説の違いが転化問題をめぐって生じているかぎり，この違いは，あくまでも労働と価値の量的規定をめぐる問題であり，労働と価値の質的規定をめぐる問題ではないという点に注意すべきである。転化問題は，労働によって生み出された価値が長期・平均的な交換価値として規定される生産価格をどう規制するのかという問題に関わって，労働による価値規定（量的規定）が，基本的に総価値＝総生産価格，総剰余価値＝総利潤（＝総計一致二命題）の成立によって保証され正当化されることを明らかにしようとするものだからである。

確かに，抽象的労働説のばあいには，これもあとで確認するように，交換をとおして互いに異質的な諸労働が抽象的労働（同質労働）に還元されると考えるところから，この意味では価値の質的規定に関わる問題領域へと一歩

踏み込んでいる。また，通常，同質労働と異質労働の問題は，いわゆる複雑労働の単純労働への還元問題（要するに，価値の量的規定の論理的前提となる尺度単位に関わる問題）として捉えられるが，抽象的労働説（とくに，あとでみるクラウゼ理論）にあっては，必ずしもそうではない。むしろ，それは私的労働が交換をとおして転化すべき社会的労働における同質性（あるいは類 [die Gattung]）概念とほぼ同じものであるといいうる。ただし，抽象的労働説のばあい，この労働の同質性はもっぱら諸労働の量的表現の理論的前提としてだけ捉えられ，その経済的意味（内容）にまで分析が深められてはいない。つまり，この同質労働は，呪物性としての価値概念（その質的規定）との理論的連関をつけられないままになっているのである。そのかぎりにおいて，現代の労働価値論を代表する体化労働説と抽象的労働説の違いが生じているのは，もっぱら労働と量的価値規定をめぐってであり，労働と質的価値規定（すなわち呪物性としての価値概念）に関してではない，ということができる。

　本章の課題は，この労働と量的価値規定との理論的関連が従来どのように論じられ，どのようなかたちで問題として取り上げられてきたのかを明らかにすることであり，このコンテキストのなかで体化労働説と抽象的労働説の違いを確認しつつ，とりわけマルクス・ルネサンス以降の価値論の重要な理論的ファクターとなった物量体系が両説においてどのような理論的機能を果たしているのかを明らかにしてゆくことである。

第2節　労働と価値の量的規定との理論的関係

　価値論を価値の質的規定に関わる問題領域とその量的規定に関わるそれとに分けたばあい，後者においては，いわゆる転化問題がそこでのもっとも重要な問題として存在している。これは，価値が生産価格をどう規制するのか，あるいは生産過程で投下労働に規定される価値が流通過程で長期・平均的に交換価値を規制する生産価格へどのような論理的手続きをとおして転化されるのかに関わる問題である。この転化問題は，現在にいたるまでも論争が繰り返され労働価値論の最重要問題としての位置づけをもっている。

いわゆる「転化問題」論争そのものは，のちにみるボルトケヴィッチの研究を本格的な契機とするものであるが，この論争は現在までに二度にわたる大きな高揚期を経験している。論争第1期は，1940，50年代であり，P・スウィージー（Sweezy [1942]）が転化問題にたいするボルトケヴィッチの解法を肯定的に紹介したことをきっかけとして起こった。第2期の転化問題論争が再燃するのは，1970年代であり，これは欧米においてマルクス経済学の大きな見直しと再興運動が進められた，いわゆるマルクス・ルネサンスの高潮を背景としていた。

論争第1期では，マルクスが未決問題として残し，ボルトケヴィッチが独自の解法を示した，費用価格の生産価格化の問題に関連し，総価値＝総生産価格，総剰余価値＝総利潤（いわゆる総計一致の二命題）の成否をめぐって論争が闘わされた。これにたいして，論争第2期では，ボルトケヴィッチ以来の転化問題（狭義の転化問題）に一定の解決があたえられる一方，スラッファ理論（Sraffa [1960]）の大きな影響を示す価値不要論の登場や抽象的労働説による体化労働説批判，さらにはサムエルソンのような代表的な近代経済学者の論争への参加（Samuelson [1971]）など，これが労働価値論そのものの成否やその存在意義をめぐる論争へと広がりをみせたところに大きな特徴があった。なお，その後の80年代，90年代には，転化問題そのものが論争第2期に「大きな山を越えた」ということもあって，転化論争そのものは終息期に入ったといえる。以下では，この価値論論争の流れを転化論を中心にあとづけてゆこう。

1 「転化論」論争の基本的内容

転化論は，マルクスにおいては次のような『資本論』体系の論理的構成のなかに位置づけられていたものである。

まず，①生産過程において，価値形成労働たる抽象的人間的労働が商品に対象化され，その対象化された抽象的人間的労働量にしたがって商品価値の大きさが決定される。さらに流通過程にあっては②この価値によって生産価格が規制されるとともに，生産価格が市場価格変動の重心として機能する。このうち，①の論理は『資本論』第1巻レヴェルで，また②の論理は第3巻

レヴェルで展開されている。こうして,『資本論』では基本的に労働－価値－生産価格－市場価格という論理的序列で生産過程から流通過程までを貫く価値・価格論が展開されるが,ここにおいては,価値分析（生産過程を対象領域とする価値・剰余価値論）と価格分析（流通過程を対象領域とする生産価格論),さらには両者の理論的関連を明らかにしつつ価値 $[C+V+M]$ から生産価格 $[(1+r)(C+V)$ または $C+V+P]$ への転化を明らかにする論理（＝転化論）が不可欠とされたのである。

また,『資本論』では,第1・2巻レヴェルで,価値どおりの価格（＝価値価格）での商品交換が想定され,第3巻にきて価値の生産価格への転化が論じられている。ここから,第3巻刊行による『資本論』体系の完結後,第1巻と第3巻との矛盾（具体的には価値と生産価格との2種類の交換比率が存在することの矛盾）として,ベーム・バヴェルクによる批判が行なわれることになった。[4] このベーム・バヴェルクのマルクス労働価値論批判に対してはヒルファーディングの反批判が行なわれ,[5] これは価値の生産価格への転化をめぐる論争のはじまりを告げるものとなったが,転化問題論争がその基本的枠組みを明らかにするのはさらに後年のことである。

マルクスは,価値から生産価格への転化にさいして,よく知られているように,いわゆる総価値＝総生産価格,総剰余価値＝総生産価格という総計一致の二命題の成立をもって,労働価値論の貫徹とその正当性を主張した。しかしながら,実際にはその取り扱いにおいて費用価格を生産価格化しないまま価値の生産価格への転化を行なっており,この点がのちの転化問題論争における大きな争点となったのである。つまり,費用価格の生産価格化によってさきの総計一致の二命題が成立しうるのか否かという問題である。マルクス自身は,この費用価格の生産価格化の必要性は認めつつも,ここにおける価値と生産価格の乖離は費用価格の内部で相殺され全体としては総費用価値＝総費用価格一致という命題が成り立つことを主張し,この問題の第1次接近的なレヴェルではあえてこの点に詳しく立ち入る必要がないということで,事実上この問題を未解決のままに残したのである。

この費用価格の生産価格化を明示的に取り入れたのが,ボルトケヴィッチの解法である。[6] ボルトケヴィッチは,全産業を生産財部門,賃金財部門,奢

侈財［資本家用消費財］部門の3つ（第Ⅰ部門～第Ⅲ部門）に分け，単純再生産を想定したうえで価値体系を次のようにあたえる。

$$
\begin{array}{ll}
\text{I} & C_1 + V_1 + M_1 = C_1 + C_2 + C_3 \\
\text{II} & C_2 + V_2 + M_2 = V_1 + V_2 + V_3 \\
\text{III} & C_3 + V_3 + M_3 = M_1 + M_2 + M_3
\end{array}
\quad (1)
$$

ここでボルトケヴィッチが3部門モデルを採用しているのは，生産価格を再生産可能価格として示そうとしたところにその第一の理由が求められるべきであろう[7]。すなわち，再生産を問題にするかぎり最低でも2部門分割が不可欠であり，さらに剰余価値を所得源泉とする資本家の個人的消費もここでは落とせないために奢侈財部門が加えられて，3部門分割になった，と考えられる。そこで，単純再生産の前提のもとで，価値から生産価格への転化が行なわれたばあい[8]，生産財1単位の価値に対する生産価格の乖離率をx，賃金財のそれをy，奢侈財のそれをzとすると，次のような生産価格体系が得られる（ただし，ここでrは平均利潤率，固定資本は捨象）。

$$
\begin{array}{ll}
\text{I} & (1+r)(C_1 x + V_1 y) = (C_1 + C_2 + C_3) x \\
\text{II} & (1+r)(C_2 x + V_2 y) = (V_1 + V_2 + V_3) y \\
\text{III} & (1+r)(C_3 x + V_3 y) = (M_1 + M_2 + M_3) z
\end{array}
\quad (2)
$$

この(2)式は，3本の方程式からなり，x，y，z，rという4つの未知数を含んでいる。したがって，この連立方程式はいわゆる自由度1の体系であり，その解を得るためには，方程式を1本追加するか，未知数をひとつ減らすかする必要がある。ボルトケヴィッチは，第Ⅲ部門に属する金が貨幣（＝価値尺度）商品であることを考慮して，この部門の乖離率を1とし，

$$z = 1$$

を追加する。そのうえで，この連立方程式を解けば，未知数の平均利潤率r，第Ⅰ部門の乖離率x，第Ⅱ部門の乖離率yが得られ，この生産価格体系は閉じられることになるのである。こうした解法によって，ボルトケヴィッチは費用価格の生産価格化を行ない，それに基づいて以下3つの命題を確認して

いる。すなわち，彼の解法にしたがって費用価格の生産価格化を行なったばあい，

①一般に総価値＝総生産価格一致は成立しない。
②総剰余価値＝総利潤一致は成立する。
③奢侈財部門（第III部門）における資本の有機的構成は，平均利潤率の決定には関与しない。

このボルトケヴィッチの解法は，転化論の基本的な問題の枠組みを明確化し，その後の論争のレールを敷いた画期的なものであったが，その業績は長い間忘れられたままになっていた。スウィージーがこれを「発掘」したのが1940年代であり，転化問題論争が本格的に開始されるのはこのインパクトを受けてからであった。

すでに述べたように，論争は1940年代後半から50年代にかけての第１期と70年代における第２期という２つのピークをもち，この問題をめぐってさまざまな見解や解法が提示されてきている。そのなかでも，置塩信雄の示した解法は，費用価格の生産価格化というボルトケヴィッチによって基本的なレールが敷かれた転化論の方法的枠組みのなかではもっとも優れたものであって，労働‐価値‐生産価格というマルクス固有の論理的序列と方法をふまえているという点で，伝統的な労働価値論の立場を継承すると同時に，それを代表するものであったといえる。

この置塩の解法は，一般には「逐次修正転化論」とよばれているが[9]，特定の価値決定式をあたえたうえでマルクスの転化手続きを繰り返してゆくことにより生産価格が得られることを論証したものである。この最初の価値決定式は，つぎのようにあたえられる。

$$\begin{align} \text{I} \quad & t_1 = a_1 t_1 + \tau_1 \\ \text{II} \quad & t_2 = a_2 t_1 + \tau_2 \\ \text{III} \quad & t_3 = a_3 t_1 + \tau_3 \end{align} \tag{3}$$

このばあいもまた，ボルトケヴィッチと同じ３部門モデルが採用されている。いま，ここでは第 i 部門（$i=$ I, II, III）で商品１単位を生産するために生産財 a_i 単位，労働 τ_i 単位が必要とされるケースが想定され，そのばあ

い，生産財，賃金財，奢侈財それぞれ1単位を生産するための直接・間接の投下労働量＝価値は，上記の連立方程式で決まる t_1, t_2, t_3 であたえられる。

いま，I, II, III部門の生産量を x_1, x_2, x_3 とし，労働者が時間あたり受け取る消費財で測った実質賃金を R とすると，各部門における剰余価値は，

$$\tau_i x_i (1 - R t_2)$$

となる。ここで，$\tau_i x_i$ は i 部門で支出された「生きた労働」量をあらわし，$\tau_i x_i R t_2$ は価値で測った支払い労働 (V) 部分をあらわすことから，両者の差額 $(\tau_i x_i - \tau_i x_i R t_2)$ が剰余価値である。以上をふまえて，各部門の投下資本，剰余価値および価値の関係を示すと，

	資　本	剰余価値	価値
I	$a_1 x_1 t_1 + \tau_1 x_1 R t_2$	$\tau_1 x_1 (1 - R t_2)$	$t_1 x_1$
II	$a_2 x_2 t_1 + \tau_2 x_2 R t_2$	$\tau_2 x_2 (1 - R t_2)$	$t_2 x_2$
III	$a_3 x_3 t_1 + \tau_3 x_3 R t_2$	$\tau_3 x_3 (1 - R t_2)$	$t_3 x_3$

となる。そこで，このばあいの剰余価値の社会的総計は $\Sigma \tau_i x_i (1 - R t_2)$，また同様に総投下資本は，$\Sigma a_i x_i t_1 + \Sigma \tau_i x_i R t_2$ であるから，平均利潤率（第1次のそれ）は，

$$\mu_1 = \frac{\Sigma \tau_i x_i (1 - R t_2)}{\Sigma a_i x_i t_1 + \Sigma \tau_i x_i R t_2}$$

である。したがって，各商品単位あたりの第1次生産価格は，次のようになる。

$$p_1^1 = (1 + \mu_1)(a_1 t_1 + \tau_1 R t_2)$$
$$p_2^1 = (1 + \mu_1)(a_2 t_1 + \tau_2 R t_2)$$
$$p_3^1 = (1 + \mu_1)(a_3 t_1 + \tau_3 R t_2)$$

ここから，マルクスの方法にしたがって，第1次，第2次……というように，それぞれの生産価格と利潤率を求めながら，価値→第1次生産価格→第2次生産価格……と繰り返してゆくことによって，各部門に均等な利潤率と，

それに規定された生産価格に収束してゆくことが明らかになったわけである。[10]

　こうして，置塩理論は，ボルトケヴィッチにより着手された費用価格の生産価格化という問題にたいして一定の決着をつけることになったのであるが，マルクス・ルネサンス期に入ると，さらに大きな前進がみられることになった。

　置塩理論では，その「逐次的修正転化論」という独特の論理を駆使することによって総価値＝総生産価格の成立が論証されたが，他方それが同時に総剰余価値＝総生産価格の命題と両立することは否定されることになった。これにたいして，シートンと森嶋は，フロベニウス固有ベクトルをその理論的[11]核心とした，フォン・ノイマンの斉一成長モデル（いわゆる成長経路の「黄金時代」）というひとつの仮設的体系を設定し，そうした理論的空間のもとで，価値および剰余価値率を規定する諸要因（言い換えるなら価値体系の諸カテゴリー）で平均利潤率を定義できる――それによって同時に総剰余価値＝総利潤一致の成立を論証できる――ことを示したのである。このことは，価値によって基準化される生産価格を求めるかたちで，利潤率や生産価格が価値や剰余価値率に規制されることを論証したものにほかならない。

　さらに，森嶋は，同じフォン・ノイマンの「黄金時代」のもとで置塩の解法（「逐次的修正転化論」）を展開することにより総価値＝総生産価格も同時に成立しうること，したがってまた，ここにおいて総計一致二命題が両立できることをも論証している（Morishima［1974］）。こうして，フォン・ノイマンの「黄金時代」という独特の理論的空間（いわば，ある種の仮構の世界）を設定することによって，総計一致二命題が両立可能であることが示されたことで，転化問題はこのマルクス・ルネサンス期（論争第Ⅱ期）にひとつの「大きな山を越えた」（高須賀［1979］142頁）と評価されるにいたったのである。

2　新しい労働価値論の展開

　マルクスから現在にまでいたる労働価値論の展開過程をみると，労働と価値の量的規定との理論的関連をどうつけるのかという問題をめぐって，とくにマルクス・ルネサンス期を境に労働価値論が２つに枝分かれしてきている

ということが指摘されなければならない。ひとつは，マルクスによって措定された労働‐価値‐生産価格という論理的序列と固有の方法によって価値から生産価格への転化を論ずる立場であって，これはいわば伝統的な労働価値論の立場であり価値本質論あるいは体化労働説とよばれている。いまひとつは，抽象的労働説に代表されるような新しい労働論価値論の立場である。

すでにみてきたように，この体化労働説の一方を代表する置塩理論では，総計一致二命題のうちの総剰余価値＝総利潤は事実上否定されるが，総価値＝総生産価格命題の成立が厳密に論証されて，この意味で価値が生産価格を規制するという労働価値論の有効性が確証されている。また，森嶋理論では，フォン・ノイマンの「黄金時代」というある種の理論的な仮構世界において総計一致二命題の成立が確認され，これが「下降の経済学」を標榜する高須賀理論においては，その理論的中核たるマルクス労働価値論の有効性を確証するものとしての位置づけがあたえられている[12]。

これによって，転化問題はほぼ決着がつけられたとされたわけだが，他方では，マルクス労働価値論の有効性は，総計一致二命題の両立，しかも「黄金時代」のような厳しい制約的な条件ではないもとでの二命題両立の論証によってこそあたえられる，と主張する論者たちも存在している。

もちろん，100年にも及ぼうとする長い論争を経て，ボルトケヴィッチ型の問題設定のもとでは極めて制約的な条件をあたえないかぎり総計一致諸命題の確証が不可能であることは明白になっており，そのためにはボルトケヴィッチ型の問題設定そのものを組み替えること（より直截には，価値規定そのものの変更）が必要となる。このばあい，商品の価値は，個別的な投下労働によって直接に規定されるのではなく，市場における評価をふまえて社会的に規定されるというように価値規定の変更がなされるのであるが，こうした価値把握そのものはマルクス・ルネサンス期に登場する抽象的労働説においてもっとも尖鋭なかたちで示されたものである。

ただし，このような価値規定それ自体を生産価格成立に適合するように変更するやり方は，抽象的労働説以外でも，ウルフ（Wolff [1984]）やロバーツ（Roberts [1987]）らによって80年代に提唱されており，わが国では大石雄爾の試みのなかに典型的にみることができる（大石 [1989]）[13]。要するに，

これは，生産価格成立後に価値規定をやり直し，そのうえで総計一致二命題の両立を主張するものといってよい。ただし，この場合，価値規定を変更するといっても，抽象的労働説のように体化労働説そのものを放棄して労働価値を市場の交換システムを媒介にして評価するわけではない。彼らのばあい，生産価格の成立を前提に労働価値規定をやり直すことによって，総計一致二命題の成立を実現させるのである。抽象的労働説と似てはいるが，生産価格成立のあとに価値規定をやり直すのはあくまでも論理手続き的な要請以上には出ていないというべきである。ただし，市場（もしくは価格）を前提とした労働の評価という理論的契機を重視する点では，いずれも伝統的な労働価値論の立場とは一線を画するものであり，これもまた抽象的労働説とともに新しい労働価値論の範疇に加えられるべきものであろう。

他方，抽象的労働説[14]は，生産過程で具体的有用労働とともに価値形成労働（同質労働）がそれ自体として存在するかのように考えることを拒否し，交換を通して私的具体的労働が抽象的労働に還元され同質労働に生成すると考える。彼らのばあい，労働の体化により価値が形成されるという，スラッフィアンのなかにも見出される労働価値論の伝統的な考え方それ自体を否定する[15]のである。こうした考え方は，ヒメルバイト，モハン，ド・ヴルイ，そしてあとで検討するクラウゼ等々にみられ，わが国では大野節夫（大野［1992］）の労働価値論（「労働による商品の取得」パラダイム）のなかに典型的にみることができる。

抽象的労働説のばあい，市場そのものが労働（さらにはそれに規定される価値）の評価システムとして捉えられ，あとでみるクラウゼ理論においてもっとも厳密に論証されるように，価値から生産価格への転化という理論的手続き，すなわち転化問題そのものがその論理構造そのもののなかで消滅してしまうのである。この点からいっても，この抽象的労働説は，さきにみた価値規定の変更により総計一致二命題の両立を論証しようとする立場とは明確に区別されなければならないであろう。

この抽象的労働説の系論として近年注目すべきものに，リピエツ（Lipietz［1982］［1984］），フォーリー（Foley［1982］［1986］）らによって先鞭がつけられ，最近ではモズリー（Moseley［2000］）らによって展開されている「新た

なアプローチ」または「新しい解法（new solution）」とよばれるものがある。これは，剰余価値率を生産価格次元の利潤・賃金比率であたえることによって，総剰余価値＝総利潤，総価値生産物＝総収入という総計一致関係が成り立つ（ただし，総価値＝総生産価格は一般的には成立しない）ことを論証しようとするものである。この理論的核心は，労働力の価値を貨幣賃金があらわす抽象的労働量であたえるところにあり，その基本的アイデアは抽象的労働説にあるとみてまず差し支えはなかろう。ただし，彼らのばあい，具体的労働時間を貨幣を媒介にして直接無媒介に純生産物の価値量に対応させており，具体的労働の抽象的労働への還元（とりわけ彼らのばあいには，クラウゼにおいてはその体系の理論構造そのものにより，問題として克服・消滅させられていた複雑労働の単純労働への還元）が解決されるべき問題として浮上せざるをえなくなるのではないかと思われる。[16]

以上，転化問題を中心に今日までの価値論争を概括してきたが，ここでわかることは，いわゆるポスト・マルクス・ルネサンス期に出された諸説のなかにも，今後の展開如何によっては注目すべきものがいくつかあるにせよ，体化労働説，抽象的労働説といった労働価値論の理論的枠組みそのものの変更やスラッフィアンによる価値不要論といった価値論争の基本的なフレームワーク自体を規定する大きな理論的革新は，やはりマルクス・ルネサンス期に形成され，それ以後にはあらわれていない（この意味では，あの時期がひとつの山になっていた）ということである。

なかでも画期的な事柄は，物量体系（数量体系）を基礎に価値および生産価格体系（あるいは価格体系）の関係を考察するという，新しい理論的領域がマルクス・ルネサンス期に確立されたことであり，これ以後の労働価値論はこの理論領域を避けてとおることができなくなったということであろう。このマルクス・ルネサンス期の新しい理論的革新については，節をあらためて取り上げてゆくこととしたい。

第3節　価値論と物量体系

マルクス・ルネサンス期の価値論争は，マルクス以後の労働価値論の歴史

において極めて大きな意義を有するものであるが，その特徴のひとつは，すでに指摘したように物量体系を基礎に価値および生産価格体系（あるいは価格体系）の関係を考察するという，新しい転化論の理論領域が切り拓かれたことである。さきに述べた，シートン・森嶋的アプローチにおけるフォン・ノイマンの「黄金時代」の基本的な理論構造もそれであって，マルクス・ルネサンス期に提出された抽象的労働説のもっとも厳密な数学的定式化を示す，クラウゼの「標準還元」システムにも同じものが用いられている。さらに，それは，フォン・ノイマンの斉一成長モデルにだけではなく，レオンチェフの産業連関分析体系のなかにも，またスラッファにおける「標準体系」の理論的核心部にも見出すことができるものである。そして，この理論の心臓部に存在しているのが，ペロン・フロベニウスの定理，もしくはフロベニウス固有ベクトルとよばれるものにほかならない。

　以下においては，このペロン・フロベニウスの定理を基軸概念として成り立つ，フォン・ノイマンの「黄金時代」，スラッファの標準体系，さらにはクラウゼの標準還元の世界という3つの仮設的体系のもつ理論構造について検討しながら，体化労働説と抽象的労働説さらにはスラッフィアンの労働価値論批判（＝価値不要論）という，価値論論争をとおして確立された3つの理論的立場のそれぞれの特徴について論じてゆくことにしよう。

　ただし，このさいつぎのことを付言しておきたい。スラッファの標準体系にはペロン・フロベニウスの定理は直接には用いられていないが，その理論的内容はまったく同じものだということである。この点はあとで確認されるが，ここでスラッファを取り上げる理由は，標準体系のもつ理論構造上の問題だけにとどまらない。それが労働価値論にたいしてもった影響力の大きさということも当然考慮されており，ここではこうした問題意識の延長線上に，スラッフィアンによる価値不要論を検討する。これによって，スラッファ理論を基礎にした労働価値論批判はどのような特徴をもつのかということが明らかにされるはずである。さらには，こうした検討をとおして，物量体系を基礎に価値および生産価格体系（あるいは価格体系）の関係を考察するという方法が価値論においていかなる意義をもっているのかを明らかにできるのである。[17]

1 価値論と仮構の世界

　新しい価値論の方法の理論的核心となったペロン・フロベニウスの定理とは，1940年代末にO・ペロンとF・G・フロベニウスによって発見された，非負の正方行列についての固有値および固有ベクトルに適用される特殊な諸命題のことである。はじめにこれらの諸命題から簡単に確認してゆこう。

　まず，行列を構成する成分 a_{ij} のすべてが非負であるとき，行列 $A=[a_{ij}]$ を非負行列とよび，$A \geqq 0$ と記す。さらに，固有値とは，たとえば n 次の正方行列 A とベクトルxが与えられたとき，

$$Ax = \gamma x \qquad x \neq 0$$

が満たされる実数（スカラー）γ をさし，これを行列 A の固有値とよぶ。上の式は，正方行列 A の表現する写像が原像xのスカラー（γ）倍になるようなケースに成立し，スカラー γ は行列式

$$det \mid A - \gamma I \mid = 0$$

の解によって求められる。この解は，正方行列 A の次数によって，それに応じた複数の根（固有値）が与えられるが，このそれぞれの解に対応したベクトルx_iを固有値 γ_i に属する固有ベクトルとよぶ（$i=1, \ldots\ldots, n$）。

　ペロン・フロベニウスの定理によって明らかにされているのは，まず，この非負正方行列（$A \geqq 0$）にたいしては，絶対値最大の固有値が必ず正の実数（$\gamma \geq 0$）であり，その固有値に属する固有ベクトルは非負ベクトル（$\gamma(A) \geq 0$）だということである。この絶対値最大の固有値をフロベニウス根，それに属する固有ベクトルのことをフロベニウス（固有）ベクトルとよぶ。

　これについては，実際の経済を例にとって説明しよう。

　ここでの正方行列 A（$=[a_{ij}]$，$A \geqq 0$）を経済全体の技術的条件を示す投入係数行列あるいは技術係数行列とし，ベクトルxをそれに対応する産出量ベクトルであるとすれば，この投入係数行列 A は非負でなければならず，当該の投入係数行列 A がまた経済的な意味をもつためには，この A の固有値 γ に属する固有ベクトルxもまた非負でなければならない。ペロン・フロ

ベニウスの定理は，この非負正方行列たる投入係数行列 A の絶対値最大の固有値（フロベニウス根）に属する産出量ベクトル x が必ず非負ベクトルである——言い換えるなら，ここでは経済の純生産条件であるホーキンス・サイモンの条件が成立している——ということを明らかにしているのである。

さらに，ペロン・フロベニウスの定理によって明らかにされていることは，非負正方行列 A にたいして，ホーキンス・サイモンの条件が成り立つとき，その固有値はすべて絶対値が 1 未満（$\gamma(A)<1$）だということである。要するに，当該の経済が剰余（純生産物）を産出できるほどに生産的であるとき，そこでの技術的条件を反映する投入係数行列 A については，絶対値最大の固有値は 1 よりも小さい正の実数であり，その固有値に属する産出量ベクトル（＝固有ベクトル）x は非負であって，必ず経済的な意味をもちうるということになる。このような固有値がフロベニウス根であり，それに属する固有ベクトルがフロベニウス・ベクトルなのである。

以上がペロン・フロベニウスの定理の概要である（すべてではない。以後は必要に応じて示す）が，これについても経済に具体的事例をとって総括するなら，この定理はつぎのような斉一成長モデルに適用することができる。

たとえば，経済があたえられた技術的与件のもとで，最大成長率で成長するためには，各期ごとにあたえられる産出物がフル活用されることが必要である。つまり，ここでは労働者への賃金は必要な部分が過不足なく支払われ，労働者による貯蓄はゼロで，しかも資本家によって取得された剰余生産物はすべて次期に投下されねばならない。そして，このときの成長率と部門構成（つまるところは例のフォン・ノイマンにおける成長経路の「黄金時代」）については，ペロン・フロベニウスの定理を使うことによって明らかにできる。

いま簡略化のために，不変資本はすべて流動不変資本（原料，燃料等）とし，固定資本部分は捨象する。なお労働者の消費分をも含めた投入係数行列もしくは技術係数行列を A とし，そのフロベニウス根を γ とするとき，経済の成長軌道が，このフロベニウス根 γ（絶対値最大の固有値）に属するフロベニウス・ベクトル x（産出量の構成比）を満たすようなかたちをとるならば，経済は所与の技術的条件のもとで最大成長率（g^*）を実現することができる。このとき産出量と投入量との間には特定の比例関係が成立するの

であるが，こうした斉一成長の部門構成は技術係数行列 A のフロベニウス・ベクトルで与えられ，その経済での可能な斉一成長の成長率 g^* は，

$$g^* = 1/\gamma - 1$$

であたえられる。

こうした成長経路の「黄金時代」を価値論（転化論）のための理論的空間として措定するには，ここからさらにこの最大成長率 g^* が当該の経済にあたえられる現実の利潤率 r に等しい，ということを確証する手続きが必要とされる。それによって，最大成長率を決定する物量体系と利潤率を決定する体系（生産価格体系）とが双対関係にあることを確認し，こうした関係を基礎に物量体系でもって利潤率などの生産価格体系の諸カテゴリーを導出することができるようになるからである。そこで，この関係を単純な2財モデルを使って確認しておこう。

r は均等利潤率，a_{11}，a_{12} は生産財部門および消費財部門で使用される生産財，p_1，p_2 は生産財・消費財の価格，l_1，l_2 はそれぞれの生産部門の直接労働量，b は1時間あたりの実質賃金率（つまり労働1時間に対して労働者に与えられる消費財の量）をあらわすとすれば，生産価格方程式は次のように与えられる。

$$\begin{aligned}
\text{I} \quad & (1+r)(a_{11}p_1 + bl_1p_1) = p_1 \\
\text{II} \quad & (1+r)(a_{12}p_1 + bl_2p_2) = p_2
\end{aligned} \quad (1)$$

ここにおける利潤率 r は現実の利潤率を示すが，ここでは労働者への賃金は必要な部分が過不足なく支払われ，労働者による貯蓄はゼロで，しかも資本家によって取得された剰余生産物はすべて次期に投下されるという経済が想定されている。したがって，このばあいの現実的利潤率 r は，最大利潤率に等しいということになる。この点を確認したところで，(1)式を行列表示すれば，

$$(1+r)\begin{bmatrix} a_{11} & bl_1 \\ a_{12} & bl_2 \end{bmatrix}\begin{bmatrix} p_1 \\ p_2 \end{bmatrix} = \begin{bmatrix} p_1 \\ p_2 \end{bmatrix} \quad (2)$$

となる。ここから，上式の行列の成分を縦に読んで転置行列を作ると，

$$\begin{bmatrix} a_{11} & a_{12} \\ bl_1 & bl_2 \end{bmatrix} \tag{3}$$

となる。これは労働者の消費分をも含めた投入係数行列であって，これが非負の正方行列であるとすれば，そのばあいには，この投入係数行列について次の関係が成立する。

$$\begin{bmatrix} a_{11} & a_{12} \\ bl_1 & bl_2 \end{bmatrix}\begin{bmatrix} x_1 \\ x_2 \end{bmatrix} = \gamma \begin{bmatrix} x_1 \\ x_2 \end{bmatrix} \tag{4}$$

ここで，(x_1, x_2) は産出量ベクトルであり，γ は与えられた技術係数行列の固有値である。ここから，すでにみたように，この技術的水準のもとで可能な最大成長率 g^* は，つぎのようにあたえられる。

$$g^* = 1/\gamma - 1$$

この最大成長率 g^* とフロベニウス根 γ との関係を書き換えると，

$$\gamma = 1/(1 + g^*)$$

他方で，フロベニウスの定理は，ある行列の絶対値最大の固有値＝フロベニウス根がその行列の転置行列のフロベニウス根に等しいことを明らかにしている。ここから(3)式に再度転置の手続きをほどこし，この転置行列についてベクトル (y_1, y_2) と固有値 γ との関係を示すと，

$$\begin{bmatrix} a_{11} & bl_1 \\ a_{12} & bl_2 \end{bmatrix}\begin{bmatrix} y_1 \\ y_2 \end{bmatrix} = \gamma \begin{bmatrix} y_1 \\ y_2 \end{bmatrix} \tag{5}$$

となる。さらにこの式のベクトル (y_1, y_2) を (p_1, p_2) とし，$\gamma = 1/(1+r)$ とおけば，

$$\begin{bmatrix} a_{11} & bl_1 \\ a_{12} & bl_2 \end{bmatrix}\begin{bmatrix} p_1 \\ p_2 \end{bmatrix} = \frac{1}{1+r}\begin{bmatrix} p_1 \\ p_2 \end{bmatrix} \tag{6}$$

となって，これが上記価格方程式の行列表示(2)と同じものであることが確認される。このばあい，現実の利潤率 r はすでに最大利潤率 r^* であることが想定されており，ここから，

$$r^* \equiv g^*$$

つまり，現実の利潤率 r と「黄金時代」の最大成長率 g^* とが等しい，換言すれば，現実の利潤率を決定する体系（生産価格体系）と最大成長率を決定する物量体系とは双対関係にあるということが確認されるわけである。こうして，技術係数行列 A の最大固有値は，最大利潤率 r^* だけではなく，最大成長率 g^* にも同一の関係式によって結びつけられている。すなわち，

$$1/\gamma - 1 \equiv r^* \equiv g^* \tag{7}$$

こうした関係を基礎に，物量体系から利潤率などの生産価格体系の諸カテゴリーを導出することができるのであり，マルクス・ルネサンス期の価値論はここに新しい理論領域を切り拓くこととなったのである。

2 仮構の世界とその論理的現実性

このような方法は，ある種の仮構の世界を設定し，そうした理論的空間の内部に独自の価値論を構築するものといえるが，この仮設的体系それ自体を観念的で非現実的なものとして否定することはできない。それというのも，ここで絶対値最大の固有値とそれの属するフロベニウス・ベクトルを導く技術係数行列そのものが，現実体系としての経済にあたえられた生産力水準（テクノロジー）を基礎に導出されたものだからである。この点を強調し，そうした理論的空間において論証される総計一致二命題の両立を転化問題の事実上の解決として評価したのは，高須賀義博であった。

確かに，高須賀の主張するように，このフロベニウス・ベクトル（「黄金時代の産出量」）それ自体が「投入係数の経済的関係の内部に implicit に含まれている」（[1985] 134頁）と見ることはできるのであって，そうであれば，この理論的空間の内部でその両立が論証される総計一致二命題（総価値＝総生産価格，総剰余価値＝総生産価格）についても同じことが主張できる──

つまり，この命題もまた経済の現実体系の内部にインプリシットに含まれている——ということになろう。

高須賀は，このような「論理的現実性」が認められたところではじめて経済理論も成立しうるという立場から，「黄金時代」のような仮構的世界を「生産価格の背後にあって，それを内面から規制する価値の理論的有効性を立証する」（高須賀［1985］220頁）ための不可欠の理論的空間とし，「下降の経済学」を志向する高須賀理論の重要な理論的構成契機としたのである。

第4節　スラッファ理論とスラッフィアンの価値不要論

いわゆる双対関係にある物量体系と価値・価格体系とを基礎に，ある種の仮設的体系（理論的な仮構の世界）を設定して，そこから分析的理論を展開する（あるいはその分析的な関連を研究する）という方法は，新古典派経済学の「均衡」概念を基礎とする価格論を批判して，経済システム全体の再生産可能性という観点から独自の生産価格論を展開した，スラッファ理論のなかにも明確に見出すことができる[20]。

スラッファ理論が，マルクス・ルネサンス期の価値論争に極めて大きな影響をあたえたことはよく知られている[21]。この期の価値論争に重大なインパクトを加えたスティードマンらの労働価値論批判（＝価値不要論）がスラッファ理論を基礎にもつこと，さらには，このスティードマンらスラッフィアンの理論のなかにもみられる体化労働説を批判し，新しい労働価値論を提起したクラウゼにおける抽象的労働説の理論的核心ともいうべき「標準還元」が実はスラッファの「標準商品」の双対概念であったこと，こうしたところからもスラッファ理論の影響力の大きさが理解できるであろう[22]。

以下では，このスラッファ理論における，物量体系と価値・価格体系との理論的関連を，ひとつの仮構の世界ともいうべき「標準体系」のなかに確認してゆくことにしよう。むろん，スラッファ自身は労働価値論の立場に立つものではないが，〈価値論と物量体系〉という問題を考察するばあい，スラッファ体系はおとすことのできない重要な環だからである。

1　標準体系の理論的特徴

　スラッファ理論の核心部に位置づけられるキーコンセプトのひとつは，いうまでもなく「標準商品」概念である。これは，リカードウが探し求めながらついにみつけだすことのできなかった「不変の価値尺度」に対応するものであって，分配関係の変化によってその相対価値が影響を受けない，ある種の「合成商品」として措定されている。この標準商品を産出する経済体系が「標準体系」とよばれる理論的空間であり，この仮設的体系が経済の現実的体系を基礎に理論的に構成（抽象）されているという点では，さきにみたフォン・ノイマンの仮構的世界（「黄金時代」）と基本的には同じである。

　ただし，スラッファ自身の議論においては，物量体系と価値・価格体系という，いわば複眼的な分析視座をもつ経済モデルが設定され，現実的体系にあたえられた技術水準や生産構造を反映するかたちで物量体系が導出されるという点では同じであるが，そこに投入係数行列もしくは技術係数行列やペロン・フロベニウスの定理が用いられているわけではないという点に注意すべきであろう。むろん，このさい重要なことは，それらが用いられずとも，そこではまったく同じ理論が展開されているということで，この点はあとで確認されるとおりである。

　さて，スラッファは，自らの体系（『商品による商品の生産』）を展開するにあたり，はじめに「生存のための生産」（第1章），「剰余を含む生産」（第2章）という2つの経済モデルを提示している。この「剰余を含む生産」に関わって提示されたのが，「標準商品」概念である。「剰余を含む生産」は，明らかに資本主義的な生産関係（より具体的には分配関係）を想定したものであるが，ここでの主要なテーマは，経済全体の再生産（生産の反復ないし存続）を可能ならしめる価格としての生産価格（もしくは古典派経済学の自然価格）の決定に関わるものであった。

　むろん，この意味での価格は，その費用を補塡すると同時に適正利潤を保証するものでなければならず，したがってまた，そこにあっては網の目のような投入，産出のネットワーク（＝分業連関，さらには費用連関）からなる経済全体の再生産（循環）構造が，価格論それ自体のなかに組み込まれていなければならない。この点は，新古典派の価格理論と根本的に異なるところ

であって，スラッファ体系はこの理論的特徴のゆえをもって古典派‐マルクス的系譜に連なることになるのである。

ただし，このような価格決定システムにあっては，商品価格は任意に選ばれた1商品を基準にあらわされることになり，ここにおいては必然的に「分配の変化に伴う価格運動の研究が複雑になってくる」（Sraffa [1960] p. 18. 訳29頁）ということにならざるをえない。ここに，「不変の価値尺度」としての，つまり分配関係の変化がその相対価値に影響をあたえない標準商品が理論的に要請された理由が存在するのである。

この理論的要請に応えうる標準商品は，標準体系という独特の理論的空間のなかからある種の合成商品として導出されている。以下では，この標準商品と標準体系の基本的な理論構造を検討してゆくこととしよう。

2　スラッファ・モデル

スラッファは，この標準体系を構築するのに先立ち，彼が生産方程式とよぶ独特の価値と分配の基本的モデルを提示している。まずは，この基本的モデルから確認しておきたい。これは，以下のような方程式体系として示されている（Sraffa [1960] p. 11. 訳16‐18頁）。

$$(A_a p_a + B_a p_b + \cdots\cdots + K_a p_k)(1+r) + L_a w = A p_a$$
$$(A_b p_a + B_b p_b + \cdots\cdots + K_b p_k)(1+r) + L_b w = B p_b$$
$$\cdots\cdots\cdots\cdots\cdots\cdots\cdots\cdots\cdots\cdots\cdots\cdots\cdots\cdots\cdots\cdots\cdots\cdots$$
$$(A_k p_a + B_k p_b + \cdots\cdots + K_k p_k)(1+r) + L_k w = K p_k$$

上の式における第1行左辺の，$A_a, B_a, \cdots\cdots, K_a$ は，右辺にある商品 a の産出量 A を生産する産業が，年々投入する商品 $a, b, \cdots\cdots, k$ の数量をあらわしている。第2行の左辺 $A_b, B_b, \cdots\cdots, K_b$ も，B を生産する産業によって投入される商品 $a, b, \cdots\cdots, k$ の数量であって，第3行以下も同じである。また，この体系全体は，生産的であり純生産物を産出する（スラッファはこれを「自己補塡状態」にあると表現する）ところから，次の関係が成立している。

$$A_a + A_b + \cdots\cdots + A_k \leq A, \ B_a + B_b + \cdots\cdots + B_k \leq B, \ K_a + K_b + \cdots\cdots + K_k \leq K$$

さらに，$L_a, L_b, \cdots\cdots, L_k$は，商品 $a, b, \cdots\cdots, k$ を生産する各産業に雇用される労働量をあらわすが，ここでは経済の総労働量が1となるように労働量の単位を次のように定めることとする（要するに，$L_a, L_b, \cdots\cdots, L_k$のそれぞれは経済全体であたえられた労働量の加除部分をなすということである）。

$$L_a + L_b + \cdots\cdots + L_k = 1$$

以上についての数量は，すべて既知数として与えられている。ここにおいては，均一の利潤率 r と均一の賃金率（＝労働単位あたり均一の賃金）w，さらには商品 $a, b, \cdots\cdots, k$ の価格をあらわす $p_a, p_b, \cdots\cdots, p_k$ とが未知数（k個）である。そこで，体系のなかにある任意の1商品を価格の基準にとれば，この生産体系は，$k-1$個の価格と利潤率 r，賃金率 w の合計 $k+1$個の未知数をもつとともに，k個の独立した方程式をもつところから，未知数の数が方程式の数を1だけ超過する，いわゆる自由度1の体系となる。ただし，スラッファ自身は，ここで賃金と k 個の価格とを表示する標準として，体系の国民純生産物を採用している。すなわち，

$$[A-(A_a+A_b+\cdots\cdots+A_k)]p_a + [B-(B_a+B_b+\cdots\cdots+B_k)]p_b + \cdots\cdots + [K-(K_a+K_b+\cdots\cdots+K_k)]p_k = 1$$

これも自由度1の体系であるが，ここでは，国民純生産物（国民所得）の価値が1とされ，これを基準として k 個の価格と賃金の値が表現される。問題の標準商品は，この基準としての国民純生産物における諸商品の組み合わせを最適化することによって与えられるのである。また，自由度1であることから，この体系の分配変数（賃金率 w，利潤率 r）のうち，どちらかひとつがあたえられれば，もうひとつの分配変数と価格が従属的に確定され体系は閉じられる。スラッファ自身は，利潤率を独立変数として体系の外からあたえることによって，これを完結させている。

なお，この体系のなかには，それぞれの産業においてあたえられた産出量 $A, B, \ldots, K$ を生産するために必要な諸商品 $a, b, \ldots, k$ の投入量と使用された労働量 $L_a, L_b, \ldots, L_k$ が表示されている。これは，各産業にそれぞれ個別にあたえられた「生産方法（method of production）」と，体系全体におけるそれら「生産方法」の集合すなわちテクノロジーを示している，ということを付言しておこう。

さて，以上がスラッファにおける価値と分配の基本的モデルすなわち「生産方程式」の内容である。スラッファは，この「生産方程式」を標準体系に変形し，そのなかに標準商品を見出してゆくのであるが，それは現実経済の物量データを基礎に理論的に構成した q 体系とよばれる物量体系モデルを媒介にして行なわれている。

q 体系とは，あたえられた現実経済における物量体系をもとに，そこで投入される総生産手段のなかに占める各生産手段の比率と，総生産物に占める各商品の比率とを等しくする——このばあいにはまた，純生産物（総生産物－総生産手段＝純生産物）もまた同じ比率から構成される——ことによって成立する体系である。これは，現実体系におけるすべての商品について，その生産のために用いられた生産手段としての総量と純生産物の量とのあいだに同じ比率が成り立つような適当な乗数（q）をみつけだすことによってあたえられる。

ここで，スラッファによる q 体系の編成をみる前に，投入産出表の物量体系を用いて，q 体系の理論的な前提となる部分をあらかじめ確認しておこう。とりあえず，ここでは，単純な 3 財モデルを使い投入産出表の物量体系を以下のように示す。

$$X_{11} + X_{12} + X_{13} + F_1 = X_1$$
$$X_{21} + X_{22} + X_{23} + F_2 = X_2$$
$$X_{31} + X_{32} + X_{33} + F_3 = X_3$$

q 体系は，この物量体系の中間需要部分については同じものを（現実体系から獲得された）データとして用いるが，最終需要（F）部分については，「物的剰余率」[23]を用いたものに置き換えられている。簡単に説明しておこう。

最終需要（F）部分は，産出量Xのなかから生産過程に戻されなければならない部分に対比して剰余部分を構成する数量とみることもできる。言い換えれば，それは純生産物に対応している。産出量Xからこの純生産物を差し引けば，その生産に用いられた生産手段総量があたえられ，さらにこの生産手段総量で純生産物を割ることによって，物的剰余率R'（純生産物/生産手段総量）があたえられる。そこで，最終需要（F）部分を物的剰余率R'に置き換えて，さきの投入産出表の物量体系を書き直せばつぎのようになる。

$$(X_{11}+X_{12}+X_{13})(1+R')=X_1$$
$$(X_{21}+X_{22}+X_{23})(1+R')=X_2$$
$$(X_{31}+X_{32}+X_{33})(1+R')=X_3$$

以上をふまえて，商品a, b, ……, kを産出するk個の産業からなるスラッファの生産体系に戻ろう。標準体系の基礎となるq体系を得るためには，この生産体系において，投入される総生産手段のなかに占める各生産手段の比率と総生産物に占める各商品の比率とを等しくするような乗数q（k個）の適当な組み合わせ（q_a, q_b, ……, q_k）をみつけだすことが必要になる。そして，このような乗数が適用されたばあいには，すべての商品について物的剰余率R'（純生産物/生産手段総量）が等しくなる。スラッファは，この乗数qが適用されたときにあたえられる純生産物を標準純生産物とよび，すべての商品に均一な物的剰余率を標準比率（R＝標準純生産物/生産手段総量）とよんでいる。この乗数の組み合わせと標準比率は，つぎのような連立方程式（この方程式の体系がq体系である）を解くことによってあたえられるのである。

$$(A_a q_a + A_b q_b + \cdots\cdots + A_k q_k)(1+R) = A q_a$$
$$(B_a q_a + B_b q_b + \cdots\cdots + B_k q_k)(1+R) = B q_b$$
$$\cdots\cdots\cdots\cdots\cdots\cdots\cdots\cdots\cdots\cdots\cdots\cdots\cdots\cdots$$
$$(K_a q_a + K_b q_b + \cdots\cdots + K_k q_k)(1+R) = K q_k$$

記号A, B, ……, Kおよびa, b, ……, kの意味は，生産方程式のばあいと同じである。また，a商品を生産する産業への乗数はq_a，b商品を生

産する産業への乗数は q_b，k 商品を生産する産業への乗数は q_k としている。さらに，この方程式の形式は，各商品にそれぞれあたえられた乗数 q がつけられ，物的剰余率が標準比率に置き換えられている以外は，さきの投入産出表の物量体系を書き直したものとまったく同じである。なお，この連立方程式体系の中間需要部分については，さきの生産方程式を構成する k 個の式のなかに含まれている，それぞれの部門で投入された商品 a，b，……，k の数量を各商品ごとに縦に読んで合計すること（たとえば a 商品については $A_a+A_b+……+A_k$）によって各産業部門ごとにあたえられる。

スラッファは，この体系を完全なものとするために，乗数を表現すべき単位を定義し，標準体系における雇用労働量と現実の経済体系におけるそれとを同一のものにしなければならないというところから，ここに次の方程式をつけ加える。

$$L_a q_a + L_b q_b + …… + L_k q_k = 1$$

このように現実の経済体系と等しい雇用量が導入され，それが 1 とおかれることで，それが産出する純生産物は，つぎの意味をあたえられることになる。すなわち，この純生産物は，現実の経済体系と等しい雇用量（$L_a q_a + L_b q_b + …… + L_k q_k$）を必要とするような大きさであり，ただそれを構成する諸商品の比率においてのみ異なっている，ということである。そして，この標準体系のもとで産出される標準純生産物（標準国民所得）が，標準商品として措定されることになるのである。

また，この標準純生産物を構成するベクトルはある種の合成商品であり，q 体系においては生産手段もまたこの同じベクトル（合成商品）から構成されている。このことは，この比率がいかなる分配関係の変化や価格変化からも独立しているということを意味する。つまり，ここにおいては「純生産物の賃金と利潤とへの分割にいかなる変動が生じようとも，また，その結果として価格がいかに変化しようとも，生産手段に対する純生産物の比率は同一にとどまる」(Sraffa [1960] p. 21. 訳 35頁) のである。

さて，以上にあたえられた $k+1$ 個の方程式からなる体系を解くことによって，標準比率 R の値と乗数 q の適当な組み合わせ（q_a, q_b, ……, q_k）はあ

たえられるが，スラッファはこうしてあたえられた乗数の組み合わせを最初の「生産方程式」にあてはめ，そこからこれを標準体系へと変形する。これは，つぎのように行なわれている。

$$q'_a \left[(A_a p_a + B_a p_b + \cdots\cdots + K_a p_k)(1+r) + L_a w \right] = q'_a A p_a$$
$$q'_b \left[(A_b p_a + B_b p_b + \cdots\cdots + K_b p_k)(1+r) + L_b w \right] = q'_b B p_b$$
$$\cdots\cdots\cdots\cdots\cdots\cdots\cdots\cdots\cdots\cdots\cdots\cdots\cdots\cdots\cdots\cdots\cdots\cdots\cdots$$
$$q'_k \left[(A_k p_a + B_k p_b + \cdots\cdots + K_k p_k)(1+r) + L_k w \right] = q'_k K p_k$$

ここから標準純生産物の集計としての標準国民所得がつぎのように引き出される。

$$\left[q'_a A - (q'_a A_a + q'_b A_b + \cdots\cdots + q'_k A_k) \right] p_a + \left[q'_b B - (q'_a B_a + q'_b B_b + \cdots\cdots + q'_k B_k) \right] p_b + \cdots\cdots + \left[q'_k K - (q'_a K_a + q'_b K_b + \cdots\cdots + q'_k K_k) \right] p_k = 1$$

ここに標準国民所得として示されている合成商品が，スラッファのいう標準商品にほかならない。この標準体系のもとにおいては，標準純生産物（標準国民所得）が賃金と利潤に分配されることになるが，このとき，それぞれの分け前が標準商品からなるとすれば，ここにおける利潤率（r）は「諸商品の価格とは無関係に，それらの商品の数量間の比率として現れる」（Sraffa [1960] p. 22. 訳36頁）のである。この関係をスラッファはつぎのような式で表現している。

$$r = R(1-\boldsymbol{w})$$

ここで，r は利潤率，w は純生産物のうちで賃金にふり当てられる割合をあらわす。また，標準比率 R（標準純生産物/生産手段総量）は，この標準体系の全体で用いられた総生産手段にたいする純生産物の比率であり，いずれも標準商品から構成されている。これは，純生産物のうち賃金にふり当てられる部分がゼロのばあいの値に等しいとみれば，利潤率の上限すなわち極大利潤率を意味することになる。$\boldsymbol{w}$ は，標準純生産物に占める賃金総額の割合であって労働分配率を意味すると同時に，労働1単位あたりの賃金を意味している。

こうして，上記の式においては，利潤率rと賃金率wとの関係がR（標準比率＝利潤率の上限）を介して定式化されている。つまり，ここでは賃金がゼロから1に変化するにつれて利潤率がその上限Rから正比例的に減少する「直線的な関係」が示されている。重要なことは，ここに示されるように，標準体系においては利潤率が諸商品の相対価値（＝価格）とは関わりなく物量（数量）関係によって決定されるということである。

ただし，スラッファは，これにつづいて「賃金と利潤率との間の直線的な関係は，ただ賃金が標準生産物のタームで表現されさえすれば，どんな場合にも妥当する」こと，それゆえ「標準体系において商品の数量間の比率として求められた，同じ利潤率が，現実の体系においても集計的な価値の比率からでてくる」(Sraffa [1960] p. 23. 訳 38頁) ことを明らかにしている。

「賃金が標準生産物のタームで表現される」ということは，wを標準純生産物であらわした賃金率（総賃金／標準純生産物）として捉えることによって可能になる。そして，このばあいにもまた「賃金と利潤率との間の直線的な関係」が見出される理由として，スラッファはつぎのように述べている。「現実の体系は標準体系と同じ基礎的方程式からなっている。ただ異なった割合において構成されているに過ぎない。だから，ひとたび賃金が与えられると，利潤率は両体系に対して，そのいずれかにおける方程式の割合に関係なく，決定される」(Sraffa [1960] Ibid. 訳 同上)。

以上が標準体系の基本的内容である。つぎに，この標準体系がさきにみたフォン・ノイマンの「黄金時代」とまったく同じ理論構造をもっていることを確認しよう。

3　標準体系の論理的現実性

標準体系が，あの「黄金時代」と同じ論理構造をもつということは，標準体系のもとで産出される標準商品（ベクトル）が，そこでの技術係数行列における絶対値最大の固有値に属するフロベニウス・ベクトルに対応しているということを明らかにすればよい，ということである。この点を確認するために，ここではスラッファ・モデルを投入係数行列を用いた線形生産モデルに書き換えよう。

まずは，完成されたスラッファの標準体系からではなく，q体系を導出する前に提示した単純な投入産出表の物量体系モデルを一般化したものから出発したい。

$$(X_{11}+X_{12}+\cdots\cdots X_{1n})(1+R')=X_1$$
$$(X_{21}+X_{22}+\cdots\cdots X_{2n})(1+R')=X_2$$
$$\cdots\cdots\cdots\cdots\cdots\cdots\cdots\cdots\cdots\cdots\cdots\cdots\cdots$$
$$(X_{n1}+X_{n2}+\cdots\cdots X_{nn})(1+R')=X_n$$

ここで，この物量体系モデルにおける中間財の投入部分を技術投入係数に書き換える。すなわち，

$$X_{ij}/X_i=a_{ij} \qquad (i,j=1,\cdots\cdots,n)$$

とすれば，

$$X_{ij}=a_{ij}X_i$$

この定義をもとに，スラッファのq体系（物量体系）に対応するモデルを示す（なお，直接労働ベクトルについては，ここでの問題と本質的な関わりをもたないところから，省略する）なら，

$$(a_{11}X_1q_1+a_{12}X_2q_2+\cdots\cdots+a_{1n}X_nq_n)(1+R)=X_1q_1$$
$$(a_{21}X_1q_1+a_{22}X_2q_2+\cdots\cdots+a_{2n}X_nq_n)(1+R)=X_2q_2$$
$$\cdots\cdots\cdots\cdots\cdots\cdots\cdots\cdots\cdots\cdots\cdots\cdots\cdots\cdots\cdots\cdots\cdots$$
$$(a_{n1}X_1q_1+a_{n2}X_2q_2+\cdots\cdots+a_{nn}X_nq_n)(1+R)=X_nq_n$$

となる。

ここで，標準体系における生産物の集合$(X_1q_1, X_2q_2, \cdots\cdots, X_nq_n)$を$\boldsymbol{x}^*$，投入係数行列$a_{ij}(i,j=1,\cdots\cdots,n)$を$\boldsymbol{A}$であらわして，上の式を一般的な行列表示にすると，

$$(1+R)\boldsymbol{A}\boldsymbol{x}^*=\boldsymbol{x}^*$$

これを変形すると，

$$\bm{A}\bm{x}^* = (1+R)^{-1}\bm{x}^* \text{ あるいは, } \bm{A}\bm{x}^* = 1/(1+R)\bm{x}^*$$

ここにおいて，$(1+R)^{-1}$ あるいは $1/(1+R)$ は，固有ベクトル $\bm{x}^*$ をもつ $\bm{A}$ の固有値とみることができる。ここでの固有ベクトル $\bm{x}^*$ は，いうまでもなく標準商品を構成する産出量の組み合わせであるが，問題は，これが行列 $\bm{A}$ の絶対値最大の固有値に属する固有ベクトルであるかどうかである。そうであれば，この標準体系の産出量ベクトルは，「黄金時代」の産出量ベクトルと同じものである。以下，この点を確認してゆこう。

いまこの固有値 $1/(1+R) = \gamma$ とすれば，$\bm{A}\bm{x}^* = 1/(1+R)\bm{x}^*$ は，$\bm{A}\bm{x}^* = \gamma \bm{x}^*$ であらわされる。すでに前節において確認しているように，所与の技術的条件をもつ経済を想定し，そこでの生産手段の投入係数行列を $\bm{A}$ とし，そのフロベニウス根を γ とするとき，経済の成長軌道が，このフロベニウス根 γ（絶対値最大の固有値）に属するフロベニウス・ベクトル $\bm{x}$（産出量の構成比）を満たすようなかたちをとるならば，経済は所与の技術的条件のもとで最大成長率（g^*）を実現することができる。このときの投入係数行列とフロベニウス根およびフロベニウス・ベクトルの関係は，

$$\bm{A}\bm{x} = \gamma \bm{x} \qquad \gamma = \rho(\bm{A}), \qquad \bm{x} \neq 0$$

であらわされ，また，この経済での可能な斉一成長の成長率 g^* は，

$$g^* = 1/\gamma - 1$$

であたえられる。さらに，最大成長率とフロベニウス根との関係は，つぎのように書き換えることができた。

$$\gamma = 1/(1+g^*)$$

また，このときの物量体系のもとであたえられる最大成長率（g^*）とそれと双対関係にある価格体系においてあたえられる最大利潤率（r^*）とが等しい，ということについてもすでに確認済みである（すなわち，$1/\gamma - 1 \equiv g^* \equiv r^*$）。

さて，スラッファ体系における固有値 $\gamma = 1/(1+R)$ であるが，これが同

じ行列 A の絶対値最大の固有値すなわちフロベニウス根 $\gamma=\rho(A)$ であることは，R（標準比率＝標準純生産物/生産手段総量）がそこでの最大利潤率（r^*）に等しい，という点を確認することによって明らかになる。

すでにみたように，スラッファ体系においては利潤率 r は，

$$r=R(1-w)$$

であたえられる。このばあい $w=0$ であるとすれば，利潤率（r）は標準比率 R に等しくなり，その最大値（r^*）をとることになるのである。

こうして，スラッファの標準比率 R は同じ投入係数行列 A のもとであたえられる最大利潤率（r^*）に等しく，これらはまた体系の最大成長率（g^*）に等しい。ここから，スラッファの標準体系を規定する方程式 $Ax^*=\gamma x^*$ における固有値 $\gamma=1/(1+R)$ は，行列 A の絶対値最大の固有値 $\gamma=\rho(A)$ である，ということが確認される。

さて，このような特徴をもつ標準体系は，それ自体としてはあくまでも仮設的体系（あるいは仮構の世界）であるが，しかし，それはたんなる架空の抽象モデルとは違って現実の経済体系を基礎にして構成されたものである。この点は，スラッファ自身もつぎのように強調している。「われわれが考察してきた型の現実の経済体系はいかなるものでも，つねに標準体系に変形できる」(Sraffa [1960] p. 26. 訳 44頁)。「現実のどのような経済体系のなかにも，縮尺的な標準体系が埋められており，不必要な部分を削り取ることによって，明るみに出すことができる」(Sraffa [1960] p. 20. 訳 33頁)。ここから，標準体系もまた経済の現実体系の内部にインプリシットに含まれたものであり，これを独自の方法によってえぐり出し理論化したところにこそ，この体系の「論理的現実性」（いわば経済理論にとっての生命線）が見出されるべきだということが理解されよう。むろん，スラッファ体系の評価もこの点に関わってなされるべきなのである。

4 スラッフィアンの価値不要論

すでに述べたように，スラッファの体系は，マルクス・ルネサンス期にスティードマンらによって展開された労働価値論批判（価値不要論）の理論的

基礎とされた。とりわけ重要なのは、スラッファが明示した価値・生産価格体系と双対関係におかれる物量体系であり、スティードマンらスラッフィアンはこの物量体系における諸データを基礎にそれぞれ価値と生産価格とを導出し、価値計算と価格計算とはそれぞれ別個の（いわば「フォーク型」の）論理構造になっていることを主張して、価値不要論を展開するわけである。ここでは、スラッファ理論の系論として、以下、スティードマンの価値不要論を具体的に検討してみよう。

まず、彼の生産価格論の内容から確認してゆきたい（Steedman［1977］pp. 50 - 68.）。

生産価格の導出に際して、スティードマンは、n 個の商品を生産し、それぞれの生産方法がただひとつだけ知られているような単純な資本主義経済を想定する。また「その総産出が単位＝1 になるようにそれぞれ各商品の単位を選び」（Steedman［1977］p. 50.）、この経済の基本的構造を示す諸データをつぎのように規定してゆく。

生産された生産手段の行列を $\boldsymbol{A}$ であらわす。このばあい、$\boldsymbol{A}$ の j 番目の列は、産業 j で用いられた投入を示す。さらに、$\boldsymbol{a}$ を各産業での雇用水準をあらわす行ベクトルとし、$\boldsymbol{a}$ の諸成分の合計、すなわち各産業に雇用されている労働者数を労働時間表示した行ベクトル $(a_1, a_2, \ldots, a_n)$ における成分の (Σa_i) を総雇用量（時間）として L であらわす。そこで、利潤率を r、貨幣価格の行ベクトルを $\boldsymbol{p}^m$、前払いされた貨幣賃金率を m であらわすなら、生産価格は次のように示される。

$$(1+r)(\boldsymbol{p}^m \boldsymbol{A} + m\boldsymbol{a}) = \boldsymbol{p}^m \tag{1}$$

このスティードマンの生産価格モデルの特徴は、スラッファのものとは違って、可変資本要素（$m\boldsymbol{a}$：貨幣賃金ベクトル）が利潤率の形成に参加していることである。彼は、この(1)式を次のように変形してゆく。

$$\boldsymbol{p}^m [\boldsymbol{I} - (1+r)\boldsymbol{A}] = (1+r) m\boldsymbol{a}$$

さらに、

$$\boldsymbol{p}^m = m(1+r)\boldsymbol{a}\,[\boldsymbol{I}-(1+r)\boldsymbol{A}]^{-1} \qquad (2)$$

上の式では，生産価格 $\boldsymbol{p}^m$，貨幣賃金率 m，利潤率 r が価格体系のデータとしてあたえられているが，ここではそれらの相互的な関連が示されているだけで，ここから利潤率や生産価格を決定することはできない。そこで，スティードマンは，この関係式のなかに含まれる生産価格 $\boldsymbol{p}^m$，貨幣賃金率 m を物量体系の要素に置き換えるべく，労働者全体の獲得する「実物賃金バンドル (real wage bundle)」(Steedman [1977] p. 51.) を列ベクトル $\boldsymbol{w}$ であたえて，全体の労働者にたいして支払われた貨幣賃金総額をつぎの式で示す。

$$m\boldsymbol{L} = \boldsymbol{p}^m \cdot \boldsymbol{w} \qquad (3)$$

これは，各産業に雇用された労働者全体に支払われた貨幣賃金総額 ($m\boldsymbol{L}$) が，労働者全体の得る実物賃金バンドル（＝生活必需品の集合：列ベクトル $\boldsymbol{w}$）の各生活必需品にそれぞれの貨幣価格（行ベクトル $\boldsymbol{p}^m$）を乗じたものに等しい，ということを示す。むろん，このばあいには，労働者は貯蓄をせず，その貨幣賃金は規定された貨幣価格で実物賃金を購入できるだけだということが想定されている。

そこで，(2)式および(3)式から（前者の両辺に $\boldsymbol{w}$ を乗じ，さらに後者をふまえて m を消去するなら）次の式——すなわち，利潤率 r を除き，すべて生産の物的条件をあらわす諸要素（$\boldsymbol{L}$, $\boldsymbol{a}$, $\boldsymbol{A}$ および $\boldsymbol{w}$）から構成された方程式——が得られる。

$$\boldsymbol{L} = (1+r)\boldsymbol{a}\,[\boldsymbol{I}-(1+r)\boldsymbol{A}]^{-1}\boldsymbol{w} \qquad (4)$$

この(4)式では，$\boldsymbol{L}$, $\boldsymbol{a}$, $\boldsymbol{A}$ および $\boldsymbol{w}$ は既知であり，r が唯一の未知数である。ここから，利潤率は，「生産の物的条件 (the physical conditions of production)」(Steedman [1977] p. 52.) をあらわす $\boldsymbol{A}$, $\boldsymbol{a}$ および $\boldsymbol{L}$，さらには労働者の実物賃金 $\boldsymbol{w}$（すなわち，いずれも物的なデータ）によって決定されるという結論が導き出される。むろん，このばあいには「価格 $\boldsymbol{p}^m$ も，所与の貨幣賃金率 m との関係のなかで，(2)式から同一の物的データによって決定されることとなる」(Steedman [1977] Ibid.)。

つぎに，価値（体化された労働），剰余価値（さらには剰余価値率）についてだが，スティードマンは，これらについても同じ物的なデータ A, a, L そして w（すなわち，生産技術と実物賃金）から導出すべく，つぎのように議論を展開している。[24]

諸商品の価値，すなわちそれらに体化されている社会的に必要な総労働時間を行ベクトル l であらわす。ここではまた，それぞれの商品の総産出が単位＝1とされているところから，マルクスにおける価値計算（すなわち商品 j の価値は $c_j + v_j + s_j$ と表記される）は，つぎのように書くことができる。

$$lA + a = l \tag{5}$$

ここで，lA は c の諸量の行ベクトル，そして，a は $v+s$（価値生産物）の諸量の行ベクトルである（なお，ここでは，c の諸量の行ベクトルの要素合計を C，$[v+s]$ の諸量の行ベクトルの要素合計を［労働力の総価値 V ＋総剰余価値 S］で示すことにする）。そこで，(5)式はつぎのように変形される。

$$l = a(I - A)^{-1} \tag{6}$$

ここで明らかなことは，諸商品の価値はただそれらの生産諸条件にのみ依存し，w および r とはまったく関係がないということである。ただし，労働力の総価値 V については，なお w に依存する。すなわち，労働力の総価値 V は，個々の商品の社会的必要労働時間をあらわす行ベクトル l および労働者全体の実物賃金バンドルをあらわす列ベクトル $w' = (w_1, w_2, \ldots, w_n)$ によってつぎのように示される。

$$V = l \cdot w \tag{7}$$

さらに，(6)式から

$$V = a(I - A)^{-1} w \tag{8}$$

ここにおいて V は，実物賃金 w とそれらの生産諸条件 $a(I-A)^{-1}$ の両方に依存することが明らかにされている。[25] また，総剰余価値 S については，つぎ

の式によってあたえられる。

$$S = L - V \tag{9}$$

さらに，(8)式から，

$$S = [L - a(I-A)^{-1}w]$$

ここから，Sの総量は，投下された総労働量L，実物賃金w，およびそれらの生産諸条件$a(I-A)^{-1}$にもっぱら依存しているということがわかる。また，不変資本の総価値Cが，lAの要素の合計に等しいということはいうまでもない。

こうしてl，V，S，およびCは，生産諸条件と実物賃金もしくは実質賃金によってのみ決定され「実際それらは他のいかなる方法によっても決定されえない」（Steedman［1977］p. 48.）という結論があたえられることになるのである。

以上の展開から，スティードマンは，価値計算に対応するl，V，S，およびCが生産および賃金に関する物的なデータ（いずれも労働時間以外は物量表示されている）によって決定される一方で，価格計算に対応する利潤や価格も同じ物的なデータによってあたえられること，ただしこの価値計算と価格計算とのあいだには何の理論的な連結環も存在せず，いわば「フォーク型」の論理構造になっていることを主張している。さらに，この確認をふまえて，彼は，剰余労働（剰余価値）と利潤の存在（さらには利潤率）との関係が，マルクスの価値概念に何ら依存することなく確証されうること，そのかぎりで価値は不要な回り道でしかないということをつぎのように論じてゆく。

(4)式，すなわち利潤率r以外は生産の物的条件をあらわす諸要素（L，a，Aおよびw）から構成された方程式をもとに，利潤率が正であるための条件を示すならば，それはつぎのように生産の物的条件をあらわす諸要素だけであらわすことができる。

$$L > a(I-A)^{-1}w$$

そこで，さきにみた(8)式および(9)式から，いまやこの条件は次のように書き換えられる。

$$V+S>V$$

さらには，

$$S>0 \qquad (10)$$

こうして「剰余労働（剰余価値）が正であるばあい，唯一そのばあいにのみ，利潤率は正になる」(Steedman [1977] p. 57.) という命題が，マルクスの価値概念とはまったく無関係に導出され，そのかぎりで価値は不要の回り道でしかないことが明らかにされる。この点に関連して，スティードマンはつぎのように論じている。

> マルクスにおいてさまざまな労働時間の大きさとしてあらわされたものは，ここでは物的に把握された実物賃金と生産諸条件から完全に導き出されるのであり，しかも，これらの物的な諸量は利潤率と生産価格の決定にも十分適用可能であるため，それらの決定には労働時間の大きさは何の意味ももたないという結論がそこから同時に出てくることになる。(Steedman [1977] Ibid.)

そして，「利潤率が正であるのは，剰余価値が正であるばあいであって，唯一そのばあいだけである」という命題について，「この命題の証明は，価値と生産価格とのあいだの何らかの関係とはまったく無関係であり，この命題は，それ自体，なにゆえ利潤が正であるのかについての理論を何ら構成するものでもない」(Steedman [1977] pp. 65-66.) と結論づけている。

以上が，スティードマンの価値不要論の基本的内容である。これについては，つぎの点が指摘されなければならないであろう。

5　物量体系の理論的特質

まず第一に，スティードマンの生産価格モデルは，スラッファのそれと同

様,経済全体の再生産(生産の反復ないし存続)を可能ならしめる価格(=費用+適正利潤)として設定されている。この意味では,古典派‐マルクス系譜の生産価格論の特徴を具備するものである。そして,この意味での生産価格がマルクス的な価値概念なしでも規定できる(だから価値は不要の回り道だ)というのが,その労働価値論批判の核心なのであるが,この生産価格論がまたスラッファのものと同様に,物量データから客観的かつ非行動主義的な決定機構に基づいて規定されているというかぎりで,古典派‐マルクス系譜の生産価格論からは異なった側面をももっているということである。

すでにみたスラッファ理論では,労働を実体とした価値概念を必要とすることなく,物量体系のデータ(生産技術,実質賃金率)を基礎に生産価格や均等利潤率が客観的に求められる。この理論的特徴について,菱山泉は,スラッファ理論の革新性を明らかにしながら,それでも,いわゆる行動主義的なアプローチとは違って,そこには市場のメカニズムやそこでの諸主体の具体的行動が何ら論ぜられることなく,いわば客観的に(制度的要因だけから)再生産の構造が明らかにされていることを指摘している[26]。すなわち,スラッファの体系は,支配的な生産技術(理論的には,あたえられた技術水準のもとでの投入行列から生み出される産出行列の関係として把握される)のもとで,利潤率があたえられたときに一意の価格集合 P(p_1, p_2, p_3, ……, p_k)が決定されるという仕組みになっている。ここには,個々の経済主体(とりわけ生産者である企業家)の行動や彼らの意識が介入する余地はほとんどない。この意味でスラッファの体系は,基本的に非行動主義的(客観的かつ反人間主義的)な性格をもっている。言い換えるなら,スラッファ・モデルは,その体系の内部に均等利潤率(さらには生産価格)の決定機構(メカニズム)をもっていないのであって,これは物量体系のデータを基礎に生産価格論を展開するさいの一般的な特徴ともいえる。スティードマンのばあいには,これが均等利潤率ではなく,物的に与えられた実物賃金バンドル(real wage bundle)になっているところが異なるだけである。

これにたいして,古典派‐マルクスのばあい,生産価格(自然価格)は,再生産可能価格であると同時に,市場価格の変動の重心として,いわばある種の「引力(重力)過程」の存在を想定した「長期動態均衡」過程として市

場が捉えられている。このばあいには，スラッファ・モデルとは違って，体系の内部に利潤率の決定機構（メカニズム）が存在している。こうした行動主義的なアプローチによって市場を把握し，そのなかで生産価格を捉えようとしている点で，古典派‐マルクス系譜における生産価格（自然価格）論とスラッファ系譜の，客観主義的だが非行動主義的な生産価格論との大きな違いが見出されなければならない。さらに重要なことは，この種の生産価格論においては，その理論的核心ともいうべき物量体系の内部に，均等利潤率（したがってまた生産価格）のみならず，資本‐労働間の分配関係（分配率）の決定機構が組み込まれていない[27]——それゆえ利潤率か賃金率どちらかの分配変数を外からあたえなければ体系を閉じることができない——という事実であって，結局これが両者の生産価格論を根本的に区別することになるのである。

　価値・価格形成をめぐる市場参加者たちの行動を分析・研究することによって，市場の基本的構造や特質を明らかにし，さらには価値から乖離する価格変動によって搾取が隠蔽されている事実を暴露してゆくこと。この行動主義的なアプローチによって担保されているのは，このような労働価値論の搾取の説明原理としての側面にほかならない。スティードマンの労働価値論批判は，こうした論点をも包含しうるものではなかったという点は十分に注意しておく必要があろう[28]。

　とはいえ，この指摘がスティードマンらの価値不要論にたいする抜本的な批判になりうるというわけではないのである。そのためには，やはりスラッファやスティードマンらにおける価値論なき経済学の弱点（新古典派経済学と共通の弱点）が指摘されねばならない。

　スティードマンらがその価値不要論の基礎に据えたスラッファの価値・価格論は，社会的再生産過程の量的側面を論ずるうえにおいては確かに優れた理論的枠組みを有している。ただし，価値・価格論は，たんに社会的再生産過程の量的側面を明らかにすることだけがその使命なのではない。価値論には，いまひとつ重要な使命が存在する。

　資本主義（市場）経済をその根底から規定している呪物崇拝の基本構造，さらには，資本主義経済のもっとも重要な構成契機たる商品，貨幣および資

本（経済的諸範疇）を本質的に規定している呪物性の説明原理として、価値論が必要とされるのであり、これは価値の質的規定に関する研究によってのみあたえられるのである。

ここにおいて、価値概念は、何よりもまず市場の基本構造（それは、商品や貨幣の物象的関連と交換の当事主体たちの人格的関連の、相互依存的かつ転倒的関係からなる）を解明するための基礎範疇として位置づけられる。この価値概念なしには、資本主義経済のもっとも基本的な構成契機たる商品、貨幣および資本のもつ本質的内容は把握不可能なのであって、価値論なき経済学の弱点は、まさにこの価値の質的規定に関わる中心問題を素通りせざるをえない、というところに存するのである。

第5節 抽象的労働説の論理構造

マルクス・ルネサンス期の抽象的労働説を代表するのは、やはりクラウゼ（『貨幣と抽象的労働』）であろう。抽象的労働説は、生産過程において抽象的労働を実体化することなく、交換のなかに私的諸労働の社会的労働（＝同質労働）への抽象化機構を見出し、体化労働説（価値本質論）やスラッフィアンが価値をたんに量的計算問題として取り扱っていること自体を批判するのであるが、自らもまた、労働の評価システムとしての市場がどのようなメカニズムにより価値を量的に規定するのかについて論ずる必要があった。これを、もっとも厳密な数学的表現によって論証したのがクラウゼ理論なのである[29]。以下では、このクラウゼ理論の基本的な論理構造について確認してゆこう。

1 クラウゼ・モデル

抽象的労働説は、マルクスの抽象的労働概念の核心を市場における交換をとおして達成される労働の同質化または抽象化の作用として捉える。彼らは、体化労働説（価値本質論）やスラッフィアンとは違い、社会的労働たる抽象的労働（＝価値実体）が価値形成労働として交換に先立ちそれ自体で生産過程に自存しうるものとは考えない。たとえば体化労働説のばあい、価値 λ

は2財モデルにおいてはつぎのようにあらわされる。

$$\lambda_1 = a_1\lambda_1 + l_1$$
$$\lambda_2 = a_2\lambda_1 + l_2$$

ここで，a_1，a_2は用いられた生産財の単位をあらわし，l_1，l_2は用いられた直接的投入労働をあらわすが，この労働は価値を形成する抽象的人間的労働としてはじめから規定されている。クラウゼのばあい，ここに具体的労働 l と，その還元係数 α が用いられて価値 λ はつぎのようにあらわされるのである。

$$\lambda_1 = a_1\lambda_1 + \alpha_1 l_1$$
$$\lambda_2 = a_2\lambda_1 + \alpha_2 l_2$$

ここで αl は，交換をとおしてある一定の大きさの社会的労働に還元された私的具体的労働であり，クラウゼのばあいには，これが商品価値を形成する抽象的労働として規定されることになる。体化労働説に代表される従来の労働価値論は，はじめから $\alpha_1 = \alpha_2 = 1$ を前提しており，それがクラウゼによって「同質労働のドグマ」とされたのである。

こうして抽象的労働説によれば，抽象的労働や価値は，交換が現実に行なわれたときにのみ形成される。したがって，この交換を含む市場システム全体のなかに，具体的諸労働（＝私的労働）の抽象的労働（＝社会的労働）への同質化・還元機構が求められなければならない，ということになるのである。こうした抽象的労働説の考え方をもっとも精緻な論理で定式化したものがクラウゼ理論である。

さて，クラウゼ理論の抽象的労働説としての特徴をよく示すものは，彼が「基本関係」とよぶ，つぎのような関係式である。

$$p_i/p_j = \lambda_i/\lambda_j$$

p_i，p_jは任意の商品 W_i，W_jの価格，λ_i，λ_jはそれら商品の労働価値をあらわし，ここには流通（相対価格）と生産（相対労働価値）の基本的な関連が示されている。これは，同質労働が仮定された体化労働説のばあい，価値

λ が価格 p を規定する関係として捉えられ，この関係自体は単純商品生産にたいしてだけあてはまるものとして捉えられるが，労働価値 λ の決定方法が異なるクラウゼのばあいには，この基本関係はまったく別の意味をもつのである。

彼のばあい，価値を規定する抽象的労働は還元係数 α（前出）によってその大きさが定まり，還元係数はまた交換をとおして決定されることになる。要するに，ここにおいては抽象的労働や価値の量的決定は，市場における交換と相互依存関係におかれているわけである。この点に関連して，クラウゼはつぎのように主張している。

> ここで明らかにされた基本関係（それは労働価値の量的規定を行っていないものだ！）は，抽象的労働概念の導出と同時に成立する。基本関係の意味は，相対労働価値によって相対価格を「説明する」ことではなく，単に市場経済において生産と流通の間に存在する特定の関係を確定することである。等式それ自体には，そもそもどのような因果的方向も含まないからである。(Krause [1979] S. 114. 訳107頁)

こうしてクラウゼ理論において「抽象的労働概念の導出」は，市場における交換を不可欠の論理的媒介とするが，これについて，彼は「貨幣関係が具体的労働それ自体にたいして「抽象的労働」と呼ばれる一定の関係を誘導する」と述べて，この決定関係を次ページの図で示している。[30]

l_i, l_j はそれぞれタイプ i，タイプ j の具体的労働，W_i, W_j はその生産物をさし，(1)(2)(3)は決定の論理的序列を示す。また，ここで貨幣関係とは一般的等価物としての貨幣 G と諸商品 W との交換関係（$W_i \tau G$, $W_j \tau G$）を前提に措定された商品の交換関係（$W_i \tau W_j$）を意味している（τ は「関係」をあらわす記号）。

こうした決定関係のなかで，もっとも基軸的な機能を果たすものが，（この図のなかにはあらわれていないが）還元係数 α である。これによって，諸商品を生産する私的具体的諸労働は，貨幣関係に規定されつつ，同名の量的にのみ異なった大きさの社会的労働（＝抽象的労働）として互いに関係さ

せられ（等置され）るのである。

そこで還元係数とは，まず一般的に表現すれば，あるタイプの具体的労働を別のタイプの具体的労働で測り，それによってあるタイプの労働を社会化された一般的労働ともいうべき抽象的労働に還元するための係数である。いま商品世界に存在するすべての具体的労働の集合のなかからiタイプの労働とjタイプの労働

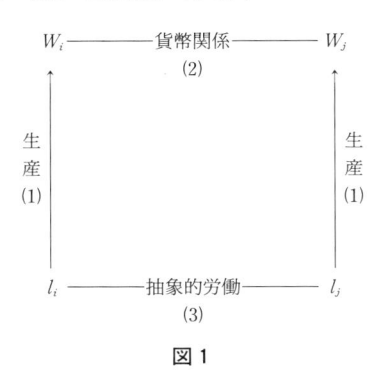

```
W_i ────── 貨幣関係 ────── W_j
              (2)
 ↑                            ↑
 生                           生
 産                           産
(1)                          (1)
 │                            │
 l_i ────── 抽象的労働 ────── l_j
              (3)
```

図1

$(i, j=1, 2, \cdots, n)$ を取り出し，iタイプの労働をjタイプの労働で測ることによって，前者を抽象的労働に還元する関係を示すならば，つぎのようになる（Krause［1979］S. 104．訳98頁）。

　　　（タイプiの1時間労働）$\mathscr{A}$（タイプjのα_{ij}時間労働）

ここで，$\mathscr{A}$は同値関係を示す記号であり，係数α_{ij}が還元係数である（$\alpha_{ij}>0$）。これによって「ある具体的労働の他の具体的労働に対する相対比重」（Krause［1979］S. 105．訳98頁）が示される。また，商品世界に存在するすべての具体的労働の集合のなかから任意のタイプの具体的労働を取り出し，この労働によって他のすべてのタイプの労働を測るならば，そこから商品世界に存在する他のすべてのタイプの労働 l_i（$i=1, 2, \cdots, n$）に対応する，還元係数行列 $\boldsymbol{\alpha}=(\alpha_1,\cdots,\alpha_n)$ が導き出せる。

こうして貨幣関係に媒介されることにより還元係数 $\boldsymbol{\alpha}$ が決定され，それによって労働価値 λ が決定されることになるが，それをふまえて，さきに2財モデルにおいて示されたものを一般的な行列表示であらわすとつぎのようになる。

　　　$\boldsymbol{\lambda}=\boldsymbol{\lambda}A+\boldsymbol{\alpha}L$

ここで $\boldsymbol{\lambda}$ は n 次の価値ベクトル $\boldsymbol{\lambda}=(\lambda_1,\cdots,\lambda_n)$，$A$ は a_{ij} を要素とする $n\times n$ 次の投入係数（使用構造）行列，L は $n\times n$ 次の労働投入行列（ただし対角行列）[31]，$\boldsymbol{\alpha}$ は n 次の還元係数ベクトル $(\alpha_1,\cdots,\alpha_n)$ である。ここか

ら，αL は $\alpha_1 l_1$, $\alpha_2 l_2 \cdots, \alpha_n l_n$ であり，定義上はこれが抽象的労働（ベクトル）をあらわす。ただし，クラウゼ自身は，この労働価値 λ についてはつぎのような方程式を用いてあらわしている。

$$\lambda_{ij} = \sum_{h=1}^{n} v_{hi} l_h \alpha_{hj}$$

この方程式は，商品 W_i の1単位の労働価値をタイプ j の労働で表現したもので，このことは λ_{ij}, α_{hj} に付されたサフィックス j によって示されている。ただし，この表記は，タイプ j の具体的労働をすべてのタイプの具体的労働がこれでもって測られる基準として固定することにすれば，サフィックス j を省略することができ，上の式はつぎのように書くことができる (Krause [1979] S. 116. 訳109頁)。

$$\lambda_i = \sum_{h=1}^{n} v_{hi} l_h \alpha_h$$

これを行列表示すればつぎのようになる。

$$\boldsymbol{\lambda} = \boldsymbol{\alpha L V} \text{ないしは} \boldsymbol{\lambda} = \boldsymbol{\alpha L (I - A)}^{-1}$$

この方程式について簡単に説明しよう。すでにみたように，価値はつぎの方程式であらわすことができた。

$$\boldsymbol{\lambda} = \boldsymbol{\lambda A} + \boldsymbol{\alpha L}$$

これを変形すると，

$$\boldsymbol{\lambda} = \boldsymbol{\alpha L (I - A)}^{-1}$$

が得られる。そして，$\boldsymbol{V} = \boldsymbol{(I - A)}^{-1}$ とあらわせば，先の式と同じものが得られる。

$$\boldsymbol{\lambda} = \boldsymbol{\alpha L V}$$

クラウゼは，上の式を価値体系とよび，さきにみた基本関係 $(p_i/p_j = \lambda_i/\lambda_j)$ をこの価値体系をふまえて再考察し，ここから還元係数 α と交換比率 (p_i/p_j) との関係をあらわす「交換曲線」をつぎのように導出している。

この基本関係は，流通（相対価格）と生産（相対労働価値）の基本的な関連を示すが，労働価値 λ は生産構造のほうを別におけば還元係数のベクトル $\boldsymbol{\alpha}$ $(\alpha_1, \cdots, \alpha_n)$ にのみ依存することから[34]，基本関係から交換比率 p_i/p_j は，$\boldsymbol{\alpha}$ の関数として次のように表現することができる。

$$p_i/p_j(\boldsymbol{\alpha}) = \frac{\sum_{h=1}^{n} v_{hi} l_h \alpha_h}{\sum_{h=1}^{n} v_{hj} l_h \alpha_h}$$

この関係は，固定的な生産構造のもとにおいて具体的労働の相対比に依存する交換比率の動きを抽象的労働の部分として叙述したもので，クラウゼはこれを交換曲線と名づけたわけである（Krause [1979] S. 108. 訳101頁）。

こうして，交換比率 p_i/p_j は，還元係数のベクトル $\boldsymbol{\alpha}$ の内容如何によって，どのようにでも決定されるが，クラウゼは，価格 p をたんに貨幣商品にたいする商品の価格形態としてではなくこれを生産価格として規定し直し，そのうえで，この交換曲線（基本関係：$p_i/p_j = \lambda_i/\lambda_j$）を満たすことができるような還元係数 $\alpha_i > 0$ のベクトル $\boldsymbol{\alpha}$ を明らかにしてゆく。これが標準還元の世界へとつながるのである。

そこで，ひとまずここではクラウゼによる生産価格体系の規定をみてゆこう。

$\boldsymbol{p} = (p_1, \cdots, p_n)$ は，商品1単位あたりの価格
$\boldsymbol{w} = (w_1, \cdots, w_n)$ は，個々の労働種類に対する時間あたりの賃金率

をあらわすものとし，r を均等利潤率とすれば，j 部門（$j=1, 2, \cdots, n$）における生産価格はつぎのようにあたえられる。

$$p_j = (1+r)\left(\sum_{i=1}^{n} a_{i,j} p_i + l_j w_j\right)$$

これを一般的な行列表示であらわすと，つぎのようになる。

$$\boldsymbol{p} = (1+r)(\boldsymbol{pA} + \boldsymbol{wL})$$

さて問題は，以上により生産価格として規定された価格 p にたいして，基

本関係 $p_i/p_j=\lambda_i/\lambda_j$ を成立せしめるような還元係数ベクトル $\boldsymbol{\alpha}$ をどうみつけだすのか,ということである。クラウゼは,標準還元の世界という,独自の理論的仮構(空間)を構築することによって,そのような還元係数を明らかにし,そこにおいて多様な諸商品を生産する具体的諸労働が市場システムを媒介に抽象的労働に還元(同質化)され,この抽象的労働によって価値と価格とが規制されること(あるいは,この抽象的労働によって規定された価値と価格とが一定の比例関係をもつこと)を論証する。では,標準還元の世界とは,どのような理論的空間なのか。

結論からいえば,標準還元の世界は,

$$\lambda_i/\alpha_i l_i = \lambda_j/\alpha_j l_j \qquad (i,j=1,\cdots,n)$$

が成立するような,還元係数($\alpha_i>0$)のベクトル $\boldsymbol{\alpha}$ があたえられた理論的空間である。言い換えるなら,そこでは抽象的労働に還元された労働投入(αl)とその生み出した価値(λ)のあいだに一定比率が各産業について成立するように,具体的労働の抽象的労働への還元が実現される世界である。このような関係が満たされるとき,そこにおけるベクトル $\boldsymbol{\alpha}>0$ は標準還元とよばれるのである。

クラウゼは,この $\boldsymbol{\alpha}>0$ が標準還元であるのは,

$$\boldsymbol{\alpha} LA = \gamma \cdot \boldsymbol{\alpha} L$$

が成立するような行列 $\boldsymbol{A}$ の固有値 $\gamma \geq 0$ が存在するケースだけであること,これはまた行列 $\boldsymbol{A}$(非負分解不可能)の絶対値最大の固有値すなわちフロベニウス根 $\gamma=\rho(\boldsymbol{A})$ として一意的に決定できることを明らかにしている。彼はまた,この標準還元 $\boldsymbol{\alpha}>0$ がスラッファの標準商品の双対概念であることも強調している(Krause [1979] S. 159-62. 訳141-42頁参照)。以下では,この点を確認しながらクラウゼ標準還元の世界の理論的特徴を明らかにしてゆこう。

すでにみたように,スラッファの標準商品は,物量体系における $\boldsymbol{Ax}^*=\rho(\boldsymbol{A})\boldsymbol{x}^*$ または $\boldsymbol{Ax}^*=1/(1+R)\boldsymbol{x}^*$ の産出量ベクトル $\boldsymbol{x}^*$ として捉えられる。この双対概念は,価格体系における $\boldsymbol{p}\boldsymbol{A}'=\rho(\boldsymbol{A})\boldsymbol{p}$ であたえられる価格ベク

トル p であり，クラウゼ・モデルではこの価格ベクトル p に対応するのは抽象的労働ベクトル αL である。

そこで，いまスラッファ標準体系における産出量ベクトル x^* を $lx^*=1$ となるように正規化し，他方でクラウゼの標準還元 α^* については $\alpha^* L x^*=1$ と正規化すれば，この正規化のもとで，x^* は $Ax^*=\rho(A)x^*$（物量体系）における投入係数行列 A の右側固有ベクトルであり，$\alpha^* L$（抽象的労働に標準還元された労働投入）は，$\alpha^* LA=\rho(A)\alpha^* L$（価値体系）における A の左側固有ベクトルとなる。こうして，スラッファの x^*（標準商品）とクラウゼの α^*（標準還元係数）とは双対概念であることが確認されるのである。

さらに，このような双対関係にある 2 つの体系のうち，物量体系 $Ax^*=\rho(A)x^*$ におけるフロベニウス根はスラッファ標準体系の検討のさいにみたように $1/(1+R)$ であり，この行列を転置することによってあたえられる，価値体系における行列 A のフロベニウス根も同一であることから，価値体系 $\alpha^* LA=\rho(A)\alpha^* L$ における $\rho(A)$ もまた $1/(1+R)$ となる。ここから，上式はつぎのように書き換えることができる。

$$\alpha^* LA = 1/(1+R)\alpha^* L \qquad 1/(1+R) > 0$$

この式が意味していることは，それぞれあたえられた標準還元係数 α^* によって抽象的労働に還元された直接的労働ベクトル（$\alpha^* L$）は，当該経済のテクノロジーに制約される投入係数行列 A のフロベニウス根 $\rho(A)=1/(1+R)$ に属する固有ベクトルとして措定され，このような抽象的労働の集合（＝フロベニウス・ベクトル）を構成すべく選択された還元係数 α^* こそが標準還元係数だということである。

こうした標準還元によって同質化された諸労働の社会的編成（$\alpha^* L$）が成立する理論的空間が，クラウゼの標準還元の世界なのであり，このようないわば理論的な仮構の世界が設定されたとき，$\lambda_i/\alpha_i l_i = \lambda_j/\alpha_j l_j$ が成立し，同時に基本関係（$p_i/p_j = \lambda_i/\lambda_j$）も満たされる。要するに，そのときには抽象的労働に還元された労働投入 αl とそれによって生み出された価値 λ との比率が各産業で均等になる。と同時に，価値（λ）と価格（p）との比例も実現されるのである。

これは，結局のところ，各部門における資本の有機的構成の均等を抽象的労働タームで規定したのと同じことになるといえよう。さらに付言すれば，そこではまた価値と生産価格が同時成立し，均等剰余価値率と均等利潤率が同時成立する。かくして，価値と生産価格，均等剰余価値率と均等利潤率が同時成立する標準還元の世界が構築されたことで，クラウゼにおいては例の転化問題そのものが消滅することになったのである。ここにおいては，抽象的労働・価値と生産価格とが同時決定的に規定されるからである。こうして，クラウゼは，市場そのものが商品に含まれる異質的諸労働の評価体系であること，そのもとではまた労働－価値－生産価格という論理的序列をもつ転化問題そのものが成立しえないということを論証したのである。

　以上が，標準還元の世界の概要である。そこで，これは本書のコンテキストにおいてはいかなる理論的特徴をもっているのか。この点は項をあらためて論ずることにしよう。

2　抽象的労働説の理論的特徴：呪物性視点の欠落

　最初に述べたように，マルクスにおいては，価値の質的規定，量的規定ともに労働（すなわち価値実体）との関連のもとで捉えられている。むろん，この労働は商品の使用価値を生産する具体的有用労働ではなく，価値を生産する抽象的人間的労働として捉えられなければならない。ただし，マルクスのばあい，価値実体とされる抽象的人間的労働は，「抽象的労働」と「人間的労働」との合成概念であったことにここで注意すべきである。

　このうち「抽象的労働」は，商品を生産する私的労働が交換をとおして転化すべき社会的労働，すなわち類概念としての労働を意味している。この類概念としての労働の同質性は，価値実体としての労働に固有の経済的意味（内容）をあたえるものであり，価値の質的規定（＝呪物性としての価値規定）に関連している。それというのも，マルクスのばあい，呪物性としての価値は，諸商品を生産する私的労働の社会的性格が商品世界に生きる人々の意識に諸物の呪物的性格として反映されたものとして捉えられているからである。

　これにたいして「人間的労働」は，いわゆる複雑労働にたいする単純労働

を意味しており，これは固有の経済的意味を付与された同質的な諸労働のあいだの量的比較や等置を可能にする，尺度単位としての労働の同質性をあらわしている。

マルクスにあっては，この2つの労働の同質性概念が価値の量的規定の理論的前提（すなわち，その質的規定）を構成する。ただし，このうち労働と質的価値規定との理論的関連という固有の問題領域につながるのは，価値実体としての労働に固有の経済的意味（内容）を与え，呪物性としての価値概念の基礎となる「抽象的労働」（すなわち類概念としての同質労働）だけである。[37]「人間的労働」（＝単純労働）はあくまでも尺度単位としての同質労働であり，たんに諸労働の量的表現の論理的前提という意義をもつにとどまるからである。

そこで，抽象的労働説のいう労働の同質性はどうであろうか。すでにみたように，クラウゼの「抽象的労働」概念は市場システム全体によってあたえられるものであって，この意味では，私的労働が交換をとおして転化すべき社会的労働としての同質性，つまり類概念としての同質労働とほぼ同じものとみることができる。要するに，クラウゼのいう同質労働も，市場によって社会的労働［＝類］としての承認を受けた労働という意味だということである。

ただし，クラウゼのばあい，諸労働を相互に同質的な抽象的労働に還元するのは，いわば「尺度単位」として任意に選ばれた一具体的労働であった。この具体的労働のα倍というかたちで，他の諸労働は統一された量的表現をあたえられ同質化される（同名の量的にのみ異なった大きさとして措定される）のである。この「尺度単位」として選ばれた一具体的労働は，諸労働の量的表現の論理的前提として措定されるのであり，これはマルクスにおける「単純労働」と同じ機能を果たすものと考えてよい。要するに，クラウゼの抽象的労働（労働の同質性）概念は，「類概念としての労働の同質性」であると同時に，「尺度単位としての労働の同質性」の2つの条件を独自の方法によって満たすものなのである。

とはいえ，クラウゼのばあい，単純労働と複雑労働という労働の質の違い（と同時に「尺度単位」としての単純労働そのものの存在）が前提され，そ

のうえで諸労働が市場でこの尺度単位（＝単純労働）の確定倍数（α）に還元されるという論理がとられているわけではない。クラウゼにおいては，もともと諸労働には単純労働も複雑労働の区別もなく，すべて異質な存在としてあたえられており，そのなかから任意の具体的労働が「尺度単位」として選択されるにすぎないのである。このばあい，事実として仮に単純労働や複雑労働の区別が諸労働のなかに存在するにしても，そうした諸労働の異質性はこのクラウゼの還元手続きのなかに論理的に吸収され，問題としても消滅してしまっているということである。

さらには，マルクスにおいては「類概念としての労働の同質性」が呪物性と結びつけられるのにたいして，クラウゼの「同質性」（類）概念はそれとの関連を一切断ち切られていることが指摘されなければならない。他方の，体化労働説にあっては，この「類概念としての労働の同質性」が生理学的意味での人間エネルギーの支出として実体主義的に捉えられ，この生理学的意味での人間エネルギーの支出たる抽象的労働が価値を生み出す，と同時に呪物性としての価値をも生み出すと主張できる（いわば，価値規定の一切を生理学的意味での人間エネルギーに託してしまえる）。ところが，価値実体としての抽象的労働が生産過程に自存することを否定し，価値および抽象的労働の存立構造が市場（交換）を媒介にしていることを主張する抽象的労働説にあっては，この呪物性としての価値の存在根拠も，価値と労働との関係のなかであらためて説明されなければならない課題として存在するのである。

こうして，抽象的労働説は，体化労働説における同質労働のドグマを批判し，経済システム全体で労働を同質化するメカニズム，言い換えれば，異質的な私的諸労働を同質的な社会的労働（＝抽象的労働）に還元するメカニズムを明らかにしたが，この価値を呪物性として捉え，これを説明しようとする視点を欠落していたと結論せざるをえないのである。

さて，クラウゼ理論に代表される抽象的労働説は，体化労働説と並んで現代の労働価値論を代表する双璧といえる。ただし，以上みてきたように，両説は，基本的に労働（量）と価値（量）との理論的関連のつけ方の違いがあるだけで，この2つのファクターを何らかのかたちで理論的に結びつけている点ではまったく共通している。ともに労働価値論として位置づけられる所

以でもあるが，実は，その欠陥もまた共通するのである。この点については，次節で総括することにしよう。

第6節　結　語

　労働と価値とをどのような理論的関連のもとでとらえるのか？　ここに労働価値論が解決すべき基本問題のひとつがある。

　体化労働説（価値体系を措定するさいのスラッフィアンも含む）では，商品生産労働ははじめから価値生産労働として自存し，それが生産過程で商品に体化されることで商品価値が生み出される，と考える。他方，抽象的労働説は，体化労働説の考え方のなかに「同質労働のドグマ」が存在するとしてこれを否定し，市場システム全体をとおして異質労働が抽象的労働に還元・同質化され，こうした市場での労働の評価をふまえて商品価値の大きさが決定されると考えて，その決定機構（メカニズム）を考察する。

　いずれも，その理論的関連のつけ方においては違いがあるものの，労働と価値とが独自の結びつきをもたされている点では共通しており，そこに労働価値論の基本的な性格もあらわれている。ただし，また共通に指摘できることは，労働と価値との理論的関連についての問題が，最終的には何らかのかたちで商品に含まれていると考えられる労働量と交換価値変動の規制因としての価値量との関係，つまり商品価値を形成する抽象的（人間的）労働の大きさと交換価値変動の重心としての商品価値の大きさという，価値の量的規定に関わる問題に帰着しているということである。

　要するに，体化労働説も抽象的労働説も，労働と呪物性としての価値との理論的関連という，労働価値論のもうひとつの基本問題には独自の考察を展開していない。ただし，これは彼らが資本主義経済を覆う呪物崇拝を無視し，価値を諸物（とりわけ商品，貨幣，資本などの経済的諸範疇）に付着した呪物的性格として認識していないということではない。その成立機構（メカニズム）を価値論の領域で展開していないということなのである。これが，労働と質的価値規定に関わる問題であることはいうまでもなかろう。

　さて，本章においては，物量体系を基礎に価値・価格体系を考察するとい

う,マルクス・ルネサンス期に確立された価値論の新しい方法が,体化労働説,抽象的労働説という労働価値論の陣営だけではなく,それを批判するスラッフィアンの価値不要論においても重要な理論的基礎になっていることをみてきた。ここで明らかになったことは,まず第一に,それがいかに厳しい制約的条件を付された仮構の世界を構築するにせよ,そこで用いられる物量データが現実体系(現実経済)を基礎にしているかぎり,経済理論にとっての生命線ともいうべき論理的現実性がそこに認められなければならない,ということである。しかしながら,第二に,この物量体系の内部には,資本-労働間の分配関係(分配率)の決定機構が存在せず,それゆえ利潤率か賃金率どちらかの分配変数を外からあたえなければ体系を閉じることができないということ。そして最後に,これらの理論のいずれにおいても,労働と質的価値規定に関わる議論を欠落しているということである。

もちろん,弱点をもたない経済理論,完全無欠の経済理論などというものは存在しえない。その理論的な強みが別の面からみれば弱点になる,という例も多々みられるところである。要は,その弱点をどれだけ自覚してその理論を活用できるか,またそれらの欠点をどう克服するかという,それを使う側の問題なのである。労働と質的価値規定に関わる議論を欠落しているという問題は,それらの理論の弱点ではなく欠点であり,これについては別途にそれを克服できる理論が展開されなければならないのである。

1) 転化論論争に関する基本的文献としては,Sweezy [1949],伊藤,桜井,山口 [1978],石垣,上野 [1986] などがある。また,第2期の論争を概括するものとしては伊藤 [1986],Fine(ed.) [1986] chap.1, Steedman [1977] chap.1,さらに第1期,第2期全体にわたる論争の理論史的な回顧と展望については高須賀義博「転化論の展望」([1979] 第4章),転化論論争の全体をサーベイするものとして,さしあたり衣川 [1994] などを参照されたい。
2) このスラッフィアンによる価値不要論は,I. Steedman, M. Lippi, G. Hodgson などに代表される。さしあたって,雨宮 [1984] および植村 [1985] を参照のこと。また,この理論的立場を,わが国における価値論の研究動向のなかに位置づけ評価したものとして,米田 [1990] が有益である。

3) いわゆるポスト・マルクス・ルネサンス期の価値論論争に関するサーベイとしては,和田豊の一連の研究業績（[1989 - 90][1999]等）が参考になる。
4) Böhm-Bawerk [1986]。なお,Sweezy [1967]（ただし英訳版）にも「カール・マルクスとその体系の終結」として収録されている。
5) Hilferding [1904] 所収。なお,前掲 Sweezy [1967] にも所収。
6) Bortkiewicz [1907],前掲 Sweezy [1967] にも所収。
7) ただし,ボルトケヴィチは,ひとつの連立方程式として構築した生産価格体系を完結させる段階になると,貨幣商品としての金を奢侈品（資本家用消費財）部門の生産物として,この部門の乖離率を1とすることで方程式の未知数をひとつ減らすという手続きをとる。これは,いかに論理手続き上の必要からとはいえ,かなり強引な論法であって「この想定は非現実的で恣意的なもの」（大石[1989]190頁）との批判を甘受せざるをえまい。
8) この単純再生産の想定はかなり制約的であるが,ウィンターニッツはこの制約をはずしてボルトケヴィチの解法をより一般的に定式化することに成功している。彼は,また「マルクス体系の精神にかなう明らかな前提は,価格総計が価値総計に等しいというものである」として,総価値＝総生産価格を前提して独自の解法を示し,ボルトケヴィチの $z=1$ という仮定が不要であることも明らかにしている（Winternitz [1973]）。
9) 置塩信雄 [1977] 第4章第1節「価値の生産価格への転化」193 - 219頁参照。
10) この繰り返しによって,一般に,第 $n+1$ 次の生産価格は,

$$p_1^{n+1} = (1+\mu_{n+1})(a_1 p_1^n + \tau_1 R p_2^n)$$
$$p_2^{n+1} = (1+\mu_{n+1})(a_2 p_1^n + \tau_2 R p_2^n)$$
$$p_3^{n+1} = (1+\mu_{n+1})(a_3 p_1^n + \tau_3 R p_2^n)$$
$$\mu_{n+1} = \frac{\Sigma p_1^n x_i - \Sigma (a_i p_1^n + \tau_i R p_2^n) x_i}{\Sigma (a_i p_1^n + \tau_i R p_2^n) x_i}$$

となる。これは,連立非線型定差方程式であり,初期条件を t_1, t_2, t_3 とすることにより,上の式は最終的に次の式に収束することが明らかにされている。（置塩[1977] 209 - 16頁参照）

$$p_1 = (1+\mu)(a_1 p_1 + \tau_1 R p_2)$$
$$p_2 = (1+\mu)(a_2 p_1 + \tau_2 R p_2)$$
$$p_3 = (1+\mu)(a_3 p_1 + \tau_3 R p_2)$$

11) Morishima, M. / Seton, F. [1961]。ミディオは,このシートン・森嶋的アプローチによって論証された総剰余価値＝総利潤命題を別のかたちで再

確認すると同時に，総価値＝総生産価格命題の成立も論証している（Medio [1972]）。なお，森嶋は，結合生産の問題に関わって，いったんは労働価値論の放棄を主張する（Morishima [1971] 第14章「労働価値論再説」参照）が，のちには不等式モデルを用いてこの問題を解決している（Morishima, M. / Catephores, G. [1978] 参照）。

12) 高須賀 [1979] 219－20頁参照。なお，フォン・ノイマンの「黄金時代」を用いた転化論の一連の解法については，高須賀 [1979] 第4章第6節「Marx 価値論の黄金時代」が詳しく解説している。

13) とくに同書第4章「競争による価値の生産価格への転化」参照。大石は，価値の生産価格への転化においては，単純再生産の想定下で同一規模での資本価値の投下が前提されるべきことを主張し，これが見逃された結果，間違った方向に議論が進められたとして，つぎのように論じている。「ボルトケヴィッチは，総計一致の二命題を，価値体系のもとでの総価値と総剰余価値が生産価格体系のもとでの総価格及び総平均利潤に等しいのだ，と理解した。そのために総計一致の二命題の論証がまったく不可能になってしまったのである。しかし，これらの量が一致する根拠は，現実の資本主義社会には存在しないのであって，このような形で命題を論証しようとする限り，それが成功することはあり得ない」（大石 [1989] 88頁）。かくして大石のばあいには，あたえられた諸前提のもとで，諸資本の部門間移動によって生産価格体系が成立させられたあとで「生産価格表示の価値表式」（97頁）が示される。具体的には，費用価格を生産価格で表示したあと，そこであたえられる v 部分から，剰余価値率 m/v 不変という論理技術的条件を基礎に，そこでの新たな剰余価値量を導き出す。こうした方法で価値規定そのものに変更が加えられ，そのうえで総計一致二命題の成立が主張されるわけである。

14) 抽象的労働説の代表的論者たちをあげるならば，以下のとおりである。De Vroey [1981] [1982], Himmelweit, S. / Mohun, S. [1981], Mohun [1985], Eldred, M. / Hanlon, M. [1981], Gerstein, I. [1976], Krause [1979] 等々。この抽象的労働説は，別名ルービン学派ともよばれる。ルービンも抽象的労働説もともに，体化労働説の生理学的な価値規定にたいして，いわば交換主義的な価値規定を前面に押し立てているからである。なお，この学派の形成は1973年にルービンの主著『マルクス価値論概説』の英訳（Rubin, I. I. [1973]）が出てからであり，Rubin School の呼称は Gleicher [1983]（p.78.）の命名による。つぎのド・ヴルイの論述は抽象的労働説の考え方をよく示している。「価値の創出，市場価格の決定，販売者の所得の形成は同時に起こらざるをえない。それらは同じ現実の異なった側面である。価値と価格の概念は，ただ知的推論のなかでだけ分離可能なのである」（De

Vroey [1982] p. 45.）。

15) 価値本質論の前提する「体化労働説」とネオ・リカーディアンの基礎にある「スラッファ理論」とは，ド・ヴルイによれば，「技術的パラダイム」から「社会的パラダイム」へのシフトによって特徴づけられる抽象的労働説とは対極にある「技術的パラダイム」に立っているという意味で，いずれも基本的観点においては同じものとして批判されることになる。(De Vroey [1982] pp. 40‒41. 参照)

16) こうした考え方を最初に提示したアグリエッタのばあい，同じように総剰余価値＝総利潤，総価値生産物＝総収入という総計一致関係を強調する論理構成になってはいても，総剰余価値＝総利潤，総価値生産物＝総収入に対応するのは，明確に抽象的労働とされている。だが，このばあいには価値の量的決定関係が明確にされていないという弱点を残している（Aglietta [1976] 訳68‒75頁参照）。

17) 経済システム全体を物量体系（数量体系）と価値・価格体系との統一として，言い換えるなら，経済全体を素材的（使用価値的）視点と価値・価格視点との複眼的な視座で把握しようとする方法は，マルクスの再生産表式論さらにはケネーの経済表にまで，その基本的なアイデアの源流をたどることができるであろう。この点については，Pasinetti [1977]（とくに第1章「学説史小史」），菱山 [1990] などを参照されたい。

18) ペロン・フロベニウスの定理を構成する諸命題の証明については，たとえば二階堂 [1961]，塩沢 [1981] 等を参照。

19) 2財モデルを用いて生産価格体系とフォン・ノイマンの「黄金時代」との関係を確認する方法は，高須賀 [1985]（131‒37頁）を参考にしている。なお，森嶋はこの点に関連して次のように論じている。「マルクスの定式 $\pi = S/(C+V)$ を正当化する問題は価値および価格の決定体系を産出量決定の動学体系と結合することによって解決されうる……この問題の解決には，生産と評価づけとの間のフォン・ノイマンの双対性についての十分な認識が必要である。フォン・ノイマン革命以来「黄金時代」均衡価格と産出量比率とがしばしば規準価格もしくは規準産出量比率として用いられてきたことを考えあわせれば，この方法でマルクスの定式を完全に再建できるというのも，特に驚くべきことではない」(Morishima [1971], 高須賀訳 [1974] 85‒86頁)。

20) 新古典派経済学を支えるもっとも基礎的なカテゴリーは「均衡」概念であり，これがいかに重大な「認識論的障害」をひき起こしているかについては塩沢 [1983]，また，この新古典派価格理論とスラッファ価格理論，さらには後者とマルクスの価値・価格論とを対比的に論じたものとして，Lichten-

stein［1983］を参照されたい。
21) スラッファ理論がマルクス学派にどのようなインパクトをあたえてきたのかについては，松本有一［1989］第6章「マルクス経済学から見たスラッファ体系」が詳しく論じている。
22) J. King は，総価値＝総価格，総剰余価値＝総利潤を満たす転化手続きとして，ボルトケヴィッチ，サムエルソン，森嶋等8つのケースを取り上げ，そのうちの5つが何らかのかたちでスラッファの標準商品と同一命題の異なった定式化もしくは特殊ケースでしかないことを明らかにしている（King［1982］pp. 161‐62. 参照）。
23)「物的剰余率（physical rates of surplus)」このタームはパシネッティから借りている（Pasinetti［1977］p. 93. 訳107頁)。
24) 価値体系を論ずるレヴェルでは，スティードマンもまた同質労働のドグマに陥っている。彼のばあい，「すべての労働は，不熟練「単純」労働で等しい能力と等しい「強度」にある。どの労働者もあらゆる種類の「具体的」労働を行うことができる」（Steedman［1977］p. 175.）とされる。
25) ここで a は各産業それぞれにあたえられた労働係数行列であり，$(I-A)^{-1}w$ は産業連関表の心臓部にあたるレオンチェフ逆行列に対応していることから，$a(I-A)^{-1}w$ が文字どおり生産条件をあらわすことがみてとれよう。
26) 菱山泉は，次のように論じている。「スラッファが想定した「生産体系」は，単に「事物の間の機械的関係」とはいえないにしても，その中核を占める網の目のように張り巡らされた投入と産出のネットワークは，interpersonal なシステムと言うよりはむしろ，physical なシステムと言った方がよかろう。とにかく，スラッファ体系は，人間の主体間の行動的な組織ではなく，構造的または非行動的な面が表にでた組織と言って差し支えない」（菱山［1993］143‐44頁)。「こうした価格決定の仕組みは，消費者としての選択にも，企業者としての生産上の選択にも依存しない，要するに，個人や集団の自由意思や行動にも少しも依存することのない，より客観的な理論の可能性を示していることである。というのも，もろもろの産業の中に具体化されている生産方法，それらの集合である体系全体のテクノロジーは，ある限界内では，個々人の意思から独立した，彼らの働きかけを拒絶して屹立する氷壁のような客観的な存在物であるけれども，上述の価格の組み合わせは，根本的には，こうした生産方法すなわちテクノロジーから直接に発生するものだからである」（同上，148‐49頁)。「一般に，「商品の生産」の枠組みでは，各商品への需給配分の変化のように，商品の市場価格を自然価格から引き離す要因は少しも考慮されないから，より高い利潤率をもたらす産業にそ

の資本を投下しようとする資本家ないし企業家の行動も，明示的には仮定されない。そこで，この段階における均一利潤率の過程は，行動主義的な性質を持つのではなく，その体系のはらむ「自己矛盾」を解消する役割を担う，制度的な，いやむしろ論理的な仮定と言った方がよいように思われる」（同上，176頁）。これらの指摘は重要である。スラッファ理論が，方法的個人主義もしくは主観主義の反対側にある，紛れもない「客観的な理論」であることが明らかにされている。ただし，ここでは次の点にも注意すべきである。価値（価格）論は，たんなる量的側面からみた再生産把握のための道具であるばかりではなく，それは市場（あるいは社会的再生産過程）の基本的構造を解明するための道具でもあって，そのようなものとしては，上の引用文にある意味での「客観的な存在物」に規定された「客観的な理論」（=physicalなシステム）であるよりもまえに，まずは市場を構成する諸主体（=経済的諸関係の担い手）の行動ならびに彼らの意識をも含めた，いわゆる行動主義的なアプローチ（すなわち，interpersonalなシステムの構築）を不可欠とする，ということである。このような市場構成主体の行動および意思をも包括した価値論は，価値の質的規定を不可欠とするのであり，これが呪物性論，物象化論という固有の理論領域を形成するのである。

27) 物量（数量）体系だけでは資本家対労働者の分配関係が決定できないという点については，鶴田［1994］（313‒14頁）でも強調されている。なお，注35）も参照されたい。

28) スティードマンは，スラッファが市場価格については論じることなく生産価格のみを論じていたと指摘する（Steedman［1977］p. 13.）一方で，自身もまた，自著で価格として取り扱われるのは「生産価格」であって，「市場価格」については一切論じられない，と言明している（Ibid., p. 20.）。

29) クラウゼ理論については，邦訳書に付された高須賀の解題「クラウゼの追求したもの」が詳細にわたって解説している。ほかに，竹田［1984］，植村［1985］，酒井［1988］などを参照されたい。

30) Krause［1979］S. 96. 訳90頁。ただし，この図は高須賀の「解題」（訳200頁）をふまえて若干変更してある。

31) ここで対角線の部分だけが成分 l_i で占められている $n \times n$ 次の対角行列（$\boldsymbol{L}$=diag l）として，労働投入係数 l を捉えたということは，同じ n 次の還元係数ベクトル $\alpha_i = (\alpha_1, \cdots, \alpha_n)$ に対応する成分以外はすべて0であるということで，これにより労働者はただ1種類の異質労働しか所有しないことが想定されることになる。

32) もちろん，クラウゼのばあい，商品 W_i の1単位の労働価値を表現しているタイプ j の労働が，あらゆる商品の労働価値を表現するようになれば，こ

のタイプ j の労働は事実上の貨幣商品を生産する労働と同一視されることになる（Krause［1979］S. 105. 訳 99頁 の「命題３」を参照）。そして，これと同じ関係を大野節夫は次のように定式化する。

$$C_n / M \tau L_n / L_m$$

この定式の τ は等置関係をあらわす記号である。左辺の C_n は任意の商品（$C_1, C_2, \cdots, C_n$）をあらわし，M は貨幣をあらわす。左辺の分数関係は，事実上，任意の商品 C_n が価値形態論における相対的価値形態に対応する地位におかれ，等価形態に対応する地位におかれた貨幣 M によってその価値を表現する関係を示している。右辺は，いわばその労働連関次元における商品生産労働 L_n と貨幣商品生産労働 L_m との関係である。当然，この貨幣は「交換当事者の共同の措定によって成立する」（大野［1992］71頁）のであって，そのことに対応して「貨幣の労働は……貨幣の取得に想定される一社会の一般的労働である」（同）とされている。したがって，右辺は，任意の商品生産労働 L_n が一般的労働たる貨幣の労働 L_m を公分母として共通の尺度単位をもった諸量に還元され表現される，ということを意味する。ここから大野はつぎのように主張している。「諸商品は，貨幣とかかわることで，その価値を同一の尺度単位のもとにはじめておかれるのである。諸商品の異種の個別的労働が貨幣の一般的労働にかかわることで，同一の尺度単位を持ち，量的な比較が可能になるのである。諸商品は，貨幣に想定される一般的労働を分母（尺度単位）としてその取得の労働を分子として価値となる。この取得の労働の比率が価値であり，価値の内容である」（72頁）と。要するに，これは，異質の諸労働が，貨幣（したがってまた交換）によって同一単位をもち量的比較を可能にする同質労働に還元される，ということであって，基本的な論理構造はクラウゼのものと同一である。紛れもなく抽象的労働説そのものの考え方である。

33) 本文中の方程式 $\boldsymbol{\lambda} = \boldsymbol{\alpha} \boldsymbol{L} \boldsymbol{V}$ における $\boldsymbol{V}$ は v_{ij} の $n \times n$ 行列で，v_{ij} は投入産出関係を示す方程式 $\boldsymbol{x} = (\boldsymbol{I} - \boldsymbol{A})^{-1} \boldsymbol{y}$ におけるそれぞれの産業の産出物（$x_1, x_2, \cdots, x_n$）ごとにあたえられるレオンチェフ逆行列 $(\boldsymbol{I} - \boldsymbol{A})^{-1}$ である。これを係数（非負）として純生産物 $\boldsymbol{y}$（あるいはこれを産出した労働投入量）に乗ずることによって，産出量 $\boldsymbol{x}$（あるいは投入労働量＝間接労働＋直接労働）があたえられるという関係にある。クラウゼのモデルでは，この関係を利用して「生産物は，生産構造を用いて労働だけの成果としてより正確には種々の具体的労働の成果として表わ」（Krause［1979］S. 85. 訳79頁）されている。それが，方程式 $\boldsymbol{\lambda} = \boldsymbol{\alpha} \boldsymbol{L} \boldsymbol{V}$ もしくは $\boldsymbol{\lambda} = \boldsymbol{\alpha} \boldsymbol{L} (\boldsymbol{I} - \boldsymbol{A})^{-1}$ である。なお，行列 $\boldsymbol{I} - \boldsymbol{A}$ は，それが非負逆転可能であるときホーキンス・サイモンの条件

（純生産物産出条件）を満たすことができ，その逆行列 $(I-A)^{-1}$ も存在する（Krause［1979］S. 176. 訳165‐66頁「数学付録」参照）。そこで，この点をふまえてクラウゼはこう結論している。「純生産物ベクトル $y=x-Ax$ は労働支出 Lx によって生産される。A は**生産的**であるから，レオンチェフ逆行列 $V=(I-A)^{-1}$ が存在し，かつ $V\geq 0$ である。したがって，$x=(I-A)^{-1}y=Vy$ である」（Krause［1979］S. 88. 訳82‐83頁）。

34) $\lambda=\alpha LV$ ないしは $\lambda=\alpha L(I-A)^{-1}$ からわかるように，λ は，客観的・技術的にあたえられた生産構造，すなわち $V=(I-A)^{-1}$ さらには $L=\mathrm{diag}\, l$ を別にすれば，もっぱら α の数値如何に依存する。

35) クラウゼは，問題解決の前に，ひとまず問題の全容を開示するという意味で，価値体系と生産価格体系をつらぬく，つぎのような方程式体系（彼はこれにS体系の名称をあたえている）を提示している（Krause［1979］S. 148‐49. 訳139頁）。

$$\text{交換曲線}=p_i/p_j=p_i/p_j(\alpha)=\frac{\sum_{h=1}^{n}v_{hi}l_h\alpha_h}{\sum_{h=1}^{n}v_{hj}l_h\alpha_h}$$

$$\text{生産価格}=p\,(r,\,w)=p=(1+r)(pA+wL)$$

このS体系における諸変数は，

還元係数	$\alpha=(\alpha_1,\cdots,\alpha_n)$
賃金率	$w=(w_1,\cdots,w_n)$
価格	$p=(p_1,\cdots,p_n)$
均等利潤率	r

このS体系を閉じるために，構想されたものが彼の標準還元の世界にほかならない。S体系の閉じ方およびそのさいの問題点については，邦訳書における高須賀による「解題」を参照されたい。なお，高須賀は，このS体系を閉じるにあたって「相対的生産価格は利潤率如何にかかわらず決定される」ことを確認しつつ，この「利潤率の決定のためには分配関係を特定化しなければならない」こと，その「1つの方法は，労働者全体が労働力の再生産のために消費する財のバスケット……を外生的に与えること」だが，「これは，その定義からして剰余価値率を与えるに等しい」ということを明らかにしている（訳212頁参照）。これも，また物量体系そのものからは資本‐労働間の分配率（分配関係）を決定することができない，というひとつの理論上の特質を物語るものといえよう。

36) 有賀裕二は，書評論文［1985］のなかで，この点について次のように明ら

かにしている。「これは明らかに,抽象的労働のタームでの「資本の有機的構成均衡」を述べたものであって,aL を A の固有ベクトルとなるように選んだ当然の帰結に過ぎない。同様に,標準還元の世界での剰余価値率の均等なども構成上の当然の帰結である」(有賀[1985]160頁)。中谷武も,また別のモデルを用いて同じ結論を導いている。「これ(標準還元)は抽象的労働で測った両部門の有機的構成が等しいことを意味する」(中谷[1994]20頁)。

37) この労働の同質性概念は,市場によって社会的労働[=類]としての承認を受けた労働という意味であり,この同質労働がいわば関係主義的に捉えられるなら,商品や貨幣の呪物性を説明するための理論的基礎ともなるのである。詳しくは次章で。

第3章　商品世界と呪物崇拝

第1節　問題設定

　前章においてみてきたように，労働‐価値‐生産価格というマルクス固有の論理的序列と方法をふまえた伝統的な労働価値論の立場は，現在ではいわゆる「価値本質論」とよばれる理論的立場（同時に体化労働説の立場）に立つ人々によって基本的に継承されている。この立場は，生産過程を対象領域とする価値・剰余価値論（＝価値分析）と，流通過程を対象領域とする生産価格論（＝価格分析），さらには両者の理論的関連を明らかにする転化論とを不可欠の理論装置としている。

　一方，これにたいしてはスラッフィアンの立場からの批判（「価値不要論」）が存在していた。スティードマンに代表されるスラッフィアンは，スラッファ理論を基礎に，価値体系と生産価格体系とが同一の物量体系（生産技術，実質賃金率）から互いに独立に求められる2つの評価体系であることを「証明」し，両者のあいだに一対一対応の関係は存在しないことを明らかにする。そのうえで，彼らは，生産価格や均等利潤率がこうした物量体系もしくは財のデータから求められる以上，労働価値は不要であることを主張したわけである。

　他方で，体化労働説は，論理構成上，不可避的に交換以前的な（あるいは交換に先行する）価値および価値実体概念の措定を前提とし，それゆえにまた転化問題や価値移転問題に関わる理論的難点（正木八郎のいう「労働概念の肥大化」[2]）をも抱え込んでいる。これにたいして，いわゆる抽象的労働説

は，マルクスの価値概念の核心を市場における交換をとおして達成される同質化または抽象化と捉え，そのかぎりでは交換以後的な価値ならびに価値実体概念の措定を志向する。そして，この立場から抽象的労働説は，価値が価値本質論やスラッフィアンによって量的計算問題として取り扱われていること自体を誤りとみて批判するのである。

抽象的労働説の主張の基本的な正しさは，生産過程においていわば自存化された抽象的人間的労働（＝価値実体）のあり方を否定して，交換のなかに私的諸労働の社会的労働（＝同質労働）への抽象化機構を見出している点であろう。

ただし，この立場にも問題は存在する。なぜかといえば，マルクス価値論の第二の（呪物性の説明）課題はまた現実的交換に先立って価値および価値実体概念の措定を不可避とするのであって，交換以前的な価値および価値実体概念の措定を否定する抽象的労働説では，この課題の解決が事実上困難になると考えられるからである。という理由は，こうである。

現実的交換に先立つ，いわゆる「理論的準備過程」（Kr., S. 49.）においては，商品呪物や貨幣呪物に囚われた交換当事者たちの意識のなかで商品の価格（すなわち一般的購買力をもった貨幣との交換比率）が形成される。このように，商品と貨幣との交換比率（＝価格）があらかじめ決定されることが現実的交換の行なわれる前提なのであるが，この交換以前的な価格形成に関わる商品ならびに貨幣の呪物性はマルクス価値論の第二の課題が解明すべき問題なのである。

すでに述べたように，マルクス価値論の第二の（呪物性の説明）課題は，類概念としての同質労働＝「抽象的労働」を価値実体とすることで果たされる。本書は，ひとまずこの第二の課題に十全に応えるべきものとしてマルクス労働価値論を再構成し，その基礎上で第一の（搾取の説明）課題に応える価値論——ただし，そうした価値論は高須賀義博のいうように「「架空の世界」（論理空間）」[3]を設定したうえで展開するものとならざるをえない——を構築すべきだとの立場に立っている。このばあい，労働価値論は，ひとまず呪物性の説明原理として措定され，その主たる内容は価値形態論のなかで理論的に展開されることになる。以下，この点を明らかにしてゆこう。

第2節　商品世界の存立構造

　抽象的労働説の立場に立てば，交換以前的な価値ならびに価値実体の存在は否定される。筆者もまた関係主義的価値理論の立場から，生産過程における自存化された価値実体（＝抽象的人間的労働）の実在を否認する。この意味では，抽象的労働説と同じ立場に立つ。

　ところが，この抽象的労働説と同じ立場に立てば，すでにみたマルクス価値論の第一の課題ばかりか第二の（呪物性の説明）課題もその論理的枠組みでは否定せざるをえなくなるという問題があった。マルクス労働価値論をひとまず呪物性の説明原理として再構成しようとする本書の立場は，交換以前的な（正しくは現実的な商品の持ち手変換以前において）価値を措定するという点で抽象的労働説の否定するところなのである。では，この問題はどう解決されるのか？

　まずは結論からいおう。ここでいう価値はあくまでも商品の呪物的性格であって，労働価値論はこれを私的労働の社会的性格（＝抽象的労働）によって説明する理論として措定される。ただし，それは生産過程で抽象的労働（＝商品を生産する私的労働の社会的性格）が商品に対象化されたことをもって，価値（呪物性）形成を説明する理論としては措定されない。したがって，ここでは価値ならびに価値実体概念の成立圏域が生産過程のなかに求められることも当然ない。では，それはどこに求められるのか？

　ここにおいては，価値ならびに価値実体概念の成立圏域が商品世界という「魔術をかけられ逆倒した世界」（K.Ⅲ, S. 835.）の独特の存立構造のなかに見出されるのである。言い換えるなら，ここでは，商品価値（＝呪物性）の理論的根拠が私的労働の社会的性格（抽象的労働）に求められるが，これが生産過程の分析によってではなく，商品世界という独自の経済空間を分析することによって明らかにされる，ということである。

　以下では，そうした理論的作業に先立って，ひとまず商品世界の基本的構造を再確認しておこう。

1　広義の商品世界の基本構造

　この「魔術をかけられ逆倒した世界」としての商品世界を規定しているのは，まず第一に商品，貨幣，資本といった諸物にたいする呪物崇拝（Fetischismus）である。この世界の内部では，商品はその自然的属性として使用価値をもつというのと同じように，「社会的自然的属性」（K. I, S. 107.）として価値性格（すなわち貨幣を介して外的に表現される商品の内在的な力能，言い換えるなら他商品にたいする交換力能）をもつかのようにあらわれ（erscheinen），貨幣はあらゆる商品にたいする直接的交換可能性という神秘的性格を生まれながらにして宿しているかのようにあらわれる。このばあい，商品世界に生きる人々にとっては，貨幣があらゆる商品にたいする直接的交換可能性をもつことも，商品が価値をもち，その貨幣表現たる価格をもつことも，ちょうど太陽が東から昇り西に沈むのと同じように自明のことと受け止められている（天動説を想起せよ）。このようなとき人々は商品ならびに貨幣の呪物崇拝に陥っているのである。

　「商品世界（Warenwelt）」とは，このような商品や貨幣などの呪物崇拝に陥った人間たちの社会的運動が諸物象の運動の形態をとり，この諸物象の運動を人間たちが自由に制御できずに逆に「これによって制御される」（K. I, S. 89.），そういった転倒的な経済空間をあらわす概念であった。この空間は，一方において商品それ自身が自立的な主体となって関係をとりむすぶ，いわば諸物象の社会的関係としてあらわれ，他方では，商品ならびに貨幣の呪物崇拝に陥り，そうすることで自らの社会的生産過程の現実的な担い手となる諸人格の社会的関係としてあらわれる。

　むろん，前者における物象的諸関係の自立化という仮象は，人間たちの社会的運動が物象の運動の形態をとるところから後者（諸人格の社会的関係）によって基礎づけられ，また後者における社会的生産の実現は，人間たちが諸物象の運動に制御され，そうすることで社会的生産過程を遂行してゆくところから前者（諸物象の社会的運動）によって条件づけられる。それゆえまた商品世界とは，諸人格の社会的関係に基礎づけられた諸商品の価値関係という物象的諸関係，そしてこの諸物象の社会的関係に媒介された人格的諸関係という，2つの社会的関係の相互依存的かつ転倒的な空間として概念的に

把握できる。こうした独特の依存関係のなかで商品世界という「魔術をかけられ逆倒した世界」が不断に維持され再生産されているわけである。そこで，この商品世界は，つぎのようにその概念構成を整理することができる。

①諸人格の社会的関係に基礎づけられた諸商品の価値関係という物象的諸関係，この諸物象の社会的関係に媒介された，人間（＝社会的生産過程の現実的担い手）たちのとりむすぶ人格的諸関係という，2つの社会的関係の相互依存的かつ転倒的な経済空間としての・広・義・の・商・品・世・界・。

②諸商品が「それ自身の生命」(K. I, S. 86.) をもち，それら自身のあいだで関係をとりむすぶ自立的な諸主体としてあらわれてくる，・狭・義・の・商・品・世・界・（諸物象の社会的諸関係の領域）。この狭義の商品世界の完成態においては，あらゆる市場において貨幣を中心とする諸商品の価値関係が形成されている。この無数の諸商品によって形成された巨大な価値関係のネットワークとは，商品世界に存在する，すべての商品（W_1, W_2, W_3, ……W_n）が一般的等価物の地位を独占した貨幣（G）に関係行為することによって形成される関係（諸物象の社会的関係）であり，つぎのように示すことができる。

$$W_1 = G, \quad W_2 = G, \quad W_3 = G, \quad W_4 = G, \quad \cdots\cdots, \quad W_n = G$$

③完成された商品世界からの下向（分析）によって得られる理論的な商品世界。これは，狭義の商品世界の完成態から貨幣が捨象された，ひとつの理論的な仮設空間（亜空間）である。そして，このような理論的，仮設的な空間を構成する価値関係とは，結局のところあらゆる種類の商品が他のあらゆる種類の商品にたいして関係をとりむすぶことによって形成される，つぎのような多極的商品関係だということになろう。

$$\begin{aligned}
&W_1 = W_2, \quad W_1 = W_3, \quad W_1 = W_4, \quad W_1 = W_5, \quad \cdots\cdots, \quad W_1 = W_n \\
&W_2 = W_1, \quad W_2 = W_3, \quad W_2 = W_4, \quad W_2 = W_5, \quad \cdots\cdots, \quad W_2 = W_n \\
&W_3 = W_1, \quad W_3 = W_2, \quad W_3 = W_4, \quad W_3 = W_5, \quad \cdots\cdots, \quad W_3 = W_n \\
&\qquad\vdots \qquad\qquad \vdots \qquad\qquad \vdots \qquad\qquad \vdots \qquad\qquad\qquad \vdots \\
&W_n = W_1, \quad W_n = W_2, \quad W_n = W_3, \quad W_n = W_4, \quad \cdots\cdots, \quad W_n = W_{n-1}
\end{aligned}$$

こうした多極的商品関係とその基礎にある社会的生産過程は，あくまでも理論的・仮設的な経済空間としてしか設定しようがないのではあるが，そこに全面的に発達した諸商品の価値関係の存在を想定しうるがゆえに，少なくとも価値概念については，その内部において，これを十全に措定することができる。

④このような商品連関（価値関係）の内奥に理論的に析出される労働連関次元。この下向分析が可能であるのは，商品経済のもとでは諸労働の社会的関連がそれらの生産物の（商品としての）社会的関係に媒介されて遂行されるからである。もちろん，ここにはマルクス固有の——というよりも古典派経済学一般にも共通する——経済（＝社会的生産）認識が存在している。すなわち，商品生産社会にあっては，諸労働の社会的関連が交換過程（物象的諸関係）に媒介されて行なわれるという認識があって，はじめてこうした商品連関次元から労働連関次元への下向分析が可能になるのである。このような認識は社会的生産過程の基本的構造を「対自然」関係と「人間相互」関係という２つの関係を機軸に捉えるような独特の経済把握——Ａ・スミス以来の分業概念を機軸に据えた経済把握——を基礎としているのであって，労働価値論を根底において支える社会・経済認識にほかならない。

私見は，価値ならびに価値実体概念の成立圏域を上述の狭義の商品世界②における多極的商品関係という理論的仮設空間③および④に求める。

2 商品の呪物性としての価値性格

ここでいう価値とは，第一義的には商品の呪物的性格を意味している。それは，マルクスによって「価値性格（Wertcharakter）」ともよばれたということは第１章においてすでに確認されている。

商品の価値性格とは「私的諸労働の同等性という独自の社会的性格」が人々の意識に商品の対象的性格として反映されたものであった。ここで「私的諸労働の同等性という独自の社会的性格」とは，さまざまな使用価値を生産する私的具体的労働からその有用性や具体性が捨象された労働，すなわち抽象的労働を意味する。これが人々の意識に商品の価値性格というかたちで

反映されるためには、何よりもまずそれが対象的形態をとるということを必要としている。この点、マルクスはつぎのように述べている。

> 流動状態にある人間の労働力すなわち人間労働は、価値を形成するが、しかし価値ではない。それは、凝固状態において、対象的形態において価値になるのである。(K. I, S. 65.)

要するに、「私的諸労働の同等性という独自の社会的性格」が人々の意識に商品の価値性格（＝呪物的性格）として反映されるためには、それが抽象的労働の凝固として対象的な形態をとらなければならない、ということである。

ここで、そうした独特の価値対象性をもつ商品（物象：Sache）とそれを商品の価値性格として自らの意識のうちに反映させる人間（人格：Person）とは、いずれも例の商品世界（広義）の不可欠の構成契機として存在している、という点に注意しなければならない。それというのも、この商品世界という独特の空間のなかで、商品の受けとる客観的な経済的形態規定性がその価値対象性（すなわち抽象的人間的労働の凝固＝「価値物」）であり、この形態規定性が同じ商品世界に生きる人間たちの意識に商品の価値性格として反映される、という関係にあるからである[6]。

こうした商品の呪物性（＝価値性格）を把握する理論は、価値形態論において展開されている。以下では、この価値形態論の基本的な論理構成を確認しながら、商品の価値性格（＝呪物性）を論定する理論装置（価値性格顕現論とよぶ）の内容を開示してゆくことにしたい。

3 価値関係と価値形態

価値形態論は、簡単な価値関係を分析して価値形態の基本的構造を解明する「第一形態」論と、価値形態の「発展」を（価値概念を導きの糸として）簡単な価値形態から貨幣形態まで論理的に追跡する「移行」論との、大きくは2つの理論領域に分けられる。ここでの問題、すなわち、人々の意識に商品の価値性格として映現する商品独自の形態規定性は、「第一形態」論のう

ちの「相対的価値形態の内実」と題されたセクション（以下「内実」論）において明らかにされている。

まず，結論からさきに提示しておこう。「内実」論では，商品の「価値関係（Wertverhältnis）」のなかから価値表現関係（相対的価値形態，等価形態）が析出されるが，これは価値関係のなかからひとまず自己関係が析出され，この自己関係を価値表現関係として読み替えるという独特の手続きによって行なわれている。そして実は，この自己関係（＝反省関係）のなかであたえられた商品の形態規定性が，商品の「客観」的・対象的性格として——人々の意識に反映される商品の価値性格として——措定されるのである。つまり，商品の呪物性（＝価値性格）の根拠を開示する理論（＝価値性格顕現論）は，この自己関係概念を基軸的な要素として成り立つということである。

(a) 価値関係

「内実」論では，まず「一商品の簡単な価値表現が2つの商品の価値関係のうちにどのように潜んでいるかをみつけだす」(K. I, S. 64.) 作業から始められている。商品の価値関係[7]というのは諸商品が互いに価値として関連しあうことであり，もっとも「簡単な価値関係」は一商品の他の一商品にたいして関係行為（Verhalten）することで成立する等置関係として，つぎのような等式で示される。

$$A 商品 X 量 = B 商品 Y 量$$

この簡単な価値関係（二項関係）は，基本的には例の商品世界（広義）からの下向分析によってあたえられたものであり，直接的には狭義の商品世界（＝諸物象の社会的関係）から貨幣が捨象された理論的仮設空間すなわち多極的商品関係（価値関係）の一構成契機（たとえば，$W_1 = W_2$）として捉える必要がある。そして，この簡単な価値関係のなかに簡単な価値形態が見出されるわけだが，すでに述べたように，この価値関係のなかから直接に析出されるのは価値表現関係すなわち相対的価値形態と等価形態という対立・排除の関係にある価値形態そのものではなかった。ひとまずは，A商品とB商品とのあいだの反省関係すなわち自己関係がそこから析出されるのである。

さきのA商品X量＝B商品Y量という等式は，両商品の関係をつぎのようにみることによってひとつの反省関係として捉えられる。すなわち，ここにおいては，A商品がB商品を同じ価値として自分に等置することによって価値としての自分自身に関連し，そのことによってまた価値としての自分自身を反省している，と。このような反省関係が自己関係とよばれるものである。

(b) 自己関係

自己関係（Beziehung auf sich selbst）とは，すでに述べたように，ある種の反省関係を意味する。この反省関係は，たんに相互依存的な関係ということではなく，ひとつの運動（自己運動，反省運動）に媒介されて成立するような関係である。すなわち，自己関係とは，他者に関係しながら自分に関係することであり，それをとおして自己の自立性を確証するような反省関係のことである。他者に関係しながら自分に関係するというのは，自分が他者との関係（したがってまた，そこに成立する類概念）に解消されることなく自分自身を維持するということにほかならない。それゆえ，あるものが自己関係にあるということは，それ自体として自立性（自己同一性）をもつことを意味する[8]。

この自己関係について，マルクスはペテロとパウロの反省関係という有名なレトリックを用いて説明している。これをみることによって，その自己関係概念の輪郭をいま少し鮮明にしておこう[9]。

> ある意味では，人間も商品と同じことである。人間は鏡をもってこの世に生まれてくるのでもなければ，私は私である，というフィヒテ的な哲学者として生まれてくるのでもない。だから，人間はまず他のある人間のなかに自分を映してみるのである。人間ペテロは，自分と同等のものとしての人間パウロに関連することによって，はじめて人間としての自分自身に関連する。しかし，それと同時に，ペテロにとっては，パウロの全体が，そのパウロ的な肉体のままで人間種属の現象形態として通用しているのである。（K. I, S. 67.）

ここにおいて，ペテロは自分とは異なった面貌（＝個体性）をもつ他者パウロと関係しながら，同時に人間としての自分自身に関係している。それによって，またペテロは一個の自立した（つまり一個体としての）「人間種族」（類）であることを――「人間種属の現象形態として通用」するパウロとの等置関係を介して――確証（反省）している。このパウロにたいするペテロの関係，すなわち他者に関係しながら自分に関係するという自己関係が可能であったのは，そこにおいてパウロが「そのパウロ的な肉体のままで」両者のあいだにある本質（＝「人間種属」）の現象形態になっていたからであり，そうであるのはまた，この関係をとりむすぶ両者が実際に本質の同等性（Wesensgleichheit）をもっていたからである。

　それでは，何ゆえに人間ペテロは人間パウロとのあいだにこのような関係をとりむすぶのか？　ペテロもまた，パウロら他の人間たちと同じ「人間種属」であること――人間としての本質の同等性をもつということ――を確証（反省）するためである。即自的には，ペテロが他の人間たちと同じ「人間種属」であるとはいいえても，そのことはペテロがただ存在するというだけでは何ら確証されていない。これを確証するためには，ペテロは実際に他者との社会的関係のなかに入ってゆかなければならないのである。ペテロは自分とは異なった個体性をもつ他者パウロを「自分と同等のもの」として関連する。要するに，同じ人間として交際（Verkehr）する。このとき，ペテロとパウロとのあいだにある両者の本質は，はじめてこの関係性そのもののなかで実証されることとなるのである。

　つまり，ペテロがパウロを自分と同等なものとして等置する関係のなかでは，パウロが両者のあいだの本質の現象形態として通用するのであり，ペテロは，このパウロとの等置関係（自己関係）をとおして，自分もまたパウロと同じ「人間種属」であることを確証（反省）する。このさい留意すべきは，この関係のなかでパウロが「人間種属の現象形態」として通用するのは――さらにいえば，この関係の内部にペテロの自己関係が成立するのは――この関係をとりむすぶ両者のあいだに実際に本質の同等性が存在することによってだということである。要するに，関係をとりむすぶ他者と自己とのあいだに（すなわち，互いに不等性をもつもののあいだに）本質の同等性が存在し

ていること，それがこの自己関係成立の基礎だということである。

　さて，以上で自己関係概念の基本的内容は明らかになったかと思う。マルクスは，このような自己関係の論理をリンネル商品の上衣商品にたいする価値関係——すなわち商品世界のもっともプリミティヴな構成契機——のなかに見出している。彼はこう論じている。

　　リンネルは，他の商品を価値として自分に等置することによって，価値としての自分自身に関連する。リンネルは，価値としての自分自身に関連することによって，同時に自分を使用価値としての自分自身から区別する。(K. I, 1 Aufl., S. 29.)

　ここでは，まずリンネルの上衣にたいする・価・値・関・係があたえられている。これはリンネルが能動的な立場に立って「他の商品を価値として自分に等置する」関係であり，そこに能動的な役割と受動的な役割との区別をもつ関係である。そして，この価値関係のなかにリンネルの・自・己・関・係（「リンネルは……価値としての自分自身に関連する」）が析出されている。ここにおいて，リンネルがその自己関係をとおして「自分を使用価値としての自分自身から区別する」といわれていることは，さしあたりリンネルが他者（上衣）に関係しながら自分（価値）に関係するという自己関係をとおして，その価値としての自立性を確証（反省）しているということにほかならない。つまり，「使用価値としての自分自身から区別された」自分というのは，一個の自立した価値または価値物としての自分のことなのである。それでは，何ゆえにリンネルは上衣とのあいだにこのような関係をとりむすぶのか？

　リンネルもまた他の諸商品と同じ価値であること——価値としての本質の同等性をもつこと——を確証（反省）するためである。商品世界とは，まさしく，こうした自立的な主体としての諸商品がその社会的な運動を通じて自らの価値（社会的存在）としての自立性を確証してゆく，そういった独特の空間として措定されている。

　以上からわかることは，このような自己関係が成立するためには，つぎの2つの論理的条件が必要だということである。

①この等置関係のなかで，自己（＝主体）すなわちA商品の関係行為の対象とされる他者（＝客体）すなわちB商品が，その自然形態そのままで自分の本質すなわち価値の現象形態として通用（gelten）すること（だから，他者に関係しながら自分に関係することが可能になる）。

②そのためにはまた，この他者・B商品と自分・A商品とのあいだに「本質の同等性（Wesensgleichheit）」が存在すること。その本質の同等性とは，その価値関係において自己関係をとりむすぶ諸商品のばあい価値であり究極のところは諸商品の価値の実体たる抽象的労働（すなわち類概念としての同質労働）である。

(c) 呪物性の説明原理としての自己関係の論理

では，何ゆえに価値形態論においては，商品の価値関係のなからこのような自己関係の析出が必要とされたのか？　以下では，この点を問題にしてゆこう。

人々の日常意識の観点からは，商品には価値なるものが内属していると思いこまれている。こうした日常意識の観点からはまた，商品は一個の自立した使用価値であると同時に一個の自立した価値でもある。『資本論』商品章第1・2節における価値・価値実体分析（いわゆる「蒸留法」）は，このような人々の日常意識，言い換えるなら「商品世界に付着している呪物崇拝」（K. I, S. 97.）を前提に成り立っていたのである。このばあいの価値規定が，実体主義的にならざるをえなかったことはいうまでもなかろう。

しかしながら，分析者の立場からすれば，価値は，それ自体としてはあの商品でもこの商品でもない両者に共通の「ある第三者（ein Dritter）」（K. I, S. 51.）として存在している。その意味で，これは〈抽象的な共通性としての普遍〉としてのみ把握されうる。そして，このような第三者はただそれらの関係のなかでだけあらわれ，そうした関係性を離れたところで自存することは決してない。だから，この第三者の存立を支える関係性の内部では，各々の具体的個別はこの第三者（価値）の一構成契機におとされ，何らその自立性をもちえないのである。同じことは，価値の実体である抽象的労働にもいえる。抽象的労働そのものは，商品連関の内奥に理論的に析出される労

働連関次元における諸労働の等置関係のなかで，それらの労働の〈抽象的な共通性としての普遍〉としてのみ存立する。

　商品章第1・2節では，このような本来的には関係としてしかあらわしえない価値や抽象的労働を個別的商品やそれら商品を生産した労働に帰属せしめ，これを自存化もしくは実体化していた，ということである。むろん，これ自体は，分析者自身の思惟のなかでの操作であり，しかもそれは分析者がそこで諸商品がわれわれの前に一個の自立した価値としてあらわれているという「商品世界に付着している呪物崇拝」を前提していたからこそ可能になった観念的操作でしかなかったのである[11]。

　これにたいして，第3節（価値形態論であり，さらには内実論）では，商品自身が自らを価値としては抽象的労働の凝固であり，価値形成労働としてはあらゆる労働種類に共通する抽象的労働であることを確証（反省）するのである。商品やそれを生産した労働（個別）がそうした一個の自立した価値や抽象的労働（類）として存在するということは，その商品やそれを生産した労働が他商品やそれらを生産した労働と社会的関係をもち，その関係性のなかにのみ存立する価値や抽象的労働（類または抽象的な共通性としての普遍）を自分のものにすることによってはじめて可能になる。そして，これを可能にする論理こそ，商品世界（広義）の一極を形成する諸物象の社会的関係の担い手たる商品を主体とした自己関係の論理なのであった。

　こうして，自己関係の論理とは，商品章第1・2節の価値・価値実体規定を商品それ自身の反省規定として捉え返し，それによってまた価値の実体主義的な規定を第3節・価値形態論の段階で再規定する論理といってよい。このことによって，価値と抽象的労働とは分析者の観念的操作により，いわば勝手に商品や商品生産労働に付与され実体化された概念ではなく，商品自身によって確証（反省）されたひとつの客観的・実在的な本質として措定し直されるのである。

　言い換えるなら，これは価値が商品の客観的な属性として人々の意識に反映されている根拠を商品の側から説明し返す論理である。つまり，人々の意識に商品が一個の自立した価値（類）であるかのように映ずるのは——すなわち人々が商品を呪物視するのは——商品自身がそのような一個の自立した

価値として客観的に存在しているからだ，というかたちで呪物崇拝の根拠を商品の側（すなわちその客観的な属性たる「価値対象性」）に求めるのである。それは，いわば商品の呪物性（＝価値性格）の理論的根拠を客観的に明らかにする論理であって，それが価値形態論の内実論においては価値性格顕現論として展開されていたのである。[12]

この価値性格顕現論が解明していることは，ある商品（たとえばリンネル）が他商品との関係（＝自己関係）のなかで自らの価値対象性を反省（自己確証）するということであるが，これを論定するためにはまた，つぎのことが論理的に要請される。すなわち，そこで等置関係をとりむすぶ他の商品（たとえば上衣）がその自然形態そのままで「抽象的人間的労働の物体化 (Verkörperung abstrakt menschlicher Arbeit)」(K. I, S. 67.) として通用している，ということである。なぜなら，そうした独特の形態規定性をあたえられた他商品との等置関係によってのみ，当該商品は他商品をある種の鏡として，自分もまた他商品と同じように価値としては抽象的労働の凝固たること，すなわちその価値対象性を反省（自己確証）できるからである。

さらに，そのためにはまた，この商品連関の内奥に理論的に析出される労働連関次元においてつぎの論理的条件が満たされなければならない。つまり，そこにおいては他商品（上衣）を生産した具体的有用労働（裁縫）が抽象的労働の実現形態（または現象形態）として通用するということである。なぜなら，そのようなばあいにのみ，商品連関次元において，そうした抽象的労働の実現形態である裁縫の生産物たる上衣が，自然形態そのままでたんなる抽象的労働の物体化（Verkörperung）になるという独特の形態規定性を獲得できるからである。

ここから価値性格顕現論を実質的に支える論理的基盤は，商品連関に媒介された労働連関次元におかれていることがわかる。そして，この労働連関次元において他商品を生産した具体的有用労働が抽象的労働の実現形態として通用するためには，その労働連関次元で自己関係が成立しているということがなければならず，さらにそのためには商品連関に媒介されて互いに等置される異種的な諸労働のあいだに本質の同等性（Wesensgleichheit）が存在しているということが条件である。

諸労働の本質の同等性とは，いわゆる価値の実体としての抽象的労働のなかに見出される。そして，商品生産労働が価値形成労働としてはそのような抽象的労働であるということは，すでに商品章の第1・2節において商品の価値関係のなかから析出されていた。

ただし，そこにおいては，分析者が思惟のなかで商品からその使用価値を捨象することによって諸商品の共通属性たる価値を析出し，さらには商品生産労働からその具体性，有用性を捨象することによって価値の実体すなわち抽象的労働を析出したのであった。つまり，ここにおいては，この労働連関次元における自己関係の成立根拠となっている諸労働の本質の同等性すなわち抽象的労働が，分析者の思惟（観念操作）に媒介されるかたちで措定されていたにすぎないのである。

しかも，注意すべきは，そこにおいては商品世界に付着する呪物崇拝がそのまま前提されていたということである。ところが，いま問題にしている自己関係概念を基軸とした価値性格顕現論は，逆に商品の呪物性（＝価値性格）を論定するものとして位置づけられている。したがって，労働連関次元での自己関係の成立条件たる諸労働の本質の同等性（＝抽象的労働）が呪物崇拝つまり商品の呪物性を前提に析出もしくは措定されるとするなら，ここでは呪物性を説明するために呪物性を前提するという前後撞着に陥ることになってしまうであろう。

もちろん，商品章第3節においてはそうした前後撞着は回避されている。ここにおいては，この労働連関次元における自己関係の成立根拠となっている抽象的労働が，呪物崇拝を前提した分析者の思惟（観念操作）に媒介されるのではなく客観的な社会的過程に媒介されて成立する実在的概念として措定されているからである。本書第1章でみた「異種的諸労働の人間的労働一般への還元」の論理がそれであった。

そこで示されていた等置による異種の諸労働の「人間的労働一般」への還元は，商品章第1・2節でなされた分析者の思惟のなかでの，いわばその抽象力による還元とは区別されなければならない。ここでは，そうした異種の私的具体的諸労働のあいだの本質の同等性たる抽象的労働への還元もしくは抽象化が，諸商品の価値関係（＝社会的関係）という，それら諸商品のとり

むすぶ現実的・客観的な関係のなかで遂行されるからである。

こうして,いわば諸労働の本質の同等性としての抽象的労働が,分析者の思惟(観念的操作)にではなく,商品連関の内奥に析出される労働連関という「社会的過程」に媒介されて存立することが明らかにされたということは,労働連関次元における自己関係の成立根拠(＝本質の同等性)が価値関係そのものの内部——すなわち,その内奥に理論的に析出される労働連関次元——で現実的・客観的にあたえられたということを意味する。

かくして,ここにおいては,抽象的労働が他方の具体的有用労働とならんで客観的に実在すること,さらにはまた商品自らが一定の使用価値であると同時に自立した価値として客観的に実在すること,このことが商品世界(広義)を構成する諸物象の社会的関係(価値関係)の分析のなかから——それらの客観的な形態規定性を析出することによって——論証されているのである。

このように商品章第3節において,マルクスが価値関係のなかから自己関係を析出するのは,それによって,商品自らが自立した価値として客観的に実在することを論証する必要があったからである。そして,それが論証されたかぎりでは,確かに価値や抽象的労働はひとつの客観的実在として自存化されるということになる。ところが,ここで注意すべきは,同じ自存化され実体化された価値または抽象的労働といっても,第1・2節におけるそれとは内容がまったく異なるという点であろう。

すでに何度か述べたように,商品章第1・2節における価値および価値実体分析は商品世界に付着する呪物崇拝を前提したうえで行なわれていた。この呪物崇拝の支配する世界に生きる人々の日常意識の観点からは,商品は一個の自立した使用価値であると同時に一個の自立した価値として客観的に実在する。第1・2節の分析がこのような呪物崇拝の存在を前提して行なわれるということは,ここで商品が価値として,またそれを生産する労働が抽象的労働としてはじめから実体化され自存化されているということにほかならない。したがって,分析者は,第1・2節ではそうして呪物崇拝によって自存化された実体を例の「蒸留法」によって「析出」したにすぎないわけである。

これにたいして,第3節では,この呪物崇拝に陥る主体である人間をいっ

たん排除した空間，すなわち商品自身が自立的な主体となって関係をとりむすぶ価値関係（＝狭義の商品世界）を前提して分析が行なわれる。そして，分析者は，この価値関係のなかに商品の自己関係を析出することによって，商品自身が自立した価値として客観的に実在することを論証するのである。価値やその実体が自らの自立性を獲得する（自存化する）といっても，このかぎりのことでしかなく，そこに人間たちの呪物崇拝あるいは商品の呪物性が前提されているわけではないのである。

　むしろ，これは論理の進行方向としては逆になっている，という点に注意しなければならない。第1・2節では，分析者が呪物崇拝したがってまた商品の呪物性の存在を前提して，そこから自存化された価値やその実体の把握へとすすんだのであるが，第3節では，商品価値そのものを商品世界のなかで商品自身によって反省された客観的な実在として措定することによって，逆に価値から商品の呪物性を説明し返そうとするのである。つまりここでは商品の価値関係の分析のなかから自己関係が抽出され，この自己関係のなかであたえられた商品の客観的な形態規定性が，商品の客観的・対象的性格——すなわち人々の意識に反映される商品の価値性格の理論的根拠として措定されることになるのである。

第3節　商品および貨幣の呪物性と労働価値論

　さて，人々の意識に商品の価値性格として反映されているのが，商品世界という独特の空間のなかでひとつの客観的な実在としてあたえられた商品の価値対象性（＝抽象的労働の凝固）だということが論証されると，つぎには，商品の価値関係（自己関係）が価値表現関係すなわち価値形態に読み替えられる作業が行なわれる。

　むろん，このように商品を主体とする自己関係が人間を主体とする価値表現関係に読み替え可能なのは，商品の自己関係のなかであたえられる独特の形態規定性が価値表現の主体たる人間の意識にそれらの呪物的性格（＝価値性格）として反映される，という関係からである。この点は，いますこし敷衍しておこう。

1　商品および貨幣の呪物性
(a)　商品の呪物性

　商品の価値関係（＝自己関係）において，主体的・能動的役割をはたす商品は，自らが自立した価値であることを反省（自己確証）し，他方の客体的・受動的役割をはたす商品は同じ関係のなかでその現物形態そのもので価値の現象形態として通用する。商品は，こうした自己関係の内部でそれぞれ独自の形態規定性をあたえられるが，人間たちの意識はこれらの客観的な形態規定性を商品の呪物的性格として反映する。すなわち，彼らの意識には，自己関係の主体的・能動的役割をはたす商品の受け取る形態規定性が当該商品の価値性格として反映され，また他方の客体的・受動的役割をはたす商品の受け取る形態規定性（＝価値の現象形態または価値姿態）は当該商品の他商品にたいする直接的交換可能性（貨幣呪物の萌芽）として反映されることになる。

　このように，諸物象の社会的関係（＝価値関係・自己関係）のなかで諸商品にあたえられた独特の形態規定性が，それぞれの商品の呪物的性格として人間たちの意識に反映されるという関係にあるからこそ，商品を関係形成の主体とした価値関係・自己関係はまた人間を主体とした価値表現関係として読み替えが可能となる。この読み替えは，具体的にはつぎのようになされえよう。

　たとえば，A商品がB商品に関係行為することによって自らの価値としての自立性を反省（自己確証）する関係すなわち自己関係は，ここでは，呪物崇拝に囚われた人間がA商品の価値性格を他商品にたいする直接的交換可能性という独自の性格をもつB商品によって表現する関係，すなわち価値表現関係（価値形態）として読み替えられる，ということである。こうして，価値関係のなかから価値形態が析出されると，つぎには，価値概念にもっとも照応した価値形態を追跡——あるいは，もっとも十全な価値表現関係を究明——してゆくなかで，一般的価値形態あるいは貨幣形態を措定する「移行論」へと価値形態論の論理は転換されることになる。

　つぎに，貨幣の呪物性あるいは貨幣呪物についてみてゆこう。

(b) 貨幣の呪物性

　まず結論からいえば，貨幣の呪物性とは目にみえるようになった商品の呪物性である。「貨幣呪物の謎は，ただ商品呪物の謎が人目にみえるようになり人目をくらますようになったものでしかない」(K. I , S. 108.)。そして，この謎は，価値関係のなかから自己関係を析出し，そこで諸商品に客観的にあたえられる形態規定性を析出した内実論において，基本的にはすでに解明されている。まずは，この点から確認してゆきたい。マルクスは，相対的価値形態においてあらわれる一般の商品の呪物性と等価形態においてあらわれる貨幣（ただし，その萌芽）の呪物性に関連してつぎのように論じている。

　　この呪物性は等価形態において相対的価値形態におけるよりもいっそう顕著に現れてくる。……この形態は，まさに一商品の物体形態または現物形態が直接に社会的形態として，他の商品のための価値形態として通用しているということに存在する。だから，われわれの交易のなかでは，等価形態をもつということは，したがってまた，それが感覚的にそこにありさえすれば他の諸物と直接に交換されうるということは，ある物の社会的な自然属性として，その物に天然に具わる属性としてあらわれるのである。(K. I , 1 Aufl., S. 108.)

　ある１つの商品，たとえばリンネルの相対的価値形態は，リンネルの価値存在をリンネルの身体やその諸属性とはまったく違ったものとして，たとえば上衣に等しいものとして表現するのだから，その表現そのものはそれがある社会的関係を包蔵していることを暗示している。等価形態については逆である。等価形態は，ある商品体，たとえば上衣が，このあるがままの姿の物が価値を表現しており，したがって生まれながらに価値形態をもっているということ，まさにこのことによってなりたっている。……上衣もまた，その等価形態を，直接的交換可能性というその属性を，重さがあるとか保温に役立つとかいう属性と同様に，生まれながらにもっているようにみえる。それだからこそ，等価形態の不可解さ

が感ぜられるのであるが，この不可解さは，この形態が完成されて貨幣となって経済学者の前にあらわれるとき，初めて彼のブルジョア的に粗雑な目を驚かせるのである。(K. I, S. 108.)

　貨幣は，あらゆる商品にたいする直接的交換可能性という呪物的性格を生まれながらに具える。それは，あたかも貨幣に「天然に具わる属性」であるかのように，その「社会的自然属性」としてわれわれの意識に映現する。マルクスはこれを等価形態の特性として説明したが，実際上，価値形態論において論証されているのは，人々によって貨幣があらゆる商品にたいする直接的交換可能性をもつと意識されるのはいかなるメカニズムに媒介されてなのか，という問題ではない。ここで論証されているのは，等価形態に立つ商品にたいしてつぎのような形態規定性があたえられているということである。
　すなわち，①「使用価値がその反対物の，価値の現象形態になる」(Ibid., S. 70.)，②「具体的労働がその反対物である抽象的人間的労働の現象形態になる」(Ibid., S. 73.)，③「私的労働がその反対物の形態すなわち直接に社会的な形態にある労働になる」(Ibid.)。
　いうまでもなく，この①〜③は，すでにみた商品の自己関係のなかで，この関係の受動的客体の地位におかれた商品にたいしてあたえられる形態規定性にほかならない。そして，これは，自己関係が価値表現関係（価値形態）に読み替えられるなかで，等価形態に立つ商品にたいしてもそのまま適用されているわけである。もちろん，この形態規定性は，移行論において措定される一般的価値形態（貨幣形態）の等価形態に立つ商品すなわち一般的等価物（貨幣）にたいしても同じように適用される。と同時に，この貨幣にあたえられた形態規定性が人々の意識に貨幣の呪物性（＝あらゆる商品に対する直接的交換可能性）として反映される，という関係もまったく同じである。
　さて，人々の意識にそれぞれの呪物的性格として映現する商品と貨幣の経済的形態規定性が，価値形態論においてひとつの客観的な実在として措定されるのはいかなる論理によるのか，この問題についてはすでに決着がつけられた。つぎには，これをふまえて，異種の諸労働の同等性という社会的性格が人々の意識に商品ならびに貨幣の呪物的性格——すなわち商品の価値性格

（商品呪物），貨幣の特性たる一般的購買力（貨幣呪物）——として反映される，呪物崇拝の基本的メカニズムは，どのような論理構造のなかで説明されているのか？　この点をみてゆくことにしよう。

2　経済的形態規定性と呪物性

　まず確認すべきは，商品の自己関係とそこにおける固有の形態規定性とが析出されるのは，商品の価値関係，すなわち商品主体がもっぱら価値としての同等性において他商品を自分に等置する関係であり，これはまた，諸人格の社会的関係とともに商品世界（広義）を形成する諸物象の社会的関係（＝狭義の商品世界）の理論的な構成契機をなしているということである。そして，これらの諸物象（商品や貨幣）に媒介されながら独自の社会的関係（＝諸人格の物象的関係）を形成する人間たちは，経済的諸関係の担い手として，あるいは経済的諸関係の人格化として互いに相対し関係をとりむすぶのであるが，そのさい彼らの日常意識は，この諸物象の社会的関係（＝価値関係）のなかでひとつの客観的実在として措定された商品や貨幣の独自の形態規定性をそれらの呪物的性格として反映させる，というのがマルクスの基本的な考えであった。

　では，いったいどのようなメカニズムに媒介されて，こうした諸物の形態規定性が人々の意識にそれらの呪物性として映現するのか？　この点についてのマルクスの説明は，残念ながらどこにもみあたらない。だが，われわれは，ここでつぎのように考えることはできるであろう。

　そこから商品の自己関係が析出された諸物象の社会的関係（価値関係）は，分析者にとっては商品世界（広義）の基本的な構成契機であり，ひとつの客観的存在であった。だからこそ，この価値関係のなかで商品や貨幣にあたえられる独自の形態規定性もまた客観的存在として措定されたのである。他方，分析者は，こうした商品世界の客観的な構成契機としての諸物象の社会的関係だけではなく，商品世界のなかで独自の（諸物象に媒介された）人格的諸関係をとりむすぶ商品生産・交換の当事主体の意識（主観）をも分析の対象にしなければならない立場にある。物象と人格との相互依存的かつ転倒的な関係からなる商品世界（広義）が人間の意識（主観）と密接に関係する呪物

崇拝を重要なファクターとしている以上，それは避けられないからである。

　そこで，商品世界の客観的実在的な要素として分析者の頭脳に捉えられている諸物象の社会的関係も，商品生産・交換の当事主体の日常意識に反映された諸物象の社会的関係も，とりあえずは同じものだという点に注意しなければならない。いずれも人間の意識（主観）に映じた客観的で実在的な対象だからである。ただし，分析者にとっては，商品生産・交換の当事主体の意識に反映された諸物象の社会的関係は，同時に彼らの意識内部の主観的・観念的な存在として取り扱うべきものである。同じようにして，この諸物象の社会的関係すなわち価値関係のなかから析出される，自己関係やそこでの諸物にあたえられる独自の形態規定性も，それが商品生産・交換の当事主体の意識に反映された諸物象の社会的関係である以上，それらもまた彼らの意識内部の主観的な存在として措定されることとなる。商品および貨幣の呪物的性格（人間がそれら諸物に内属していると感じるある種の経済的力能）とは，実のところ，こうして商品生産・交換の当事主体の意識内部の主観的・観念的な存在として措定された諸物の経済的形態規定性なのである。

　以上のようにして，諸物の形態規定性と呪物性との理論的関連――すなわち，諸物象の社会的関係のなかでひとつの客観的実在として措定された商品や貨幣の独自の形態規定性と，これら諸物象に媒介されながら独自の人格的諸関係（＝諸人格の物象的関係）を形成する人間たちの意識に映現した商品や貨幣の呪物的性格との，両者の理論的関連――は明らかになった。前者における客観的な形態規定性が後者における呪物性として人々の意識に反映されるメカニズムそのものの明示はないが，商品世界（広義）の独特の構造を介して両者が理論的に関連づけられている，ということは明確になったはずである。要するに，前者すなわち客観的・実在的〈形態規定性〉から後者すなわち主観的・観念的〈呪物性〉への理論的シフトは，商品世界の構成契機内部の物象的諸関係から人格的諸関係への，あるいは商品主体から人間主体への，分析者の視点の転換によって行なわれうる，ということである。この点では，すでに第１章においてみた労働の同等性が交換可能性に転換されるばあいとまったく同じことがいえるわけである。

　いずれにせよ，マルクスの呪物性論あるいは呪物崇拝論の解明のためには，

何よりもまず彼のいう商品世界すなわち物象化論的な視角から把握された市場経済システムの基本構造の理解が不可欠であるということ，この点の重要性は確認されたはずである。

3　小括：呪物崇拝と労働価値論

　筆者は，ここで商品形態の呪物崇拝を，商品世界に生きる人々が商品の価値性格をその生まれながらの属性であるかのように思いこむ日常意識という程度の意味で用いている。そこで，この意味での呪物崇拝をここでは〈呪物崇拝 α〉としておこう。ただし，そうした用語法をマルクスが明示し，それに準拠しているということでは必ずしもない。せいぜいのところ，彼が「商品形態の呪物崇拝は等価形態においては相対的価値形態におけるよりもいっそう顕著である」と述べるとき，その意味で使っているのではないかと推し量れる程度のことである。それも，マルクスがもっとも明確なかたちでこの用語を用いているところと比べてみれば，その意味内容には若干のずれも認められる。彼はつぎのように述べている。

　　宗教的世界の夢幻境……ここでは，人間の頭の産物が，それ自身の生命をあたえられてそれら自身のあいだでも人間とのあいだでも関係をとりむすぶ独立した姿にみえる。これを私は呪物崇拝とよぶのであるが，それは労働生産物が商品として生産されるやいなやこれに付着するものであり，したがって商品生産と不可分なものである。(K. I, S. 86‐87.)

　ここでいう呪物崇拝とは，要するに商品世界においては人格的諸関係が物象的諸関係の背後に隠されて，あたかも物象がそれ自身の生命をもった自立的な主体のようにみえるということ（つまりは物象化）を意味している。これを〈呪物崇拝 β〉としよう。それでは，この物象化（呪物崇拝 β）と，先述した商品に価値性格を認める商品世界に生きる人々の日常意識（呪物崇拝 α）とはまったく無関係なのだろうか。

　決してそうではない。商品の価値性格（すなわち呪物崇拝 α）は，分析者の観点からは，商品を生産する私的労働の独自の社会的性格が商品の「社

会的自然属性」として人々の意識に反映されたものであった。そして，この理論的な説明は，商品の価値関係のなかから自己関係を析出し，そこで商品にあたえられる客観的な形態規定性を明らかにすることによってなされた。ここで注意すべきは，商品の自己関係が析出された，その価値関係とは，商品（物象）それ自身がその形成主体となる，狭義の商品世界を構成する多極的価値関係の一構成要素であったということである。これは，商品の価値性格（すなわち呪物崇拝 α）が物象化（呪物崇拝 β）を基礎に説明されるということを意味する。つまり，物象化という事態を基礎にして——換言するならば，物象と人格との相互依存的かつ転倒的な関係からなる商品世界（広義）の基本的構造をふまえてはじめて——商品を生産する私的労働の独自の社会的性格が商品の「社会的自然属性」として人々の意識に反映されるという事態が理論的に説明可能になる，ということである。

　こうして，商品価値は，異種の私的諸労働の同等性という社会的性格がわれわれ人間の意識に反映されたものとして説明され，価値（＝呪物性）の理論的根拠は労働価値論によって説明されることになる。このさい重要なことは，商品や貨幣のもつ呪物性（経済的力能＝交換可能性）は，われわれにとって説明すべき対象として，はじめからでき上がったものとしてわれわれの眼前にあたえられていたということで，労働価値論はそれの「本質」（または正体，秘密）を人間的労働の同等性によって説明する理論あるいは説明原理だ，ということである。

　ところが，注意すべきは，このような説明原理がある現象の背後に隠された「本質」として措定されると，つぎには認識論的な因果関係の逆転が生じやすいということである。たとえば，われわれにとって最初にあたえられていたのはさしあたり商品および貨幣の呪物性であり，その説明原理として価値形態論を含む労働価値論が措定されたはずであった。だが，このような説明原理が現象にたいする「本質」として措定されてしまうと，これは往々にして現象を説明するための理論装置（道具）のひとつという地位には甘んじなくなる。つまり，商品や貨幣には人間労働が対象化されているからこそ，われわれ人間の意識にそれらの呪物的性格が交換可能性というかたちで反映されるのだ，というように文字どおり主客の転倒が起こってしまうのである。

そして，ここに労働価値論は，固有の「本質‐現象構造（the essence-phenomenon structure）」（Brewster［1976］p. 347.）をもつ認識論的枠組みをあらためて獲得する，ということになる。

こうした認識論的な因果関係の逆転が行なわれると，労働価値論は，現象の背後に隠された本質を析出する，いわば「本質」究明型の理論に変身（昇華）してしまうのである。そして，いったんそうなれば，現象を説明するための人為的（artificial）な理論的構築物のひとつとして労働価値論を位置づけ，取り扱うことは，いわゆる「本質」究明型の労働価値論の恰好の批判対象にならざるをえないものとなる。「本質」は「発見」されるべきもので「理論構築」されるものではない，という次第である。

もちろん，本書は，そのことは承知で労働価値論をそのような現象説明型の理論構築物の地位にとどめている[14]。要するに，本書の立場からいえば，商品は労働が対象化されているから価値をもつと考えるのではなくて，あたえられた商品の価値（呪物性）を労働によって説明しようとするのが労働価値論という理論装置（道具）だ，と考えるわけである。したがって，われわれにとっては眼前にあたえられた価値（さらには呪物性）を説明する理論装置は労働価値論だけだということでは必ずしもない。それ以外の価値の説明原理の存在を一方的に否定することもまた当然にありえないのである。

ただ，ここでは何の根拠もなしに勝手気ままに労働価値論を価値の説明原理として選択するわけではない。この労働価値論という理論装置の基軸的コンセプトともいえる労働の社会的性格，すなわち抽象的労働概念の客観的な存立基盤が，商品世界という独特の空間のなかで不断に維持・再生産されていると考えるからこそ，この抽象的労働概念および労働価値論を市場経済システムという独自の社会的物質代謝過程の基本構造を説明するための基礎範疇ならびに基礎理論として用いようとするのである。

しかし，また注意すべきは，いつまでもそうした位置，あえていうなら悟性的な認識レヴェルにとどまりつづけるわけではないということである。次節でみるように，この労働価値論の中心概念となる労働の社会的性格（＝社会的労働の概念）もしくは抽象的労働は，終局的には社会的関係規定として（いわば関係主義的な観点から）捉え直され，価値および呪物性の理論的根

拠が社会的生産過程のさらに普遍的なレヴェルで再措定されることになるからである。また、本書の第Ⅲ編以下でみるように、最終的には労働価値概念そのものが関係主義的な観点から再吟味され捉え直されるからである。そのときには、労働価値論は関係主義的価値概念の下位概念として、文字どおりの道具的な地位を明確化されて、さきにみたような認識論的な因果関係の逆転が不可能になるのである。

第4節　価値の関係主義的解読とその方法論的基礎

すでに確認されたように、商品や貨幣のもつ経済的力能（呪物性）の内容である交換可能性の理論的根拠は、マルクスのばあい、価値の実体である抽象的労働のもつ「同等性」（あるいは、その質的同等性、無差別性）に求められていた。

たとえば、貨幣はあらゆる商品にたいする直接的交換可能性という特性をもつが、その理論的根拠は、貨幣が商品世界（価値関係）のなかではその現物形態（使用価値）そのもので価値の現象形態として通用している、あるいはこれがその現物形態そのもので価値実体たる抽象的労働の物体化として通用している、というところに求められたわけである。このばあい、貨幣のもつ経済的力能（呪物性）は価値概念によって説明されることになるが、そのさい人間主体の意識に映現するあらゆる商品にたいする直接的な交換（Austausch）の可能性が商品主体の交換（Wechsel）の可能性に転換され、そのうえで、この価値としての商品相互の交換（Wechsel）の可能性がその実体としての抽象的労働のもつ「同等性」（＝無差別性、同質性）によって根拠づけられていた、ということはすでに第1章において確認してきたところである。

さらに、このような「同等性」をもつ抽象的労働とは、いかなる種類の労働においても共通して支出されるような、いわば生理学的な意味での人間的労働力の支出（人間の生理的エネルギー）としてしか捉えようのない労働だといわなければならない。実のところ、これは社会的労働概念の実体主義的な把握というべきものであるが、ここにおいては、こうした実体主義的に把

握された抽象的労働の独自性，すなわち生理学的意味での人間的労働力の支出のもつ無差別性，同質性に商品や貨幣のもつ経済的機能（＝呪物性）の理論的根拠が求められることになるわけである。

　もちろん，これもまたすでに明らかにしたように，抽象的労働そのものは商品連関の内奥に理論的に析出される労働連関次元における諸労働の等置関係のなかで，それらの労働の〈抽象的な共通性としての普遍〉としてのみ存立しうる。『資本論』商品章の第１・２節においては，分析者たるマルクス自身が，商品の価値関係を分析すること（いわゆる「蒸留法」）によって，このような〈抽象的な共通性としての普遍〉という独自の性格（すなわち抽象的労働）を個別的労働に付与し，これによって抽象的労働を自存化もしくは実体化していたのである。しかしながら，これは，彼自身も認めるように，たんに「商品を価値抽象（Wertabstraktion）に還元する」（K.Ⅰ, S. 65.）ものでしかなかったといえる。

　これにたいして第３節では，商品世界（＝価値関係）のなかに商品の自己関係を析出することによって，商品自身が自らを生産した労働にこのような〈抽象的な共通性としての普遍〉という独自の性格（すなわち抽象的労働）を帰属せしめている。つまり，商品世界のなかでは，商品自らがその商品連関に媒介された労働連関次元において，価値形成労働としては抽象的労働であることを反省（自己確証）しているということである（「価値形成労働の独自的性格の現出」の論理）。ここで重要なことは，このことをマルクスが商品世界のなかから明らかにされたひとつの客観的な分析事実として措定している，ということである。言い換えるなら，彼は，この個別労働に帰属せしめられた〈抽象的な共通性としての普遍〉を，商品世界の分析によってあたえられた，商品生産労働の客観的な経済的形態規定性として措定している，ということである。

１　労働の抽象化機構

　こうした論理展開の核心部分にあるのが自己関係の論理であり，このような労働連関次元における自己関係に論理的な成立根拠をあたえる本質の同等性とは諸労働における本質の同等性としての抽象的労働であった。そして，

ここで重要なことは、第3節ではこれが分析者の思惟によって媒介されるのではなく社会的過程に媒介されて成立する実在的概念として措定されている、ということである。例の「内実論」第5段落の「異種的諸労働の人間的労働一般への還元」の論理がそれであった。多少長くなるが、第5段落の全体を以下に引用しよう。

> (α) たとえば、上衣が価値物としてリンネルに等置されることによって、上衣にふくまれている労働はリンネルにふくまれている労働に等置される。さて、なるほど上衣をつくる裁縫はリンネルをつくる織布とは種類の異なった具体的労働である。が、織布との等置は、裁縫を事実上両方の労働のうちに現実に等しいものに、人間的労働という両方に共通な性格に還元するのである。そのさい、こうした回り道をして言われていることは、織布もまた、それが価値を織るかぎりでは裁縫と区別される特徴をもたず、それゆえにまた抽象的人間的労働であるということである。(β) ただ異種の諸商品の等価表現だけが、(a)価値形成労働の独自的性格を現出せしめる (zum Vorschein bringen)。けだし、(b)等価表現こそが異種の諸商品のうちにふくまれている異種の諸労働を、事実上、それらに共通なものに、人間的労働一般に還元する (reduzieren) のだからである。(K. I, S. 65.)

上記引用文の詳細な意味については、価値形態論を本格的に取り上げる本書第II編第4章において明らかにする。とりあえず、ここでの問題の範囲内でその内容を示すならば、つぎのようになろう。まず引用文の前半（α）は、商品連関次元からその内奥に理論的に析出される労働連関次元への下向を行なう論述である。その後半（β）では、(a)この労働連関次元における自己関係によって、商品生産労働が価値形成労働としては私的労働の独自的性格たる抽象的人間的労働であることを確証（反省）する関係が示される。と同時に、(b)この労働連関次元における自己関係の論理的な成立根拠が例の「異種的諸労働の人間的労働一般への還元」の論理としてあたえられている。

ここにおいては、諸労働の抽象化（＝「異種的諸労働の人間的労働一般へ

の還元」)が,諸商品の価値関係という,それらの社会的関係のなかで遂行されること,したがってまたそれが文字どおり「社会的生産過程のなかで日々おこなわれる抽象」として論定されていると考えることができる。それゆえに,この「異種的諸労働の人間的労働一般への還元」の論理は,すでにみたように商品章第1・2節の価値および価値実体規定——そこでは,分析者の思惟のなかで商品から使用価値を捨象することで諸商品に共通な第三者たる価値が析出され,さらには商品生産労働からその具体性,有用性を捨象することで価値の実体すなわち抽象的人間的労働が析出された——を諸商品の価値関係というそれらの社会的関係のなかで再把握し規定し返す論理であった,とみることができるであろう。

このような解釈は,本書の第1章でみた廣松説をはじめとしてかなりの数の論者に受け入れられているが,問題はこうした手続きの理論的意味をどう捉えるのかということである。本書は,これを労働連関次元における自己関係の論理に根拠をあたえる,諸労働における本質の同等性の価値形態論レヴェルでの措定,と解釈する点で諸説とは大きく異なっている。

たとえば,廣松説では,これが価値形態論レヴェルでの価値実体規定の捉え返し的な再措定と解される。つまり廣松は,商品章における第1・2節,第3節,第4節という論理構成とそのなかでの「異種的諸労働の人間的労働一般への還元」の論理とを弁証法的な叙述方法として——とりわけS・ベイリーへの対抗を意識した論理的配備として——意義づける(廣松［1987］第1章第5節)。しかしながら,これでは価値実体規定——すなわち「日々の社会的過程」のなかで異種的諸労働から還元・抽象される抽象的労働——と,自己関係の論理を軸とする呪物性論ならびに物象化論との理論的関連が見失われるといわざるをえない。

これを労働連関次元における自己関係の論理に根拠をあたえる諸労働における本質の同等性の価値形態論レヴェルでの措定とみることによって,はじめて,この抽象的労働が商品や貨幣の呪物的性格の理論的根拠にされうるのである。言い換えるなら,そのことによってはじめて商品生産社会に固有の物質代謝システム(=商品連関に媒介された私的諸労働の社会的関連)——廣松の巧みな表現を借りるなら「社会的生産・交通の或る歴史・社会的な編

制（表現が循環的になることを憚らずに要言すれば，"商品経済的"に編制された特殊歴史的な社会的諸関係）」（廣松［1987］216頁）——がそこでの呪物崇拝の論理的根拠として措定されうるのである。以下では，この点を究明してゆこう。

商品章第3節における「異種的諸労働の人間的労働一般への還元」の論理の重要性は，分析者の思惟のなかでの労働の還元・抽象化（＝抽象的労働の現出）でしかなかった第1・2節の分析にたいして，ここではこの還元・抽象化が社会的過程（または社会的諸関係）に媒介されることを明示しているという点にあった。これによって，自己関係の論理に客観的な根拠を提供する，諸労働における本質の同等性が，商品世界内部の労働の抽象化機構によってその実質的な存立基盤をあたえられた，ということになるわけである。

このばあい問題は，ここで「異種的諸労働の人間的労働一般への還元」の論理によってあたえられた，諸労働の本質の同等性たる抽象的労働をどのようなものとして捉えなければならないのか，ということである。つまり，このような抽象的労働は客観的実在と考えるべきなのか？　いや，そもそも諸労働の本質の同等性たる抽象的労働への通約可能性そのものからして観念的かつ非現実的なものというべきではないのか？

この問題に関連して，カストリアディスはつぎのように述べている。「こうした通約可能性は，それが"現実的"かつ"客観的"に実在するものとするなら，ただ資本家的社会においてのみ，またそれによってのみひとつの理論操作上の観念的な意義をもつものとして有効たりうる」（Castoriadis［1978］p. 690.）。

カストリアディスのばあい，こうした実体概念は資本家的社会という特殊歴史的な社会的諸関係のもとで「観念的な社会的意義」（Ibid.）をもつとされている。このように価値実体概念が特殊歴史的な社会的諸関係に支えられて存立しているとみる点は筆者にあっても同じだが，さらにカストリアディスにおいては，このような実体概念は「全くの"現実"よりも現実的な虚構」「有効な仮構」（Ibid.）とさえ捉えられているのである。[17]

カストリアディスの主張するように，彼の実体概念が「全くの"現実"よりも現実的な虚構」「有効な仮構」として存在するかどうかは別として，こ

こでまず確認しておくべきは，少なくとも本書でいう実体概念すなわち諸労働の本質の同等性たる抽象的労働（類概念としての同質労働）概念は決してたんなる理論的仮説や抽象ではなく，ましてや「錯視」や「錯認」などではないということである。

　むしろ，それ自体は客観的な実在というべきである。ただし，それはたんに商品世界のなかでだけそうであるにすぎない，という点に留意しなければならない。このような労働の抽象化機構は，ただ商品世界という独特の空間のなかでのみ，その客観的な実在性をあたえられているのである。もちろん，こうした労働の抽象化機構を成立させている圏域は，現実の完成された商品世界（狭義）からの下向分析によって得られた理論的空間ではあるが，その理論的空間は実際その存立を広義の商品世界を構成する現実的な諸関連，諸関係の総体によって支えられているのである。

　それゆえ，この空間のなかに実在する労働の抽象化機構も決して非現実的で観念的な存在とはならない。こうして，商品世界の内部では価値ならびに価値実体はその客観的な存立構造をあたえられているのであり，この意味で，それらはひとつの客観的な実在として把握されなければならないのである。

　ただし，このような「客観性」「実在性」を支える関係性それ自体に目を転ずるなら，事態はまた異なった様相を呈することになる。そのばあい，抽象的労働は，商品生産社会における物質代謝過程の独自性とそれを成り立たせている諸関係，諸関連の総体という関係主義的な観点から捉え直されることになるのである。つぎは，この問題に焦点をあわせてゆこう。

2　抽象的労働の関係主義的解読

　マルクスは，私的諸労働の本質の同等性たる抽象的労働，すなわち私的諸労働の同等性という独自の社会的性格をひとつの社会的関係規定として，関係主義的な観点からも捉えている。たとえば，そのことはつぎの論述のなかに示されている。

　　諸商品の交換価値は，実は同等で一般的な労働としての個々人の労働相互の関連にほかならず，労働の独特な社会的形態の対象的表現にほかな

らない。(Kr., S. 22.)

　これは『経済学批判』中の一文であり，ここでいう「交換価値」は『資本論』段階の価値をさすが，ここではこの価値（「交換価値」）の実体が「労働相互の関連」として捉えられたうえで，そうした「労働の社会的形態」の「対象的表現」として価値が論定されている。さらに，同じように私的労働の社会的性格（＝抽象的労働）を関係として捉える立場は，つぎの『資本論』の論述のなかにもみることができる。

　　商品世界のこの完成形態——貨幣形態——こそは，私的諸労働の社会的性格，したがってまた私的労働者の社会的諸関係をあらわに示さないで，かえってそれを物的におおいかくすのである。(K.Ⅰ, S. 90.)

　上記引用文は『資本論』の現行版の叙述である。参考のため初版の対応部分の叙述をあげるならば，「私的労働者たちの社会的な諸関係，したがってまた私的諸労働の社会的な諸規定」(K.Ⅰ, 1 Aufl., S. 39.) となっている。いずれも，私的諸労働の社会的性格が関係性の位相において捉えられている点では共通している。いうまでもなく，この関係性は，例の商品連関の内奥に理論的に析出される労働連関次元におけるそれ——すなわち「労働における諸人格の社会的関連」あるいは「私的諸労働の社会的関連」——である。さらに，ここで私的労働の社会的性格（＝抽象的労働）を関係性において捉える立場を鮮明にうちだしている論述をあげるなら，つぎのものがある。

　　私的諸労働の社会的な形態とは，同じ労働としてのそれらの相互の関連である。つまり，千差万別のいろいろな労働の同等性は，ただそれらの不等性の捨象においてのみ存在しうるのだから，それらの社会的形態は人間的労働一般としての，人間的労働力の支出としての，それらの相互の関連であって，このような人間的労働力の支出は，すべての人間的労働力がその内容やその作業様式がどうあろうと，実際にそういうものなのである。どの社会的な労働形態においても，別々な諸個人の労働は，

やはり人間的労働として互いに関連させられているのであるが，ここではこの関連そのものが諸労働の独自に社会的な形態として通用するのである。(K.Ⅰ, 1 Aufl., S. 86‐87.)

ここにおいては，文字どおり「関連そのものが諸労働の独自の社会的形態として通用する」ことが言明されており，いわば関係主義的な把握が前面に出されている。つまり，ここでは，「諸労働の独自の社会的形態」があらゆる種類の労働において支出される人間の生理的エネルギーとして実体化され自存化された位相で把握されるのではなく，それがある種の社会的関係規定として関係性の位相において捉えられているのである。では，この関係性の位相で捉えられた抽象的労働概念はいかなる理論的意義をもつのか？　また，それは他方の実体主義的な抽象的労働概念といかなる理論的な関係に立っているのか？　以下では，この点を究明しながらマルクス呪物性論の本質に迫ってゆくことにしよう。

ここで関係主義的な観点とは，ひとまずこれを一般化していえば，「現象」を「本質」の表現形態とみる——あるいは「現象」の背後に「本質」が存在すると考える——ような，いわば認識論上の「本質‐現象関係（the essence-phenomenon relationship）」(Brewster [1976] p. 349.) そのものをひとつの[18]社会的反照規定として捉え直そうとする立場である。要するに，それはこうした「本質‐現象関係」（＝認識論）が成立する「場」を人間の社会的関係そのもののなかに求める立場，とりわけ「現象」の背後に存在するとされる「本質」の概念を社会的関係規定として捉え直そうとする立場といってもよい。[19]

例をもって説明しよう。互いに異なった個体性（相貌や肉体など）をもち，それぞれに異なったパーソナル・ヒストリーをもった現実的諸個人は，彼ら自身の生み出した社会的諸関係のなかでは，彼らにとっての〈抽象的な共通性としての普遍〉ともいうべき類（＝人間的「本質」）の「担い手」としてあらわれ，彼らのとりむすぶ現実的・具体的な社会的諸関係（あるいは歴史）はその現象形態であるかのようにみえる（erscheinen）。しかしながら，これは外観（Anschein）でしかない。実際上は，このような「本質‐現象

関係」からなる認識論的枠組みそのものが，彼ら諸個人の互いに対等で同等な市民的社会的諸関係をとおして歴史的に産出されてきたものなのである。したがって，事実は，「現象（Erscheinung）」として捉えられた彼らの社会的諸関係そのものによって，逆に人間的「本質」という概念そのものが支えられ規定されているというべきである。このようにして認識論上の「本質‐現象関係」そのものをひとつの社会的反照規定として捉え直そうとする立場，これがここでいう関係主義的な観点にほかならない。

さらに，本章の固有の問題設定に即したかたちでいうなら，この関係主義的な観点とは，抽象的労働（＝「本質」）概念を実体化・自存化された位相で把握するのではなく，それをあの労働でもこの労働でもない両者に共通の「第三者」——その意味では，あの労働とこの労働との関係としてしか示しようのない〈抽象的な共通性としての普遍〉——として捉える立場である。この立場からすれば，このような〈抽象的な共通性としての普遍〉たる抽象的労働は，ただそれらの関係のなかでのみ実在し，そうした関係性を離れたところで自存するということはない。したがって，各々の個別的労働は，こうした関係性の内部では，この〈抽象的な共通性としての普遍〉の構成契機のひとつにおとされてしまい，それ自らがこの〈抽象的な共通性としての普遍〉すなわち抽象的労働として自存することは不可能なのである。

つまり，関係主義的な把握とは，抽象的労働概念をこのような関係性としてしかあらわしようがない〈抽象的な共通性としての普遍〉という概念で捉えたものにほかならない。ここにおいては，ある労働と他の労働とのあいだの関係性（等置関係），換言すれば「私的諸労働の社会的関連」そのものが「私的諸労働の同等性という独自の社会的性格」すなわち抽象的労働概念（＝抽象的な共通性としての普遍）をあらわすのである。

そこで，こうした関係主義的な立場から実体主義的な抽象的労働概念を捉え返すなら，後者は，本来このような関係としてしか把握できぬ〈抽象的な共通性としての普遍〉を個別労働に帰属せしめ，これを自存化もしくは実体化したものだということになろう。

したがって，こうした事情を知る分析者の立場からすれば，抽象的労働概念のもつ客観的実在性とは，それを支える関係性の総体（＝商品世界の全体

構造）として捉えてはじめてその存立構造を明らかにしうるものとなる。したがって，このような関係主義的な観点に立つとき，先述したような社会的な労働の抽象化機構は，実体主義的に把握された抽象的労働の成立機構としてではなく，むしろ社会的関係規定（＝関係概念）としての抽象的労働の存立構造を示すものとして捉え直されるのである。

　言い換えるなら，このような全体性を明らかにしようとする立場（すなわち商品章第4節で全容をあらわす関係主義的存在観）に立つときに，はじめて商品価値の「実体」たる抽象的労働は実体化されることなく，もっぱら「関係」としてだけ（すなわち商品連関に媒介された「私的諸労働の社会的関連」としてだけ）捉えられることになる。さらに，そのことによって呪物性の正体は，人間労働の独自性（生理学的意味での人間的労働力の支出のもつ無差別性，同質性）という実体主義的な観点からではなく，商品生産社会の物質代謝過程の独自性（それを成り立たせている諸関係，諸関連の総体）という関係主義的な観点から再措定されるのである。

　この意味で，例の商品章第3節の「異種的諸労働の人間的労働一般への還元」の論理とは，第1・2節の実体主義的な抽象的労働規定とそれの第4節の関係主義的な再措定（「私的諸労働の社会的関連」）との接点をなしているということができる。つまり，それは①第1・2節の実体主義的に措定された「抽象的労働」規定を社会的過程のもとに捉え返す局面としてこの論理が捉えられる（廣松説）ばあいと，②この論理を関係主義的に解読して，抽象的労働を商品連関に媒介された労働連関次元における「私的諸労働の社会的関連」として関係主義的に再措定する局面として，この論理が捉えられるばあい，の接点になっているということである。

　この意味ではまた，例の「異種的諸労働の人間的労働一般への還元」の論理は，実体主義的な価値規定（価値リアリズム）と関係主義的な価値規定（価値ノミナリズム）とが交差する理論空間でもあって，マルクスにおける両規定の関連如何を論ずるばあい，この交差空間をどのように捉えるかがもっとも枢要な問題となるのである。

　本書においては，この交差空間すなわち類概念としての抽象的労働概念の成立圏域たる「異種的諸労働の人間的労働一般への還元」の論理が展開され

る理論空間は，すでにみたように，それ自体としては2商品の等置関係（商品連関）の内奥に理論的に析出される労働連関次元ではあるが，それはまた例の広義の商品世界の一極をなす多極的商品関係の一構成要素として，その構成諸契機の総体的関連（＝商品世界を構成する諸関係，諸関連の総体）のもとで把握されることになる。

すなわち，①諸物象の社会的関連と諸人格の社会的関連との相互依存的かつ転倒的な経済空間としての広義の商品世界，②貨幣を中心とした諸商品の社会的関連（諸物象の社会的関連）からなる完成された狭義の商品世界，③この狭義の商品世界の理論的な下部構造を構成する多極的商品関係とそれに媒介された多極的な労働連関。こうした諸関係，諸関連の総体において把握されるのである[20]。

このような分析者の観点すなわち関係主義的な存在観が前面に出されるのが商品章第4節であった。そこでは，この観点から抽象的労働の関係主義的な把握が打ち出されている。そして，そうした理解に立ったとき，商品の価値や貨幣の代表する価値は人間の社会的関係の表現であるというマルクス固有の見解がはじめて理解可能となるのである。この点については，例をもって確認しておこう。

たとえば，マルクスは「金銀が貨幣としては社会的生産関係をあらわしている」（K. I, S. 97.）と述べているが，これは，その正確なコンテキストにおいてはつぎのように理解されねばならない。

貨幣は，価値関係のなかではその現物形態そのもので「抽象的人間的労働の物体化」として通用している。このばあいの「抽象的人間的労働」は実体主義的に把握されたそれであるが，これが関係主義的に捉え直されるなら，「抽象的人間的労働の物体化」である貨幣は，文字どおり人間たちの社会的関係（「私的労働者の社会的関係」＝「私的諸労働の社会的性格」＝抽象的労働），あるいはそうした独自の物質代謝過程を遂行する人間たちのとりむすぶ社会的関係の物的な表現となる。

商品や貨幣の呪物性が人間たちの社会的関係の表現であるというのは，理論的には以上のような論理立てで説明されるべきものである[21]。つまり，それは価値の実体とされる抽象的労働概念の実体主義的な把握と関係主義的な把

握との区別と関連の理解を基軸としてはじめて説明可能になる事柄だということである。

3　結論：関係主義の認識論的基盤

商品章第3節「内実」論で展開される，自己関係の論理に理論的な根拠をあたえたのは，諸商品を生産した労働の本質の同等性としての抽象的労働であった。この類概念としての抽象的労働が関係主義的な観点から捉え返されるのは商品章第4節であったが，そこではまた，自己関係の論理——すなわち社会的関係として措定された類概念を「個別」が獲得する論理——のもつ意義がはじめて十全なものとして明らかになるのである。以下，この点を論じて本章の総括としよう。

すでに述べたように，ある労働（たとえば織布）が他の労働（たとえば裁縫）を同じ労働として自分に等置する自己関係においては，両労働のあいだに本質の同等性が存在することが，商品章第3節では前提されていた。ここでは，諸労働の本質の同等性（＝主語）がそれらの等置関係（＝述語）を規定するという意味で，実体主義的な主語・述語関係が想定されていたといえる。このばあい，諸労働は，本質の同等性をもつから互いに等置されるというわけである。

商品章第4節では，実は，この主語と述語の転倒（認識論上の逆転）が行なわれる。本質の同等性という主語概念とそれに基づく諸労働の等置関係という述語の位置づけがここでは逆転され，関係性そのものが真の主語概念であることが明らかにされるのである。ここでは，自己関係の論理に根拠をあたえていた本質の同等性そのものが関係性のなかでのみ存立しうる社会的関係規定（関係概念）でしかないことが暴露される。つまり，諸労働が本質の同等性（主語）を先験的にもっているがゆえに関係（述語）をとりむすぶのではなく，関係をとりむすぶことがそれらの本質の同等性（主語概念）を措定することになるのである。

こうして，ここでは，ある労働の他の労働との自己関係に根拠をあたえていた両者の本質の同等性（＝抽象的労働）が，実はそれ自体としてはあの労働にもこの労働にも帰属せず，ただ等置関係のなかでのみあらわされうる両

者に共通の第三者であることが前面に出される。要するに，この認識レヴェルではある労働と他の労働とのあいだの関係そのものが自己関係の論理的根拠たる本質の同等性を意味することになるのである。ただし，ここでは以下のことに注意しなければならない。

たとえば商品連関に媒介される労働連関次元において，ある商品を生産した労働が他商品を生産した労働と等置関係（二項関係）をとりむすべば，こうした関係性そのものが本質の同等性をあらわすということではないということである。仮にそうなら，ある主体が勝手に他の客体（他者）と同等性関係をとりむすぶ――たとえば人間の太郎が猿の次郎を自分と同じ存在として自分に等置する――だけで，そこに本質の同等性が成立し，さらにはそれを根拠とする自己関係が成立するということになってしまうであろう。〈関係性＝本質の同等性〉という構図は，そうしたナンセンスにつながりかねない。実際には，やはり当の同等性関係が本質の同等性をあらわすことを客観的に承認する第三者が必要なのである。

もちろん分析者自身がこの第三者となって，諸物のあいだに本質の同等性が存在することをア・プリオリに前提してしまうなら，結局のところ，それは，いわば疎外論的レヴェルのイデオロギー的な先験的判断の表明に終わるだけである（商品章第1・2節の理論的限界は実にこの点にあった）。それを回避するには，ある主体によって同等性関係（二項関係）をとりむすばれる客体（他者）が，第三者たる他のあらゆる諸主体によって同じような同等性関係をとりむすばれている状況あるいは構造がそこにできあがっている，ということが必要となる。

これは，例の狭義の商品世界における多極的商品関係（あるいはそれに媒介された多極的な労働連関）と同じ構造であり，さらにはマルクスが商品章第3節の段階で例として示した，あの有名なペテロとパウロの反省関係における状況と実は構造としては同じである。つまり，ペテロ（またはリンネルを生産する織布）がパウロ（または上衣を生産する裁縫）との関係をとおしてその本質（類＝「人間種属」または抽象的労働）を確証＝反省できるのは，パウロ（裁縫）が「そのパウロ的な肉体のままで」両者の本質（抽象的労働）の現象形態として通用しているからであり，そうであるのは実のところ

（マルクスの例では明示されてはいなかったが）パウロが自分以外のすべての人間と同じような人間的関係を実際にとりむすんでいるからなのである。要するに，ここでいう第三者とは，そこで本質の同等性があらわされるところの関係性の総体をさすということである。

この意味でも，諸労働の本質の同等性（抽象的労働）をあらわす関係性とは，その総体的関連のもとで，いわばひとつの全体性概念として把握されなければならないということがわかる。何よりもまず，それは商品世界の全体構造を構成している諸関係，諸関連の総体として——けだし，①狭義の商品世界の理論的な下部構造を構成する多極的商品関係（理論的空間）とそれに媒介された多極的な労働連関，②さらには貨幣を中心とした諸商品の社会的関連（諸物象の社会的諸関連）からなる完成された狭義の商品世界，そして③こうした諸物象の社会的関連と諸人格の社会的関連との相互依存的かつ転倒的な経済空間としての広義の商品世界を構成する諸関連・諸関係の総体，すなわち構造化された全体として——把握されなければならない。抽象的労働という価値実体を「実体」たらしめているのは，まさにこうした商品世界独特の構造連関にほかならないからである。

最後に，こうした関係主義の認識論的基盤について論じておこう。

マルクスのばあい，諸労働の本質の同等性たる抽象的労働概念は，究極のところひとつの社会的関係規定なのであるが，これはフォイエルバハ第6テーゼでいう「人間的本質は一個の個人に内在するいかなる抽象物でもない。その現実性においてはそれは社会的諸関係の総体である」（Marx［1845‐46］S. 6. 訳4頁）という認識と通底している。このばあいフォイエルバハの捉えたような「抽象物」としての「人間的本質」とは「社会的諸関係」の反照規定でしかなく，「その現実性」において捉えられた「人間的本質」は本来の主語＝主体である「社会的諸関係の総体」だということである（フォイエルバハ批判・超克）。

これと同じ意味において，マルクスにとって，価値ならびに価値実体とは社会的関係規定である。したがって，諸労働の本質の同等性たる抽象的労働（類概念としての同質労働）は，マルクスのばあい，最終的には決して実体化して捉えられてはならない。要するに，ここにあっては関係そのものが本

質として捉えられるのである。例の自己関係（反省）の論理の本当の意義は，現実的な諸主体が他者との関係をとりむすぶなかでこのような自らの本質（＝諸関係，諸関連）を現出する，と同時に，この本質の現象形態として通用する他者を自分として関係行為するなかで自己の本質を獲得（この意味で類としての自己に還帰）する論理だ，というところにある。これは，ヘーゲルにおける他者が自己意識によって定立された他者でしかなく，そのかぎりで，その自己関係が観念的な反省の論理に終わっていたのにたいして，マルクスのばあいには，この自己関係概念が現実的な反省の論理として認識論上の逆転（ヘーゲル批判・超克）の重要なキー・コンセプトとなっている，ということを意味するのである。

これは，いわゆる弁証法的唯物論とよばれる認識論上の地平を示すものにほかならない。この点，かつて花崎皋平はつぎのように論じていた。

> 『経済学批判』や『資本論』を注意してみれば分かることだが，マルクスが「主語」の位置にすえるもの——「過程の真の主体」等の表現で——は，「生産関係」であり，客語の地位に置かれるのは，その関係をそのものたらしめている諸条件（物質的，社会的）である。（花崎 [1972] 39頁）

むろん，上述したようなマルクスにおける認識論上の逆転（すなわちフォイエルバハおよびヘーゲルの批判と超克）があって，はじめて花崎のいう「構造化された全体が，主語の位置を占め，その全体を現出せしめている諸条件の分析によって，主語概念の概念的編成が示される，という唯物論的認識方法の確立」（同上）が可能になったのである。

本書でいう関係主義とは，このような唯物論的な認識方法そのものに基礎をおくのであって，このマルクス固有の方法論に依拠することによって価値論の旋回をはかり（労働価値論の限界を突破し），その新機軸を打ち出すことが本書の最終的な狙いとするところなのである。

1) 現段階において，こうした労働‐価値‐生産価格という論理的序列に理論

的基盤を提供しているのは，置塩，森嶋らによって証明されてきた，いわゆる「マルクス基本定理（Fundamental Marxian Theorem）」——利潤が存在するための条件は剰余労働が存在すること，あるいは利潤率が正であるためには剰余価値率が正でなければならぬこと——である。「マルクス基本定理」については，置塩 [1977] 第3章，Morishima [1973] 第5章を参照。

2) 正木八郎は，マルクスの価値移転論のもつ重大な難点を以下のように指摘する。価値移転そのものを現実に媒介するのは労働ではなく，実のところは企業家の「観念的評価」でしかない。にもかかわらず，マルクスの価値移転論では，労働そのものよっては本来的に媒介不可能な労働過程と価値生産の過程とが無媒介に結びつけられ「労働概念の肥大化」ともいうべきものが生じている，と（正木 [1987]）。これは，正木のばあい，労働価値論（とくに量的価値分析の領域）の根本的な否定へと繋がってゆかざるをえない結論である。この点，正木 [1989] もあわせて参照のこと。

3) この点について，高須賀義博はこう述べている。「生産価格までは，現実からの抽象ということで説明可能だと思いますが，価値が生産価格を規制するという内面で作用している論理，これを明らかにするときには，抽象的な，架空の世界が必要なのではないかと思っている次第です。今までの価値論の論証は，価値法則を論証する抽象的世界についての認識が非常に希薄だったために十分な論証になっていないように思われます」（高須賀 [1985] 147頁）。

4) 誤解のないよう，ここで急ぎ付言すべきことは，商品世界に存在する，すべての商品（W_1, W_2, W_3, ……, W_n）が一般的等価物＝貨幣（G）に関係行為することによって形成される，完成された狭義の商品世界をここで「理論的・仮説的な空間」としているのではないということ。言い換えるなら，商品が能動的主体となって相互に物象的関連をとりむすぶ世界，そのかぎりでは商品が主語＝主体となっている世界を「理論的・仮設空間」といっているわけではない。こうした商品世界（狭義）は，他方の諸人格の社会的関係と不可分の契機であると同時に，商品世界（広義）の現実的な構成契機なのである。この狭義の商品世界から貨幣が捨象された理論的空間（＝多極的商品関係），これを理論的・仮設空間といっているのである。

5) このような経済把握それ自体は，本来「論証」以前の前提と考えるべきであって，ある意味では米田康彦のいう「その体系自身によって論証できないこと，「公理」と呼ばれる事柄」（米田 [1993] 57頁）に属すとみることもできよう。米田のばあい，労働価値論をそのような始元におかれるものとみたが，本書ではもっと遡って労働価値論を支える基本的な経済認識（社会認識）のなかにそうした「公理」に属する事柄を見出そうというわけである。

6) 当事主体の意識に映ずる諸物の呪物性は，分析者の立場からは，諸物の客観的な経済的形態規定性として捉えられる。この論理構造については行論のうちに明らかとなるが，さしあたりここではマルクスのつぎの論述をあげておこう。「資本主義的生産様式に特有な，そしてその本質から生ずる呪物崇拝的な見解。これは，商品であるとか生産的労働であるとかいうような経済的形態規定性を，これらの形態規定性または範疇の素材的な担い手それ自体に属する諸属性とみなすものである」(Marx [1863‑67] S. 114‑15. 訳121‑22頁)。

7) 筆者は，かつてマルクスが「価値関係」と「交換関係」とを少なくとも商品章の段階では同格に扱っているという事実を確認したうえで，これが商品世界（広義）の一方の構成契機である諸物象の社会的関係を意味しているかぎりは，商品所有者による持ち手変換を意味しないこと——つまり，そこにおける関係行為の主語＝主体は人間ではなく商品であること——を明らかにした（飯田［1989］）。これにたいしては批判も存在する（松石［1993］208頁参照）が，そこには若干の誤解がある。誤解は，つぎの諸点を再確認すれば氷解するはずである。商品世界を構成する一方の極である諸人格の社会的関係は，同時に諸物象の社会的関係としても捉えられる。つまり，商品世界を形成する物象と人格との相互依存的で転倒的な関係は，人格的側面からみれば物象と物象との関係を主体的につくりだす諸人格の社会的関係としてあらわれ，物象的側面からみれば人格と人格との関係を背後に隠し去った諸物象の社会的関係としてあらわれてくる。筆者のいわんとしたところは，問題の「価値関係」「交換関係」が商品章では後者のレヴェルで使われているということで，たとえば「交換関係」という用語が諸商品の現実的な交換（持ち手変換）と無関係だということではない。この物象的関係を人格的側面から捉え直すなら，そこでは当然に商品所有者による現実的な持ち手変換関係が成立しているからである。こうした誤解を極力避けるために，本書では諸物象の社会的関係をもっぱら「価値関係」というタームであらわし「交換関係」は（マルクスの用語法とは異なるが）諸人格の社会的関係に関わるレヴェルでだけ用いている。

8) このような自己関係概念は，いうまでもなくマルクスがヘーゲルの「反省」理論から継承したものである。このヘーゲル「反省」理論を初版『資本論』の価値形態論の分析に援用した先駆的業績として，梯明秀［1959］（とくに第5章）がある。ヘーゲル「反省」の内容および学説的位置づけについては，見田［1980］（とくに第2巻「第二部 本質論」），山口［1991］などを参照。

9) マルクスにおける自己関係概念の方法的・理論的意義に論及したものとし

て，真田哲也［1984］がある。135-38頁参照。
10)　価値ならびにこの価値を形成する労働すなわち抽象的人間的労働のもつ「第三者」的性格については，真田哲也［1985］が鋭い検討を加えている。とくに151-55頁参照。
11)　一見してわかるとおり，ここでは価値概念をもっぱら名目主義(nominalism)的に把握したうえで議論を展開している。他方『資本論』には「生理学的意味での人間的労働力の支出」という価値実体規定に端的に示されるような実体主義（realism）的把握も存在する。ここには，廣松［1987］によって提起された問題（歴史的には中世の普遍論争にまで遡る哲学上の問題とされる）が存在する。廣松は，マルクスにおけるこの価値名目主義と価値実体主義との「相補的対立」の超克を主張し，そうした二元論的な価値規定の超克を「価値の実体論的規定，抽象的人間的労働の規定」が「価値形態論を通じて規定し返され」「再規定」されているところに見出す（とくに同書第8章参照）。これにたいして，正木八郎［1989］は，このばあい廣松が商品章第1・2節での「価値の実体論的な規定，抽象的人間的労働の規定」を「暫定的な定式」あるいは「行論上の要件」として処理していることを指摘したうえで，「ここに関係説的な把握とは相容れるはずのない規定が「行論上の要件」として復権させられる」として，廣松説のなかにある種の「和解」が生じてしまっていることを批判している（同論文(1) 25-30頁参照）。価値規定におけるnominalismとrealism，このうちのいずれの規定によるのかということは，いうまでもなく本書にたいしても突きつけられている問題である。私見は，廣松説と同じように商品章第1・2節における価値・価値実体規定が第3節の価値形態論段階で「再規定」されているという立場（その意味では関係主義的な価値把握）に立つが，「再規定」する論理は廣松説とは異なって例の自己関係の論理であり，それと不可分の関係に立つ呪物崇拝（あるいは商品世界）論である。要するに，私見は問題になっている価値実体の生理学的規定も，商品世界という呪物崇拝（Fetischismus）の支配する転倒的空間を前提したうえではじめてひとつの「実体」として措定しうる，という立場に立つ。なお，マルクスが何ゆえに価値ノミナリズムへと自己の理論的立脚点を求めてゆかざるをえなかったのかについて，その理論的背景のみならずその時代的背景も含めて解き明かしたものとして，有江大介［1990］がある（とくに第6章・第7章）。有江は，マルクスが価値ノミナリズムと価値リアリズムとの対立関係を統一もしくは超克したのではなく，むしろこの2つの立場のあいだを「揺れ動いている」と解している。
12)　この論理（＝価値性格顕現論）そのものは，商品章第1・2節の実体主義的な価値ならびに価値実体規定を第3節レヴェルで再規定するものであり，

そのかぎりではこの内容もいまだ実体主義的なものにとどまっている。だが注意すべきは，この内容としては実体主義的規定の再措定が，諸物象の社会的関係のなかでなされ，しかもそれが商品世界（広義）という諸物象の社会的関係と諸人格の社会的関係との相互依存的かつ転倒的空間の全体構造に支えられている，この意味でそれは分析者の思惟（観念的操作）に媒介されたものではない，ということである。

13) 武田は，商品の呪物性を「物としての商品が価値を内的属性としてもつようにみえることである」（武田［1977］64頁）とし，商品の呪物崇拝をこの「商品が物として，超感性的な力＝価値をもつという経済的思惟における幻想」（42頁）またはこの「商品の呪物性を直接受容した日常意識」（同［1994］）として捉える。これは，筆者のいう〈呪物崇拝 α〉に近い用語法といえよう。こうした理解の仕方は，わが国ではごく一般的なものといえるが，海外ではむしろ〈呪物崇拝 β〉——なぜか武田説では無視されている——が強調されるばあいが多いように思われる。いくつかの例を拾い出しておこう。「商品生産社会における諸個人にとっては，彼らの生産物同士の関係こそがあたかも現実に存在する唯一の関係であるかのようにみえる。こうした幻想をマルクスは商品の呪物崇拝とよんだのである」（Roosevelt［1975］p. 11.）。「こうして，人と人の特定の社会的関係が……彼等の目には物と物との関係という幻想的な形態をとる。このような呪物崇拝は，労働生産物が商品として生産されるやいなやこれに付着する」（Kemp［1982］p. 17.）。「商品生産のもとでは，人々の関係が"諸物"の関係という形態をとる。マルクスにとって，これは呪物崇拝のエッセンスである」（Pilling［1980］p. 158.）。「人々が物象化されてあらわれ，そして諸物が人格化されてあらわれる，このようなプロセスこそ，マルクスが呪物崇拝とよんだものである」（Mohun［1994a］p. 225.）。

14) つまり，それによって小論は，いわば本質主義的な「本質‐現象構造」をもつ認識論の枠組みから逸脱しようと企図しているわけである。ただし，このばあいマルクス自身はどうであったかという問題が残るであろう。有江は「呪物性をめぐるマルクスの記述において，「外観」が「本質」を隠蔽しているのか，表しているものなのか，確かにアンビヴァレントである」と指摘している（有江［1990］330頁）。つまり他方において「マルクスはポパーの言う意味での本質主義の立場に立とうとしている」（321頁）ということである。確かに，有江の指摘するとおり，マルクスは現象の背後に（それによって隠蔽された）本質が存在するという，本質主義的な枠組みのなかで理論を展開していたことも否定できない。

15) このような諸労働の抽象化が行なわれる労働連関次元は，商品連関の内奥

に理論的に析出される。そして，この商品連関そのものは例の多極的商品関係の一構成要素として捉えられ，それ自体はまた商品世界（広義）そのものの再生産・存立構造によって支えられている。こうして，私見においては，諸労働の抽象化が生産過程ではなく，商品世界（広義）の成立基盤たる流通過程の問題になるが，これは同じく諸労働の抽象化（同等化）を交換のレヴェルで捉えようとする，いわゆる抽象的労働説にその発想においてやや近いところもある。ただし，共通するのは生産過程における自存的な価値実体を否定している点だけで，呪物崇拝を機軸とした商品世界の基本構造の理解においてやはり根本的に異なることはいうまでもない。なお，この抽象的労働説の先駆者ともいうべきルービンにおいては，その主著（『マルクス価値論概説』）の第2版で〈交換による労働の抽象化〉の論理が先鋭に示されるが，第3版以降はこの交換が「再生産過程の社会的形態としての交換」として捉えられ，第2版の純粋に「交換主義」的な視角から再生産の視角へと重心の移動がみられる。この点について詳細に分析を加えて第2版独自の意義を剔抉するとともに，第2版の当該箇所（第12章，第13章）を別個訳出したものとして，竹永進［1993］は重要である。なお，邦訳書（ルービン［1993］）「訳者解説」も参照されたい。

16) この解釈の研究史上の位置づけについては，本文中の引用文を含む内実論を本格的に分析する本書第Ⅱ編で明らかにする。

17) このカストリアディスの把握について，正木八郎はつぎのように論評している。「この「仮構」性は分析者に属する論理的事実ではない。「仮構」という捉え方はむしろ，「一定の社会的関係からの非媒介的な反照規定」として実体概念を理解するわが国の廣松氏の所説に近いといえる。ブルジョア社会の中で歴史的に限定されることによって実体概念は「仮構」としてあるのだというカストリアディスの見解は，マルクスの労働概念の批判的検討にさいして重要な示唆を提供してくれるものといえよう」（正木［1989］17頁）。

18) ブルースター自身の考え方については，次の注19を参照されたい。

19) ブルースターは，マルクスの論理展開のなかにみられる「本質‐現象構造」（換言するなら，さまざまな具体的「現象」を抽象的「本質」に還元する本質主義的な論理構造）を批判して，「"現実"は，その本質をわれわれから隠しているどころか，われわれの前にその本質を表しているのだ」（Brewster［1976］p. 347.）と指摘する。だが彼は，この「本質」が，マルクスのばあい——その方法的態度としては確かにアンビヴァレントであったことは否定できないが——関係主義的な観点から社会的関係規定として捉え返され，そのかぎりで，この「本質」が「現象」を説明するためのある種の「道具」として措定され用いられている面を看過している。

20) 本書で明らかにした商品世界の基本構造（それを支える諸関係，諸関連の総体）について，高橋洋児はこれを「場の構造」として捉え，つぎのように論じている。「マルクスにおいて「関係」とは，煎じつめれば，場の構造を指示する語なのであるが，場の構造はまた諸主体のふるまい（Verhalten）を，かかわり方（Verhältnis）を規律する秩序にほかならず，今度は逆に秩序づけられたふるまいの総体が場の構造を形づくるものとなっているからである」（高橋［1981］150頁）。

21) このように把握することによって，またマルクスのつぎの論述も理解可能になる。「われわれはすでに，資本主義的生産様式の，また商品生産さえもの，もっとも単純な諸範疇について述べたところで，神秘化的な性格，すなわち，社会的な諸関係——生産にさいして富の素材的諸要素がそれの担い手として役立つ——を，これらの物そのものの諸属性に転化させ（商品）またもっとはっきり生産関係そのものをひとつの物に転化させる（貨幣），神秘化的な性格を指摘した」（K.III, S. 835.）。

補論　市場認識と経済学の方法

　これまでのところ，本書では，商品呪物や貨幣呪物の理論的根拠を究明しつつ，市場経済（あるいは商品経済）システムに独特の社会的物質代謝過程の基本的構造を明らかにしてきた。ここで明確になったことは，市場経済システムの，いわば物象的な構成契機をなす商品と貨幣の呪物性がその理論的根拠を私的諸労働の同等性という独自の社会的性格——究極のところは，商品連関（物象的連関）に媒介された「私的諸労働の社会的関連」——という市場経済に固有の社会的生産の基本構造から説明されるということ，それと同時に，これらの呪物性もしくは呪物崇拝そのものがそうした社会的過程（＝市場経済システム）の重要な構成要素ともなっているということであった。ここでは，このような市場経済システムにたいする理解（市場認識）を再度吟味し，市場経済と呪物崇拝の問題を総括的に考察してゆくことにしたい。

　さて，経済学の主たる研究対象は「社会的富」（A・スミスの Wealth of nations）であり，それは，生産，消費，交換，分配の諸過程を包含する経済（＝社会的生産）システムの総体において把握され分析されるべきものである。市場経済システムにおける「社会的富」（したがってまた，その「社会的生産」）はひとつの「巨大な商品集積」（『資本論』冒頭の一句）として把握されるが，これは「社会的富」の構造をもっぱら物象的観点からのみ把握したものといわなければならない。このばあい，そこにおける富の基本形態は商品であり，そしてこの富の「一般的な代表者」（K. I, S. 147.）として商品世界に君臨するのがあらゆる商品にたいする直接的交換可能性という独特の性質を付与された貨幣である。

貨幣は，そのもてる特性のゆえに市場においてはあらゆる商品によって等置され，そのことによってまた互いに異質的な諸商品を同質化している。言い換えるなら，貨幣は，諸商品に価格形態をあたえ，それによってそれら諸商品を同名の量的にのみ異なった大きさとして互いに社会的に関連させている。このように，貨幣は，異質な諸要素を同質化して，これらを社会的に統合するある種の象徴的役割をはたしているとみることが可能である。

さらに歩をすすめて，われわれは，こうして市場に君臨する貨幣のもつ特性をふまえたうえで，市場経済システムそのものを新たに規定し直すこともできる。

たとえば，あらゆるものを同質化する不可思議な力（いわば同質化パワー）をもつ貨幣は，市場の内部で生み出されたのではなく，逆に市場の外部からきて市場経済システムそのものを創造する要素として捉え直される，ということも可能だということである。このばあい，市場はその「外部にある相互に異質な諸要素＝諸システムを同質化することによってそれらを社会的に統合する唯一の領域」として把握され，貨幣はそうした市場認識のキーコンセプトとして位置づけられることになる。つまり，ここにおいては，外部的存在としての貨幣が同じく市場の外部にある諸要素を市場経済に内部化（同質化）しつつシステムそのものを創り出してゆく〈市場経済の創造者〉として戴冠する，という次第である。

もちろん，このような貨幣の同質化パワーの源泉は，あらゆる商品にたいする直接的交換可能性というその特性にある。われわれは，この貨幣の不可思議な力（＝直接的交換可能性）をその呪物的性格として捉えたうえで，こうした呪物性の理論的根拠を，貨幣が――商品世界の価値関係のなかでは――その現物形態そのもので価値の現象形態（＝価値姿態）として通用している，というところに求めた。最終的には，価値の実体としての抽象的労働（＝私的諸労働の独自の社会的性格としての，それらの同等性）に，さらには商品連関（＝物象的関係）に媒介された私的諸労働の社会的関連――すなわち，市場経済に独特の社会的物質代謝過程――のなかにその根拠を求めたわけである。要するに，ここでは貨幣の特性の根拠が市場経済システムの内的編成そのもののなかに求められている，といってもよい。

これにたいして，貨幣を〈市場経済の創造者〉とみる立場においては，この貨幣のもつ特性を外部からあたえられたものとすると同時に，この貨幣によって市場経済内部の同質性（または，市場経済の諸構成契機のあいだの同質性）がつくりだされ保持される，という基本的な了解が存在している[2]。この立場からすれば，商品価値さらにはその実体としての人間労働の同等性という概念それ自体も貨幣によってつくりだされ[3]，市場経済の日々の再生産過程のなかで不断に再生産され保持されつづけるものとなるであろう。

　われわれもまた，関係主義の立場に立って，この市場システムの基本構造を貫通する同質性——究極のところは，私的労働の独自の社会的性格たる抽象的労働——を同じようにつくりだされたもの（産出されたもの）として捉えている。だが，この同質性は，貨幣によってつくりだされたのではなく，ほかならぬ人間の社会的（あるいは社会化する）活動をとおして産出され，さらにはそれによって不断に維持・再生産されてゆくものとして捉えるのである。価値実体としての抽象的労働（=「異種の諸労働の同等性という社会的性格」）を「私的諸労働の社会的関連」として関係主義的に解読し捉え直す手続きが，まさしくそうした立場の表明なのである。

　こうして異質な諸要素を同質化し，内部化する（または市場経済の内部編成に組み込む）のは，われわれの立場からするならば，決して貨幣なのではない。市場システムという独自の社会的物質代謝過程を形成する人間の社会的な（あるいは社会化する）活動，すなわち人間たちの社会的関連（die gesellschaftliche Beziehung der Personen）そのものなのである。貨幣は，このような市場システムそれ自体を編成する人間たちの社会的関連のひとつの表現（象徴）なのであり，そのようなものとして概念的に把握されることによって，市場システムの内部にその不可欠の構成契機として措定されるのである。

　確かに，その生成史にさかのぼれば，さまざまな偶然の積み重ねが，今日，市場経済とよばれるシステムの骨格をかたちづくったのである。このような生成史を問題にするばあいには，偶然的で外生的な諸契機を無視することは当然できないし，それを重視する立場を否定するつもりもない。だが，社会システムはいったんでき上がると，はじめからそこに存立しているかのよう

な様相を呈する。つまり，このばあいも媒介する運動は，運動そのものの結果では消えてしまって，何の痕跡も残していないのである。

　しかも，それだけではない。それは，一度でき上がると自立的な再生産運動をはじめる。つまり，それが存続してゆくかぎりは，その自立的な再生産運動を介してその存立構造（市場システムの構成諸契機とそれらの内的連関）そのものが不断に維持・再生産されなければならないからである。そうした再生産・存立構造のなかでは，市場経済システムを生成せしめた諸契機の外生的な偶然性はその内生的な必然性に組み替えられ転換されている，といわなければならない。われわれの問題にしているのは，そうしてすでにでき上がった――すでに産出され，不断に維持・再生産されている――市場経済システムであり，その再生産・存立構造なのである。

　本書において，貨幣をあくまでも市場経済システムの内的な構成契機とし，その特性の理論的根拠を市場経済の内的編成のうちに求めたのは，以上の理由からである。つまり，市場経済システムそれ自体の再生産・存立構造を究明しようとする立場に立つかぎり，その構成諸契機（生成史にさかのぼれば偶然的で外生的であった諸契機）が現存のシステムの全体構造のなかでどのような論理的位置づけ（不可欠性）をもつのかを明らかにする――換言するなら，現存のシステムの内部編成のなかにそれらの諸契機の必然性や存在根拠を明らかにする――必要があった，ということである。要するに，結論的には，価値概念が貨幣概念に論理的に先行する理由は本書が基本的に「再生産」の分析視点に立っているからだということである。

　ただし，ここで価値論を基礎に示される資本主義・市場経済の基本的な再生産・存立構造は，あくまでもそれのミニマム・エッセンスもしくはコア部分でしかないことにも留意すべきである。つまり，ここでは，資本主義・市場経済であれば最低限これだけの要素は具備しなければならないという，必要最小限度の，いわば「生産関係」レヴェルの基本的フレームワークについてだけ論じているということである。要するに，商品，貨幣，資本であって，これらは文字どおり資本主義・市場経済のハードコアにほかならない。もちろん，この部分が崩れてしまえば，その経済システムはもはや資本主義・市場経済ではなくなる。が，これが変化しないかぎりは，慣習的，法的，政治

補論　市場認識と経済学の方法　179

的，その他さまざまな社会的制約によって彩られる「制度」レヴェルにおいて，いかなる変容が起ころうと資本主義はやはり資本主義なのである。貨幣存在の説明原理として措定される価値論が明らかにしようとするのは，この資本主義を資本主義たらしめている，極めて基本的な社会的諸関係（＝コア部分）だということである。

　もちろん，資本主義・市場経済という独自の社会的生産システムが維持・再生産されてゆくためには，そのシステム内に不断に発生するさまざまな摩擦やコンフリクトを調整する，多様な「制度」的諸契機が必要とされることはいうまでもない。ただし，これらの「制度」レヴェルの諸契機は，「生産関係」レヴェルの価値概念さらには貨幣概念とは当然に区別されなければならないということ，さらには，資本主義・市場経済のコア部分を解明しようとする価値論（＝関係主義的価値論）がそうした「制度」レヴェルの諸契機の存在そのものを否定することも決してないということ，これらの点も強調しておかなければならないであろう。両者の論理的レヴェルが異なっており，むしろ，そのことの承認と区別とが資本主義経済認識にとって決定的な意味をもつからである。

　さらに，こうした区別が明確になっているかぎり，現実の資本主義・市場経済を構成する諸契機には，その歴史，文化，制度，慣習，等々においてさまざまな種差や異質性が包含されていることもまた当然に認められなければならないであろう。それらの諸契機は，いずれもそれぞれの歴史的産出物として存在すると同時に，歴史的時間のなかで不断の変化にさらされてもいる。しかし，それらがいかに異質であろうと，またいかに変化しようと，「生産関係」レヴェルの商品，貨幣，資本という基礎範疇において普遍性が保たれている以上，資本主義は資本主義であることをやめないのである。

　もっといえば，こうした歴史的時間のなかでは，資本主義を支えるもっとも基本的な構成契機（そのコア部分を形成する生産諸関係）ですら，その変化（再生産不能）を免れえない。こうしたことは「発展」過程に固有の特質なのである。そのような「発展」（歴史的構造変化）という位相において経済システムが把握されるばあい，それはまた歴史そのものと同じように，つねに外部（偶然性，異質性，不決定，不確定性など）にたいして開かれた存

在として捉えられねばならない、ということもまた確認しておくべきであろう。

とはいえ、本書では、そうした発展の位相において資本主義・市場経済を把握しようとしているのではない。いま価値論の再構築を目指す立場から必要とされているのは、あくまでも再生産の分析視角なのである。むろんこうした発展という分析視角は経済学にとって不可欠のものだが、そのまえに、多様な「制度」的種差やそれらの変容を貫き、資本主義・市場経済をそれ自体として存立せしめている基本的な社会的諸関係（コア部分）が確定されねばならない。ひとまず本書は、そうした資本主義・市場経済の再生産・存立構造を究明しようとする立場から、そのもっとも基本的な物象的諸契機（＝社会的諸関係）を価値論によって統一的・体系的に把握しようとしているのである。貨幣があくまでも市場経済システムの内的な構成契機として把握され、その特性の理論的根拠が市場経済の内的編成のうちに求められたのも、こうした理由からである。以上の確認をもって、この補論の締め括りとしたい。

1) 正木八郎［1992］5頁。このように市場システムを異質なもの同士が出会う「場」として位置づけ、これら異質なるものを「社会的に統合する唯一の領域」として捉えようとするのは、「市場」認識としては極めて重要な視点であると考える。この意味での「市場」こそ、社会（Society）形成における「歴史のかまど」であったし、今後もそうでありつづけるであろうからである。しかし、だからといって、否だからこそ貨幣をその創造者に仕立て上げるのは賛成できない。なお、このように「貨幣存在」を前提して「市場」形成を考えようとする代表的論者に、現代フランスの「貨幣的アプローチ」の第一人者であるジャン・カルトゥリエがいる。彼の独特の「市場システム」論については、植村・磯谷・海老塚［1998］のなかで、この共著者たちの基本的な市場認識を説明するものとして肯定的に紹介されている（同書41-51頁参照）。また、この共著者たちや正木と同じ立場から貨幣を「市場のコーディネーション様式」として捉え、市場経済理論の貨幣論的再構成を図ろうとする最近の研究業績に、片岡浩二［1999］がある。
2) 石塚良次［1990］は、貨幣を「元来市場システムにとっては外的な存在」とし、これを「交換にともなうコンフリクトの調整様式」（152頁）と捉えた

うえで，つぎのように議論を展開している。「貨幣の直接的交換可能性という「経済的錯視」を支えるのは，たとえば金貨幣であれば「自然物」としての金のもつ魔力，したがって市場システムの外部としての社会的慣習の産物であろう。市場システムはむしろそのような外部としての貨幣を持ち込むことによって，逆にシステムの安定性を維持しうるのである」（同上）と。ここでは，貨幣によって市場システムの安定性が維持されるというより，むしろ逆にその存在が市場システムの不安定性を増幅しているのではないのかなどという疑問にはあえて目をつぶろう。注目したいのは，ここでも外部的存在としての貨幣がある種の調整システムとしての市場の創造者の地位につけられているということである。

3) ルービン学派の別名をもつ「抽象的労働説」は，基本的には「人間労働の同等性」をこのような意味で捉える。

4) 石塚［1990］は，「システムに内在するコンフリクトとその調節」という考え方を「構造主義のスタティックな構造理解に対するアンチテーゼ」（147頁）として重視すること，さらには市場システムの内部に発生したコンフリクトが市場の外部にある諸契機によって調整される事態を認識することの重要性を強調している。この点に異論はない。しかしながら，貨幣をそうした「外部にある諸契機」とするのは本文中に示した理由で承認しがたい。

第II編

市場の基本構造と商品・貨幣論

第4章　商品語と価値形態

　第II編では，前章までで明らかにされた関係主義（ただし労働価値論を基礎とする）の立場に立ち，基本的に『資本論』のテキスト・クリティークによりながら価値形態論，交換過程論を読み解くことを主要課題としている。本章は，第5章とともに価値形態論がテーマである。

第1節　予備的考察：価値形態論と内実論
　　　　——その課題と方法について

　価値形態論の中心課題は，貨幣の必然性を解明するところにある。それは，商品の内的論理に即して貨幣存在の必然性を論定する——あるいは，商品それ自身のなかに貨幣存在の根拠を求める——ことにより，商品世界（Warenwelt）における商品と貨幣との必然的な関連性を解明する理論である。言い換えるなら，価値形態論とは，商品，貨幣，資本と理論展開しながら，資本主義を一個の理論的な全体として再構成してゆく上向プロセスの一環として，貨幣を発生的に概念規定するための理論装置だということである。
　それでは，価値形態論によって明らかにされる，貨幣存在の必然性，あるいは商品と貨幣との必然的な関連性とはいったい何であるのか？

1　商品と貨幣との必然的な関連性

　価値形態論のひとつの論理的な基調になっている，ヘーゲル・マルクス流の本質論もしくは反省論のレトリックを使っていえば，商品世界のなかでは，商品にとって貨幣が他者でありながら自分自身だという関係である。他者で

あると同時に自分自身でもあるというのは，結局のところ，商品にとって貨幣（＝他者）が自分の本質の現象形態になっているということにほかならない。そして，商品は，このような自分の本質の現象形態となった貨幣（他者）との等置関係をとおして——いわば回り道して——自分の本質を反省（もしくは表現）することができるのである。かくして，価値形態論の明らかにする商品と貨幣との必然的な関連性とは，商品にとって貨幣が他者であると同時に自分自身（その本質の現象形態）となっており，そのことによって商品にとって貨幣が自分の本質を反省（または表現）するための不可欠の存在になっているということである。

むろん，ここでいう商品の本質とは，歴史的に独自の物質代謝システムをもつ社会——すなわち，諸労働の社会的関連がその生産物の交換を媒介にして間接的に実現される社会（＝商品生産社会）——において，労働の生産物が受け取る特殊な定在，すなわち商品の価値のことである。したがって，商品がそうした価値であるということ（換言するなら，抽象的人間的労働の凝固であるということ），これこそ商品が貨幣との関係のなかで表現している自分の本質だということになろう。

とはいえ，こうした商品と貨幣との関係は，われわれにとってはじめから自明なものとしてあたえられているわけではない。たとえば，商品世界の表層に諸商品の価格運動というかたちであらわれる，商品の貨幣にたいする価値関係（または交換関係）をみても，そこからただちにこの両者の必然的な関連性が理解できるというものではない。そこから日常意識がみてとるのは，そこにおいて貨幣がひとつの「比較基準（Vergleichungsstandard）」（Marx［1857‐58］S. 90. 訳92頁）として機能しているということである。

たとえば，A商品Y量＝貨幣X量とB商品Z量＝貨幣$2X$量という２つの価格があたえられるなら，A商品Y量はB商品Z量の２倍の価値をもつといえるというかたちで，貨幣がそれぞれの商品の相対的価値の大きさを尺度し表現する——そのことによって諸商品相互の相対的価値の大きさを比較可能なものにしている——ということである。

ここにおいて，貨幣があらゆる商品に共通の本質（価値）の現象形態となり，商品はこの貨幣との等置関係のなかで，いわば回り道するかたちで自分

の本質（価値）を反省（表現）し，さらにはこの関係のなかで貨幣が商品にとって他者でありながら同時にまた自分自身（その本質の現象形態）としても通用しているということ，こうした点を商品世界の表層にあらわれる商品と貨幣との関係のなかから看取することは，日常意識の観点からは極めて困難なことだといわざるをえない。

　価値形態論は，このような商品と貨幣との必然的関連性を解明するのであるが，ただし，そうした関連性は商品世界の表層にあらわれる商品と貨幣との関係のなかからただちに導き出されているのではない。これは，そのための独自の方法をもつのである。価値形態論では，さしあたって一商品の他商品にたいする価値関係（たとえば，20エレのリンネル＝１着の上衣　あるいはA商品y量＝B商品x量）がとりあげられ，このなかから当該商品が他商品との関係のなかで自分の価値を表現する，簡単な価値表現（価値形態）が析出される。[1]

　簡単な価値関係のなかから簡単な価値表現（価値形態）が析出されるのは，価値形態論の叙述全体の約６割を占める第一形態（＝「簡単な，個別的な，または偶然的な価値形態」）論においてである。ここにおいて，価値形態の基本的構造（相対的価値形態，等価形態，その全体）が解明され，この簡単な価値形態がひとまず商品と貨幣との必然的な関連性を萌芽的に示すものとして論定される。むろん，これはたんなる萌芽でしかない以上，つぎにはその完成としての貨幣形態成立にいたる形態発展のプロセスが明らかにされ，そのなかで両者の必然的関連性がより十全に論証される必要がある。こうした論証作業は，第一形態論のあと，簡単な価値形態から貨幣形態までの発展を各々の価値形態のもつ欠陥を指摘しながら論理的に追跡してゆくなかで，価値概念にもっとも照応した価値形態――あるいは商品の本質（価値）を反省（表現）する形態としてもっとも十全に発達した形態――に到達するという，いわば発生的な方法を介して遂行されている。このような理論的手続きをここでは「移行」論とよんでいる。[2]

　こうして，価値形態論はつぎのような２系列の理論プロセス――まず(イ)簡単な価値関係から析出された簡単な価値表現（価値形態）の基本的構造を解明するプロセス，さらに(ロ)この価値形態の発展を簡単な価値形態から貨幣形

態まで論理的に追跡してゆくことにより，貨幣存在の必然性を論定してゆくプロセス――によって，商品と貨幣との必然的な関連性を発生的方法によって論定しつつ，それによってまた両者の区別と関連を明らかにしているのである。このうち，本章ではまず(イ)の論理プロセスに関わる第一形態論をとりあげる。そのなかでもとくに「相対的価値形態の内実」とタイトルされたセクション（＝内実論）がここでの主たる分析対象である。まずは，以下に第一形態論の基本的構成を示そう。

　A．簡単な，個別的な，または偶然的な価値形態
　　1．価値表現の両極　相対的価値形態と等価形態
　　2．相対的価値形態
　　　a．相対的価値形態の内実
　　　b．相対的価値形態の量的規定性
　　3．等価形態
　　4．簡単な価値形態の全体

　ここでは，第1項で「価値表現の両極」として最初に価値表現の2契機が「相対的価値形態と等価形態」としてあたえられ，そのうえで(a)両形態が相互規定的で相互制約的な価値表現の不可分の2契機であること（不可分性），(b)この両形態が相互に排除しあう，あるいは対立しあう両極であること（対極性）が明示されているが，とりあえずこの第1項では第一形態論の結論だけが前もって示されているにすぎない。第一形態論の基本的内容は，第2項「相対的価値形態」以下で展開されるのであり，その理論的な核心部分は第2項における「a．相対的価値形態の内実」すなわち内実論にある。

　ここにおいて，簡単な価値関係から簡単な価値表現が析出されるからである（ただし，その能動的役割をはたす相対的価値形態に立つ商品の側からみた価値表現メカニズムであることに注意）。同じく第1項の「b．相対的価値形態の量的規定性」は，内実論で明らかにされた価値表現メカニズムをその量的規定性において分析するものであり，第3項ではこの価値表現メカニズムが価値表現の受動的役割をはたす等価形態に立つ商品の側から分析されている。第4項「簡単な価値形態の全体」は，第一形態における価値表現メカニズムの総括であり，これをふまえてここではまた価値形態の発展を追跡

して貨幣形態にまでいたる，いわゆる移行論のための準備作業が行なわれている。

2　内実論の課題

さて，この第一形態論のなかでもっとも重要な理論的位置づけをもっているのが内実論であった。価値形態論の始発点ともいうべき簡単な価値関係からの簡単な価値表現（価値形態）の析出は，この内実論で行なわれている。それは，すでに前章において明らかにしているように，諸商品の価値関係のなかからそれらの自己関係を析出し，この自己関係を価値表現関係（価値形態）に読み替える，という独特の方法によって行なわれている。さらに，この内実論においては，こうして析出された価値表現関係が諸商品の価値関係（商品連関）の内奥に潜む労働連関次元（価値実体次元）にまで掘り下げられ，そのうえでこれが質的価値表現として論定されている。質的価値表現とは，相対的価値形態に立つ商品が価値として他の諸商品と質的な同等性をもつということを表現することであるが，その「内実」は，当該の商品が価値としては抽象的人間的労働の凝固であることを表現する——もしくは，その価値対象性を表現する——ということである。つまり，相対的価値形態に立つ商品は，それが価値としては抽象的人間的労働の凝固であるということを表現することによってのみ，他商品とのあいだに質的な同等性（または本質の同等性）をもつことを表現できるということである。

こうして，内実論においては，価値表現のメカニズムが明らかにされているのであるが，この価値表現メカニズムの解釈としてもっとも有力とされ，わが国における通説の地位に立つのは，久留間鮫造が内実論のなかから明らかにした，いわゆる「「回り道」の論理」とよばれるものである。その基本的内容は，以下の2つの引用文によって明らかにしうるであろう。

　　商品は，直接自分を他商品に等置することによって自分は価値なのだと自称する代りに，まずもって他商品を自分に等置することによってそれに価値物としての定在をあたえ，そうした上ではじめて，その他商品の自然形態で自らの価値を表現しうるのであって，これが本当の廻り道

なのであり，マルクスが「廻り道」といっているのもこの意味にほかならない。(久留間［1957］62頁)

上衣がリンネルの価値を表現しうるのは，上衣がリンネルに等置されることによって，上衣に対象化されている裁縫労働がリンネルに対象化されている機織労働に等置され，かくして裁縫労働そのものが——特殊な具体的な労働である裁縫労働がそのまま——機織との間に共通な人間労働の実現形態にほかならないものと看做されることによるのである。これによってはじめて上衣は，上衣という特殊な使用価値の形態のままで，人間的労働の直接的な体化物，すなわち価値物を意味するものとなるのであり，そしてこの価値物としての定在においてはじめて，上衣はリンネルの価値を表現しうるのである。(同上，71頁)

最初の引用文は，久留間のいう「回り道」の内容を明らかにしたものであり，つぎのものは内実論の論理に依拠して，彼のいう「回り道」の論理を，いわば価値実体次元から根拠づけたものである。この「回り道」論の特徴は，まず相対的価値形態に立つ商品が等価形態に立つ商品を「自分に等置することによってそれに価値物としての定在をあたえ」，そのうえで「その他商品の自然形態で自らの価値を表現」するという二段構えの論理手続きがとられていることにある。このばあい，内実論に久留間理論の主張するような「回り道」が説かれているかどうかということもひとつの問題だが，最大の難点はつぎの点にある。

その「回り道」の価値実体次元における核心部分である「裁縫労働そのものが……機織との間に共通な人間労働の実現形態にほかならないものと看做される」という事態にたいして，これが「回り道」だとする解釈は出されていても，そうした事態が生ずる理論的根拠についての具体的説明が欠落しているということである。

このような久留間流の「回り道」の論理を支える，いわゆる二段構えの理論的手続きは，実のところ内実論におけるマルクス独特の方法——すなわち，諸商品の価値関係のなかからそれらの自己関係を析出し，この自己関係を価

値表現関係（価値形態）に読み替える，という方法――の誤認に基づくものである。この点については，またあとで確認することにしたい。[3)]

次節において，さっそく内実論の基本的構成をみてゆくことにしよう。

第2節　内実論の基本的な論理構成

内実論を構成する諸概念は，たとえば価値物（Wertding），価値の実存形態（Existenzform von Wert），価値性格（Wertcharakter），価値体（Wertkörper）等々極めて多彩である。またそこで展開される理論装置も，すでにみた自己関係の論理のほか，これと密接な理論的関連性をもつものとして，価値存在の現出，価値性格の顕現，価値形成労働の独自的性格の現出，さらには異種労働の人間的労働一般への還元の論理，商品語の論理，等々そのつど立ち入った説明を必要とする理論装置がいくつも存在する。文字どおりの難物であり，一筋縄ではいかないものである。このようなばあい，何の準備もなしに内実論の検討に入っていったとしても，それは地図も磁石もなしに山歩きをしようとするのと同じで，全体を見失う恐れはかなり大きい。そこで，内実論の本格的検討の前に，ひとまずここではその予備的考察として内実論の基本的論理構成を示しておきたい。比喩的にいえば，それは，内実論という決して大きくはないが，かなり手強い山塊に分け入ってゆくための磁石や地図を前もって用意しておくということである。

さて，この内実論，全体は11の段落から構成されている。が，大きくはつぎの4つのブロックに分けることができる。

まず最初は，第1段落から第3段落で，ここにおいては一商品の他商品にたいする簡単な価値関係のなかから当該商品の自己関係が析出されている。つぎは，第4段落から第5段落，ここにおいては，価値関係のなかから析出された自己関係が――さらに価値関係（商品連関）の内奥に潜む労働連関次元にまで掘り下げられたうえで――一商品が他商品との関係とのなかで，自分を価値としては抽象的人間的労働の凝固として確証（反省）する関係として捉え直されている。3番目が第6段落から第9段落。ここで最終的に商品の自己関係が労働連関次元をふまえたひとつの完成態として論定されてい

第 4 章　商品語と価値形態　191

る。最後は，第10段落および第11段落で，ここにおいては自己関係が価値表現関係（価値形態）に読み替えられ，内実論全体の総括が行なわれている。以下，この４つの理論的ブロックのそれぞれにもう少し接近してみよう。

◆第１-３段落（自己関係の析出）

　ここでは「一商品の簡単な価値表現が２つの商品の価値関係のうちにどのように潜んでいるかを見つけ出す」ことが内実論における第一の課題として設定されたうえで，まず一商品の他商品にたいする価値関係が同時に「同等性関係（Gleichheitsverhältnis）」，すなわち本質の同等性（Wesensgleichheit）をもつもの同士の等置関係であることが明らかにされている。このことは，商品の価値関係がその自己関係として成立するための理論的根拠を開示したものである。とはいえ，ここではこの自己関係の成立根拠が商品章第１・２節の価値規定ならびに価値実体規定に求められている点に留意すべきである。

　さらにいえば，この自己関係の成立根拠たる同等性関係は，内実論第５段落においては「異種的諸労働の人間的労働一般への還元」の論理として再措定されている。すでにみたように，この論理は，商品章第１・２節の価値規定・価値実体規定を諸商品の社会的関連のなかで再把握し，規定し返すものとして理解されなければならない。

　いずれにせよ，こうして価値関係＝同等性関係があたえられると，つぎにはこれを基礎に，この一商品の他商品にたいする価値関係のなかから当該の商品がそこにおいて価値としての自立性を確証（反省）する自己関係が析出され，これが最終的には当該商品の価値表現関係（価値形態）として捉え直されることになる。ただし，この読み替えの作業は第10‐11段落でなされるのであり，それまでは基本的にこの自己関係の論理が展開されている。

◆第４-６段落（価値性格の顕現）

　ここではまず，結論が先取りされるかたちでつぎのように問題提起がなされている。「一商品の他商品にたいする価値関係のなかではその商品の価値性格が，他の商品にたいするその商品自身の関連によって顕現してくる」。

ここでいう価値性格の顕現とは，言葉をかえていえば，価値関係をとおして商品が自分を価値（＝呪物性）としては抽象的人間的労働の凝固であると確証（反省）することである。

　むろん，ここで商品が他商品との関係（価値関係）のなかで自分を抽象的人間的労働の凝固であると確証（反省）できるためには，まずこの価値関係のなかで当該商品に等置された他商品がその自然形態そのままでたんなる抽象的人間的労働の物体化（VerKörperung）として通用するということが必要である。なぜなら，そうした独特の形態規定性をあたえられた他商品との等置関係にあるときにのみ，当該商品は自分もまた価値としては抽象的人間的労働の凝固または対象化であることを確証（反省）できるからである。

　さらにいえば，そのためには，この商品連関（価値関係）に媒介され，その内奥に見出されるべき労働連関次元（価値実体次元）において，価値関係（自己関係）の受動的立場に立つ商品（使用価値）を生産した具体的有用労働が抽象的人間的労働の実現形態（または現象形態）として通用する，ということが論定されていなければならない。なぜなら，そのようなばあいにのみ，価値関係のなかでは——あるいは商品連関次元においては——その関係の受動的立場に立つ商品（その自然形態）が抽象的人間的労働の物体化という独特の形態規定性を獲得しうるからである。

　そこで，このような労働連関次元において具体的有用労働が抽象的人間的労働の実現形態になるという，いわゆる「取り替え（Quid pro quo）」のメカニズムは，ここでは労働連関次元における商品の自己関係を析出することによって明らかにされている。それはまた，①価値形成労働の独自的性格の現出の論理，および②異種的諸労働の人間的労働一般への還元の論理という２つの理論装置から構成されている。

　このうち，前者は，商品がその労働連関次元における自己関係——すなわち他者（＝等価商品を生産した具体的有用労働）に関係しながら自分（＝抽象的人間的労働）に関係する——をとおして，自分を価値形成労働としては，私的労働の独自の社会的性格（＝抽象的人間的労働）であることを確証（反省）するメカニズムを明らかにするものである。また後者（すなわち異種的諸労働の人間的労働一般への還元の論理）は，労働連関次元において互いに

等置される異種的諸労働がそれらに共通する本質（第三者）である抽象的人間的労働に事実上還元されるということ，そのかぎりで諸労働は本質の同等性をもつということを解明するものであり，これによって労働連関次元における自己関係成立の根拠すなわち同等性関係が客観的にあたえられることになるのである。

　ただし，以上のように労働連関次元における自己関係を析出し，そこにおいて具体的有用労働が抽象的人間的労働の実現形態になるという「取り替え」が（いわば間接的なかたちで）論定されたからといって，そこからただちに「価値性格の顕現」メカニズムが論定されるわけではない。そのためには，再度この労働連関次元から商品連関次元に上向し，そこにおいて価値関係（自己関係）の受動的立場に立つ商品がその自然形態そのままで抽象的人間的労働の物体化として通用しているということを明らかにしなければならないのである。（とはいえ，「この課題はすでに解決されている」のではあるが……。）

◆ 第7−9段落（自己関係の完成態から価値表現へ）

　ここにおいては，分析視点が労働連関次元から再び商品連関次元に移されたうえで，商品の自己関係がひとつの完成態として再措定される。この第7−8段落がこれまでの展開と異なるところは，ここではじめて価値関係（自己関係）の受動的立場に立つ商品に視点がおかれ，その独特の経済的形態規定性が開示されることである。それ以前，視点はもっぱら価値関係の能動的主体である商品におかれていたのであり，当該商品の商品連関およびそれに媒介される労働連関次元における自己関係を析出することをとおして，商品世界においては商品自らが価値としては抽象的人間的労働の凝固であること（すなわちその価値対象性）を他の諸商品との社会的関係のなかで確証（反省）していることが明らかにされ——そのことによって商品世界における商品の呪物的性格すなわち価値性格の根拠が開示され——たのである。そのばあい，価値関係（自己関係）の受動的立場に立つ商品にあたえられる独特の形態規定性は——もちろんインプリシットにはそこに前提されていたとはいえ——いわばブラックボックスのなかに入れられていたのであって具体

的に論定されることは一切なかった。

　これにたいして，ここでは価値関係（自己関係）の受動的立場に立つ商品にあたえられた形態規定性がまず「価値の現われる物として，あるいはそのつかみうる自然形態で価値を表示している物」と規定され，さらにはそれが労働連関次元への下向をふまえて「具体された価値」「価値体」（すなわち抽象的人間的労働の物体化）として規定されている。こうして，ここにおいては価値関係のなかから析出された自己関係が労働連関次元への遡及（下向的分析）をふまえて自己関係の完成態として最終的に措定されている。

　以上の作業を基礎に，ここでは自己関係の価値表現関係（価値形態）への読み替えが行なわれることになるが，そのことは理論的には関係形成の主体を商品から人間に切り替えることによって可能になる。このばあい重要なことは，自己関係もまた価値表現関係（価値形態）も，それらの関係の受動的立場に立つ商品にあたえられた独特の形態規定性——しかもまったく同じ形態規定性——を前提したうえで成り立つということである。とはいえ，自己関係における「反省」と価値表現もしくは価値形態における「表現」とはそれぞれ異なった論理であって，両者は明確に区別されなければならない。「反省」の主体は商品であり，「表現」の主体は人間である。ここからまた，「反省」の論理は価値概念そのものの成り立ちに関係し，「表現」の論理はその価値の現象形態すなわち価値形態と関係するからである。

◆第10－11段落（商品語と価値形態）

　内実論は，価値関係のなかから自己関係を析出し，これをさらに価値表現関係として読み替えることをとおして価値表現メカニズムを開示してゆくという，いわば二段構えの論理手続きををとるところに特徴があった。

　この第10－11段落は，こうした二段構えの最終局面としてまず商品の価値関係とそこから析出されたその自己関係とが「商品語（Warensprache）」とそれによって語り出される商品の「思い」というかたちで捉え直されている。ここにおいて自己関係の論理は，商品が自らを語り出す言葉すなわち商品語という名称をあたえられる。この商品語は，商品章第1・2節において措定された価値規定ならびに価値実体規定を商品世界の形成主体たる商品自

身の反省規定として捉え返す論理であって，内実論における第一の論理手続きを総括するものにほかならない。

こうして，この第10‒11段落では「内実」論の第一の論理手続きが商品語の論理として再確認されたあと，最後に，こうした自己関係を価値表現関係（価値形態）として捉え直し「内実」論全体が総括されている。

さて，以上で内実論の概要は明らかになった。つぎには，これを手引きとして，その第1段落から内実論の現場に分け入ってゆくことにしよう。そこは，複雑で精緻を極めた価値形態論ワールドの中枢領域である。

第3節　自己関係の析出

内実論第1段落では，価値関係のなかから自己関係（さらには価値表現関係）を析出する作業に先立ち，まず価値関係を自己関係の成立根拠たる同等性関係（Gleichheitsverhältnis）として把握することからはじめている。

1　同等性関係

まずは，その冒頭の文章から検討しよう。

> 一商品の簡単な価値表現が2つの商品の価値関係のうちにどのように潜んでいるかをみつけだすためには，さしあたり，われわれはまずこの価値関係を量的な側面からまったく独立して考察しなければならない。だいたい人はこれと正反対のことをやるのであり，そこにおいて2つの商品種の一定量同士が互いに等しいとされる割合（Propotion）だけをみる。相異なる諸物の大きさは，それらが同一の単位（Einheit）に還元されたのちに，はじめて量的に比較可能になるということを人は見落しているのである。ただ同一の単位の諸表現としてのみ，それらは同名の，したがってまた通約可能な大きさなのである。（K. I, S. 64.）

ここでは，自己関係成立の根拠，すなわち同等性関係が価値関係のなかから析出されている。このような同等性関係の析出は，価値関係をそれぞれの

商品の役割が規定された関係としてではなく、ひとつのできあがった結果として、すなわち等置関係それ自体として（ただし質的な等置関係として）把握し分析することではじめて可能になる。

この引用文につづく第2段落では、より具体的にリンネル商品の上衣商品にたいする価値関係がとりあげられ、そこに成立しうる20エレのリンネル＝1着の上衣　または、＝20着の上衣　または、＝x着の上衣、等々の価値等式の基礎がリンネル＝上衣という同等性関係だということがつぎのように示されている。

> 20エレのリンネル＝1着の上衣　であろうと、＝20着の上衣　であろうと、x着の上衣　であろうと、すなわち一定量のリンネルが多くの上衣に値しようと、少ない上衣に値しようと、このような割合は、どれでもつねに、価値としては上衣も同一の単位の諸表現であり、同じ性質の諸物であるということをふくんでいる。リンネル＝上衣というのが等式の基礎（Grundlage）なのである。（Ibid.）

このリンネル＝上衣という等式においては、リンネルと上衣という異質のもの同士が等置されているのだが、それが意味するのは、両者のあいだに本質の同等性（Wesensgleichheit）が存在し、そのかぎりにおいて両者が同一の単位に還元可能だということである。これは商品の価値関係を同等性関係として把握するもので、この価値関係が同時に自己関係として成立するための理論的根拠を価値関係の内部に求め明らかにしたものである。

もちろん、このリンネル＝上衣という同等性関係のなかから直接にリンネルの自己関係（さらにはその価値表現）を析出することは不可能である。なぜなら、ここではリンネル商品も上衣商品も、そこに成立している同等性関係の一契機でしかなく、この意味ではそれら商品の関係形成における役割上の区別もまた消滅してしまっているからである。したがって、そのためには、この同等性関係を基礎にもう一度リンネルの上衣にたいする価値関係（すなわち能動的および受動的役割の区別をもつ商品関係）が設定し直される必要がある。この操作は、第3段落の冒頭でつぎのように行なわれている。

第 4 章　商品語と価値形態　　197

　　しかし，質的に等置された 2 つの商品は同じ役割を演ずるのではない。
　　（α）ただリンネルの価値だけが表現される。では，どのようにしてか？
　　（β）リンネルの「等価物（Äquivalent）」としての，あるいはリンネル
　　と「交換可能なるもの（Austauschbares）」としての上衣にたいするリ
　　ンネルの関連によってである。（γ）この関係のなかで上衣は価値の実存
　　形態（Existenzform von Wert）として，すなわち価値物として通用す
　　る。それというのも，ただそのようなものとしてのみ上衣はリンネルと
　　同じものだからである。（Ibid.）

　まず，センテンス（α）の問題提起をうけて，センテンス（β）では同等
性関係（＝「質的に等置された 2 つの商品」の関係）がリンネル商品をその
能動的な形成主体とする商品関係（能動的および受動的な役割をもつ商品関
係）へと組み直され，センテンス（γ）において，これはさらに，リンネル
が「価値物」（＝「価値の実存形態」）としての上衣を自分に等置する関係，
すなわちリンネルの上衣にたいする価値関係へと変換されている。この価値
関係のなかから，リンネルの自己関係さらには価値表現関係（価値形態）が
析出されるのである。
　なお，ここで用いられている価値物（Wertding）という概念であるが，
これは商品の価値対象性をひとつの物（Ding）としての規定性において把
握したものである。ただし，この「対象性」とは抽象的人間的労働の「凝
固」もしくはその「客体的表現」（あるいはその「結晶」「物体化」等々）と
いう意味でのそれであって，そこからこれがいわば「まぼろしのような対象
性」でしかないという点に注意しなければならない。もちろん，価値物のも
つ「対象性」がそうしたまぼろしのようなものでしかないとするなら，われ
われの感性をもってはとうていこれを捉えるのは不可能である。商品は，こ
のような抽象的人間的労働の凝固としての価値対象性をもつかぎりで価値物
として捉えられ，他方，特定の具体的有用労働の物体化としての使用対象性
をもつものとして「有用物（nützliches Ding）」（Ibid., S. 87.）として捉えら
れる。ただし，つぎの点にまた注意を要する。

有用物は労働という媒介を経て出てくるが，有用物それ自体としてみれば，そうした媒介は物の直接性のなかで消え失せてしまい，それがいかなる媒介を経て出てきたものであるのかを容易にうかがい知ることはできない。多くのばあい「媒介する運動は，運動そのものの結果では消えてしまってなんの痕跡も残していない」(Ibid., S. 107.)からである。同様のことは価値物についてもいいうる。だから商品が抽象的人間的労働の凝固として価値対象性をもつ（価値物である）ということは，ただ分析をとおしてのみ明らかにできるのである。さらに，この価値物，さきの引用文では「価値の実存形態(Existenzform von Wert)」と言い換えられていた。このさい，この後者の概念についてもその内容を吟味しておこう。

　「価値の実存形態」とは，文字どおり価値の実存する (existieren) 形態という意味であろう。ここにおいて「実存 (Existenz)」とは，一言でいえば，「直接的存在」ということであるが，ただし，それは決して感性的存在という意味でのそれではない。ここでいわれている「直接性」とは，たんに他者とは無関係に（つまり直接的に）その根拠（＝「媒介する運動」）そのものを消し去っているという意味でのそれであり，それは価値対象性をひとつの「物 (Ding)」としての規定性において捉えるのと同じ発想である。要するに，「価値物」といい，「価値の実存形態」といったところで，それは決して感性的存在としての物でも「実存」形態でもなく，いずれも抽象的人間的労働の「凝固」もしくはその「客体的表現」（あるいは「結晶」「対象化」）というところにその根拠が求められているということである。

　以上をふまえて，さきのセンテンスをもう一度みてみよう。まず明らかなことは，ここにおいて関係をとりむすぶリンネルも上衣も，それが商品であるかぎりは互いに異質的な有用物であると同時に，互いに同質的な価値物として存在しているということである。だが，この関係のなかでは，上衣はさしあたりそれがリンネルと異質な有用物として存在することが無視されて，もっぱら価値物としての規定性においてのみ通用する (gelten)。それというのも「ただそのようなものとしてのみ，上衣はリンネルと同じものだからである」。こうして，ここにおいては，上衣がたんなる価値物としての規定性だけをあたえられてリンネルに等置される関係，すなわちリンネルの上衣

第 4 章　商品語と価値形態　　199

にたいする価値関係が同等性関係の基礎上で再度設定されたわけである。

2　価値存在の現出

つぎには，このリンネルの上衣にたいする価値関係のなかからリンネルの自己関係もしくはその価値表現が析出される。

> (α)リンネルの「等価物」としての，あるいはリンネルと「交換可能なるもの」としての上衣にたいするリンネルの関連……この関係のなかで上衣は価値の実存形態として，すなわち価値物として通用する。それというのも，ただそのようなものとしてのみ上衣はリンネルと同じものだからである。(β)他方において，(イ)リンネル自身の価値存在が現出する (zum Vorschein kommen)。あるいはひとつの自立的な表現を獲得する。(ロ)それというのも，ただ価値としてのみ，リンネルは等価値としての，あるいはリンネルと交換可能なるものとしての上衣に関係するからである。(K. I, S. 63.)

センテンス (α) については，すでにみたとおりである。ここで設定されたリンネルの上衣にたいする価値関係のなかから，リンネルの自己関係もしくはその価値表現が析出されるのはセンテンス (β) においてである。

このうち(イ)においては，まず価値関係のなかから自己関係が析出され（マルクスはこれを「価値存在が現出する」といいあらわす），さらにこれが価値表現（「ひとつの自立的な表現」）として捉え直されている。ここで価値存在 (Wertsein) の現出とは，つぎの 2 つの契機――①上衣がその自然形態そのままで，リンネルと上衣とのあいだの共通の本質（第三者）たる価値の現象形態として通用する。②この上衣との等置関係をとおしてリンネルが自分の本質を，すなわち価値であること (Wertsein) を確証（反省）する――から構成されている（ただし，このうち①のモメントは，もっぱら価値関係の形成主体たるリンネルの立場に立って価値関係を分析するここでは暗黙の前提とされて明示されてはいない）。

また，(ロ)においては「ただ価値としてのみ，リンネルは……上衣に関係す

る」と述べることによって，リンネルもこの価値関係のなかで価値物として通用する上衣と同じ価値または価値物であること，そのかぎりにおいて両者の関係が同等性関係であることを確認して，(イ)における自己関係にたいしてその成立根拠をあたえているわけである。むろん，ここにおいてリンネルと上衣とが価値または価値物であるというところから両者の関係を同等性関係であると認定するのは，当然そこに商品章第1・2節の価値規定ならびに価値実体規定が前提されているからである。

ところで，センテンス（β）の(イ)においては，すでにみたように，価値関係のなかから自己関係が析出されるだけでなく，同時にそれが価値表現関係（「ひとつの自立的な表現」）としても捉えられている。このような自己関係の価値表現関係への読み替えは，本格的にはこれ以降の展開のなかで自己関係が労働連関次元への遡及（下向的分析）をふまえて自己関係の完成態として措定されたあとでなされる[9]のであるが，ここではそれに先立ち最初の商品連関次元で自己関係の価値表現関係への読み替えを行なってみせているわけである。

ただし，この自己関係（＝価値存在の現出）と価値表現関係（＝自立的表現の獲得）との関係が，諸物象と諸人格との相互連関的で転倒的な関係からなる商品世界の基本的構造をふまえた，主語＝主体概念の転換による読み替えというかたちで明快に論ぜられずに，両者が「あるいは（arber）」という接続詞によって関係づけられていることはやはり注意しておかなければならないであろう。

それというのも，このような読み替えは，主語＝主体を商品から呪物崇拝に囚われた人間に転換することによってはじめて可能になるのであるが，マルクス自身は価値形態論のなかでは一貫して商品を主語として論理を展開しており，そうした主体概念の転換が論理の表面にはあらわれてこないからである。このばあいには，どうしても自己関係と価値表現関係との区別と関連は，表現上あいまいなままに終始せざるをえない，ということになろう。

第4節　価値性格の顕現

　第1‐3段落において，価値関係のなかから析出された自己関係は，第4段落以降さらにその労働連関次元にまで分析を深められたうえで，最終的にはこれが価値表現関係（価値形態）として読み替えられることになる。このような作業は，「内実」論の第4段落から第9段落にかけてなされているが，まず第4‐6段落において，商品が他商品との価値関係のなかで自分を抽象的人間的労働の凝固として確証（反省）する——あるいは自分の価値対象性を確証（反省）する——自己関係が析出され，ついで第7‐9段落においてこの自己関係がひとつの完成態として捉え直されている。ここではまず第4‐6段落からみてゆこう。

1　商品章第1・2節の理論的限界とその克服

　まず第4段落において，つぎのように問題が提起されている。

> われわれが，価値としては諸商品は人間的労働のたんなる凝固である，と言うならば，われわれの分析は，これらの商品を価値抽象（Wertabstraktion）に還元するのであるが，しかし，これらの商品にその自然形態とは違った価値形態をあたえるものではない。一商品の他の一商品にたいする価値関係のなかではそうではない。ここでは，その商品の価値性格が，他の一商品にたいするそれ自身の関連によって顕現してくる。（K. I, S. 65.）

　ここで，「われわれ」が商品を「価値抽象に還元」するというのは，要するに，商品を抽象的人間的労働の凝固として把握するため，分析者（＝「われわれ」）が商品からその使用対象性（すなわち，その具体性や有用性）を捨象する，という商品章第1・2節における分析的枠組みのもつ理論的限界を示唆するものである。この点に関連して，マルクスは初版『資本論』のなかではつぎのように論じている。

リンネルを人間的労働のたんなる物的な表現として把捉するためには，リンネルを現実に物にしているものをすべて度外視しなければならない。それ自身抽象的で，それ以外の質も内容ももたない，人間的労働の対象性は必然的に抽象的な対象性であって，ひとつの思考産物（Gedankending）である。かくて亜麻織布は頭脳織物（Hirngespinst）になる。ただし諸商品は諸物象である。諸商品は物象的に諸商品がそれであるところのものであらねばならない。あるいは，それら諸物象自身の物象的な諸連関のなかで諸商品がそれであるところのものを示さねばならない。(K. I, 1 Aufl., S. 30.)

　ここで彼が主張していることはこうである。われわれがいかに頭のなかで商品を抽象的人間的労働の凝固（その「たんなる物的な表現」）として把握したとしても，そうして把握される「人間的労働の対象性」はひとつの「思考産物」あるいは「頭脳織物」でしかない。だが，これにたいして諸商品はその価値関係（＝「それら諸物象自身の物象的な諸関連」）のなかでは自分を抽象的人間的労働の凝固として確証（表現）している，ということである。
　ここでもマルクスは「思考産物」あるいは「頭脳織物（Hirngespinst→妄想）」なる表現を用いて例の分析的枠組みのもつ理論的限界を示唆している。では，彼はこの限界をいったいどのように突破しようとするのか？
　一商品の他商品にたいする価値関係のなかから当該商品の自己関係──すなわち当該商品が他商品との関係のなかで価値としては抽象的人間的労働の凝固であることを確証（反省）する関係──を析出することによってである。要するに，マルクスは，商品章第1・2節のもつ理論的限界を商品世界の形成主体たる商品の論理についてゆくことによって──いわば商品自身にその本質を語らしめることによって──突破しようとする。そして，このような自己関係によって商品が自分自身を語り出すことを，ここでマルクスは「その商品の価値性格が，他の一商品にたいするそれ自身の関連によって顕現してくる」といいあらわしたのであった。
　ここでいわれている「商品の価値性格（Wertcharakter）」とは，商品を

生産する私的労働の社会的性格が商品世界に生きる人々の頭脳のうちに商品のもつ対象的性格（＝呪物的性格）として反映されたものであったが，商品世界の形成主体たる商品の論理に即していえば，それは商品のもつ価値対象性として，すなわち抽象的人間的労働（＝私的労働の独自な社会的性格）の凝固またはその客体的表現として捉えられるべきものである。

こうして「価値性格の顕現」とは，商品が他商品との関係のなかでその価値対象性を確証（反省）すること，言い換えるなら，商品がその価値関係（自己関係）を介して自分を価値としては抽象的人間的労働の凝固であると確証（反省）することを意味する。

2　労働連関次元への下向：価値形成労働の独自的性格の現出

すでにみてきたとおり，商品が他商品との関係（商品連関）のなかで自分を抽象的人間的労働の凝固であると確証できるためには，①当該の商品に等置された他商品がその自然形態そのままでたんなる抽象的人間的労働の物体化（VerKörperung）として通用するということが不可欠であった。そして，そのためには②この商品連関の内奥に潜む労働連関次元で他商品を生産した具体的有用労働が抽象的人間的労働の実現形態として通用するということが必要であった。第5段落においては，このうちの後者②の問題が論じられているのであるが，ただし注意しなければならないのは，この内実論第5段落においては直接にこの具体的有用労働が抽象的人間的労働の実現形態（または現象形態）になるという「取り替え（Quid pro quo）」が論定されているわけではない，ということである。ここにあっては，労働連関次元における商品の自己関係を析出することによって，それが間接的なかたちで論定される。つぎのようにである。あらかじめその論理の概略を示しておこう。

ここではまず，（α）価値関係（商品連関次元）から，それに媒介されその内奥に形成される労働連関（価値実体次元）への掘り下げが行なわれ，ひとまず，（β）このなかから，ある商品（たとえばリンネル）を生産した労働（織布）が，他の商品（たとえば上衣）を生産した労働（裁縫）に，価値を形成する抽象的人間的労働という規定性を一方的にあたえて自分に等置する関係が析出される。つぎには，ここから，（γ）労働連関次元における同

等性関係（異種的労働の人間的労働一般への還元の論理）が析出され，それを理論的根拠として労働連関次元における自己関係（価値形成労働の独自的性格の現出）が論定されている。以下，第5段落の叙述に即して検討してゆこう。

　　(α)たとえば，上衣が価値物としてリンネルに等置されることによって，上衣にふくまれている労働はリンネルにふくまれている労働に等置される。さて，なるほど上衣をつくる裁縫はリンネルをつくる織布とは種類の異なった具体的労働である。が，織布との等置は，裁縫を事実上両方の労働のうちに現実に等しいものに，人間的労働という両方に共通な性格に還元するのである。そのさい (dann)，(β)こうした回り道をして言われていることは，織布もまた，それが価値を織るかぎりでは裁縫と区別される特徴をもたず，それゆえにまた抽象的人間的労働であるということである。ただ異種の諸商品の等価表現だけが，(γ)価値形成労働の独自的性格を現出せしめる (zum Vorschein bringen)。けだし，(δ)等価表現こそが異種の諸商品のうちにふくまれている異種の諸労働を，事実上，それらに共通なものに，人間的労働一般に還元する (reduzieren) のだからである。(K. I, S. 65. 文中の (α)～(δ) は引用者による)[11]

　まずセンテンス (α) では，上衣が価値物としてリンネルに等置される関係（すなわちリンネルの上衣にたいする価値関係）が分析の対象としてとりあげられ，そのなかでは上衣を生産する裁縫が事実上「人間的労働という両方に共通な性格に還元」されるということが明らかにされている。ここで，抽象的人間的労働に還元されるのは裁縫であって，裁縫と織布とが同時還元されるわけではない，という点に注意しなければならない[12]。ここで裁縫だけが還元されるのは，商品連関次元（価値関係）において「上衣が価値物としてリンネルに等置される」からであり，さらにいえば，この商品連関次元で上衣が価値物という規定性を一方的にあたえられたことによって，この商品連関に媒介され，その内奥に形成される労働連関次元においても，上衣をつくる具体的有用労働が抽象的人間的労働へと事実上還元されることになるか

らである。

　こうして，ここではひとまず視点が価値関係のなかで受動的な役割を演ずる上衣とそれをつくる裁縫におかれ，そのうえで，(β)この抽象的人間的労働に還元された裁縫との等置関係をとおして「織布もまた……抽象的人間的労働であるということ」が「「回り道」していわれている」という労働連関次元における織布の裁縫にたいする等置関係（すなわち能動的ならびに受動的な役割の区別をもつ関係）が析出されている。こうした手続きは，商品連関次元におけるリンネルの上衣にたいする価値関係に媒介され，その内奥に形成される，ある労働の他の労働にたいする等置関係（労働連関）——すなわち，上衣に含まれている労働が価値を形成する抽象的人間的労働という規定性を一方的にあたえられてリンネルに含まれている労働に等置される関係——を分析対象として設定し，そこから労働連関次元におけるリンネル（織布）の自己関係を析出するためになされたものにほかならない[13]。したがって，ここでいう「回り道」とは，久留間理論でいうところの，いわゆる価値表現の「回り道」[14]でも，あるいは異種労働を人間的労働一般に還元する「回り道」[15]でもない。それはあえていえば，あとの第10段落で明らかにされる商品語における「回り道」であり，それによって「リンネルは，上衣がリンネルと同等に通用するかぎり，つまり価値であるかぎり，リンネルと同じ労働からなっている，と言う」（後出）のである。

　ともあれ，ここで論定されている関係は，リンネルの上衣にたいする価値関係を労働連関次元から再把握したものといえるが，これが労働連関次元におけるリンネル（織布）の自己関係に転化するためには，つぎの条件を必要とする。

　まず，(a)上衣を生産した具体的有用労働（裁縫）が抽象的人間的労働の現象形態または実現形態になっているということ。そのようなばあいにのみ，リンネルは他者（すなわち，その具体性，有用性においてリンネル生産労働とは異なった裁縫）に関係しながら，自分（すなわち価値形成労働あるいは抽象的人間的労働としての自分）に関係するという自己関係の形成が可能となるからである。さらに(b)こうした関係をとりむすぶ両労働が，価値形成労働すなわち抽象的人間的労働としては相互に本質の同等性（Wesensgleichheit) をもっているということ。そのようなばあいにのみ，この関係のなかでは裁縫という具体的有用労働が抽象的人間的労働の現象形態もしくは実現形態として通用することになるからである。さきの引用文では，センテンス (γ) において，(a)労働連関次元での自己関係が論定され，さらにセンテンス (δ) においては，この労働連関次元での自己関係に成立根拠をあたえる(b)同等性関係の析出が行なわれている。まず，(γ) からその詳細を検討してゆこう。

ここでいわれている「価値形成労働の独自的な性格」とは，つぎのような抽象的人間的労働のもつ二重の規定性をさす。まず第一に，抽象的人間的労働はさまざまな使用価値を生産する具体的有用労働からその具体性や有用性が一切捨象された労働——そのかぎりではまた「生理学的意味での人間的労働力の支出 (Verausgabung menschlicher Arbeitskraft im physiologischen Sinn)」(Ibid., S. 61.) としてしか捉えようのない労働——として規定されている。第二に，抽象的人間的労働は，「平均的に誰でも普通の人間が，特別の発達なしに，自分の肉体のうちにもっている単純な労働力の支出」という意味で，「人間的労働一般の支出 (Verausgabung menschlicher Arbeitskraft überhaupt)」(Ibid., S. 59.) ——あるいは「労働そのものの尺度単位 (Maβeinheit)」(K. I, 1 Aufl., S. 19 - 20.) としての単純労働の支出——に還元された労働として規定されている。こうした二重の規定性において，抽象的人間的労働は，相互に無差別，同質的な労働であると同時に，相互に量的な比較や等置を可能にする労働であり，そのかぎりにおいて，この抽象的人間的労働の凝固としての諸商品（換言すれば価値としての諸商品）に本質の同等性をあたえることができる労働である。

むろん，こうした点は商品章第1・2節における〈下向〉分析的な枠組みのなかですでに明らかにされていたことである。が，ここでは，商品自身がその自己関係を介してこのことを——すなわち，商品生産労働はこのような二重の規定性をもつ抽象的人間的労働として商品自身の価値を形成するということを——確証（反省）するのである。マルクスは，これを「価値形成労働の独自的性格の現出」とよんだが，いうまでもなくこの論理は，すでにみた「価値性格の顕現」と同様，商品章第1・2節の価値規定ならびに価値実

体規定を商品自身の反省規定として捉え返すものにほかならなかった。

かくして,「価値形成労働の独自的性格の現出」とは論理的にはつぎの2つの契機から構成されている。まず第一は,上衣を生産する裁縫という具体的有用労働が,こうした二重の規定性をもつ「抽象的人間的労働の実現形態になる」ということであり,第二は,リンネルを生産した織布が,この抽象的人間的労働の実現形態となった裁縫との等置関係をとおして,自分もまた価値形成労働としては抽象的人間的労働であることを確証する(反省する)ということである。要するに,ここにおいては,他者(裁縫)に関係しながら自分(抽象的人間的労働としての自分)に関係するという労働連関次元における自己関係が析出されているわけである。

そして,この労働連関次元における自己関係成立の論理的根拠となる同等性関係は,センテンス(δ)における等置(=「等価表現」)による異種労働の人間的労働一般への還元の論理(「等価表現こそが異種の諸商品のうちにふくまれている異種の諸労働を,事実上,それらに共通なものに,人間的労働一般に還元する」)によって開示されている。[16]

この論理は,一見してわかるように商品章第1・2節でなされた価値実体規定と密接な理論的関連性をもつと同時に,それとの方法上の相違もはっきりしている。第1・2節においては,分析者がその思惟のなかで,商品からその使用価値を捨象することによって,あらゆる商品に共通の第三者たる価値を析出し,さらには商品生産労働からその具体性,有用性を捨象することによって,価値の実体すなわち抽象的人間的労働を析出したのである。要するに,このばあい,諸商品ならびに諸労働の「同一の単位」(=「価値存在」ならびに「人間的労働一般」)への還元は分析者の思惟のなかでの,いわばその抽象力による還元でしかなかったといえる。これにたいして,ここでは,異種労働の人間的労働一般への還元が諸商品の価値関係もしくは交換関係という,それらの社会的関連のなかで遂行されており,ここに文字どおり「社会的生産過程のなかで日々行われる抽象」として異種労働の人間的労働一般への還元が論定されているのである。[17] これは,いわば分析者の思惟(第1・2節)のなかであたえられた価値規定および価値実体規定を諸商品の価値関係(または交換関係)という,それらの社会的関連のなかで再把握し,規定

し返す論理なのであった[18]。

　こうして，ここでは，商品連関の内奥に潜む労働連関次元において異種労働があらゆる種類の労働に共通する第三者（本質）たる抽象的人間的労働に還元されることが明示され，それによって労働連関次元における商品の自己関係（すなわち価値形成労働の独自的性格の現出）の成立に理論的な根拠があたえられている。

3　「課題」の解決

　さて，すでに何度か確認してきているように，一商品が他の商品との関係のなかで，価値としては自分が抽象的人間的労働の凝固であると確証（反省）することができるためには，つぎのことが必要であった。まず，①商品連関次元において，当該商品に等置された他商品がその自然形態のままでたんなる抽象的人間的労働の物体化として通用していること。そしてそのためにはまた，②この商品連関の内奥にある労働連関次元において，他商品を生産した具体的有用労働が抽象的人間的労働の実現形態として通用するということ。このうち後者②については，第5段落で労働連関次元における自己関係（価値形成労働の独自的性格の現出）が析出されることによって間接的なかたちで論定されていた。残すところは①であるが，この「課題はすでに解決されている」。なぜなら，具体的有用労働が抽象的人間的労働の実現形態になるという「取り替え」が生じているかぎり，この抽象的人間的労働の実現形態となった具体的有用労働の物体化である商品の使用価値は，文字どおり，その自然形態のままで抽象的人間的労働の物体化として通用するからである。

　第6段落は，この点を確認しつつ，一商品が他商品に関係することによって自分に関係し，それによってまた自分を抽象的人間的労働の凝固として確証することを明らかにしている。

　　だが，リンネルの価値をなしている労働の独自的な性格を表現するだけでは十分ではない。流動状態にある人間的労働力は，価値を形成するのではあるが，価値ではない。それは，凝結状態において，対象的形態に

おいて価値になるのである。リンネル価値を人間的労働の凝固として表現するためには，それを，リンネルそのものとは物的に違っていると同時にリンネルと他の商品とに共通な「対象性」として表現しなければならない。課題はすでに解決されている。(K.Ⅰ, S. 65‐66.)

もはや詳しい説明を要しないであろう。ここでいう「リンネルと他の商品とに共通な「対象性」」とはリンネルの価値対象性のことであるが，少なくとも，ここにおいてはリンネルが他商品との関係のなかで自分の価値対象性を――すなわち自分が価値としては抽象的人間的労働の凝固であることを――確証（反省）するという，自己関係（価値性格の顕現）の論理は事実上すでに明らかにされている。あとは，この自己関係を分析者の観点から価値表現関係として読み替える作業が残されているのみである。そのためには，これまでいわばブラックボックスのなかに入れたままであった等価商品の形態規定性を開示してゆく必要があるが，それはつぎの第7‐8段落で行なわれている。

第5節　価値表現メカニズム

すでにみたように，第1‐3段落および第4‐6段落においては，商品世界の能動的主体である商品の論理に即して価値関係が分析され，そこにおいて商品が価値としての自立性を確証し，さらには価値としては抽象的人間的労働の凝固であることを確証する，商品の自己関係（反省運動）が析出された。これは，分析者の観点からは価値表現関係（価値形態）として捉え直されることとなるが，ただしこれまでのところ，この関係のなかで等価商品にあたえられる独特の形態規定性は，インプリシットに前提されてはいても，明示されることはまったくなかった。第7‐9段落では，価値関係の能動的な形成主体である商品の立場を離れて，分析者の立場から，この等価商品の獲得する独特の形態規定性が明示され，価値関係のなかから析出された価値表現が価値形態（すなわち，その不可分の2契機である相対的価値形態と等価形態）として十全に論定されている。[19]

そこで，まず第7段落で価値関係（自己関係）の受動的立場に立つ商品にあたえられる独特の形態規定性がつぎのように論定される。

> したがって，上衣はここでは価値の現われる物として，あるいはそのつかみうる自然形態で価値を表示している物として通用している。(K. I, S. 66.)

さらに，第4-6段落で「すでに解決されている」とされた「課題」に関連して，労働連関次元への下向分析をふまえたうえで価値関係（自己関係）の受動的立場に立つ商品にあたえられる独特の形態規定性については，第8段落でつぎのように論定されている。

> 上衣の生産においては，事実上，裁縫の形態で人間的労働力が支出された。したがって，上衣のなかには人間的労働力が堆積されている。この側面からみれば，上衣は「価値の担い手（Träger von Wert）」である。とはいえ，こうした上衣の属性そのものは，どんなに糸目がすいていてものぞいてみえるわけではないのではあるが。そして，リンネルの価値関係のなかでは，上衣はただこの側面からのみ，したがって物体化された価値（Verkörperter Wert）としてのみ，価値体（Wertkörper）としてのみ通用しているのである。(Ibid.)

ここで上衣の生産において「事実上，裁縫の形態で人間的労働力が支出された」といわれているのは，第5段落で上衣を生産する具体的有用労働が抽象的人間的労働の実現形態になるという労働連関次元における「取り替え（Quid pro quo）」が論定されたことを当然にふまえている。要するに，ここにおいては「裁縫の形態」＝〔抽象的人間的労働の実現形態〕である。上衣はこのような抽象的人間的労働の実現形態となった裁縫（具体的有用労働）によって生産されているがゆえに，ここでは「物体化された価値」あるいは「価値体」という独特の形態規定性を獲得することができるわけである。「上衣のなかには人間的労働力が堆積している」ということ，さらにはそれによ

って上衣が独特の形態規定性を獲得できるということ，こうした点は「リンネルの価値関係のなかで」だけいいうることである。上衣を孤立的にとりあげてみたところで，それが「のぞいてみえるわけではない」というのは当然のことであろう。

ところで，ここでいうところの「価値体」もしくは「具体化された価値」とは，別の箇所では「人間的労働の物質化（Materiatur menschlicher Arbeit）」（Ibid., S. 67.）「人間的労働の物体化（Verkörperung menschlicher Arbeit）」（K.Ⅰ,1 Aufl., S. 633.）あるいは「抽象的人間的労働の……直接的物質化」（Ibid., S. 633‐34.）などとよばれている。むろん，こうした概念規定は，例の労働連関次元における「取り替え（Quid pro quo）」——すなわち具体的有用労働が抽象的人間的労働になる——を前提し，そのうえでこの抽象的人間的労働の実現形態となった具体的有用労働の生産物（＝「一定の具体的有用労働の物体化」）を抽象的人間的労働の物体化として捉えたものである。したがって，この概念は，等価商品にあたえられる形態規定性を商品連関の内奥にある労働連関次元にまで掘り下げたうえで再規定したものであり，この意味でそれはいかなる商品にも適用可能なものではなく，等価商品に固有の形態規定性を示すものといわなければならない[20]。

こうして，第7・8段落において分析者の観点から価値関係（自己関係）の受動的立場に立つ商品の形態規定性が明らかにされたことを受けて，第9段落ではこの価値関係（自己関係）が価値表現関係（価値形態）に読み替えられることとなる。

> かくて，上衣がリンネルの等価物となる価値関係のなかでは，上衣形態は価値形態として通用している。したがって，商品リンネルの価値が商品上衣の身体で表現され，一商品の価値が他商品の使用価値で表現されるのである。使用価値としてはリンネルは上衣とは感覚的に違った物であるが，価値としては「上衣と等しいもの」であり，だから上衣にみえるのである。こうして，リンネルは自分の自然形態とは違った価値形態を獲得する。（K.Ⅰ, S. 66.）

ここにおいて，はじめて一商品の価値が他商品の使用価値で表現されることが述べられ，この相対的価値表現の両契機がそれぞれ相対的価値形態および等価形態として事実上論定されている。

第6節　商品語の論理と価値表現

内実論の課題は，すでにみたように基本的には第9段落まででですべて解決されている。第10・11段落はこれを最終的に総括するものであるが，この総括は，価値関係のなかから価値表現を析出する基礎となった自己関係の論理を商品がその思いを自分だけに通ずる言葉で語り出す商品語の論理として捉え，これと価値表現（価値形態）とを対比するかたちで行なわれている。[21] まずは商品語の論理から確認してゆこう。

> 商品価値の分析がさきにわれわれに語った一切のことを，リンネルは他の商品，上衣と交わりを結ぶやいなや，リンネル自身が語るのである。ただ，リンネルは自分の思い（Gedanke）をリンネルだけに通ずる言葉，すなわち商品語（Warensprache）で申し述べるだけである。(α) 労働は人間的労働という抽象的な属性においてリンネル自身の価値を形成するということを言うために，(a)リンネルは，上衣がリンネルと同等に通用するかぎり，つまり価値であるかぎり，リンネルと同じ労働からなっている，と言うのである。(β) 自分の高尚な価値対象性が，そのゴワゴワした布の肉体とは違っているということを言うために，(b)リンネルは，価値が上衣にみえ，したがってリンネル自身も価値物としては，卵が他の卵に等しいのと同じように上衣に等しいと言うのである。（K. I, S. 66-67. 文中の（α）（β）および(a)(b)は引用者による）

ここで，センテンス（α）および（β）が商品の「思い」であり，センテンス(a)および(b)がそれを語り出すところの商品語（すなわち自己関係）である。そして，ここでは「商品価値の分析」（つまり商品章第1・2節）において明らかにされた「一切のこと」（価値規定および価値実体規定）が商品

の「思い」として——すなわち（α）「労働は人間的労働という抽象的な属性においてリンネル自身の価値を形成するということ」（＝価値実体規定），（β）「自分の高尚な価値対象性が，そのゴワゴワした布の肉体とは違っているということ」（＝価値規定）として——商品語（すなわち自己関係）で語り出されている，とされている。このような商品語は，すでに(a)については第5段落において論定され，また(b)については第3段落および第6段落で論定されている。

まず第5段落では，リンネルの上衣にたいする価値関係（商品連関次元）から労働連関次元への下向が行なわれ，そこで上衣に含まれている労働が価値を形成する抽象的人間的労働という規定性を一方的にあたえられて，リンネルに含まれている労働に等置される関係が析出されていた（第5段落ではこれを「回り道」と表現していた）。この関係が，ここでは商品語(a)——すなわち「リンネルは，上衣がリンネルと同等に通用するかぎり，つまり価値であるかぎり，リンネルと同じ労働からなっている，と言う」関係——として捉えられる。そして，この関係のなかに自己関係が析出されることによって，この商品語で語り出される商品の「思い」（α）——すなわち「労働は人間的労働という抽象的な属性において，リンネル自身の価値を形成するということ」（換言すれば，その価値形成労働は，異種の諸商品のうちに含まれている異種の諸労働が事実上それらに共通なものに，人間的労働一般に還元されたものであるということ）が明らかにされている。第5段落では，これが価値形成労働の独自的性格の現出といいあらわされていたのである。

また，第3段落では，リンネルが上衣を価値または価値物として自分に等置するリンネルの上衣にたいする価値関係のなかから，リンネルが価値としての自立性を確証（反省）する自己関係が析出され，これがさらに，第6段落において，リンネルが自分を価値としては抽象的人間的労働の凝固であると確証（反省）する——あるいはその価値対象性を確証（反省）する——自己関係として捉え直されていた。そして，ここにおけるリンネルの上衣にたいする価値関係が，商品語(b)——すなわち「リンネルは，価値が上衣にみえ，したがってリンネル自身も価値物としては，卵が他の卵に等しいのと同じように上衣に等しいと言う」関係——として捉えられ，さらにこの価値関係の

なかに析出される自己関係によって確証（反省）されている内容が，商品語によって語り出される商品の「思い」（β）——すなわち「自分の高尚な価値対象性が，そのゴワゴワした布の肉体とは違っているということ」——として捉えられているわけである。

もちろん，このような商品語の論理として捉えられた自己関係概念は，分析者の観点からすれば，当然に一商品の価値が他商品の使用価値で相対的に表現される価値表現（価値形態）とは明確に区別される必要がある。価値表現はこの自己関係の読み替えによって浮上するのである。こうして，内実論の最終段階においては，その主要課題のひとつであった質的価値表現のメカニズムがつぎのように総括される。

> かくして，価値関係の媒介によって，商品Bの自然形態が商品Aの価値形態となる。あるいは，商品Bの身体は商品Aの価値鏡になる。商品Aは，価値としての，人間的労働の物質化（Materiatur menschlicher Arbeit）としての商品に関連することによって，商品Aは使用価値Bを自分自身の価値表現の材料にする。商品Aの価値は，このように商品の使用価値で表現されて，相対的価値の形態をもつのである。(Ibid., S. 67.)

もはや，この引用文に解説は不要であろう。ここにおいては，簡単な価値関係のなかから簡単な価値表現を析出するという，内実論の主要課題が文字どおり総括されているのである。

第7節　結　論

さて，内実論において価値関係のなかから価値表現が析出されるのは，ひとまず，①価値関係のなかから自己関係を析出し，②この関係を価値表現関係として捉え直すという「二段構え」の理論手続きによっていた。本章の冒頭で確認した久留間理論の「「回り道」の論理」は，このマルクスにおける「二段構え」の理論手続きを——あるいは価値関係のなかに含まれる自己関

係の論理と価値表現の論理との区別と関連を——いわば直感的にいいあらわしたものとみることができる。

　というのも，マルクスが価値関係のなかから価値表現を析出するのは，つぎの理論的手続き——〔α〕ある商品の他の商品にたいする価値関係のなかに，当該商品がその価値としての自立性を確証（反省）するところの自己関係（この関係のなかではまた，他商品が，関係をとりむすぶ両商品に共通な第三者たる価値の現象形態として通用する）を析出し，さらに〔β〕この関係を分析者の観点から当該商品の価値表現の関係として捉え直すという，いわば「二段構え」の理論的手続き——をとおしてであった。このマルクスに固有の理論的手続き〔α〕〔β〕の誤認のうえに構築されたものが，実は久留間理論における「回り道」の論理——すなわち〔ａ〕ある商品が他商品を自分に等置することによって，他商品に独特の経済的形態規定をあたえ，〔ｂ〕この商品との等置関係をとおして当該商品がその価値を表現する——にほかならなかった。このうち〔ａ〕はマルクスの理論的手続き〔α〕商品の価値関係のなかからその自己関係を析出する手続きに対応し，〔ｂ〕は〔β〕この自己関係を分析者の観点から価値表現関係として捉え直す手続きに対応している。

　むろん，前者は商品それ自体を主語＝主体とする論理であり，後者は呪物崇拝に囚われた人間を主体とする論理であって，この２つの論理は明確に区別されなければならない。久留間理論では，この２つの論理の区別と関連が明らかにされないままに独特の価値表現の「「回り道」の論理」が構築されているわけである。

　では，何ゆえにマルクスは，この商品の自己関係として捉えられた価値関係を，人間の存在が前提された価値表現関係として読み替えるという独特の理論的手続きをとったのか？　以下においては，この点を明らかにしながら第４章全体を総括してゆこう。

　すでにみたように，諸商品の価値関係は，商品世界にあっては，あたかも自立した主体としての諸商品によって形成された関係であるかのようにあらわれる。だが，もともとそれは呪物崇拝に陥った人間たちの運動が諸物象の運動（＝諸物象の社会的諸関連）となってあらわれたものであった。したが

って，この物象的諸関係の背後には諸人格の社会的諸関係が潜んでいる。自己関係の論理は，この物的外被のもとで社会的関係をとりむすぶ人間たちの意識に映現する商品呪物（Warenfetisch）の正体を諸物象の社会的諸関係（価値関係）の内部で明らかにする論理として捉えることができる。これにたいして，価値表現の論理は，商品にたいする人々のそうした呪物崇拝が前提されたうえで，価値表現メカニズムやそこでの貨幣存在の必然性などを明らかにしつつ，貨幣呪物（Geldfetisch）の正体を明らかにする論理として位置づけることができるであろう。

このように，自己関係の論理と価値表現の論理とは人間の呪物崇拝をひとつの旋回軸として独特の区別と関連とを有している。だからこそ，マルクスは商品の価値関係のなかにその自己関係を析出し，それをさらに人間がその形成主体となる価値表現関係として読み替えるという「二段構え」の作業を行なったといえるが，以下では，この両者の関係を整理しておこう。

すでに明らかにしているように，『資本論』商品章第1・2節における価値・価値実体分析は，商品の呪物的性格たる価値性格の存在を前提したうえではじめて成り立つものであった。つまり，それは，価値なるもの——すなわち，貨幣を媒介にして外的に表現される商品の内的な力能，もしくは他商品に対する交換力能——が商品に内属していると錯認している人々の日常意識を基礎にしているということ，換言すれば，それは「商品世界に付着している呪物崇拝」を前提したうえで成り立つということである。このばあい，当然のことながら，価値規定はいわゆる実体主義的なものとならざるをえないのである。

しかし，商品価値は，それ自体としてはあらゆる商品に共通するひとつの本質（＝類）として捉えられる。例をもっていえば，リンネル商品と上衣商品とに共通の本質，それが価値なのである。それゆえ，価値とはそれ自体としてはリンネルでも上衣でもない。両者に共通の「ある第三者（ein Dritter）」，その意味では〈抽象的な共通性としての普遍〉として存在する。そして，このような「第三者」はただそれらの関係のなかでのみあらわれ，そうした関係性を離れたところで存立するということは決してないのである。

ところが，実際には，商品はわれわれの前に一個の自立した価値としてあ

らわれている。「商品世界に付着している呪物崇拝」とはこのことをいうが，ここでは，商品がそうした一個の自立的な価値であるということ自体，実はひとつの社会的な反照規定だという点に注意しなければならない。それというのも，商品（個別）がそうした一個の自立した，あるいは自存する価値（類）として存在するということは，その商品が他商品と社会的関係をもち，その関係性のなかにのみ存立する価値（類または抽象的な共通性としての普遍）を自分のものにしているということによって論理的にははじめて可能になるからである。しかも，もともとはそうした抽象的普遍としての本質でしかないものを，あたかも商品の自然的な属性であるかのように錯視するのは，ほかならぬ人間自身なのである。だからこそまた，商品自身がそのような価値としての自立性を獲得（確証・反省）する自己関係は，呪物崇拝に囚われた人間を主体とする価値表現関係として読み替えが可能なのである。

　価値表現の論理とは，この人間の意識に反映された「価値」（＝商品呪物）の表現形態または現象形態（相対的価値形態，等価形態）として，商品の価値関係（＝諸物象の社会的関連＝狭義の商品世界）を捉え直す論理といえる。したがって，この価値表現の論理においては商品の価値関係（物象的諸関係）の背後に存在する人間の意識レヴェルに視点が切り替えられる――そのかぎりで，ここでは呪物崇拝に囚われる人間の意識が重要な考慮要素にされる――ということである。

　そのさい，この視点の切り替えは，商品の自己関係において能動的立場に立つ商品と受動的立場に立つ商品とにあたえられた独特の形態規定性を，人間の意識に反映されたそれぞれの呪物的性格として読み替える作業をともなう。そのことは，いうまでもなく，こうした諸物象の社会的関係（＝価値関係）のなかでひとつの客観的実在として措定された商品や貨幣の独自の経済的形態規定性が，人間たちの日常意識のなかでそれら諸物の呪物的性格として反映されている，ということをふまえているのである。

　例をもっていえば，ある商品の他商品にたいする自己関係のなかで受動的地位にある商品にあたえられた独特の形態規定性――たとえば「価値がそれにおいてあらわれる物，または手でつかめるその現物形態で価値をあらわしている物」（K. I, S. 66.）あるいは「具体化された価値，価値体」（Ibid.）等々

——は，人間を主体とする価値表現形態として等価形態が把握されるばあいには「その商品の他の商品との直接的交換可能性（Austauschbarkeit）の形態」（Ibid., S. 70.）というように読み替えられるのである。なお，「交換（Austausch）」が，商品ではなくその所持者たる人間を主体とする行為だということはいうまでもないことであろう。

　さて，以上の確認をもって本章を切り上げ，つぎには価値形態の発展をテーマとする第5章へと歩を進めることにしよう。

1) この内実論の課題をめぐって武田信照と赤堀邦雄とのあいだに論争がある。武田は，価値（実体）の使用価値による表現の根拠を解明することに内実論の課題を求める（武田［1982］183‐86頁，同［1984‐85］参照）のにたいして，赤堀は例の内実論第5段落における異種的諸労働の人間労働一般への還元論の存在を重視する立場から，武田説を批判するとともに「「内実」論の主題としての抽象的人間労働の役割」（20頁）を強調している（赤堀［1982］参照）。

2) この移行論で展開される貨幣形成論がどのような内容をもつかということは，価値形態論解釈上の係争問題のひとつである。本書の立場は，独自の流通形態論を基礎に価値形態論を説く宇野理論に対峙しつつ，これと価値形態論解釈をその原初において二分する久留間鮫造［1957］に方法的には近い。ただし久留間理論のばあい，貨幣形成の「いかにして」が価値形態論で，その「何によって」が交換過程論で説かれることになり，いわば自己完結的な貨幣形成論が価値形態論には存在しえないが，本書は価値形態論に固有の貨幣形成論が成立しうるという立場に立つ。この点で武田信照［1982］の立場に近いが，武田説のように価値形態論では価値尺度としての貨幣，交換過程論では流通手段としての貨幣の形成が説かれているとはみない。この点についての詳細は，本書第5章，第6章で論じられる。

3) 藤本義昭［1978］は，「商品の簡単な価値表現がひそんでいる二商品の価値関係」が「他商品にたいする一商品自身の客観的な反省関係に他ならないこと」（32頁）を解明している。（なお，久留間［1979］25‐26頁をも参照されたい）。この藤本説は，価値関係のなかから価値表現が析出されるのはいかなる論理を媒介にしてか，という問題にはじめて明確な解答をあたえていたものだが，ただし，つぎの2点において問題を残している。①この価値関係がいかなる商品関係なのかという問題に立ち入った考察が加えられていない。このため，商品世界の能動的な形成主体たる商品の論理と分析者の観点

との区別と関連という，『資本論』の上向プロセスに固有の理論的緊張関係が剔抉されないままに終わっている。さらに，②価値関係のなかから析出される自己関係の論理と価値表現の論理との区別と関連とが明確化されていない。これが明確にならぬかぎり，価値形態によって表現される価値そのものを「実体主義的」に把握するのか，あるいは「名目主義的」に把握するのかという，形態論に先立つ根本問題が未決のままに止まらざるをえないものとなる。自己関係の論理とは，この問題を解決するための必須の論理装置としての意義をもつものだからである。価値をもっぱら「実体主義的」に把握するかぎり，自己関係の論理はそれこそ余計な回り道，否，無用の論理とならざるをえないのである。

4) この商品関係をもまた同等性関係とよぶとすれば，ここでは正木のつぎの指摘が妥当する。「マルクスが最初に提示する「同等性関係」には，実体的基礎を開示された同等性関係と，リンネル自身が措定する同等性関係という二つの意味が含まれている。このことには注意する必要がある。前者は，所与の対象への悟性的反省としての分析者の論理に対応し，後者は，商品自身の自己運動への追思惟，つまり商品の論理に対応するといえるだろう。この二つの論理は区別されねばならないし，また区別可能である」（正木［1983］41頁）。

5) この「価値物」概念が等価形態に立つ商品にあたえられる固有の形態規定性を示すものであるか否かをめぐって論争が存在する。旧久留間説（［1957］8，57頁参照），富塚説（［1980］312‒17頁参照）が，「価値物」＝「形態規定性」説の代表格であり，これにたいして，浅野敞［1971］（16頁参照），山本広太郎［1977］（59頁），新久留間説（［1979］「八 価値物と価値体との区別について」参照）などは，「価値物」概念が商品一般に適用可能な概念であり，等価物に固有な形態規定性ではないという立場である。本書においては，後者の立場で「価値物」概念を把握している。

6) 「商品の価値対象性には一分子も自然素材は入っていない。だから，ある商品をどんなにいじりまわしてみても，価値物としては相変わらずつかまえようがない」（K. I , S. 62.）。

7) ヘーゲル『小論理学』では，Existenz（実存）についてつぎのように述べられている。「Existenz〔現存在〕という言葉は，ラテン語の〔出現する〕という動詞から作られたものであって，出現している有（Hervorgegangensein）を示す。すなわち現存在とは，根拠から出現し，媒介を揚棄することによって回復された有である」（Hegel［1970］訳43頁）。なお，見田石介『ヘーゲル 大論理学研究』では，このExistenzがつぎのように解説されている。「現存在は自己の外に根拠をもち，つまり他者によって媒介され

たものですが，媒介されることにより単純なもの，直接的なものにかえっていったものであり，その意味で現存在はいかなる根拠も消し去って無制約なもの，直接的なものとなっているのだというのです。ものごとにはいろいろな根拠と制約があるのだけれども，それらをすべて止揚し，消し去っている，こういうものこそ真の媒介であり，世の中の現存在はすべてそういうものだといっています」(見田 [1980] 25頁)。

8) なお，ヘーゲルは『大論理学』第2篇「現象」における概念区分——(イ) Existenz および Ding, (ロ) Ersheinung, (ハ) Verhältnis ——を述べるなかで「現存在するもの（Existierendes）」と「物（Ding）」との関係についてつぎのように述べている。「この直接性にまで進展したところの本質性はまず最初は実存（Existenz）である。またそれは本質とその直接性との区別された統一として，——実存するもの（Existenz）すなわち物（Ding）である。もちろん，物も反省をふくんではいるが，しかしこの反省の否定性はさしあたっては物の直接性の中で消え失せている。けれども物の根拠は本質的に反省であるから，物の直接性は止揚される。すなわち物は自己を一個の被措定有とする」(Hegel [1969] 訳138頁)。

9) この自己関係の価値表現関係への読み替えは，すでに指摘したように内実論の第7-9段落で行なわれる。その前までは，基本的に価値関係のなかから自己関係を析出し（第1-3段落），これをさらに労働連関次元へと遡及（下向的分析）して自己関係の完成態を措定する（第4-6段落）プロセスである。これについて，山内清（[1980]，同 [1999] 第4章所収）は，この一連の論理手続きを「価値存在の現出」を明らかにする「広義の価値表現」として捉え，これによって「相対的価値形態商品（リンネル）の価値が等価物商品（上衣）の使用価値で表現されるという狭義の価値表現に先立って，リンネルも上衣も「同じ単位の諸表現」であり同じ実体をもつものであることが論証されて」いる，と解釈している。さらに，これに関連して「価値存在現出の課題は，広義の価値表現のうちに，労働の同等性が使用対象の同等な価値対象性という物的形態で示される関係が存在することを示している点で，価値形態論と物神性論の橋わたしの役目をはたしている」と鋭く論じている。こうした見解は，基本的な概念装置の用い方において若干の違いはあるとはいえ，私見とはかなり親近性をもつ。ただし，山内説では，この「広義の価値表現」が自己関係として捉えられておらず，したがってまたこの商品を主体とした自己関係と呪物崇拝に覆われた商品世界の基本構造の認識をベースとする価値表現関係との理論的関連性についても解明されていない。

10) このような商品連関次元から労働連関次元への掘り下げが不可避であるのは，商品経済のもとでは諸労働の社会的関連がそれらの生産物の（商品とし

ての）社会的関係に媒介されて遂行されるからである。この点に関連して，福田泰雄［1986］は，「自然発生的な社会的分業の下では，人々の労働における社会的関係は生産物の相互交換を通してのみ実現され，従ってまた逆にそうした物の社会的関係によって労働の社会的関係が規定される」（96頁）と指摘しているが，この視点の導入は，労働価値論レヴェルの価値形態の基本構造を考えるさいには不可避である。

11) 文中の「そのさい（dann）」という訳語に関しては，武田［1982］（334‐36頁）の見解にしたがっている。

12) ここで裁縫だけが人間的労働に還元されるという点に最初に着目したのは，武田である。「これまで，織布との等置がなぜ裁縫労働を人間労働に還元するのかという疑問は，しかし疑問として提起されたことさえなかったようにみえる。このことは，このパラグラフ冒頭の，上衣が価値物としてリンネルに等置されているという一文にたいする，しいては価値表現に固有な等置様式に対する等閑視と連関しているように思われる」（武田［1982］181頁）。この主張は，最後の論点（「価値表現に固有な等置様式に対する等閑視」）を除けばまったく正当であり，同意できる。武田説と私見との違いは，武田説でいう「価値表現に固有な等置様式」が，私見のばあい，価値関係におけるそれであって，価値表現に固有なそれではないという点である。これに関連して，つぎの注13も参照されたい。

13) 武田は，これらの等置関係をただちに価値表現の関係として捉え，そこに「価値表現に固有の等置様式」を見出している。（武田［1982］374頁参照，同［1984‐85］（下）61‐71頁参照）。これは久留間のいわゆる価値表現の「回り道」にたいする批判から打ち出されてきたもので，その特徴は，つぎの文章のなかに集約的に表現されている。「（久留間）氏によれば，上衣はたんに無規定なものとしてリンネルに等置され，この等置によってはじめて経済的形態規定を与えられる。しかしマルクスによれば，上衣はたんに無規定なものとしてリンネルに等置されるのではなく，つねに「等価物として」「価値物として」「価値として」あるいは「質的に等しいものとして」等置されるのである」（武田［1982］337頁）。ここからわかることは，武田が，商品を能動的な形成主体とする等置関係をおしなべて「価値表現に固有の等置様式」と捉え，価値関係とそこから分析によって見出される自己関係・価値表現関係とを何ら区別していない，ということである。この立場にとどまる以上，価値表現がそこから析出される価値関係とはいかなる商品関係なのか，さらには，価値関係のなかから価値表現が析出されるのはいかなる論理を媒介にしてか，という価値形態論のもっともクリティカルな問題領域に足を踏み入れることは事実上不可能である。

14) ここでいう「回り道」を価値表現の回り道とする代表的見解は，久留間［1957］，［1979］である。なお，その有力な批判として，望月俊昭［1983b］がある。

15) この第5段落における異種的諸労働の人間的労働一般への還元をもって「回り道」とする論者としては，松石勝彦［1972］，下平尾勲［1975］，赤堀邦雄［1980］，真田哲也［1986］等々がある。

16) ここでいう「還元」は，文字どおり等置による同時還元であり，その意義については本文中に示したとおりである。上記注15)であげた論稿はすべてこの同時還元論を採用している。筆者との違いは，これを「回り道」とよぶか否かということでしかない。これらの論者は多少「回り道」という言葉に拘泥しすぎているような気がするが，これも「回り道」という言葉のもつ魔力であろうか。また，この「回り道」を具体的有用労働がその具体的な形態のままで抽象的人間的労働の現象形態になることだと解釈する説がある。山本広太郎［1977］，藤本義昭［1978］，頭川博［1979］，福田泰雄［1986］等々がそうである。なお，筆者は，ここでいわれている「回り道」を，のちの第10段落に出てくる「商品語」と関わらせて理解している。

17) ここには，『経済学批判』段階のマルクスのいう「社会的過程が等しくない労働のあいだで強制的になしとげる客観的な同等化（objektive Gleichung）」(Kr., S. 45.) のメカニズムが論定されている。この「客観的な同等化」という言葉は，実のところ，A・スミスが異種的諸労働を人間的労働一般の大きさとして尺度するための単位として，労働の主観的な構成契機（すなわち労働の結果犠牲にされる「安楽，自由，幸福」）を用いていたことにたいする批判として使用されたものである。つぎのようであった。「彼（スミス）は……社会的過程が等しくない労働のあいだで強制的になしとげる客観的な同等化を，個人的労働の主観的な同権化（subjektive Gleichberechtigung）と誤認している」(Ibid.)。要するに，スミスは，①「客観的」尺度単位たる抽象的人間的労働を見出せなかったということ，さらに②異種的諸労働が人間的労働一般に「客観的」に（すなわち諸物象の社会的関連に媒介されて機構的に）同等化されるプロセスを見出せなかったということ，これをマルクスは批判しているわけだが，彼自身も，この「労働の客観的同等化」の論理を価値形態論の理論的枠組みのなかに内蔵させえたのは『資本論』再版（現行版）以降のことであった。この点，飯田［1988］94‐95頁参照。なお，スミスにおける「個人的労働の主観的同権化」とその「主観的な尺度単位」については，飯田［1985］を参照されたい。

18) 竹永進［1988］は，価値形態論の課題についてつぎのように論述している。「価値形態論は，先行的に与えられていた価値の実体規定（第一節のいわゆ

る蒸留法によって導出された「まぼろしのような」対象性しかもたない価値，第二節の特定の社会的関係の在り方から独立した人体の生理的エネルギー支出の凝固物としての価値の実体）を，事後的に捉え返し抽象的人間労働が一般化した商品生産のもとでの貨幣を媒介とした私的諸労働の特種歴史的な関連の仕方のなかではじめて存立するものであることを示し，もって商品が商品として存立する様式を確定することを課題とする」(180‐81頁)。ここにおいては，廣松の問題提起以来，ひとつの潮流となった価値形態論の課題設定の見直し作業の，ひとつの到達点が示されている。若干の留保をつけて基本的に同意したい。

19) 価値表現メカニズムの解明という観点からすれば，等価商品の独特の形態規定性が明示される，この7‐9段落の理論的意義はやはり無視すべきではないと思われる。この点は，望月俊昭［1983a］（41‐46頁），真田哲也［1986］(71‐72頁）の強調するところである。

20) この「価値体」概念を等価商品に固有の形態規定性とみる解釈としては，山本広太郎［1977］（62‐64頁参照），望月俊昭［1979］，久留間鮫造［1979］(「八 価値物と価値体との区別について――価値表現の回り道(1)」参照）など。また，人間的労働の物質化あるいは物体化という「価値体」概念そのままでは等価物に固有の形態規定性をあらわしえないとする見解としては，富塚良三［1980］（39頁参照），同［1983］（37‐45頁参照），武田信照［1982］(189, 380‐81頁参照）などがある。

21) 山内清［1980年］（同『価値形態と生産価格』第4章所収）は，この第10段落における商品語の論理を重視しつぎのように論じている。「これは冒頭価値論第一節での「使用価値捨象」の方法による価値や価値実体の導出とは区別される，第三節価値形態論独自の方法――価値関係にある商品の使用価値の形態規定による価値対象性の現出あるいは価値表現――を総括し，同じ結論が後者では「商品語」で，すなわち物的に転倒されて表現されていることを確認している文章である」(50頁)。ここで山内のいう「第三節価値形態論独自の方法」とは，別のところでは「「価値概念」の実体的内実の形態的表現」（山内清［1981］138頁）と名づけられているものである（なお近著では，これが「実体的内実の形態規定による表現」と書きあらためられている）。私見とは，基本的な概念装置の用い方において違いはあるが，商品語の論理のなかに（「商品」章第1・2節における価値規定ならびに価値実体規定の捉え返しという）価値形態論の隠された課題を見つけ出しているという点でほぼ共通の認識に立つものである。

第5章　価値形態の発展

第1節　予備的考察：「逆の連関」論理をめぐる問題状況

　本章のテーマは，第4章に引きつづき価値形態論である。とくに，ここでは，価値形態の「発展」を――商品概念（より正確には価値概念）を導きの糸として――簡単な価値形態から貨幣形態まで論理的に追跡することにより，貨幣存在の必然性を論定する形態発展の理論的再構成のプロセス，すなわち移行論が取り上げられる。

　この移行論における最大の係争問題は，「全体的な，または展開された価値形態」（＝第二形態）から「一般的価値形態」（＝第三形態）への移行に関する問題である。すなわち，第一形態から第二形態，そして第三形態から貨幣形態への移行に関しては何ら理論的困難は存在しないが，第二形態から第三形態への移行に関してはそこに本質的な困難が存在している。このことに関連し，マルクスがこの移行をいわゆる「逆の連関」論理とよばれるものによって行なっていることの是非をめぐる論争がそれである。

　ここで「逆の連関」論理とは，たとえば等式A商品X量＝B商品Y量がその「逆の連関（Rückbeziehung）」であるB商品Y量＝A商品X量を含んでいるということを主張する論理であり，マルクスはこの点についてつぎのように論じている。

　　　20エレのリンネル＝1着の上衣または20エレのリンネルは1着の上衣に
　　値するという表現は，1着の上衣＝20エレのリンネル，または1着の上

衣は20エレのリンネルに値するという逆の連関をふくんでいる。しかし，そうではあっても，上衣の価値を相対的に表現するためには，この等式を逆にしなければならない。そして，そうするや否や，上衣に代わってリンネルが等価物になる。だから，同じ商品が同じ価値表現で同時に両方の形態で現れることはできないのである。この両形態はむしろ対極的に排除しあうのである。(K. I, S. 63.)

まず確認すべきは，$W_1 = W_2$ が $W_2 = W_1$ という「逆の連関」を含んでいる，という意味である。これは，要するに W_1 と W_2 との等置関係のなかに，W_1 が価値表現の能動的立場に立って $W_1 = W_2$ を成立させる関係と，W_2 が能動的立場に立って $W_2 = W_1$ を成立させる関係とが同時に存在しうるということである。したがって，これは，W_1 が能動的立場に立って $W_1 = W_2$ を成立させる関係のなかに，W_2 がその価値表現を成立させる関係が同時に存在している，ということでは決してない。この意味で，マルクスの指摘しているように両形態は「対極的に排除しあう」からである。

第二形態から第三形態への移行を，この「逆の連関」論理によって行なうマルクスの方法については，肯定論者と否定論者とに分かれている。ごく大ざっぱにいえば，いわゆる宇野学派に属する論者たちは，ほとんど「逆の連関」否定論をとる。また，この係争問題を含む戦後の価値形態論争の発端となった「久留間‐宇野論争」の一方の旗手・久留間鮫造［1957］の所説や，この久留間理論を基本的に継承しつつ価値形態が「価値概念からの展開であること」（見田［1963］149頁）を明らかにした見田石介の所説を認める論者たちは，それぞれの理由により「逆の連関」否定論と肯定論とに二分されている。このうち否定論には富塚良三，武田信照らが，肯定論には見田石介，尼寺義弘らがいる。

マルクスの「逆の連関」論理そのものを否定する見解としては，①価値表現を相対的価値形態の側に立つ商品所有者の主観的な交換欲望の表現と理解し，これが等価形態の側に立つ商品所有者の交換欲望と合致するとはかぎらないという理由での「逆の連関」否定論，②第二形態において相対的価値形態の側に立つ商品所有者が他の諸商品を特殊的等価とするような価値形態を

展開したからといって，その商品を他の商品所有者すべてが一般的等価とするような価値関係の成立する必然性は何もないという理由での「逆の連関」否定論がある。さらに③「逆の連関」そのものは何らかのかたちで肯定はしても，それを第二形態から第三形態への移行に用いることには問題があるとして，それに反対する見解も存在する[4]。これにたいして，④第二形態から第三形態への移行を「逆の連関」論理を用いて行なう方法を肯定する見解には，この「逆の連関」成立の根拠を価値形態論の展開にさいして前提される価値の実体規定に基づく同等性関係に求めるもの[5]，それとはまた別のところに成立根拠を求めるもの[6]とが存在している。

ここで，筆者自身の立場をいえば，価値形態論（したがってまた，ここでの問題に関するかぎり移行論）の課題を，見田石介の明らかにしたように価値概念からの価値形態の展開として捉えたうえで「逆の連関」肯定論の立場に立つということになるが，この「逆の連関」が成立する根拠を多極的商品関係（狭義の商品世界）という，ある種の理論的・仮設空間の存在に求めているという点で他の肯定論とは一線を画している。詳しくは，行論のうちに明らかにしてゆくつもりである。

ところで，「逆の連関」そのものを否定する論者たちの多くは，$W_1 = W_2$ という等式を形成する主体が商品所有者であり，しかもそれを商品の現実的持ち手変換に先立つ「理論的準備過程」で成立する関係と捉えたうえで，そこに「逆の連関」が成立することを否定している（たとえば，宇野弘蔵，富塚良三など）。他方，「逆の連関」そのものは何らかのかたちで肯定するが，それを第二形態から第三形態への移行に用いることには反対する論者も存在する。彼らの多くは，この等式を商品の現実的持ち手変換をあらわす関係として捉えるという条件つきで，そこに「逆の連関」成立を認める（たとえば玉野井芳郎，武田信照，竹永進など）。

この問題に関連して，マルクスは第二形態から第三形態への移行を「逆の連関」論理を使って行なったあと，一見したところ彼自身もこの「逆の連関」を含む等式を現実的な持ち手変換関係として取り扱っているかのごとく，つぎのように議論を展開している。

第5章　価値形態の発展　　227

　　実際，ある人が彼のリンネルを他の多くの商品と交換し，したがってま
　　たリンネルの価値を一連の他の商品で表現するならば，必然的に他の多
　　くの商品所持者もまた彼らの商品をリンネルと交換しなければならず，
　　したがってまた彼らのいろいろな商品の価値を同じ第三の商品で，すな
　　わちリンネルで表現しなければならない。(Ibid., S. 79.)

　確かに「逆の連関」そのものはこのようなかたちで成立する。しかし，そうした「逆の連関」は，すでにみた解釈のいずれのものからも，それぞれの認める価値形態論の理論的意義を失わせるものとして否定されざるをえないものとなっている。[7]

　筆者は，価値形態論をつぎのように理解している。すなわち，それは①形態分析と②形態発展の理論的再構成（＝移行論）という2つの理論系列から構成されている。このうち前者は，簡単な価値関係を分析し，そこから析出された商品の自己関係（＝反省関係）ならびに簡単な価値表現（価値形態）の基本的構造を解明するプロセスである。後者は，価値形態の「発展」を——価値概念を導きの糸として——簡単な価値形態から貨幣形態まで論理的に追跡することにより，貨幣の生成（その必然性）を論定してゆくプロセスである。こうした理解は，いうまでもなく価値形態論のいわゆる「論理＝歴史」説的な解釈を廃して，「論理」説的な解釈に徹底・純化しようと志向するものである。しかしながら，さきのような現実の交換の歴史的発展過程と重ねあわされているようなマルクスの叙述は，文字どおり「論理＝歴史」説的であり，「論理」説的な解釈を否定する内容をもっている。では，価値形態論が実際に「論理＝歴史」説的な解釈によってその理論内容の全面的な説明が可能になるのかというと，決してそうではない。叙述のほとんどは「論理」説的内容からなっており，「論理＝歴史」説的な叙述は価値形態論の内容からみても非本質的な要素でしかないのである。[8]

　そこで問題は，価値形態論を「論理」説的に徹底・純化するさいには，例の「逆の連関」論理もまた「論理＝歴史」説的なものとして否定されるべきなのか，ということである。筆者は，価値形態論を「論理」説的に徹底・純化するためにも，この「逆の連関」論理が不可欠になるという立場をとる。

むろん，そのばあい，この「逆の連関」が成立する等式は，もはや現実的な商品交換のなかで成立するような関係ではありえない。「逆の連関」をそのように解することは，多くの論者が指摘しているように価値形態論の理論的意義をあいまいなものにするだけだからである。では，価値形態論を「論理」説的に徹底・純化する方向と合致するような，この「逆の連関」を含む等式とはいかなる商品関係なのであろうか？

これを考えるさいに重要なことは，この「逆の連関」は商品所有者を主体とする現実的な交換関係においてのみ成立するわけではないということである。マルクスが示したような商品をその形成主体とする価値関係または交換関係においても，こうした「逆の連関」は成立する。そして，実のところ『資本論』商品章で取り上げられた価値関係または交換関係とは，商品所有者間の現実的な持ち手変換関係でもなければ，あるいはこの交換の「理論的準備過程」において交換当事者たちの頭のなかに形成されるような観念的関係でもなく，まさしく，この商品をその形成主体とする関係にほかならなかったのである。

マルクスは，価値形態論の最初の理論系列である形態分析において，この価値関係のなかから商品の自己関係（反省関係）ならびに価値形態（価値表現関係）を析出している。そこで以下においては，この形態分析が行なわれる第一形態論の理論的特徴について簡単に整理しながら，価値形態論の固有の方法について確認してゆくところから論をおこしてゆくことにしよう。

第2節　自己関係の論理と価値表現の論理

第一形態論は，つぎのような構成をとっていた。まず最初に，価値表現の2契機（両極）が「相対的価値形態と等価形態」としてあたえられ，そのうえで①両形態が相互規定的で相互制約的な価値表現の2契機であること（不可分性），②この両形態が相互に排除しあう，あるいは対立しあう両極であること（対極性）が明示され，それをふまえて「相対的価値形態」「等価形態」「簡単な価値形態の全体」というように理論の展開がはかられていた。

「相対的価値形態」の分析は，その「内実」とその「量的規定性」の分析

からなり，マルクスはまず前者において簡単な価値関係のなかから簡単な価値表現（価値形態）を析出し形態分析の端緒をあたえたうえで，価値形態の諸特質をもっぱら相対的価値形態に立つ商品の側から分析した。つぎの「等価形態」では，等価形態の諸特質を「相対的価値形態の内実」に関する分析をふまえて明らかにし，そして「簡単な価値形態の全体」で，商品と貨幣との必然的な関連性を萌芽的に示すものとしての簡単な価値形態の構造全体を総括していた。

この第一形態論の大きな特徴のひとつとして指摘すべきは，そこでは，第一形態をなす2商品の等置関係が，(イ)自己関係または反省関係として捉えられるばあいと(ロ)価値表現関係として捉えられるばあいとの2つの異なった論理（すなわち反省の論理と表現の論理）が存在しているということである。

たとえば，第一形態論は，簡単な価値形態を分析して，その形態的特質を究明する形態分析と，第一形態の価値の表現形態としての欠陥を明らかにして第二形態への移行の必然性を明示する，いわゆる移行論の2つの理論から構成されているが，後者はもっぱら表現の論理にしたがって展開されている。また例の内実論において，簡単な価値関係のなかから析出されるのは，ひとまず反省の論理（自己関係＝反省関係）であり，それがさらに分析者の観点から表現の論理（価値表現関係）として捉え直されるのである。こうして，この反省の論理と表現の論理とは互いに不可分の関係に立つが，他方ではまた互いに区別されるべき異なった論理構造をもっている。以下，この点を確認してゆこう。

まず，ここで〈反省〉とは自己関係であり，そのかぎりで対象のもつ他者性（疎遠性）を剝奪して自己に還帰するということであるから，自己の関係する対象（＝他者）が同時に自己でもあるような論理的契機を必要とする。要するに，この関係をとりむすぶ自己と他者とのあいだには「本質の同等性（Wesensgleichheit）」がなければならないということである。さらにいえば，反省（＝自己関係）とは，他者に関係しながら自己に関係すること──他者の疎遠性を剝奪して他者を自己のものとすること──であり，したがって，この反省運動の主体だけに通ずる「言葉」でそれがなされてもまったく問題はない（たとえば「自己還帰」「自己確証」等々）。

これにたいして，〈表現〉とは，このばあいには同じく一商品（自己）と他商品（他者）との関係のなかで成立するが，何よりもまず社会的に通用する媒体（比喩的にいえば，みんなが使う言葉）を不可欠とするという点で〈反省〉とは根本的に異なる。つまり，〈表現〉とは対象（自己でも他者でもよい）を社会的に通用する媒体（言葉）であらわすということであるから，この表現されるべき諸々の対象とそれらを統一的・社会的に表現する媒体すなわち一般的等価物とが本質の同等性をもつ必要はどこにもない。共通の媒体（言葉＝コミュニケーションおよび表現の手段）によって，相互に等しいものとして統一的・社会的な表現を受け取る諸対象のあいだに本質の同等性は必要であったとしても，この表現手段と表現の対象とのあいだに共通の本質が存在しなければならぬ必然性はどこにもない，ということである。つまり，この表現手段は，ただ表現の対象がそれぞれ共通してもつ属性を統一的に表現する媒体（尺度単位）として機能するだけでよく，自らもまたそれらと共通の属性をもつ必要はないのである。

以上の確認をふまえて，本章の中心課題（移行論）へと入ろう。

第3節　移行論：価値表現の論理

1　移行論の論理的枠組み

価値形態論は，諸商品の全面的な交換関係が現実に不可能だというところから（換言すれば，使用価値と価値との矛盾から）貨幣の必然性を論証する理論ではない。価値という「本質」の現象形態として，もっとも価値概念に照応する価値表現形態を追求するなかで貨幣存在の必然性を論証する理論なのである。このようなもっとも十全な価値形態の追求は，移行論において価値表現の論理を基調にして展開されている。

マルクスは，移行論においては，それぞれの価値表現の価値表現上の欠陥を指摘しながら，より十全な価値表現（価値概念に照応した価値形態）を追求してゆくなかで，第一形態から第二形態へ，第二形態から第三形態へと論理を展開（移行）している。ここで価値形態の移行を規定し支えているのは，より十全な価値表現もしくは価値の現象形態（「完全な形態」K. I, S. 76.）を

追求しようとする分析者の意思もしくは移行論の論理的枠組みであり，第一形態，第二形態，第三形態という形式（すなわち3種類の等式）に根拠をあたえているのが例の狭義の商品世界（＝多極的商品関係）における諸商品の社会的関係のあり方なのである。

すでにみたように，狭義の商品世界を構成している多極的商品関係は，基本的にはつぎのような商品関係に分解できる。

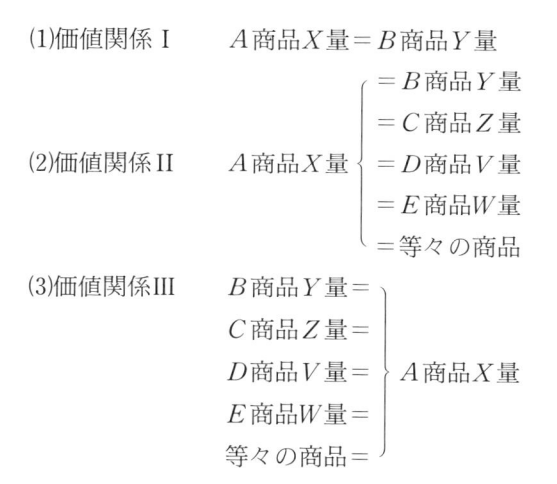

(1) 価値関係 I　　A 商品 X 量 $= B$ 商品 Y 量

(2) 価値関係 II　　A 商品 X 量 $\begin{cases} = B \text{商品} Y \text{量} \\ = C \text{商品} Z \text{量} \\ = D \text{商品} V \text{量} \\ = E \text{商品} W \text{量} \\ = \text{等々の商品} \end{cases}$

(3) 価値関係 III　　$\left.\begin{array}{l} B \text{商品} Y \text{量} = \\ C \text{商品} Z \text{量} = \\ D \text{商品} V \text{量} = \\ E \text{商品} W \text{量} = \\ \text{等々の商品} = \end{array}\right\} A \text{商品} X \text{量}$

まず価値関係 I は，狭義の商品世界（＝多極的商品関係）を構成するもっとも基本的な単位であり，価値関係 II および価値関係 III もこうした基本的単位としての二商品の等置関係（二項関係）の無限の列から構成されている。マルクスは，この基本的単位としての二商品の価値関係のなかから，商品が自らの価値存在を確証＝反省する関係（すなわちその自己関係），言い換えるなら，商品が一個の使用価値というだけでなく同時に一個の価値として自立する関係を析出するのである。

価値関係 II は，A 商品の側からみた商品世界（狭義）の全体構造を示している。ここにおいて，A 商品は，商品世界を構成する他のすべての商品を自分と同じ価値として等置し（すなわち自己関係をとりむすび），そうしたなかで自分の価値存在を確証＝反省している。つまりは商品としての自立性を確証している。

価値関係IIIもまたA商品の側からみた商品世界の全体構造を示す。だが，このばあい，A商品は自分とともに商品世界を構成する他のあらゆる商品によってそれらと同じ価値として等置されている。すなわち他のすべての商品による価値関係（＝自己関係）の受動的な客体（対象）とされているのである。この価値関係IIIの成立根拠は，価値関係IおよびIIによってあたえられている。というのも，A商品が自らの価値存在を確証＝反省すべく他のすべての商品と価値関係・自己関係をとりむすぶ関係が，同時に商品世界ではA商品を他のあらゆる商品による価値関係・自己関係の受動的客体（対象）として措定するからである。

　注意すべきは，いずれもA商品という一個別商品に視点が定められており，A商品が商品世界のなかで他商品とのあいだでとりむすぶ関係のすべてが3つの類型によって示されているということである。もちろん，A商品そのものは商品世界のいわば代表的見本であり，A商品が商品世界のなかでもつ他商品との社会的関係（＝価値関係）の3つの基本形はすべての商品に共通するものである。

　ここで重要なのは，この狭義の商品世界のなかでは，あらゆる商品が自己関係の能動的立場に立って他のあらゆる商品に関係行為する主体であると同時に，自分自身もまたあらゆる商品によってそれらの自己関係の受動的客体の立場におかれているということである。それゆえにまた，ここでは，たとえばA商品のB商品にたいする価値関係A商品X量＝B商品Y量は，同時にその「逆の関連」であるB商品Y量＝A商品X量を含んでいるということである。この点は，A商品X量＝B商品Y量がA商品の価値関係Iに，B商品Y量＝A商品X量が同じくA商品の価値関係IIIにあらわれているところから一目瞭然であろう。

　さらに一見してわかるように，価値関係I～IIIは価値表現の形態たる第一形態～第三形形態と形式的にはまったく同じである。「諸商品の価値関係にふくまれている価値表現の発展」（Ibid., S. 62.）とマルクスがいうのは，この価値関係の3つの基本形のなかに価値表現の発展が含まれているということを意味する，と解することができるだろう。

　ところで，価値概念にもっとも照応する価値形態を例の狭義の商品世界に

おける諸商品の社会的関係たる価値関係（諸物象の社会的関連）のなかに見出すというなら，そこから価値関係IIIだけを取り上げ，これを価値表現のもっとも十全な形態（第三形態）として読み替え指定すればすむことではないのか？　あえて価値関係I，価値関係II，価値関係IIIという商品世界を構成する商品の社会的関係の3つの基本形を取り上げ，そのなかに含まれる第一形態，第二形態，第三形態という価値形態の発展を追跡する必要はなかったのではないだろうか？　なぜマルクスはそのような方法をとったのか。その理由は，つぎのように考えられる。

　まず，第三形態に対応する価値関係IIIは，価値関係IおよびIIをその不可欠の構成要素として成立する商品関係だということに注意すべきである。というのも，価値関係Iを基本的構成要素とする価値関係IIで示されるように，商品世界においては，諸商品が自分以外のあらゆる商品と価値関係をとりむすぶ能動的な主体として存在する。このことはまた立場を変えてみれば，ここでは，あらゆる商品が自分以外の他のあらゆる商品によって価値関係の受動的客体の地位に立たされるということ，言い換えるなら価値関係IIIにおかれるということを意味する。つまり，価値関係IIIの成立は，価値関係IおよびIIによってその理論的根拠をあたえられている。換言すれば，価値関係IおよびIIを措定することなしには価値関係IIIも措定しえない，ということである。ここに，「諸商品の価値関係に含まれている価値表現の発展」を追跡するという方法——つまり価値関係I，価値関係II，価値関係IIIという商品世界に固有の論理構造を示しつつ，このなかに含まれる価値形態の発展を追求するという方法——がとられる必要があったのである。

　なお，そのさい価値関係IIに照応する第二形態から価値関係IIIに照応する第三形態への移行において「逆の連関」論理が用いられているのは，価値関係IIIが価値関係IおよびIIと同じ一個別商品（たとえば商品Aまたはリンネル）のとりうる価値関係の基本形のひとつであること，しかもこの価値関係IIIの成立根拠が価値関係IおよびIIによってあたえられているということを示すものにほかならない。

　以下，これらの諸論点を典拠によって確認してゆこう。

2　第一形態から第二形態への移行

　価値形態の「移行」は，各形態の「価値表現」上の欠陥を明らかにすることによってなされている。したがって，ここでは相対的価値形態および等価形態それぞれに立つ商品の形態規定性（呪物性）はあたえられており，ただ移行論ではそこに光が当てられていないというにすぎない。また，価値形態としては第三形態がひとつの完成形態をなす。これが，もっとも価値概念に照応する価値形態もしくは価値の現象形態である（第三形態から貨幣形態への移行には本質的なものは何もない）。それ以前の第一形態，第二形態は価値の表現形態としてはそれぞれ固有の欠陥をもっている。第一形態の欠陥は，それが相対的価値形態に立つ商品と他のすべての商品との①質的同等性と②量的比率性をあらわすものではないということである。この点，マルクスはつぎのように説明している。

　　何らかの一商品Bにおける表現は，商品Aの価値をただ商品A自身の使用価値から区別するのみであって，したがって，この商品をただそれ自身と違った個々の商品種の何かにたいする交換関係におくのみであって，他の一切の商品との質的統一性と量的比率性とを示すものではない。一商品の単純な相対的価値形態には，他の一商品の個別的な等価形態が対応する。こうして，上衣は，リンネルの相対的価値表現のなかでは，ただこのひとつの商品種類リンネルにたいして等価形態または直接的交換可能性の形態をもつだけである。(K. I , S. 76.)

　ここで「質的統一性」とは，諸商品が価値としては互いに本質の同等性をもち，それゆえ相互に無差別で同質的な存在であるということを意味する。したがって，商品がそのような価値として存在することを示すためには，たとえば商品Aは他の一商品Bとの関係だけでなく，あらゆる商品との関係をとおして，それが価値としてはそれら一切の商品と無差別で同質的な存在であることを表現しなければならないのである。さらに「量的比率性」とは，商品はそのような価値として他の諸商品と相互に無差別で同質的な存在として互いに等置されるだけでなく，それぞれ特定の大きさをもつ価値としても

相互に等置されるという意味で，諸商品は価値として相互に量的な比率関係をもっているということである。

　第一形態は，そうした価値表現をただひとつの商品との関係のなかでだけ行なうがゆえに，これは価値概念からみて不十分な価値の現象形態でしかない。したがって，これは当然に「より完全な形態」へ移行することになるが，この点マルクスはつぎのように論じている（移行規定）。

　　個別的な価値形態はおのずからもっと完全な形態に移行する。個別的な価値形態によっては，一商品Aの価値はただひとつの別種の商品のみで表現される。しかしながら，この第二の商品がどんな種類のものであるか，上衣か，鉄か，小麦などであるかということは，まったくどうでもよい。つまり，商品Aが他のどんな商品種類にたいして価値関係にはいるかにしたがって，同じひとつの商品のいろいろな簡単な価値表現が生ずる。(Ibid.)

　むろん，ここで前提されているのは例の多極的商品関係を構成する価値関係である。だから，こうつづけられる。「商品Aの可能な価値表現の数は，ただ商品Aとは違った商品種類の数によって制限されているだけである。それゆえ，商品Aの個別的な価値表現は，商品Aのいろいろな簡単な価値表現のいくらでも延長されうる列に転化する」(Ibid.)。こうして獲得された形態は，件の価値関係Ⅱ（自己関係＝反省関係）を価値表現関係として読み替えたものである。こうであった。

$$A商品X量\begin{cases} =B商品Y量 \\ =C商品Z量 \\ =D商品V量 \\ =E商品W量 \\ =等々の商品 \end{cases}$$

3 第二形態の特徴

　第二形態においては，相対的価値形態に立つ商品Aあるいはリンネルは，商品世界に存在する他のすべての商品を等価形態におき，自らの価値表現の材料にしている。この第二形態において，諸商品ははじめて商品世界の「市民」たる存在を明らかにする。なぜなら，商品は，そこにおいて商品世界に存在する他のあらゆる商品を価値として自分に等置するからであり，自分もまた同じ商品世界を形成する他のあらゆる商品によってそれらに等しいものとして（すなわち同じ価値として）等置させられているからである。この点，マルクスはいう。

　　それゆえ，いまではリンネルはその価値形態によって，ただひとつの他の商品種類とだけではなく，商品世界と社会的な関係にたつ。商品として，リンネルはこの世界の市民である。同時に商品価値の諸表現の無限の列のうちに，商品価値はそれが現れる使用価値の特殊な形態には無関係だということが示されている。(K.Ⅰ, S. 77.)

　第二形態において，商品世界（狭義）ははじめてわれわれの眼前にその姿をあらわす。（むろん第一形態でも，諸商品は商品世界の市民たる資格を獲得していたのであり，すでに自らがこの世界の市民たることを確証＝反省していたのである。だがそれは〈反省の論理〉の領域でしかなく，あくまでもインプリシットなものでしかなかった）。ここにおいて諸商品は「この世界の市民」であることをイクスプリシットに表明する。

　諸商品は，ここにおいて商品世界を形成する他のあらゆる商品との関係（＝価値表現関係）をとおして価値としての自分——すなわち商品世界の市民としての自分——を表現することができる。しかしながら，第二形態は「価値表現」の論理としてみれば欠陥があり，価値概念に照応した価値形態もしくは価値の現象形態を獲得しようとする分析者の立場からは，第三形態への移行の必然性をもつのである。

4　第二形態から第三形態への移行

　第二形態の価値表現形態としての欠陥は，つぎのように指摘されている。

　　第一に，商品の相対的価値表現は未完成である。というのは，その表示の列はいつまでも完結しないからである。ひとつの価値等式が他の等式につながってつくる連鎖は，新たな価値表現の材料をあたえる新たな商品種類があらわれるごとに，いくらでもひき延ばされる。第二に，この連鎖はばらばらな雑多な価値表現の多彩な寄せ木細工をなしている。最後に，それぞれの商品の相対的価値が，当然そうならざるをえないこととして，この展開された形態で表現されるならば，どの商品の相対的価値も，他のどの商品の相対的価値とも違った無限の価値表現列である。(K. I, S. 78.)

　第二形態の欠陥は3つである。すなわち，そこにおける価値表現が①無完結性，②「寄せ木細工」性，③無統一性をもつということである。ここで，無完結性とは，第二形態においてはいつまでも価値表現が——これで十全というかたちで——完結しないということ。「寄せ木細工」性とは，要するに，ここでは商品Aの価値を表現するのに，$A=B$，$A=C$，$A=D$，$A=E$，……というかたちで雑多な「単純な価値形態」を寄せ集めなければならないこと。そして，無統一性とは，ここではあらゆる商品に共通の統一的な価値表現が排除されているということである。

　価値表現が①無完結性，②「寄せ木細工」性，③無統一性という欠陥をもつということは，要するに単純性と統一性すなわち一般性に欠けるということである。つまり単純で，かつあらゆるものに統一的な形態ということになれば，それは（具体的ではなく抽象的ではあるが）一般的な形態になる。だが，第二形態はそうした一般性を欠いているのである。けだし，あらゆる商品に無差別で同質的な，いわば社会的な単位として存在する価値を表現する形態は，あらゆる商品に共通な社会的に認められた表現手段によって統一的かつ一義的（単純）になされなければならない。しかし，第二形態はさきに述べた一般性（すなわち単純性と統一性）を欠くことにより，価値表現上の

欠陥をもつということである。[9]

　ここから，第三形態への移行が必然的となるが，マルクスはこの移行を例の「逆の連関」論理によって以下のように行なうのである。

　　展開された相対的価値形態は，簡単な相対的価値表現すなわち第一形態の諸等式の総計からなっているに過ぎない。たとえば，
　　　　　　　　20エレのリンネル＝1着の上衣
　　　　　　　　20エレのリンネル＝10ポンドの茶，等々
　　などの総計からである。
　　　しかし，これらの等式は，同じ意味の等式を逆の連関でもふくんでいる。すなわち
　　　　　　　　1着の上衣＝20エレのリンネル
　　　　　　　　10ポンドの茶＝20エレのリンネル，等々
　　などをふくんでいる。……
　　……そこで，20エレのリンネル＝1着の上衣　または＝10ポンドの茶　または＝etc.　という列を逆にすれば，すなわち事実上すでにこの列にふくまれている逆の連関を言いあらわしてみれば，つぎのような形態があたえられる。(Ibid., S. 79.)

　むろん，ここであたえられる形態とは第三形態であり，それ自体としては，例の価値関係IIIを価値表現関係として読み替えたものである。

$$\left.\begin{array}{r} B\text{商品}Y\text{量}= \\ C\text{商品}Z\text{量}= \\ D\text{商品}V\text{量}= \\ E\text{商品}W\text{量}= \\ \text{等々の商品}= \end{array}\right\} A\text{商品}X\text{量}$$

　そこで，まず問題となるのは，このような「逆の連関」の根拠が何であるのかということだが，このさい重要なことは，マルクスがこの「逆の連関」を示すためにもう一度「簡単な相対的価値表現」すなわち第一形態に戻って

いるという事実である。つまり「逆の連関」を含んでいるのは，とりあえず第一形態だということをこれは示唆している。では，なぜ第一形態は「逆の連関」を含むのか？

　この第一形態は，すでにみたように簡単な価値関係のなかから析出された，ある商品の他の一商品にたいする自己関係（反省関係）を，分析者の観点から「簡単な相対的価値表現」に読み替えたものである。そして，このある商品の他の一商品にたいする自己関係が析出された簡単な価値関係とは，例の多極的商品関係すなわち商品世界（狭義）のもっとも基本的な構成要素（基本的単位）であった。さらにいえば，この商品世界のなかでは，あらゆる商品が自己関係の能動的主体の立場に立って他のあらゆる商品を「自分と同じもの」として関係行為する主体であると同時に，自分自身もまた他のあらゆる商品によってそれらの自己関係の受動的な客体（対象）の立場におかれるという関係にあった。すなわち，ここではA商品X量＝B商品Y量，A商品X量＝C商品Z量……等々は，同時にその「逆の連関」すなわちB商品Y量＝A商品X量，C商品Z量＝A商品X量……等々を含んでいるのである。

　マルクスが「逆の連関」を導出するために，第二形態を第一形態の諸等式の総和に還元し第一形態そのものに立ち戻ったのは，この第一形態が導出された簡単な価値関係がこの商品世界（狭義）のもっとも基本的な構成要素であったからである。つまり，A商品X量＝B商品Y量は「簡単な相対的価値表現」（＝第一形態）としてみれば両項の対立・排除の関係があるが，これを商品世界の構成要素たる簡単な価値関係とみれば「逆の連関」が存在するのである。

　そこで「逆の連関」とは，その根拠を狭義の商品世界の独特の論理構造のなかにもっているということがわかる。換言するなら，この商品世界のなかでは，あらゆる商品が価値関係・自己関係の能動的主体であると同時に，その受動的な客体（対象）の立場におかれているということ――あるいは，そこで諸商品が価値関係ⅠおよびⅡを形成することによって同時にまた価値関係Ⅲを形成する，つまり価値関係ⅠおよびⅡによって価値関係Ⅲの成立根拠があたえられるということ――こうした狭義の商品世界独特の論理構造が「逆の連関」論理のなかには含意されている，ということである。

かくして，第二形態から第三形態への移行にこの「逆の連関」論理が用いられているということ，それは，事実上そこに理論的・仮説的空間たる狭義の商品世界が設定され，この商品世界における諸商品の独特の社会的関係（価値関係Ⅰ・Ⅱ・Ⅲ）がそこに前提されているということを意味する。つまり「逆の連関」論理は，価値関係Ⅲが価値関係ⅠおよびⅡと同じ一個別商品（たとえばリンネル）のとりうる価値関係の基本形のひとつであるということ，しかもこの価値関係Ⅲの成立根拠が価値関係ⅠおよびⅡによってあたえられているということを示すものにほかならないからである。[10)11)]

5　第三形態の特徴

こうして第二形態から第三形態への移行は，いわゆる「逆の連関」論理を介して行なわれている。しかしながら，注意すべきは「逆の連関」論理はあらゆる商品が一般的等価形態に立ちうることを論定するものではあっても，それは第二形態から第三形態への移行の必然性を論定するものではない，という点である。この移行を必然ならしめているのは，〈表現の論理〉すなわち価値概念に照応する価値形態をあたえてゆこうとする移行論の理論的枠組みである。

すでにみたように，第二形態の価値表現上の欠陥は，単純性と統一性すなわち一般性に欠けるということであった。この欠陥は第三形態において克服される。この点，マルクスはつぎのように論じている。

> いろいろな商品はそれぞれの価値をここでは(1)単純にあらわしている，というのはただひとつの商品であらわしているからであり，そして(2)統一的にあらわしている，というのは，同じ商品であらわしているからである。諸商品の価値形態は単純で共通であり，したがって一般的である。(K.Ⅰ, S. 79.)

価値は，あらゆる商品に無差別で同質的な「社会的な単位」として存在している。このような特性をもつ価値を表現するためには，あらゆる商品に共通な，いわば社会的に認められた表現手段によって統一的かつ一義的（単

純）になされなければならない。そのことによって，価値はあらゆる商品に無差別で同質的な，いわば社会的な単位（＝「共通なもの」）として表現されうるからである。要するに，価値概念にもっとも照応する価値形態とは「単純で共通」すなわち「一般的」な形態をとらねばならないが，第三形態こそはこうした一般性をもつ。それゆえ，諸商品の価値（＝本質の同等性）は，この第三形態において——すなわち共通の媒体をとおして——相互に「共通なもの」として統一的・社会的な表現を受け取ることができるのである。では，この第三形態は，第一形態，第二形態との比較のなかでは，どのような特徴をもつのだろうか？

　第一形態も第二形態も「ただ一商品の価値をその商品自身の使用価値またはその商品体とは違ったものとして表現することしかできなかった」(Ibid., S. 80.)。そこでは，価値が一切の商品の使用価値から区別された，それらすべての商品に「共通なもの」としては表現されえなかったのである。

　第一形態では，相対的価値形態に立つ商品たとえばリンネルの価値が，それ自身の使用価値または商品体とは違ったものとして表現される。ここにおいては，リンネルの価値が等価形態に立つ商品たとえば上衣に等しいものとして表現され，それによってその価値（＝リンネルと上衣の共通属性）がリンネル自身の使用価値から区別されるからである。

　第二形態では，第一形態よりさらに完全にリンネルの価値がその商品自身の使用価値から区別されて表現される。それというのも，ここにおいては，リンネルの価値が等価形態に立つすべての商品に等しいものとして表現され，それによってその価値（リンネルと等価形態に立つすべての商品との共通属性）がリンネル自身の使用価値からさらに十全に区別されるからである。

　第三形態においては，一般的等価形態に立つ商品たとえばリンネルは相対的価値形態に立つあらゆる商品によって価値として等置され，この関係のなかで，リンネルは相対的価値形態に立つすべての商品の使用価値から区別された価値そのものの現象形態として通用している。それゆえに，ここにおいては，このリンネルで価値を表現する，すべての商品の価値がその商品自身の使用価値から区別されるだけではなく，一切の使用価値から区別されることとなる。これは，価値表現の単純性と統一性，すなわちその一般性が実現

されてはじめて可能になる。ここにおいて，価値ははじめて一切の商品の使用価値から区別された，それらに「共通のもの」として表現されるのである。この点，マルクスはつぎのように論じている。

> 新たに得られた形態は，商品世界の価値を，商品世界から分離された一個同一の商品種類，たとえばリンネルで表現し，こうして，あらゆる商品価値を，その商品とリンネルとの同等性によってあらわす。リンネルと等しいものとして，どの商品の価値も，いまではその商品自身の使用価値から区別されるだけではなく，一切の使用価値から区別され，まさにこのことによって，その商品とすべての商品とに共通なものとして表現される。それだからこそ，この形態がはじめて現実に諸商品を互いに価値として関連させるのであり，言い換えれば諸商品を互いに交換価値としてあらわさせるのである。(Ibid.)

こうして，第二形態の欠陥（無完結性，「寄せ木細工」性，無統一性）を克服する第三形態の特性（単純性と統一性すなわち一般性）こそが，あらゆる商品の使用価値から区別された，それらに「共通なもの」としての価値に統一的・社会的な表現をあたえうるのであり，それによってまた「諸商品を互いに交換価値としてあらわさせる」こともできるのである。

ここで注意すべきは，第三形態への移行は，あくまで〈表現の論理〉を根拠にしているのであって，自己関係の論理もしくは〈反省の論理〉ではないということである。価値のもつ無差別性・同質性を社会的に通用する形態で表現しようとしたときに——あるいは，その自己確証＝反省された価値を同時に社会的に共通な言葉，すなわち〈みんなが使う言葉〉で表現しようとしたときに——その表現形態はあらゆる商品と共通で統一的でなければならない，ということが理論的に要請される。あくまでも〈表現の論理〉が，言い換えるなら価値概念にふさわしい価値形態もしくは価値の現象形態を得ようとする移行論の理論的枠組みがそうした共通で統一的な形態を必然的なものにするのである。

第 4 節　移行論の諸問題

　移行論に関わる最大の係争問題は,「逆の連関」論理をめぐるものであり，ここでまず第一に解決を図ろうとしてきたのもこの問題であった。これについては，本章の結論部分で総括することにし，ここでは移行論に関わるその他の諸問題を取り上げ論じておくことにしよう。

1　移行論における労働連関次元への下向

　これまでのところ，本章では移行論に関するかぎりいわゆる労働連関次元での議論を一切捨象してきた。移行論は，本来，呪物崇拝に陥る人間の存在を前提するのであり，そうであるかぎり分析者にとってのみ意味をもちうる労働連関次元への下向は不要であると考えたためである。とはいえ，マルクス自身は移行論の展開のなかでも商品連関の内奥に析出される労働連関次元への下向を行なっている。たとえば，労働連関次元への言及は，第二形態の特徴を明らかにするなかでつぎのようになされている。

　　上衣，茶，小麦，鉄などの商品はどれもリンネルの価値表現では等価物として，したがってまた価値体として通用している。これらの商品のそれぞれの特定の自然形態は，いまでは他の多くのものと並んでひとつの特殊な等価形態である。同様に，いろいろな商品体に含まれているさまざまな特定の有用な労働種類も，いまやそれと同じ数だけの，人間労働そのものの特殊な実現形態または現象形態として通用しているのである。(K. I , S. 78.)

　ここで，マルクスはいったん第二形態に固有の商品連関次元の内奥にある労働連関次元に下向し，そこから第二形態で等価形態に立つ諸商品の形態規定性を分析者の観点から捉え直したうえで，ここでの価値表現の内容に立ち入っている。こうである。
　まずこの労働連関次元では，リンネルに等置されているさまざまな商品す

なわち「上衣や茶や小麦や鉄など」を生産したさまざまな具体的有用労働が，リンネルを生産した労働（＝織布）と同じ労働すなわち抽象的人間的労働の実現形態として通用している。このとき，等価形態に立たされている，さまざまな商品の使用価値は，抽象的人間的労働の実現形態となった具体的有用労働の生産物（具体化）であり，そのかぎりにおいては抽象的人間的労働の直接的物質化，すなわち「具体化された価値」（＝「価値体」）として通用している。相対的価値形態に立つリンネルは，こうして「価値体」として通用するさまざまな商品との等置関係をとおして自らの価値を文字どおり「無差別な人間労働の凝固」として表現するのである。この点，マルクスはつぎのようにまとめている。

　　一商品，たとえばリンネルの価値は，いまでは商品世界の無数の要素で表現される。他のどの商品体でもリンネル価値の鏡となる。こうして，この価値そのものが，はじめて本当に無差別な人間労働の凝固としてあらわれる。というのは，リンネル価値を形成する労働は，いまや明瞭に他のどの人間的労働でもそれに等しいとされる労働として表示されているからである。すなわち，他のどの人間労働も，それがどんな自然形態をもっていようと，したがってそれが上衣や，小麦や，鉄や，金などのどれに対象化されていようとも，すべて，この労働に等しいとされているからである。(Ibid., S. 77.)

　ここで前提されている論理は，前章でみた「価値形成労働の独自的性格の現出」の論理ならびに「価値性格顕現」の論理である。後者の論理は，価値が「無差別な人間労働の凝固としてあらわれる」という叙述に示されている。[12]さらに，労働連関次元への下向は第三形態の特性を論じるなかでも，つぎのように展開されている。

　　商品世界の一般的な相対的価値形態は，商品世界から除外された等価商品，リンネルに，一般的等価物という性格を押しつける。……リンネルの自然形態は，一切の人間労働の目にみえる化身，その一般的な社会的

蛹化として通用する。それと同時に，織布，すなわちリンネルを生産する私的労働が，同時に，一般的な社会的形態に，すなわち他のすべての労働との同等性の形態にある。一般的価値形態を構成する無数の等式は，リンネルに実現されている労働を，他の商品にふくまれているそれぞれの労働に順々に等置し，こうすることによって織布を人間労働一般の一般的な現象形態にする。(Ibid., S. 81.)

　この引用文に解説はもはや不要であろう。第二形態・第三形態いずれも，等価形態に関する叙述である点が特徴である。しかも，基本的には商品連関次元から労働連関次元へと下向したうえで「価値形成労働の独自的性格現出」の論理が展開されており，この論理それ自体としては，商品ならびに貨幣の呪物崇拝を基礎とする価値表現の論理ではなく，そうした呪物崇拝に理論的な基礎づけをあたえる自己関係（反省）の論理の領域に属すものである。このような労働連関次元への下向が行なわれたのは，結局のところ，等価形態に立つ商品のもつ特性たる，その呪物的性格（＝一般的購買力）の理論的根拠を人間的労働一般から説明しようとした，ということからなのである。

　このように，移行論において労働連関次元への下向が行なわれ自己関係の論理が展開されるのは――マルクス自身が自己関係（反省関係）と価値表現関係（価値形態）とを十分明確に区別して理論展開していなかったという理由のほかに――本来，自己関係の論理が展開されるべき第一形態論では，第二形態に読み替えられる〈全体的な，または展開された価値関係〉が取り上げられないために，第二形態論のところで論じざるをえなかったということ，さらに，第一形態論で展開される「価値形成労働の独自的性格現出」の論理も「価値性格顕現」の論理も，いずれも狭義の商品世界（＝多極的商品関係）という理論的・仮設的空間でしかなく，そのかぎりで第一形態論では一般的等価商品のもつ呪物的性格も現実的なものとしては説明し切れないこと，等々が理由としてあげられるであろう。

2　商品世界の共同事業：主語＝主体としての商品

　第二形態の欠陥（無統一性，「寄せ木細工」性，無完結性）を克服する一

般的価値形態は，商品世界を構成するすべての商品の，いわば「共同事業」によって成立する。そのことによって，商品の価値を社会的に認められた表現手段を用いて統一的かつ一義的（単純）に表現する「一般的価値表現」が可能になる。そうした社会的に認められた表現手段が措定されるためにも，諸商品の「共同事業」が不可欠なのである。この点について，マルクスはつぎのように論じている。多少長くなるが，以下に引用しておこう。

> 先の2つの形態は，商品の価値を，ただひとつの異種の商品によってであれ，その商品とは異なる一連の多数の商品によってであれ，一商品ごとに表現する。どちらの場合にも，自分にひとつの価値形態をあたえることは，いわば個別商品の私事であって，個別商品は他の諸商品の助力なしにこれをなし遂げるのである。他の諸商品は，その商品にたいして，等価物という単に受動的な役割を演ずる。これに反して，一般的価値形態は，ただ商品世界の共同事業としてのみ成立する。ひとつの商品が一般的価値表現をえるのは，同時に他のすべての商品が自分たちの価値を同じ等価物で表現するからである。そして，新たにあらわれるどの商品種類もこれにならわねばならない。こうして，諸商品の価値対象性は，それがこれらのものの純粋に「社会的な定在」であるからこそ，ただ諸商品の全面的な社会的関連によってのみ表現されうるのであり，したがって諸商品の価値形態は社会的に認められた形態でなければならないということが，明瞭にあらわれてくるのである。(K. I, S. 80 - 81.)

諸商品の価値対象性は，使用価値のように個々の諸商品に自然的にかつ固有に具わっているものではない。それ自体としては，あの商品でもこの商品でもない，それらに共通な「第三者」であって，したがってただ諸商品の社会的な関係のなかでのみ存立しうるもの（いわば社会的関係規定そのもの）である。そのかぎりにおいて，それは「純粋に「社会的な定在」」であるといわなければならないが，そうした価値対象性（社会的定在）を商品が表現できるためには，やはり「諸商品の全面的な社会的関係」によらなければならない。つまり，個々の商品が他の商品の助力なしになしうる「私事」によ

るのではなく，まさにすべての商品の「共同事業」によってのみ，諸商品はそうした社会的定在たる自らの価値対象性を表現できるのである。

　要するに，そうした価値概念に照応する価値形態とは，その意味において「社会的に認められた形態」でなければならないが，そうした形態とは，商品世界の「共同事業」によって一般的等価形態の地位をあたえられた（いわば社会的に認められた）表現手段を用いた価値表現の形態でなければならない，ということである。そもそも，そうした「社会的に認められた表現手段」は，たとえば超越者のような存在からの命令もしくは指令による以外は，商品世界の共同事業によるしかないのである。つまり，「共同事業」とは，「社会的に認められた表現手段」をみんなで措定すること――みんなでひとつの商品を価値表現の材料にすること――を意味するのである[13]。

　このさい注意すべきは，一般的等価物の地位に立った商品を価値の表現手段として「社会的に認める」のは，本来，価値表現の主体である人間でなければ意味がないということである。ところが，ここにおいてはそのような主体としての人間は登場せず，商品を主体として議論が展開されている。これが意味していることは，要するに，価値形態論では，第一形態論にせよ移行論にせよ，いずれもいまだ人間が経済的扮装をまとって（あるいは経済的諸関係の担い手として）登場してこない論理レヴェルが設定されているということである。

　換言するなら，これは，移行論においては呪物崇拝に陥り商品の価値を表現しようとする主体としての人間の存在やその意識が前提されるにしても，そこにおける価値関係（自己関係＝反省関係）の主語＝主体はなお依然として商品だということである。だからこそ，ここでは価値関係のなかから析出された商品の自己関係が呪物崇拝に陥った人間の存在を前提する分析者によって価値表現関係として読み替えられる，という独特の手続きが必要だったわけである。

　ところで，こうした主体概念のあいまいさは，実のところ価値形態論の貨幣形成論としての不完全性という問題と密接に関わっている。価値形態論はいうまでもなく商品章のもっとも重要な構成要素であるが，これを貨幣の基礎理論という視角から把握してみると，それは(a)貨幣呪物の秘密を解明する

貨幣本質論，(b)商品世界における貨幣存在の必然性を論証する貨幣存在論，(c)そこにおける貨幣形成の必然性を論ずる貨幣形成論，という3つの理論から構成されている。このうち，(a)貨幣本質論は第一形態論（とくに内実論）で，また(b)貨幣存在論，(c)貨幣形成論の2つは移行論で展開されている。

上述の「共同事業」論は，実は貨幣形成論としての価値形態論のもっとも重要な理論的契機として措定されていたものなのである。本章においては，ひとまず貨幣存在論としての価値形態論の理論内容を解明すべく「逆の連関」論に議論を集中したが，価値形態論の貨幣形成論としての側面を取り上げるさいには，この「共同事業」論を考慮外におくことはできない。そこで，この問題については，第6章さらには第8章であらためて取り上げることとし，とりあえず，ここではこの点を指摘するだけでつぎの関連問題へと移ることにしよう。

3　第三形態への移行は反省の論理では不可能

さて，価値形態の発展は，みてきたとおりすべて価値表現の論理をとおして行なわれてきた。つまり，第一形態から第二形態へ，また第二形態から第三形態への移行はすべて先行の価値形態が価値表現上の欠陥をもつ（価値概念に照応した価値形態となっていない）という理由からつぎの価値形態への移行が行なわれた。そこで問題は，このような価値形態の発展（＝移行）に自己関係（反省）の論理は何も関係ないのか，ということである。

商品は，価値関係のなかに析出されるその自己関係（反省関係）をとおして自らの価値対象性を確証する。そこで，例の第一形態に対応する価値関係Ⅰよりも第二形態に対応する価値関係Ⅱのほうが，さらにはまたこの価値関係Ⅱよりも第三形態に対応する価値関係Ⅲのほうが，商品はより十全な意味での価値対象性を自己確証（反省）できるのではないか？　そうした〈反省の論理〉によっても形態の発展（＝移行）は行なわれうるのではないか？　このような疑問は当然にありうるところである。

だが結論からさきにいえば，たとえば第二形態から第三形態への移行は自己関係（反省）の論理によっては不可能である。なぜか？

いうまでもないことだが，価値の特質はその社会性（すなわち無差別性，

同質性）にある。こうした特質をもつ価値の表現は何よりも統一性（単一性）を必要とする。言い換えるなら，それはいわば共通言語（社会的に通用する言葉）による統一的・単一的な表現を必要とする。ところが注意すべきは，この価値表現の共通性・統一性が価値のもつ無差別性・同質性という特性から直接に導き出されてくるわけではない，ということである。そして，実のところ，ここに自己関係（反省）の論理と価値表現の論理とが区別されるべきもっとも大きな理由が存在している。というのは，こうである。

　価値関係を自己関係（反省関係）として捉えるかぎり，価値のもつ社会性（無差別性・同質性）という特性は，第二形態へと読み替えられる自己関係（＝価値関係Ⅱ）のなかですでに商品自身によって十二分に確証・反省されている。つまり，この価値関係Ⅱにおいては，商品が，他のあらゆる商品との価値関係（等置関係）の連鎖のなかで，価値としてはあらゆる商品に無差別・同質的であるということ——そのかぎりではまた価値のもつ社会性という特性——を確証（反省）できているのである。

　したがって，ここから出てくる結論は，価値関係のなかに反省関係（＝自己関係）だけを見出しているかぎりは，そこから第三形態の必然性は決して出てこないということである。第二形態から第三形態への移行の必然性をいうためには，価値関係（自己関係）が同時に価値表現関係として読み替えられ，そこに価値表現の論理（すなわち価値形態発展の基準を価値形態の価値概念との照応関係に求める論理）が適用されなければならない。以下，この点を確認しておこう。

　すでにみたように，マルクスは，第三形態への移行にさいし第二形態の欠陥として無完結性，寄せ木細工性，無統一性の３点を指摘していた。価値表現がこのような欠陥をもつということは，要するに，それは単純性と統一性すなわち一般性に欠けるということであった。こうした一般性の欠如が価値表現上の欠陥であるのは，この「表現」という行為が社会的な通用力をもった媒介（あるいはみんなが使う言葉）の存在を不可欠とするから，というだけではない。さらに，価値のもつ無差別性・同質性を表現するためには，その表現形態はあらゆる商品と共通で統一的でなければならないということが理論的に要請されるからなのである。

こうして，価値がそれにふさわしい表現形態をもたねばならぬとすれば，第二形態から第三形態への移行は不可避的になる。要するに，価値概念にもっとも照応する価値形態とは「単純で共通」すなわち「一般的」な形態をとらなければならないが，第三形態こそはこうした一般性（すなわち単純性と統一性）を唯一具えているということである。

　さらにいえば，商品世界のもっとも基本的な構成要素である価値関係Ⅰは，それ自体としてすでにひとつの完成された商品関係の存在を示している。この点でもまた，価値関係Ⅰは，その価値表現上の欠陥から第二形態さらには第三形態へと移行せざるをえない第一形態とは区別されなければならないのである。

　すでに確認しているように，あらゆる商品があらゆる商品にたいして価値関係（＝自己関係・反省関係）をとりむすぶ狭義の商品世界にあっては，ただ簡単な価値関係のなかに析出される，一商品の他の一商品に対する自己関係によって，商品はその十全な意味での価値対象性を確証（反省）することができるのである。

　もちろん，狭義の商品世界を作り上げている諸商品の社会的関係そのもののなかに，それらの価値（＝諸商品の類的な本質）を一般的等価物として外化し，それとの関係をとおして（いわば回り道して）自らの価値対象性を確証（反省）するような関係を作り上げる可能性も含まれていないわけではない。だが，いわばレヴェラーズたる商品が主体となる狭義の商品世界のなかでは，それはあくまでも可能性にとどまる。というよりも，そのような商品世界が前提されているかぎり，そうした回り道による反省関係が成立する必然性は存在しないのである。[14]

　ところが，レヴェラーズならざる人間主体，それぞれ固有の欲望をもち，それゆえにまた商品の使用価値を問題にする人間が主体として登場するにいたると，狭義の商品世界のような無差別な等置可能性（交換可能性）を想定することが不可能になる。こうなったときに，商品世界のなかからひとつの商品をあらゆる商品の共通属性たる価値の代表物として措定し，この商品（すなわち一般的等価商品）との等置関係をとおして——いわば回り道して——個々の商品がその価値性格を確証するという，媒介的（非直接的）な反

省関係が必然化されることにもなるのである。だが，人間の捨象されている狭義の商品世界にあっては，そうした回り道の必然性はまったく存在していない。かくて，一般的等価物の成立はレヴェラーズならざる人間主体の存在を想定してはじめて可能になるのである。

　ただし，いうまでもなく，価値形態論においては，交換過程論とは違い，商品に内在する使用価値と価値との矛盾を外的に解決すべきものとして，すなわちその内在的矛盾の外化として，一般的等価物ならびに貨幣の必然性が論定されているのではない。価値概念に照応した，その表現形態（現象形態）を獲得するためには一般的等価物の存在が不可欠だというところから，第二形態から第三形態への移行の必然性を説くのである。つまり，価値形態論は，価値表現の論理，すなわち価値形態発展の基準を価値形態の価値概念との照応関係に求める論理によって第三形態を導出しているのであり，この点が交換過程論との決定的な違いなのである。

　むろん，この価値表現の主体として前提されているのは，呪物崇拝に囚われた人間自身であって，生来のレヴェラーズで，商品世界を構成する他の一切の諸商品と等置関係（＝価値関係または交換関係）をとりむすびうる商品なのではない。そもそも，価値形態論において表現されるべき価値とは分析者の観点からは商品の呪物的性格であり，それ自体，呪物崇拝に囚われた人間主体ぬきにはありえない事柄なのである。この点，くどいようだが念押ししておきたい。

　こうして，価値形態論においては，交換過程論において使用価値と価値との矛盾から貨幣の必然性を論定するさいに，そこに人間が不可欠であったというのとはまた異なったレヴェルで，人間とその意識の存在が（たとえ顕在化していなくとも）前提されている。そして，価値形態論がこのように呪物崇拝に囚われた人間を主体とする価値表現の論理によって一般的等価物（貨幣）の成立を論定しているというところから，以下の極めて興味深い結論が引き出されてくることになる。

　すでにみたように，この第三形態への移行の必然性，すなわち一般的等価物たる貨幣生成の必然性は，呪物崇拝に囚われた人間を主体とする価値表現の論理によってあたえられ，この第三形態において商品の価値は「単純に」

「統一的に」したがってまた「一般的に」表現される。ところが,ただ商品価値にこのような一般的表現をあたえるというだけなら,一般的等価物は——その尺度単位が一般的購買力の一定の大きさをあらわす単位として人々に認められているかぎり——必ずしも商品貨幣でなくともよい,ということになる。すなわち無価値の標章であっても,人々がこれによって商品の価値(ただし彼らにおいては商品呪物)を表現するなら,それは商品価値に一般的な表現をあたえることが可能であり,それゆえたんなる価値標章もまた一般的等価物として機能できるということである。これは,原理的にはいわゆる貨幣商品説と目される価値形態論の論理構造そのもののなかに,単純な貨幣商品説を超えうる論理が含まれているということを意味する。[15]

もちろん,価値形態論においては事実上この一般的等価物を含む第三形態が例の狭義の商品世界において諸商品のとりむすぶ社会的関係の基本形(すなわち価値関係Ⅲ)を基礎に導出されている。したがって,一般的等価物の地位にはそれ自体商品世界の構成分肢である商品が立つのであって,ここでは無価値の標章が価値表現の材料にされるということは決してない。そのかぎりでまた,この価値形態論で論定される一般的等価物(貨幣)は,価値尺度としての貨幣であると同時に,商品に内在する使用価値と価値との矛盾の外化としての貨幣,すなわち流通手段としての貨幣としても理解することが可能である。[16] そして,この意味において,価値形態論はいわゆる貨幣商品説にほかならないのであるが,その独自の論理構造は単純な貨幣商品説の枠組みには納まり切れぬものがあるということもいまは留意しておかなければならない。この点については,本書の第Ⅲ編第8章であらためて論及することにしよう。

第5節 結 論

さて,本章ではいわゆる移行論を中心にこれまで議論を展開してきた。この移行論に関わるもっとも重要な係争問題は例の「逆の連関」論理であったが,この問題は本章で剔抉してきたような価値形態論独自の論理構造を解明することによって基本的に解決可能であった。さらに,この独自の論理構造

が明らかになることで，もうひとつの重要な価値形態論の特質が浮かび上がってきた。それは，貨幣商品説としての価値形態論がそれ自身の論理的枠組みを超えて価値標章としての貨幣の生成をも論定しうる——しかもこれを「論理」説的な枠組みのなかで論定しうる——可能性をその理論構造の内部に包蔵している，ということである。この点の確認は，ともすれば単純な貨幣商品説として——しかも「論理＝歴史」説的な枠組みのなかで——議論されがちなマルクス貨幣理論にとって極めて重要であるように思われる。以上の結論をもって，本章全体の締め括りとしよう。

1) この問題をめぐる論争については，広田精孝［1984］が詳細に検討している。
2) さしあたり宇野弘蔵［1950］。このほかに，中野正［1858］，鈴木鴻一郎［1959］，玉野井芳郎［1977］。これらの論者のばあいには，マルクスが価値形態を論ずる前に価値実体規定をあたえていることを批判する立場から，「逆の連関」が価値実体規定を前提すると解したうえで，これを第三形態への移行に用いることに反対している。
3) 富塚良三［1962］（後編第一論文）および同［1976］。富塚によれば，第二形態から第三形態への移行に際しては「諸商品の全面的な交換関係に固有の形態的矛盾と困難」が語られるべきであり，「この形態的矛盾そのものの本格的な展開は，交換過程論においてなされるべき」でなければならないのに，この移行を「逆の連関」論理をもって行なうことは，「むしろこの矛盾の所在を不明確ならしめるもの」とされる（同［1962］246頁参照）。
4) この立場としては，たとえば武田信照［1982］，竹永進［1985］がある。これらの論者のばあい，「逆の連関」は価値関係を基本的に現実的な持ち手変更としての交換関係として捉えるならば認めうるという立場を取るが，そうした「逆の連関」論理を第二形態から第三形態への移行に用いることには反対をする。武田や竹永は，見田説に従って移行を「価値概念からの価値形態の展開」過程として論ずるべきで，そのさい「逆の連関」に頼る必要はないという立場である。広田精孝，玉野井芳郎もまた価値関係を現実的持ち手変更関係としての交換関係として捉えたばあいには「逆の連関」を認めうるという立場をとる。なお，玉野井説にたいしては，見田説を継承する立場から尼寺義弘［1978］120‐48頁）が詳細な批判的検討を行なっている。
5) 尼寺義弘［1978］は明確にこの立場をとっている。
6) たとえば，頭川博［1980］は，価値形態の両極の原則として「両極の位置

の不可逆性と2商品の位置の可逆性という二大原則」(60頁)を提示し、そのうえで前者の原則から「全体的価値形態が……同一時点では必ず一個同一の商品についてのみ成立する」(71頁)こと、あるいは「ある時間的一断面における商品世界で全体的価値形態は一個同一の商品についてひとつだけ成り立ちうるに過ぎない」(75頁)ことの証明を行なうことで、「2商品の位置の可逆性原則」から一般的価値形態への「逆関係的な移行が可能である」(77頁)ことを主張する。このほかに、山内清 [1981]、藤本義昭 [1990] も、それぞれ異なった理由によって「逆の連関」成立を主張している。

7) この問題の叙述について、久留間鮫造 [1979] では、マルクスはこれを「仮説的提言 (hypothetisches Urteil) のかたちでいっている」(143頁) という解釈が示されている。とすれば、久留間もまた価値形態論ではそうした現実的交換関係を基礎とするような「逆の連関」による移行は必ずしも必要としない、という立場に立っているとみることができるであろう。

8) 「論理＝歴史」説的な内容をもつ叙述が価値形態論の非本質的な要素であるという私見は、むしろそう解釈しなければ貨幣・商品・価値という三者の相互前提的な関係から貨幣存在の必然性を説けないという立場の表明であるという意味で、Backhaus [1978] の主張と同じである。なお、このような「論理＝歴史」説と「論理」説をめぐる諸問題については、何よりも高須賀義博編 [1989] の佐藤金三郎による報告ならびに所収論文が参照されるべきである。

9) 「ここでは、諸商品の共通な価値表現はすべて直接に排除されている。なぜなら、ここではそれぞれの商品の価値表現のなかでは他のすべての商品はただ等価物の形態であらわれるだけだからである」(K.Ⅰ, S. 80.)。

10) 山内清 [1981] (同 [1999] 第5章、所収) は、価値形態論においては、ある商品の価値が他商品の使用価値で表現されるメカニズム (「狭義の価値表現」) のほかに「価値概念」の実体的内実の形態規定による表現 (「広義の価値表現」) を分析する課題があったとし、後者においては「リンネル＝上衣 (量的側面捨象) の価値関係の中で、……リンネルの価値存在がリンネルの物体形態から区別されて同等性という関係そのものに現出するという「独立な表現を与えられる」」([1981] 139頁) ことが明らかにされているとみる。そこでは「価値形態論内部の論理で、リンネルと上衣との「価値物」としての同等性が現出」し、そうした「形態的同等性」が「等式を逆転できる根拠」としての「逆の連関」であると主張されている (141頁参照)。これにたいして、その根拠を価値の実体規定に基づく同等性関係に求める尼寺義弘は「「形態的同等性」とは何か、積極的な証明が必要とされよう」と批判している (尼寺 [1992] 175頁)。しかしながら、価値実体規定に基づく同等性関係

第5章　価値形態の発展　　255

にせよ，あるいは山内説の「形態的同等性」にせよ，それらは価値等式の右辺と左辺との入れ替えの可能性を根拠づけるものとはなりえても，何ゆえ「逆の連関」論理を用いる必要があったのかについての積極的な説明にはならない，ということに注意すべきであろう。

11) 第二形態から第三形態への移行が「逆の連関」論理によって行なわれていることについて，藤本［1990］はこれを「第二形態から第三形態への形態発展は，個別的な商品の論理だけで説かれている」と特徴づける。つまり個別商品が，一般的等価形態に立たされる根拠を自らの論理（つまり「一個別商品が自ら主体となって他の個別商品を自分に等置してゆく能動的な連関（運動）」）によって措定するということである。この点，藤本はさらにつぎのように説明している。「リンネルは，他の商品の助力なしに行う他の無数の個別商品に対する自分自身の物象的な連関によって，自分を一般的等価物とする条件を自ら生み出していることになる。マルクスは，リンネルの展開する第二形態のうちにこのような条件を見いだしたからこそ，リンネルを一般的等価物とする第三形態を「逆の連関」だけで説いて，個別商品自身の論理によって措定されるものとして示したのである」（84頁）。この見解は基本的に正当であり賛同したい。

12) さらに同じような労働連関次元への下向は，第二形態の欠陥規定に関して次のようになされている。「展開された相対的価値形態の欠陥は，それに対応する等価形態に反映する。ここでは各個の商品種類の現物形態が，無数の他の特殊的等価とならんでひとつの特殊的等価形態なのだから，およそただそれぞれが互いに排除しあう制限された等価形態があるだけである。同様に，それぞれの特殊的商品等価物に含まれている特定の具体的な有用な労働種類も，ただ，人間労働の特殊な，したがってつきることのない現象形態でしかない。人間労働は，その完全な，または全体的な現象形態を，確かにあの特殊的諸現象形態の総範囲のうちにもってはいる。しかし，そこでは人間労働は統一的な現象形態をもっていないのである」（K. I, S. 78‐79.）。

13) 従来，この「共同事業」の解釈としては，特定の一商品を一般的等価にする「共同事業」と理解する説と，「一般的価値形態では価値表現が諸商品の「共同事業」だというにすぎず，この「共同事業」が１特定商品を「一般的等価」にするのではない」（松石勝彦［1993］273頁）という説とがある。さらに前者は，これを事実上の交換過程論の先取りとみる富塚説（［1962］）と，価値形態論に独自の論理とみる武田説（［1984］）とに分かれる。

14) つぎの『資本論』初版・商品章「本文」の文章には注意を要する。「形態Ⅲにおいては，リンネルはすべての他の商品の類形態としてあらわれる。それは，ちょうど，群れをなして動物界のいろいろな類，種，亜種，科，等々

を形成しているライオンや虎やウサギやその他のすべての現実の動物たちと相並んで，かつそれらのほかに，まだなお動物というもの，すなわち動物界全体の個体的化身が存在しているようなものである。このような同じもののすべての現実に存在する種をそれ自身のうちに包括している個体は，動物，神，等々のように，ひとつの・一・般・的・な・も・のである」（K. I, 1 Aufl., S. 27.）。むろん，これは，すでにでき上がった一般的等価物を前提したうえでその特徴を論じているわけで，そうしたいわば類の個体的化身が個々の商品の類＝価値の確証（反省）のために必要なるがゆえに，一般的等価物の存在が必然的であるなどと主張されているわけではない。このような一般的等価物の存在は，もっぱら十全な価値表現のために必然化されるのである。

15) 正木八郎 [1992] は，「論理説的貨幣商品説こそ，マルクスの価値・貨幣論を特徴づけている」（17頁）とし，「歴史的経過を追跡して，マルクスの時代と今日とのあいだに横たわる空白を埋めれば，マルクスの貨幣論の現代における再生が可能であるように見えるが，それは明らかに幻想である」（5頁）と喝破する。この見解は正当であるが，ここから正木は『資本論』初版で示されている「形態Ⅳ」が一般的価値形態の成立不可能性を論定している（そのかぎりで価値形態論は理論的に破綻している）という理解をもう一方の重要な根拠にして「マルクスのあの形態構成の論理構造そのものが放棄されるべきであろう」（29頁）との結論に達している。しかしながら本章で明らかにしたように，価値形態論は，「形態Ⅳ」の示唆する一般的価値形態の成立不可能性を突破する論理，すなわち価値表現の論理をもつのであって，「形態Ⅳ」を根拠に価値形態論の理論的破綻を主張する見解には基本的に賛成できない。さらにいえば，マルクス的な貨幣商品説から現代の貨幣存在（価値標章）の必然性を（「歴史的経緯を追跡」することによってではなく，論理的に）説くことは可能であり，この点は本書の第Ⅲ編第8章で明らかにされる。

16) この意味において，米田康彦の主張——すなわち「価値形態論と交換過程論とが，商品に内在する矛盾の発展を追求する視点からは同一の論理次元，すなわち，内的矛盾の外化を取り扱うレヴェルに属する」との主張（[1980] 81頁）——も認めうる。要するに，端緒的かつ原理的な貨幣は商品貨幣であり，それは価値尺度であると同時に流通手段であり，価値形態論・交換過程論いずれもそのような貨幣の生成を論じているということである。

第6章　貨幣の必然性について

　本章の目的は，価値形態論と交換過程論との理論的枠組みの違いが何に由来するのかを明らかにしながら，貨幣の必然性という論証課題に関して，それぞれどのような固有の意味をもち，また両者がどのような理論的関連をもつのかを考察することにある。

第1節　問題の所在

　『資本論』においては，その第1章（商品章）第3節「価値形態論」と第2章（「交換過程」章）との2か所で「貨幣の必然性」の論証が行なわれている。ただし，ここで「貨幣の必然性」というばあい，次の2つの意味が含まれていることにまず注意する必要があろう。
- (A)　商品世界においては一般的等価物すなわち貨幣の存在が必要・不可欠だという意味での貨幣の必然性の論証。むしろ，これは商品世界における貨幣の必要性あるいは貨幣存在の理論的根拠の論証というべきものである。
- (B)　商品世界にある無数の商品種類のなかから，ただひとつの商品だけが一般的等価物の地位に立つことの不可避性（必然性）を論証すること。無数の商品種類のなかから，ただひとつの商品を一般的等価物として排除することは，当然，人々の「社会的行為」あるいは「社会的過程」によってのみ可能となる。そのかぎりで，この論証は，そうした一般的等価物＝貨幣を実際に形成する社会的行為・共同行為そのものの必然性を論証することであり，それによって貨幣形成の必然性を論証するものと

いってよい。

　もちろん，両者は決して無関係ではない。前者(A)を貨幣存在論とし後者(B)を貨幣形成論とすれば，商品世界における無数の商品種類のなかからただひとつの商品を一般的等価物として排除する「社会的行為」あるいは「社会的過程」の必然性が明らかにされる貨幣形成論は，商品世界における貨幣の必要性（あるいは貨幣存在の根拠）が明らかにされる貨幣存在論によってはじめて意味をもちうるからである。

　あとでみるように，貨幣存在論(A)は，初版『資本論』で基本的に確立された価値形態論の一貫したテーマのひとつである。価値形態論では，この(A)の問題——すなわち商品世界における貨幣の必要性または貨幣存在の理論的根拠——が，もっとも十全な価値の表現形態（現象形態）を追究するなかで一般的価値形態（さらには貨幣形態）を措定する理論的プロセスによって究明されている。

　交換過程章でもまた(A)の問題が取り扱われているが，ここではいわゆる全面的交換の矛盾を解決すべきものとして貨幣存在の理論的根拠が論定される。言い換えるなら，ここでは，商品世界における貨幣の必要性（＝貨幣存在の根拠）が商品に内在する使用価値と価値との矛盾から理論的に明らかにされている。

　他方，(B)の貨幣形成の必然性の論証については，従来，価値形態論のテーマではなく交換過程論の固有のテーマであると考えられてきた。久留間理論がそうした見解の代表格であり，それがいわば通説の地位を保ってきたのである[1]。しかしながら，あとで検証するように，この解釈は実際には妥当しない。上述した意味での貨幣形成論は，価値形態論においても展開可能であり，現行版では事実そうなっている。

　これにたいして，貨幣形成論が価値形態論と交換過程論との２か所で展開されている，とする有力な解釈も存在する。武田信照の見解に代表される解釈がそれである。武田によれば，価値形態論においては価値尺度としての貨幣の形成を，交換過程論においては流通手段としての貨幣の形成を論定している，とされる[2]。

　この武田説は，貨幣形成の「何ゆえに」が価値形態論で，その「なぜ」が

呪物性論,「何によって」が交換過程論で説かれているという久留間理論の有名なシェーマにたいする批判から出てきたものである。ひとまず,武田の久留間理論批判をみることによって,本章で取り上げるべき問題を議論の表舞台へとひき揚げることにしよう。

　武田は,この問題に関する久留間理論の基本的スタンスを次のように要約している。

　　久留間氏は,……価値形態論は商品の価値としての一面を取り扱い,交換過程論は使用価値と価値との統一としての商品を取り扱うものとして2つの理論領域を明確に区別する必要を主張し,この観点から貨幣形成の解明にとってのそれぞれの理論領域の独自の意義を強調する。つまり,価値形態論は「一般的等価物が如何にして形成されるか,そしてそれによって,諸商品の価値としての連関が如何にして媒介されるか」を,言い換えれば貨幣形成の「如何にして」を明らかにするのに対し,交換過程論は「使用価値および価値の直接的統一としての商品の矛盾」が「ある特殊な商品を実際に排除し,一般的等価物を実際に作り出す……共同行為を必然たらしめる」ゆえんを,言い換えれば貨幣形成の「何によって」を明らかにするものであった。物神性論を貨幣形成の「なぜに」を明らかにするものであると見る久留間氏にとって,マルクスのいう「いかにして,何故に,何よって商品が貨幣であるか」は,それぞれ価値形態論,物神性論,交換過程論で解明されているということになる。(武田［1984］371‒72頁)

　このような商品章第3節（価値形態論),第4節（呪物性論),そして交換過程章の理論的関連を説く久留間理論にたいして,武田は,呪物性論では貨幣形成の「何故」が論じられるのではなく「労働の価値による表示の何故」が問題にされていると批判し,さらに交換過程論のみを貨幣形成の根拠が論証される理論領域と考える久留間理論に反対して,価値形態論では価値尺度としての貨幣の形成根拠が論証されているという,武田自身の積極説を主張している。

確かに、価値形態論において価値尺度としての貨幣の形成が論じられている、という武田説は、価値形態論における独自の方法——すなわち、もっとも十全な価値表現の形態を追跡するなかで一般的等価物＝貨幣を措定する——を念頭においてみれば、ある程度の説得力はもちうる。だが、そもそも価値尺度としての機能的定在だけをもつ貨幣の形成を論ずること自体にいかなる理論的意義があるのか？　こう反問してみれば、この武田説には少なからず首を傾げざるをえない部分がある。では、本書の立場はどうなのか。これは武田説とは違ってつぎのようである。

価値形態論でその形成が論定されている貨幣は、その機能的定在からいえば、価値尺度であると同時に流通手段であるような貨幣、要するに貨幣としての貨幣である。さらにいえば、従来、価値形態論と交換過程論との関係は貨幣形成論というコンテキストのなかでのみ考えられる傾向にあったが、これは貨幣形成の「何ゆえに」「なぜ」「何によって」を問題にする久留間理論の過度な掣肘力の結果とみるべきであろう。両者の関係は、むしろ商品世界への理論的な上向過程の一環としての商品章と交換過程章との関係という方法的枠組みをふまえて捉えられなければならない。

そこで本章の課題は、上記の論点を検証することによって、価値形態論と交換過程論との理論的関連を闡明し、そのなかで「貨幣の必然性」問題を考察してゆくことにおかれる。さっそく次節では、交換過程章における「貨幣の必然性」問題の取り扱い方をみてゆくことにしよう。

第2節　貨幣の必然性と交換過程論

交換過程章では、商品を主語として論理を展開した商品章とは異なり、ここではじめて人間が経済的諸関係の担い手（＝商品所有者）として登場させられ、価値関係・交換関係を形成する主体として取り扱われる。要するに、ここでは、商品世界（諸人格の社会的関係、諸物象の社会的関係、両者の転倒的かつ相互依存的な関係）への上向プロセスが商品論段階からさらにすすめられ、諸人格の社会的関係を形成する主体である人間自身が商品に代わって主語の位置につけられるのである。

生身の肉体をもち，それゆえに多様な欲望をもつ人間＝商品所有者は「生まれながらのレベラーズで，皮肉屋である商品」(K.I., S. 100.)とは当然に違っている。したがって，これが交換関係の主語＝主体として登場させられると，分析者は商品章で行なっていたような論理操作――すなわち商品の使用価値の違いを無視すること――がもはや不可能になる。交換過程論の基本的な枠組みを規定しているのは，こうした主体概念の明確な転換であり，さらにはこの交換過程章のレヴェルで理論的に再構成されるべき商品世界の基本構造なのである。

ここで商品所有者にとって，商品は「他人にとっての使用価値」である。と同時に，彼にとっては「交換価値の担い手」（したがって交換手段）という使用価値をもつ。そして，ここから交換過程章では，商品に内在する使用価値と価値との矛盾を基礎に貨幣の必然性が論定されるのである。

ただし，すでに明らかにしているように，貨幣の必然性という言葉にはつぎの2つの意味が含まれている。すなわち，(A)商品世界における貨幣存在の必要性（＝貨幣存在の理論的根拠），(B)一般的等価物＝貨幣を実際に形成する社会的行為・共同行為そのものの必然性，あるいは貨幣形成の必然性，この2つである。そして，貨幣の必然性そのものは，貨幣存在論（論点A）を基礎に貨幣形成論（論点B）を明らかにすることによって論定される。以下においては，この2つの課題が交換過程章でどのように展開されているのかを確認してゆこう。

交換過程章は，大きくは以下3つの問題領域から構成されている。(a)商品世界の基本的構造を前提したうえで，全面的交換の矛盾を論理的媒介として商品世界における貨幣形成の必然性を論定する。(b)商品交換の歴史的発展過程のなかで，商品の使用価値と価値との対立が展開され「商品と貨幣とへの商品の二重化」が行なわれてきたことを確認する。(c)貨幣認識の学説史的回顧を行ない，そのなかで貨幣呪物の本質を再確認する。

本章で問題とする貨幣の必然性――つまり論点A（貨幣存在論）およびB（貨幣形成論）――が論じられるのは，もっぱら(a)の問題領域においてである。(b)は，論点Bの問題――すなわち一般的等価物＝貨幣を実際に形成する社会的行為・共同行為そのもの――を交換の歴史的プロセスのなかに位置づ

けたうえで歴史的な「商品と貨幣とへの商品の二重化」プロセスを論じたものである。(c)については，ここでの検討の範囲外にある。したがって，以下においては(a)の問題領域を中心に取り上げ，そのうえで(b)の問題領域に言及してゆくことにしたい。

すでに論じているように，交換過程章では，商品所有者が交換関係を形成する主体であり，彼にとって商品は「他人にとっての使用価値」である。と同時に「交換価値の担い手」(したがって交換手段)という「使用価値」をもつ。ここから商品の全面的交換が不可避になるのである。交換過程章では，この全面的交換の矛盾を解決すべきものとして貨幣が措定されるが，ここではまず論点A，すなわち商品世界における貨幣存在の理論的根拠が以下の3つのレヴェルで明らかにされている。

① 「商品は，使用価値として実現されうるまえに価値として実現されなければならない」。「他方では，商品は，自分を価値として実現しうる前に，自分を使用価値として実証しなければならない」(Ibid., S. 100.)。

② 商品所有者が自分の欲望を満たす使用価値をもつ商品と引き替えでなければ，自分の商品を譲渡しようとしないというかぎりで，「交換は彼にとってただ個人的な過程でしかない」。他方では，彼が商品を，他の商品所有者の欲望とは無関係に，もっぱら価値として実現しようとするかぎりで「交換は彼にとって一般的，社会的な関係である」。ところが「同じ過程が，同時にすべての商品所有者にとってただ個人的であるとともに，ただ一般的，社会的であることはできない」(Ibid., S. 101.)。

③ 「どの商品所有者にとっても，他人の商品はどれでも自分の商品の特殊的等価とみなされ，したがって自分の商品は他の商品の一般的等価とみなされる」。ところが，これはすべての商品所有者にとっていいうるわけであるから，どの商品も一般的等価物ではなく，またどの商品も「一般的な相対的価値形態をもたない」。それゆえ，諸商品は「総じて商品として相対するのではなく，ただ生産物または使用価値として相対する」ことにならざるをえない (Ibid., S. 101.)。[5]

上述の①の矛盾は商品に内在する使用価値と価値との対立関係をいいあらわしたものであり，それをまた別のかたちで表現したものが②の矛盾である。

第 6 章　貨幣の必然性について　　263

　この矛盾①，②は，価値の絶対的定在としての貨幣（あらゆる商品にたいする直接的交換可能性をもつ貨幣）が登場して，商品所有者たちがこの貨幣 G を媒介にして交換を行なうこと（$W-G-W$）によって——言い換えるならば，商品所有者たちが買い手と売り手として互いに役割を変えること（$W-G$ ・ $G-W$）によって——解決される。

　これにたいして，矛盾③はつぎのように解決されることになる。

> われわれの商品所有者たちは，当惑のあまり，ファウストのように考え込む。はじめに業ありき。彼らは，考えるまえにすでにおこなっていたのである。商品の本性の諸法則は，商品所有者の自然本能において自分を実証したのである。彼ら（商品所有者）が自分たちの商品を互いに価値として関係させ，したがってまた商品として関係させることができるのは，ただ自分たちの商品を一般的等価物としての別のあるひとつの商品に対立的に関係させることによってのみである。このことは商品の分析が明らかにした。(Ibid., S. 101.)

　この論点そのものは，主語が商品（物象）から商品所有者（人格）に転換されていることを除けば，基本的には価値形態論において解明されていた。だから，これはすでに「商品の分析が明らかにした」とされるわけであるが，具体的には価値形態論の第三形態で措定された一般的等価物の存在によってこの矛盾③が解決されるということである。もちろん，この矛盾①②がその解決形態をあたえられるのは，貨幣が価値の絶対的定在としてあらゆる商品にたいする直接的交換可能性という独特の性質をもつからこそで，こうした貨幣の特性についても基本的には価値形態論によって解決されるのである。

　ここから矛盾③は，他の２つの矛盾とは理論的性質が異なっているということがわかる。それというのも，この矛盾③の解決が前者の矛盾①②の解決手段を示す，という関係になっているからである。言い換えるなら，③は，価値の絶対的定在であり，あらゆる商品にたいする直接的交換可能性をもつ貨幣の存在によって全面的交換の矛盾が解決されること，そしてそのような貨幣のもつ独特の性質（すなわち，その本質）は価値形態論において明らか

にされているということを示唆するのである[6]。

　さらにいえば，ここでは，矛盾③の解決が矛盾①②の解決手段となるという関係を示すこと——換言するなら，商品に内在する使用価値と価値との矛盾の外化もしくは外的な解決形態として $W-G-W$ を措定すること——によって，そこから一般的等価物＝貨幣の必要性（＝貨幣存在の理論的根拠）を論定している。要するに，そうした論理構成によって，貨幣概念が商品概念（＝使用価値と価値との矛盾的統一物）に不可分のものであることを明らかにする，あるいはそれによって商品世界における貨幣存在の理論的根拠を明らかにしている，ということである。

　ここまでは，基本的に論点Aの問題であるといってよい。そこでつぎに論点B，つまり商品世界における無数の商品種類のなかから，ただひとつの商品を一般的等価物として排除する「社会的行為」あるいは「社会的過程」の必然性については，このあと以下のように展開されている。

　　ただ社会的行為だけが，ある一定の商品を一般的等価物にすることができる。それだから，他のすべての商品の社会的行動が，ある一定の商品を除外して，この除外された商品で他の全商品が自分たちの価値を全面的にあらわすのである。このことによって，この商品の現物形態は，社会的に認められた等価形態になる。一般的等価物であることは，社会的過程によって，この除外された商品の社会的機能になる。こうして，この商品は貨幣になるのである。(Ibid., S. 101.)

　ここでは，論点Aで商品世界における貨幣＝一般的等価物の必要性（＝貨幣存在の理論的根拠）が明らかにされたことをうけて，そうした貨幣形成が人々の「社会的行為」あるいは「社会的行動」によって可能になることが明らかにされている。もちろん，これだけでは，ひとつの商品を一般的等価物にする「社会的過程」の必然性を述べたものとはいえない。この「社会的過程」の必然性は，すなわち貨幣形成の必然性は，段落を変えてつぎのように論じられている（ここから問題領域は(a)から(b)に転換される）。

　貨幣結晶は，交換過程の必然的な産物である。「交換の歴史的な広がりと

深まりとは，商品の本性のうちに眠っている使用価値と価値との対立を展開する。この対立を交易のために外的にあらわそうという欲求は，商品価値の独立形態に向かってすすみ，商品と貨幣とへの商品の二重化によって最終的にこの形態に達するまでは，少しも休もうとしない。それゆえ，労働生産物の商品への転化が実現されるのと同じ程度で，商品の貨幣への転化が実現されるのである」(Ibid., S. 102.)。

要するに，ここでは「交換の歴史的な広がりと深まり」のなかで商品に内在する使用価値と価値との対立が必然的に外化してゆく（貨幣結晶をつくりだす）というかたちで，ひとつの商品を一般的等価物にする「社会的過程」の必然性が明らかにされている。

むろん，これは，商品に内在する使用価値と価値との対立の外化（あるいは外的解決形態）としての貨幣の必然性を，いわば交換の歴史的過程のなかで論定しているわけで，貨幣形成論としては歴史的貨幣形成論の範疇に入れられるべきものであろう。したがって，これは，あとで確認するような価値形態論における論理的貨幣生成論とは区別される必要がある。言い換えるなら，この交換過程章では，下向分析——すなわち，複雑で具体的な商品世界の現実をより本質的な（したがってより単純で抽象的な）要素へと還元するプロセス——によってあたえられた，その構成諸契機を理論的に再構成（総合化）しつつ，出発点の商品世界の現実へと上向展開してゆく，そうした論理説的な方法によって貨幣形成の必然性が論定されているわけではないということである。

いったん，まとめをしておこう。交換過程論では，商品世界における貨幣存在の理論的根拠を問題とする貨幣存在論と，一般的等価物＝貨幣を形成する社会的行為・共同行為そのもの（＝「社会的過程」）の必然性を取り扱う貨幣形成論との2つが展開されている。前者は，貨幣存在の理論的根拠を価値概念もしくは完成された商品概念を基準として闡明し，そこからまた商品と貨幣との理論的な不可分性を論証している。これは論理説的な方法である。これにたいして，後者は，貨幣形成の必然性を問題とし，現実的交換の歴史的発展過程のなかに一商品を一般的等価物の地位につける「社会的過程」の必然性を説明している。

こうして, 交換過程論における貨幣存在論と貨幣形成論とはその論証課題および方法において大きく異なっており, 価値形態論 (とくに, その貨幣存在論および貨幣形成論) との比較を行なうばあいには, 何よりもまずこの両者の違いを明確にしておく必要がある。この点を確認したところで, つぎにはこの貨幣の必然性が価値形態論ではどう説かれているかをみてゆこう。

第3節　価値形態論の課題と貨幣の必然性

　価値形態論の基本テーマを論ずるばあい, まず注意しなければならないことは, これが商品章に位置している点である。したがって, 価値形態論によって論定されるべきは, 何よりもまず商品概念であって貨幣概念ではない。もちろん, 商品概念と貨幣概念とは不可分の関係にある。たとえば, 完成された商品概念にとって価格形態は欠くことができないが, この価格形態は貨幣なしには存在しないという点をとってみても両者の不可分性は明白であろう[7]。それゆえ, 商品と貨幣, どちらか一方的だけを概念規定できるということはありえない。ただ商品章では, 理論的〈上向〉過程にしたがって商品概念の措定が優先しているということである。

　かくて, 価値形態論において, 貨幣は商品概念の措定に必要なかぎりでだけ論及される。ただし, ここでもっぱら本章の課題 (貨幣の必然性についての論証) にひきつけて価値形態論の基本テーマを明らかにするなら, 大きくはつぎの2つになるであろう。

　まず第一には, 貨幣の特性は, それが価値の絶対的定在 (あるいは現象形態) として, あらゆる商品にたいする直接的交換可能性をもつということだが, この特性が何に由来するのかを明らかにすることである。これは, 要するに貨幣 (呪物) の本質を明らかにすることである。以下では, これを貨幣本質論とよぼう。

　第二には, 貨幣が商品世界において必要にして不可欠な存在であるということ, つまり商品世界における貨幣存在の理論的根拠を明らかにすることである。これは, さきほどみた「貨幣の必然性」論のうちの論点Aすなわち貨幣存在論に属する問題である。

この2つは，価値形態論の基本的課題といってもよい。価値形態論の第一の課題である貨幣の本質を解明する作業は，基本的には簡単な価値関係から価値形態を析出して価値形態の基本的構造を解明する第一形態論において，とりわけその内実論で行なわれていた。また，第二の課題すなわち商品世界における貨幣存在の理論的根拠を明らかにする作業は，価値形態の発展を簡単な価値形態から貨幣形態まで論理的に追跡する，いわゆる移行論において果たされている。以下，それぞれの課題がどのように論じられているのかを簡単に再確認しておきたい。まずは，第一の課題，貨幣本質論からみてゆこう。

　貨幣の特性とは，それがあらゆる商品にたいする直接的な交換可能性という独特の力能（呪物的性格）をもつということであった。問題はその特性が何に由来するのかであるが，マルクスのばあい，それは商品概念を構成するもっとも基軸的モメントである価値形態における等価形態の特性として説明される。つまり，このばあい，貨幣の特性は等価形態に立つ商品の受け取る独特の形態規定性——すなわち等価商品がその現物形態そのままで価値の現象形態として通用すること——から説明されるわけである。この点，マルクスはいう，「一商品の等価形態は，その商品の他の商品との直接的交換可能性の形態である」（K. I, S. 70.）と。なぜか？ その理由はこう説明される。

　　等価形態は，ある商品体，たとえば上衣が，このあるがままの姿のものが，価値を表現しており，したがって生まれながらに価値形態をもっているということ，まさにこのことによって成り立っている。……上衣もまた，その等価形態を，直接的交換可能性というその属性を，重さがあるとか保温に役立つとかいう属性と同様に，生まれながらにもっているようにみえる。それだからこそ，等価形態の不可解さが感ぜられるのであるが，その不可解さは，この形態が完成されて貨幣となって経済学者の前にあらわれたとき，はじめて彼のブルジョア的に粗雑な目を驚かせるのである。(Ibid., S. 72.)

　みてのとおり，あらゆる商品にたいする直接的交換可能性という貨幣の特

性（貨幣の呪物性）の根拠は，等価商品がその「あるがままの姿」で「価値を表現している」，あるいは価値姿態となっているという，その独特の形態規定性に求められている。

では，何ゆえに一般的等価物としての貨幣は，その現物形態そのもので価値の現象形態になるという独特の形態規定性をあたえられ，それゆえにまたあらゆる商品にたいする直接的交換可能性という呪物的性格をもつことになるのか？

この問題を解く鍵は内実論にあった。すでにみたとおり，内実論では，商品の価値関係のなかから価値表現関係（相対的価値形態，等価形態）すなわち価値形態が析出されるが，そこでは価値関係のなかからひとまず自己関係（Beziehung auf sich selbst）を析出し，この自己関係をさらに価値表現関係として読み替えるという独特の手続きによって価値形態の析出が行なわれていた。そして，この自己関係（＝反省関係）のなかで商品にたいしてあたえられた独自の経済的形態規定性が，価値表現関係としての相対的価値形態ならびに等価形態の形態規定性となり，同時にそれぞれの呪物性の根拠として措定されたのである。こうして，価値形態論の第一の課題——貨幣の本質を究明すること——は内実論における自己関係の論理によって基本的に果たされている。もちろん，ここで論定されているのは貨幣の萌芽についてであり，最終的にはこの独特の形態規定性が一般的等価物の地位に立った商品に適用されることとなるのである。

つぎに，第二の課題，すなわち貨幣存在論についてはどうであろうか。価値形態論においては，貨幣が商品世界において必要にして不可欠な存在であるということ，つまり商品世界における貨幣存在の理論的根拠が明らかにされているが，この課題は基本的に移行論において果たされている。

移行論では，価値概念にもっとも照応した価値形態を追跡する——換言するなら，もっとも十全な価値の現象形態（表現形態）を究明する——という方法的な枠組みのもとで，第一形態（$W_1 = W_2$）から第二形態（$W_1 = W_2$, $W_1 = W_3$, $W_1 = W$, ……, $W_1 = W_n$）へ，第二形態から第三形態（$W_2 = W_1$, $W_3 = W_1$, $W_4 = W_1$, ……, $W_n = W_1$）へと理論を展開（移行）させて最終的に貨幣形態に到達している。

そのさい重要なことは，価値形態の発展——すなわち第一形態・第二形態・第三形態——が例の狭義の商品世界から貨幣が捨象された理論的・仮設空間（＝多極的価値関係）を構成する価値関係の基本形——すなわち価値関係Ⅰ・価値関係Ⅱ・価値関係Ⅲ——に形式上対応しているという点である。それはまた，商品世界における貨幣存在の根拠（換言すれば貨幣形態の存在根拠）が商品世界の内部編成のなかに求められている，ということを意味している。

ただし，価値表現関係としての第一形態〜第三形態は，その内容からいえば価値関係Ⅰ〜Ⅲとは明確に区別されなければならなかった。たとえば，価値関係Ⅲと第三形態（一般的価値形態）とは形式的には同じものだが，内容的にはまったく異なる。前者は，例の多極的価値関係を構成する諸商品の社会的関係を，いわばひとつの代表見本としての一商品 W_1 のとりうる価値関係の基本形として示すものであり，この意味ではこの多極的価値関係を構成するすべての商品が同時にこの価値関係Ⅲをとっていることを想定している。これにたいして，第三形態は，商品世界のなかからただひとつの商品だけが一般的等価物の地位に立ち，他の商品はそこから排除されるという関係である。当然，そこには価値形態に固有の対立・排除の関係が存在している。

もちろん，第三形態は，ある商品 W_1 が他のすべての商品とのあいだでとりむすんだ自己関係を，商品 W_1 が他のすべての商品（W_2，W_3，W_4，……，W_n）によって価値を表現する関係として読み替えたものであり，そのかぎりでは，特定の商品 W_1 が一般的等価物の地位につくことの必然性を論証したものではない。商品世界に存在するすべての商品が価値関係Ⅲ（したがってまた第三形態）をとりうる以上，すべての商品が一般的等価物の地位に立ちうるからである，ただし，そのときにはまた他の商品はすべて一般的等価物の地位から排除されるということは言をまたない。

こうして，移行論においては，価値概念に照応した価値形態を追跡するなかで価値形態の発展（移行）が行なわれ，価値概念にもっとも照応した価値形態として一般的価値形態（＝貨幣形態）が措定される。このときまた，商品概念はひとつの完成形態に到達するのであるが，この完成された商品概念に到達するプロセスは同時に商品世界（少なくとも狭義の商品世界）の内部

編成を理論的に再構成する上向プロセスともなっている。というのは，価値形態の発展（すなわち第一形態・第二形態・第三形態）を追跡するプロセスが同時に商品世界の構成契機をなす価値関係（＝価値関係Ⅰ・価値関係Ⅱ・価値関係Ⅲ）を単純なものから複雑なものへと論理的に跡づけるプロセスともなっているからである。ここから，われわれはつぎのような結論を導き出すことができるであろう。

価値概念にもっとも照応した価値形態を追跡して貨幣形態に到達することは，商品概念の完成のためにも貨幣存在が不可欠である——つまり商品と貨幣とが理論的に不可分の関係にある——ということを論証したことになり，そしてまた，このように完成された商品概念にとっての貨幣存在の必要性を論証することは，商品世界において貨幣存在が必要・不可欠だということ（商品世界における貨幣存在の理論的根拠）を論証したことになる，ということである。

ただし，ここでは以下のことに注意しなければならない。ここで論証されているのは，商品世界における無数の商品種類のなかからただひとつの商品だけが一般的等価物の地位に立つことの不可避性（必然性）ではない，ということである。あくまでも，これは商品世界における貨幣存在の理論的根拠を明らかにしているにすぎない。無数の商品種類のなかから，ただひとつの商品を一般的等価物として排除することは人々の「社会的行為」あるいは「社会的過程」によってのみ可能なのであるが，このような一般的等価物＝貨幣を実際に形成する社会的行為・共同行為そのものの必然性については，また別のコンテキストのもとで論じられなければならないのである。この問題については，節をあらためて論じてゆくことにしよう。

第4節　「形態Ⅳ」と貨幣の形成

従来，貨幣形成の必然性についての議論は，価値形態論では取り扱われていないとみる説が有力であった（「いかにして，なぜに，何によって」というシェーマを重視する久留間理論がその代表である）。つまり，価値形態論では，貨幣の特性（その謎）を究明する貨幣本質論と，商品世界における貨

幣存在の理論的根拠を究明する貨幣存在論だけが論じられ，貨幣形成論は交換過程論の固有のテーマである，とされてきたわけである。そうした見解が通常よりどころにするのが，初版『資本論』「本文」における「形態IV」の存在である。

　初版「本文」における価値形態論の展開においては，第三形態（一般的価値形態）を導出したあと，初版「付録」や現行版のように貨幣形態へとすすまず，逆に一商品が一般的等価物の地位に立つことを否定する形態IVへとすすんでいる。形態IVとは，商品世界に存在するすべての商品の第二形態を示すもので，すべての商品が相対的価値形態に立って自分以外の他のすべての商品を等価形態におく関係である。逆にいえば，それは，自らもまた相対的価値形態に立つ他のすべての商品によって等価形態におかれる関係であるといってもよい。要するに，それはあらゆる商品の第二形態の同時併存であり，これを「逆の連関（Rückbeziehung）」によって倒置すれば，あらゆる商品の第三形態の同時併存の関係，結局のところは例の狭義の商品世界から貨幣を捨象した多極的商品関係と形式的には同じものといえる。

　価値形態論では，第二形態から第三形態への移行をいわゆる「逆の連関」論理を媒介にして行なうが，形態IVはこうして価値形態論における貨幣形成論の理論的限界を暴露したものとみることができる。つまり，形態IVはすべての商品が「逆の連関」によって一般的等価物の地位に立ちうるということ，そうである以上はまた同時にすべての商品が一般的等価物に立ちえないということを明らかにするからである。ここから，貨幣の形成とその必然性は，価値形態論ではなく交換過程論でなされるという結論が出てくる。形態IVは，その有力な傍証のひとつと目されているわけである。そこで以下では，この形態IVの内容を検討しながら，貨幣形成の必然性と価値形態論との関連を考察してゆくことにしよう。

　マルクスは，初版「本文」で第三形態（「相対的な価値の第三の形態，すなわち倒置された，または逆の連関にされた第二の形態あるいは形態III」）の理論的特徴について論じたあと，つぎのように議論を展開している。

　　とはいえ，われわれの現在の立場においては，一般的な等価物はまだ決

して骨化されてはいない。どのようにして実際にリンネルは一般的な等価物に転化させられたのであろうか？　それは，リンネルが自分の価値をまず第一にひとつの個別的な商品において示し（形態Ⅰ），つぎにはすべての他の商品において順次に相対的に示し（形態Ⅱ）こうして逆連関的にすべての他の商品がリンネルにおいて自分たちの価値を相対的に示した（形態Ⅲ），ということによってである。単純な相対的な価値表現は，リンネルの一般的な等価形態がそこから発展してきた萌芽だった。この発展のなかでリンネルは役割を変える。リンネルは，その価値の大きさをひとつの商品で示すことではじめ，そして，すべての他の商品の価値表現のための材料として役立つことをもって終わる。リンネルにあてはまることは，どの商品にもあてはまる。(K. Ⅰ, 1 Aufl., S. 42.)

要するに，ここでいわれていることは，価値形態論の方法的枠組みからすれば個別商品「リンネルにあてはまることは，どの商品にもあてはまる」ということ，つまりは一商品の一般的等価物への骨化はここにおいては論証されないということである。

また，ここでその移行手続きが略説されている価値形態Ⅰ～Ⅲは，例の狭義の商品世界から貨幣の捨象された理論的・仮設空間（＝多極的価値関係）を構成する価値関係の基本形（すなわち価値関係Ⅰ・価値関係Ⅱ・価値関係Ⅲ）が価値表現関係として読み替えられたものだ，という点に注意しなければならない。マルクスは「諸商品の価値関係にふくまれている価値表現の発展」(K. Ⅰ, S. 62.) を追跡するというかたちで，この価値関係の基本形のなかに価値の表現形態を見出し，そのことによって商品世界の内部編成のなかから一般的等価物（＝貨幣）形成の可能性を析出しようとしているのである。

もちろん，「逆の連関」を含んでいるのは，相対的価値形態と等価形態とのあいだの固有の対立・排除関係を有する価値形態ではなく，商品世界における諸商品の独特の社会的関係をあらわす価値関係である。それというのも，この商品世界のなかでは，あらゆる商品が自己関係の能動的主体の立場に立って他のあらゆる商品に関係行為する主体であると同時に，自分自身もまた他のあらゆる商品によってそれらの自己関係の受動的な客体（対象）の立場

第6章　貨幣の必然性について　　273

におかれるという関係にあったからである。すなわち，ここでは $W_1=W_2$，$W_1=W_3$，……等々は，同時にその「逆の連関」すなわち $W_2=W_1$，$W_3=W_1$，……等々を含んでいるということである。

　いずれにせよ，このような「逆の連関」によって，一商品（たとえばリンネル）はその価値形態II（価値関係II）から価値形態III（価値関係III）へと展開されて，それが一般的等価物の地位に立ちうることを論定される。ただし，ここでの理論的枠組みのもとでは「リンネルにあてはまることは，どの商品にもあてはまる」。ここから形態IVが，つぎのように措定されるのである。

　　それゆえ，われわれは最後につぎのような形態を得る。
　　　形態IV
　　　20エレのリンネル＝1着の上衣　または　＝U量のコーヒー　または　＝V量の茶　または　＝X量の鉄　または　＝Y量の小麦　または　＝等々。
　　　1着の上衣＝20エレのリンネル　または　＝U量のコーヒー　または　＝V量の茶　または　＝X量の鉄　または　＝Y量の小麦　または　＝等々。
　　　U量のコーヒー＝20エレのリンネル　または　＝1着の上衣　または　＝V量の茶　または　＝X量の鉄　または　＝Y量の小麦　または　＝等々。
　　　V量の茶＝等々。

　しかし，これらの等式のそれぞれは，逆の連関にされれば，上衣，コーヒー，茶，等々を一般的な等価物としてあらわれさせ，したがってまた上衣，コーヒー，茶，等々においての価値表現をすべての他の商品の一般的な相対的な価値形態としてあらわれさせる。一般的な等価形態は，つねに，すべての他の商品に対立して，ただひとつの商品だけのものになる。しかし，それは，すべての他の商品に対立して，どの商品のものにもなる。しかし，どの商品でもがそれ自身の現物形態をすべての商品に対して一般的な等価形態として対立させるとすれば，すべての商品がすべての商品を一般的な等価形態から除外することになり，したがってまた自分自身をもその価値の大きさの社会的に認められる形態から除外することになる。(K. I, 1 Aufl., S. 43.)

最後の結論部分は,「逆の連関」論理による一般的価値形態の導出（形態IIから形態IIIへの移行）の困難性を明らかにしたものである。そうである以上,少なくとも価値形態論では貨幣形成の論定は不可能であるという結論が出てくる。つまり,そこでは貨幣なるものの本質（その特性）と,それの商品世界での存在根拠とを言明するにとどまり,貨幣形成の必然性は交換過程論においてのみ論定できる,ということである。

　事実,初版「本文」の段階では形態IVの措定によって一般的等価物への骨化を否定したうえで「しかし決定的に重要なことは,価値形態と価値実体と価値の大きさとの関係を発見するということ,すなわち,観念的に表現すれば,価値形態は価値概念から発していることを論証するということだったのである」(Ibid.) という結論をもって,価値形態論を終えている。

　以上からまずわかることは,初版「本文」における価値形態論がいわゆる論理説的な展開となっているということである。形態IVの存在は,初版「本文」の価値形態論が例の理論的仮設空間（したがってまた商品自身が主体となって互いに関係をとりむすぶ狭義の商品世界,さらには多極的商品関係）を前提して展開しているということを物語っている。このような論理説的な価値形態論の展開によってマルクスが明らかにしようとしていたのは,ただひとつの商品が一般的等価物の地位を独占する第三形態（さらには貨幣形態）こそ価値概念にもっとも照応する価値形態であること,言い換えるなら,価値のもっとも十全な現象形態を獲得している完成された商品概念と貨幣存在とが不可分の関係にあるということである。

　要するに,それは,内実論で明らかにされた貨幣本質論（換言すれば,貨幣のもつ特性の理論的根拠）をふまえて,商品世界における貨幣存在の理論的根拠を明らかにすることだといってもよい。これら論理説的な基盤のうえに構築された理論こそ価値形態論の骨格体系をかたちづくるのであり,初版「本文」の段階では貨幣形成論ははじめからその対象外におかれていた,ということである。

　さらにいえば,論理説的に議論が展開されているここで,価値形態の移行にさいして「逆の連関」論理が用いられているということも重要である。そ

第6章　貨幣の必然性について　275

れというのも，この「逆の連関」論理は，商品世界の基本的な構成契機である価値関係Ⅰ・Ⅱ・Ⅲの内的関連を示すものであり，その意味ではまた，それは価値形態の移行がいかなる理論的枠組みのなかで行なわれているかを示唆するからである。以下，この点を確認しておこう。

　あらゆる商品が価値関係・自己関係の能動的主体であると同時に，その受動的な客体（対象）となる商品世界（狭義）では，諸商品が価値関係ⅠおよびⅡを形成することによって同時にまた価値関係Ⅲを形成する。つまり，そこでは価値関係ⅠおよびⅡによって価値関係Ⅲの成立根拠があたえられるという関係にある。「逆の連関」論理（つまり $W_1 = W_2$ は逆関連的に $W_2 = W_1$ を含むという論理）が含意しているのは，こうした商品世界独特の構造にほかならなかった。かくして，「逆の連関」論理は，何よりもまず商品世界の基本的構成契機（価値関係Ⅰ・Ⅱ・Ⅲ）の内的関連を示すのであり，したがって，それは商品世界の内部編成（あるいは，その基本的な構成契機である価値関係Ⅰ・Ⅱ・Ⅲ）のなかに貨幣形成の可能性を見出そうとする価値形態論の理論的な枠組み，すなわち論理説的な枠組みを示唆するのである。

　もちろん，商品世界の基本的な構成契機である価値関係Ⅰ・Ⅱ・Ⅲは，交換関係の歴史的な発展過程に対応するとみることも不可能ではない。とはいえ，論理と歴史とのあいだにこのような一定の対応関係が見出されるからといって，ただちに理論的な再構成過程（＝論理）が歴史的な発展過程を反映する，あるいは両者が厳密な対応関係にあるという論理＝歴史説的な結論につながってゆくわけではない。そのようにみようと思えばできるという程度の，可能性の範囲内での話でしかないのである。

　いずれにしても，ここで重要なことは，マルクス自身が価値形態論の理論的枠組みの内部で一般的等価物の骨化を否定しているということである。言い換えるなら，ここではいまだ商品世界における貨幣形成（さらには，その必然性）は論じられていないのである。

　ところが，同じ初版の「付録」で展開された価値形態論では，これとかなり様相が異なっている。初版「本文」では，形態Ⅳの導入によって一般的等価物への骨化をみることなく価値形態論が終わっていたのにたいし，「付録」では，一般的等価物の地位を一商品が独占する「一般的価値形態」を論定し

たあと，金商品が一般的等価物という独占的な地位を獲得する「貨幣形態」へと論をすすめて価値形態論を貨幣形成論として完結させている。この点では，現行版もまた同じ展開過程をとるのである。

　この「付録」は「価値形態論の補足的な，もっとも教師的な説明」（K.Ⅰ, S. 18.）をするために加えられたものであり，そこでは理論展開の過程が細かく区分され，それぞれに適切な小見出しや表題が付されて，価値形態論がより理解しやすくなるようなかたちに再構成されている。ここでの理論展開の特徴は，どちらかというと，いわゆる論理＝歴史説的な展開になっているという点である。こうした問題と関連して，「付録」では件の「逆の連関」論理があたかも現実的な持ち手変換（交換）関係のもとで成立するかのように——しかも，それが物々交換のもとでの「商議」のなかで成立するものとして——説明されている。さらに，第二形態から第三形態への移行において「逆の連関」論理が用いられたさいには，つぎのような補足的叙述も加えられている。

　　実際，リンネルの所持者が彼の商品を多くの他の商品と交換し，したがってまた彼の商品の価値を一連の他の商品の価値で表現するならば，必然的に多くの他の商品所持者もまた彼らの商品をリンネルと交換するに違いなく，したがってまた彼らのいろいろな商品の価値を同じ第三の商品ですなわちリンネルで表現するに違いない。——そこで，20エレのリンネル＝1着の上衣または＝10ポンドの茶または＝等々，という列を逆にすれば，すなわち，それ自体としてすでにこの例のなかにふくまれている逆の連関（die ansich, implicite, schon in der Reihe enthaltene Rückbeziehung）を言いあらわしてみれば，われわれはつぎのような形態を得る。(Ibid., S. 642-43.)

　これをみれば，確かにマルクスは，価値形態の移行に重要な論理的機能をはたす「逆の連関」を——商品世界の理論構造とは無関係な——現実的持ち手変換（交換）関係のもとで成立するものであるかのように取り扱っている。そして，初版「付録」の段階では，これによって彼が価値形態論のなかで一

般的等価物の骨化を論定し貨幣形態の成立まで説くことができた，ということもまた否定しえぬ事実である。

　ただし注意すべきは，だからといって「逆の連関」論理がもっぱら諸商品の現実的持ち手変換（交換）における論理を意味するということには決してならない，という点である。このことは，初版「本文」では「逆の連関」論理がそのようなものとして取り扱われてはいなかったという事実をかえりみれば，ただちに了解されるはずである。ただ「逆の連関」は，現実的持ち手変換（交換）における商品関係のばあいにも見出しうる，ということも否定できない。つまるところ「逆の連関」は2つの意味をもちうる，ということである。ひとつは，商品世界（狭義）の内部構造から出てくる「逆の連関」であり，いまひとつは現実的交換関係のなかに見出される「逆の連関」である。

　価値形態論の展開をよりわかりやすくするため，これを貨幣形成論として再構成する必要が出てきたとき，「逆の連関」に2つの意味があたえられたといえる。さらに付け加えるなら，商品世界の基本的な構成契機である価値関係Ⅰ・Ⅱ・Ⅲは，もともと交換関係の歴史的な発展過程に対応するとみることも可能であった。かくして，「付録」の価値形態論が貨幣形成論として再構成されたのは，価値関係Ⅰ・Ⅱ・Ⅲとそれの内部構造を示す「逆の連関」がこうした意味上の転換を施されたことによるのであり，それによって形態Ⅳの示唆した一般的等価物への骨化の困難が回避されたからであった。

　さて，「逆の連関」が2つの意味をもつにいたった事情が以上のようなものであったとするなら，われわれはここで商品世界における貨幣存在の理論的根拠を究明するという基本問題（＝価値形態論の骨格体系）については——「付録」のなかでは逆にみえにくくなっているとはいえ——論理説的な基調が貫かれている，ということができる。ただし，いずれにしてもマルクスがここで現実的交換関係のなかに見出される「逆の連関」によって一般的等価物への骨化を論定しているということだけは事実である。こうした点をふまえて，初版「付録」の価値形態論の特徴（一定程度は現行版にもあてはまる）をまとめるなら，以下のようになろう。

　ここでは，2つの「逆の連関」論理がそれぞれ異なった機能をはたしてい

る。ひとつは，価値形態論の骨格体系をなす論理説的な枠組みにおけるそれであり，いまひとつは「学校教師風」に価値形態論をわかりやすくするために交換の歴史的過程と組み合わされたそれである。商品世界における貨幣存在の理論的根拠は前者によって論定され（貨幣存在論），貨幣の形成は後者によって論定されている（貨幣形成論）。ただし後者の論理は，事実上，交換過程論の結論（＝歴史的貨幣生成論）を先取りするものであって，この段階のマルクスは一般的等価物への骨化の必然性という問題（＝貨幣形成論）については結局のところ交換過程論にゆだねてしまっていた，といわなければならないであろう。

　それでは，現行版ではどうであろうか。ここでは，価値概念に照応した価値形態を追跡する（あるいは，より十全な価値の現象形態を究明する）という移行論の方法的枠組みが明確化されているというところに大きな特徴を見出すことができる。このような価値形態の価値概念との照応関係を価値形態の発展（移行）の基準とする論理——すなわち〈価値表現の論理〉——が強化され確立されたことによって，現行版では貨幣形成という問題に関するかぎり大きな飛躍がみられる。それというのも，そこでは〈価値表現の論理〉の確立によって，形態IVの示唆した一般的等価物への骨化の困難が克服され，価値形態論の理論的枠組みの内部に貨幣形成の必然性を論定する可能性が拓かれたからである。

　このように，価値形態の発展（移行）を規定する基準が価値概念との照応関係に求められるかぎり，価値形態IIから価値形態IIIへの移行には何らの困難も存在しない。それは，ただあたえられた基準にしたがって価値概念にもっとも照応した価値形態を措定したということだけだからである。

　むろん，ここで第三形態への移行の困難が回避されたからといって，問題がすべて解決されたわけではない。価値形態論を貨幣形成論として再構成しようとする以上，一般的等価物＝貨幣を実際に形成する社会的行為・共同行為そのものの必然性，あるいは貨幣形成の必然性をどのようにするのか，という問題に決着をつけなければならないからである。それも〈価値表現の論理〉という移行論の方法的枠組みのなかで論証されないかぎり，価値形態論で貨幣形成の必然性を論定したということにはならない。マルクスが価値形

態論において貨幣形成の必然性を論定できるようになったのは，この貨幣を形成する社会的行為・共同行為の必然性を〈価値表現の論理〉の内部に組み込んだからであり，その点が現行版・価値形態論の大きな飛躍をもたらしたのである。以下，この点を明らかにしよう。

　すでに確認したように，価値形態そのものは，「内実」論において商品の価値関係から自己関係を析出し，この自己関係を価値表現関係として読み替えることによって措定されたものであった。ここで注意すべきは，価値関係のなかから直接に析出される商品の自己関係（反省関係）と，これを読み替えた価値表現関係（価値形態）との違いは，それぞれ異なった関係形成の主体が想定されているということである。

　自己関係を形成する主体は，それが析出された価値関係と同様，商品そのものであった。これにたいして，価値を表現する主体は商品所有者としての人間であって，商品所有者は，自らの所持する商品が一定の価値をもつと認めるからこそ，他商品との関係をとおして自分の所持する商品の価値を表現しようとする。もちろん，このように商品所有者が商品に価値があるとみなすのは，分析者の観点からいえば，彼が商品世界の呪物崇拝に囚われているからである。したがって，このばあい価値表現関係とは呪物崇拝に囚われた人間の存在を前提するのであって，この主体概念の違いが自己関係と価値表現関係（価値形態）とを区別しているのである。

　こうして，価値形態論では呪物崇拝に囚われた主体である人間（したがってまた，その意識）の存在がその背後に想定されている。ただし，これはあくまでも価値表現という問題次元にかぎってのことである。しかも，ここでは，価値表現の主体が実際上は呪物崇拝に陥った人間ではあっても，論理展開のうえでは商品を主語としたままで行なわれる。つまり，価値形態論においては，呪物崇拝に囚われた人間が価値表現の主体として想定されてはいても，なお依然として商品が主語なのであって，この点は注意を要する。

　さらに，価値形態を論理的に成り立たせている〈価値表現の論理〉と自己関係を論理構成する〈反省の論理〉とは明確に区別されねばならない。価値表現とは，何よりもまず社会的に共通する媒体（言葉＝表現手段またはコミュニケーション手段）を不可欠とする。これにたいして，自己関係とは，他

者に関係しながら自己に関係し，それをとおして自己の自立性を確証（反省）するということで，行為そのものとしてはこの反省運動の主体だけに限定されているのである。要するに，それは社会的に通用する媒介手段（みんなが使う言葉，みんながわかる言葉）の存在をまったく必要としないという点で，〈価値表現〉とは根本的に異なっている。一般的等価物としての貨幣は，こうした社会的に通用する媒介手段（みんなが使う言葉）として措定されてはじめて価値概念にもっとも照応した価値形態（一般的等価形態）となる。もちろん，このような一般的等価物＝貨幣の形成には，それを可能にする社会的行為・共同行為が不可欠であるということはいうまでもない。たとえ何であれ，言葉は人間の社会的な産物なのである。

したがってまた，〈価値表現の論理〉によって一般的等価物＝貨幣を措定するばあい，こうした社会的行為・共同行為の必然性という論点をそこに組み込むことがないかぎり，決してそれは貨幣形成論とはなりえない。そして，われわれは現行版の価値形態論において，はじめてその論点を見出すのである。件の「共同事業」論である。それは，第三形態を措定したあと，先行する2つの価値形態との比較を行なっているところで，つぎのように展開されていた。

> 先の2つの形態（第一形態と第二形態―引用者）は……一商品ごとに表現する。どちらのばあいにも，自分にひとつの価値形態をあたえることは，いわば個別商品の私事であって，個別商品は他の諸商品の助力なしにこれをなし遂げるのである。他の諸商品は，その商品にたいして，等価物というたんに受動的な役割を演ずる。これに反して，一般的価値形態は，ただ商品世界の共同事業としてのみ成立する。……こうして，諸商品の価値対象性は，それがこれらのものの純粋に「社会的な定在」であるからこそ，ただ諸商品の全面的な社会的関連によってのみ表現されうるのであり，したがって諸商品の価値形態は社会的に認められた形態でなければならないということが，明瞭にあらわれてくるのである。(Ibid., S. 80-81.)

すでに確認したように，価値表現には，何よりもまず社会的に通用する媒介手段（みんなが使う言葉）が不可欠であった。そうした社会的に認められた表現手段の存在によって，商品価値は，統一的かつ一義的（単純）に表現されるからである。

　マルクスは，価値対象性が「純粋に「社会的定在」である」がゆえに，それを表現するためには「諸商品の全面的な社会的関係」によって，つまり個々の商品が他の商品の助力なしに行ないうる「私事」によるのではなくて，すべての商品の「共同事業」によってなされなければならない，と主張している。要するに，価値を表現するためにはみんなが使う言葉が必要だが，その言葉は商品世界の「共同事業」によってつくりだすほかはないということである。

　もともと，「社会的に認められた表現手段」をみんなで措定すること——共同でひとつの商品を価値表現の材料にすること——あるいは一般的等価物の地位に立った商品を価値の表現手段として「社会的に認める」ことができるのは，本来，商品ではなく価値表現の主体たる人間なのである。ここで商品交換の当事主体として人間が直接的に登場するなら，交換過程論と同じ枠組みとなるが，「商品」章のここではあくまでも商品を主語として論理展開がはかられている。ところが，ここで注目したいのは，ここにおいてはたとえそれが商品に仮託されているとはいえ，一般的等価物への生成が「社会的行為」を介して行なわれている点である。しかも，この貨幣の形成必然性を論定する「社会的行為」（「共同事業」）が，価値概念（「純粋に「社会的定在」」）とそれに照応する価値形態（「社会的に認められた表現手段」）という価値形態論（とりわけ「移行」論）の理論的枠組みのなかで論じられていることが重要であろう。

　さて，以上の価値形態論の新しい課題設定（＝貨幣形成論）は，現行版ではじめて登場したということに注意しなければならない。初版の段階では，この貨幣形成の必然性を論定する「社会的行為」の論理は，交換過程論には存在しても価値形態論の理論的枠組みのなかには存在しなかった。そのことの自覚が，つぎのような現行版・価値形態論の性格規定についての叙述となってあらわれてくるのである。

ブルジョア経済学によってただ試みられたことさえないこと，すなわち，この貨幣の生成を示すことであり，したがって，諸商品の価値関係にふくまれている価値表現の発展をそのもっとも目立たない姿から光りまばゆい貨幣形態にいたるまで追跡することである。これによって同時に貨幣の謎も消えさる。(K. I, S. 62.)

　これは，現行版の価値形態論が文字どおり貨幣形成論として展開されていることを宣言するものであり，初版段階のそれから大きく飛躍を遂げたことを示唆するものである。そこで，問題は何ゆえにこのような飛躍が現行版で可能になったのかということである。
　何よりもまず，決定的なことは，現行版の段階で〈価値表現の論理〉が確立されたことである。さらに，この〈価値表現の論理〉の意義が明確になった背景としては，初版「付録」において相対的価値形態および等価形態の呪物崇拝についての考察が加えられていたという事実を無視できない[12]。これによって，価値形態論の枠組みの内部に前提される呪物崇拝の主体としての人間（とりわけ，その意識）の論理的役割がかなり明確化する——換言するなら，呪物崇拝の主体＝人間が価値形態論のなかで固有の位置づけをあたえられることになる——からである。呪物崇拝に囚われた主体＝人間の存在を前提せざるをえぬ〈価値表現の論理〉の理論的意義が明確化していった背景のひとつには，このような呪物性論と価値形態論とを積極的にむすびつける観点の獲得があった，ということである。
　さらにいえば，現行版段階の〈価値表現の論理〉確立の基礎として，この初版「付録」の段階で価値形態論をより理解しやすくするため，これを貨幣形成論として再構成しなおしたということがやはり重要である。いかなるばあいにも，必要は発明・発見の母なのである。初版「付録」の段階で，たとえ交換過程論を先取りするかたちで一般的等価物への骨化を論定したとはいえ，商品概念の措定を第一義とする価値形態論の論理段階で貨幣形態を導出しようとした意義は「学校教師風」配慮というところを超えて必ずしも小さくはなかったというべきである。それによって，現行版では，貨幣の本質

（その特性の根拠）と貨幣存在の理論的根拠だけでなく，貨幣形成の必然性をも価値形態論の独自の方法的枠組み——すなわち「論理説」的方法と，それを基礎とした〈価値表現の論理〉——の内部で論定できるようになったからである。

とはいえ，〈価値表現の論理〉の強化と確立とによって貨幣形成論を「論理説」的に展開することが可能になった現行版の段階でも，なお現実的な交換関係のなかに見出される「逆の連関」論理が残されている，ということもまた否定しえぬ事実である。これは，どう説明されるのか？

この理由は2つ考えられる。ひとつは，マルクス自身がそれに自覚的であったかどうかは微妙だが，〈価値表現の論理〉を基礎に貨幣形成論として再構成された価値形態論が未だ理論的に不十分な部分をひとつ残していたということである。この問題については，次節で取り上げよう。いまひとつは，こうである。

マルクスは，価値形態論の論理説的な骨格体系のなかに貨幣形成についての論理＝歴史説的な叙述を組み込み補完させることによって，価値形態論の理解がより容易になると考えたのではないのか。「学校教師風」説明は，初版「付録」以降，価値形態論のひとつの基調となっていることからも，このことが推測できる[13]。そこで，少なくとも前者については厳密な弁証法的な説明としてその理論展開をさらに強化・充実させる一方で，後者についてはそれに慣れぬ読者向けの「学校教師風」説明として残しておいてもよい，と彼は判断したのではないかと考えられる。

もちろん，それはアンビヴァレントな方法的態度であって，価値形態論のもつ意義を真に開示するためにはむしろ論理説的な展開に純化・徹底すべきであった，ということはいうまでもなかろう。

第5節　交換過程論の理論的意義

価値形態論と交換過程論との根本的な違いは，前者が商品章のもっとも基軸的な理論として，完成された商品概念を措定することを第一義としているのにたいして，後者は文字どおり貨幣の形成もしくは貨幣概念の措定（その

発生論的概念規定）を固有の目的としているということであった。この点については，初版の段階からはっきりしていたといえる。

　ところが，完成された商品概念の措定は，必然的に完成された貨幣存在を不可欠とする。そのかぎりで，貨幣は，商品とともに価値形態論の論理的枠組みのなかで同時決定的な措定が可能である。にもかかわらず，初版の段階では，貨幣形成が価値形態論の方法的枠組みの内部で論定されずに，実質的に交換過程論のなかで行なわれていた。現行版の段階にいたって，ようやくこの貨幣形成論が価値形態論の内部で取り扱われるようになるが，これは，当然のことながら，初版以来の価値形態論（さらにいえば商品論全体）と交換過程論との理論的関連に一定の変更をあたえたと考えなければならない。以下では，この問題を取り上げ，それぞれ固有の課題と方法とをもつ価値形態論と交換過程論との理論的な関連を考察して結論へと向かうことにしよう。

　問題は，商品世界における貨幣の理論的根拠を究明する貨幣存在論と，一般的等価物＝貨幣を形成する社会的行為・共同行為そのものの必然性を論定する貨幣形成論との，価値形態論ならびに交換過程論におけるそれぞれのあり方如何に関わっている。

　まず貨幣存在論に関しては，価値形態論，交換過程論いずれも論理説的な枠組みのなかで論じられていたということが重要である。ただし，その論証の方法は大きく異なっていた。価値形態論では，もっとも十全な価値の現象形態（価値形態）を追求してゆくなかで一般的価値形態（さらには貨幣形態）へ到達するという方法がとられている。要するに，ここでは，一般的価値形態（貨幣形態）が価値概念にもっとも照応した価値形態として措定されるという点で，価値概念そのものによって貨幣存在の理論的根拠があたえられているわけである。これにたいして，交換過程論では，全面的交換の矛盾を論理的媒介として商品世界における貨幣存在の理論的根拠が明らかにされる（商品に内在する使用価値と価値の矛盾との外化もしくは外的な解決形態として $W-G-W$ を措定し，そこから貨幣存在の根拠を論定する）。つまるところ，ここでは，貨幣概念が完成態としての商品概念に不可欠のものとして——すなわち，一方において特定の使用価値であるとともに，他方でそのもっとも発達した現象形態をもった価値でもある商品（＝両契機の矛盾的

統一物としての商品）概念に不可分のものとして——論定されている。

　これらは，いずれも価値概念もしくは完成された商品概念を基準として貨幣存在の理論的根拠を導出し，そこからまた商品と貨幣との理論的な不可分性を論証するという点で，論理説的な方法が貫かれている。ただ，もう少し敷衍しておけば，価値形態論が人格的諸関係を背後に消し去った物象的諸関係のなかだけで理論構成を行なうという商品章独自の方法にしたがって商品を主語とし，交換過程論にきてはじめて特定の経済的扮装をまとった人間（商品所有者）が主語として登場してくるというように，それぞれの主語概念の違いは存在していたのである。

　ただし，いずれのばあいも，商品世界の基本的構造（諸物象の社会的関係，諸人格の社会的関係，両者の転倒的かつ相互依存的な関係）が前提され，そこに生きる人間たちの存在が前提されているという点で，同じ論理説的な枠組みの内部に理論構築されていることはいうまでもない。価値形態論では主語＝主体としての商品の背後に隠れるかたちで，また交換過程論では実際には「自分で市場に行くことも，自分で自分たちを交換しあうこともできない」(K. I, S. 79.) 商品を市場で互いに交換しあう商品所有者として，それぞれ商品世界に生きる人間（あるいは，その意識）の存在が前提されていたわけである。

　こうしたなかで，呪物崇拝に陥った人間がより十全な価値表現を行なうために——あるいは商品価値が十全の現象形態をもってわれわれの意識に捉えられるようになるために——貨幣が必要不可欠であるというかたちで，商品世界における貨幣存在の理論的根拠を明らかにしたのが価値形態論であった。そして，商品の使用価値の違いに敏感で，決してその意味でのレヴェラーズたりえぬ人間自身が経済的諸関係の担い手として（すなわち商品交換の当事主体として）登場させられ，この人間たちが商品に内在する使用価値と価値との対立から生ずる全面的交換の矛盾を揚棄するために貨幣が必要不可欠であるというかたちで，商品世界における貨幣存在の理論的根拠を明らかにしたのが交換過程論であった。

　このような貨幣存在論に関するかぎり，価値形態論と交換過程論とは，貨幣の存在根拠を価値概念そのものから導出するか，使用価値と価値との対立

を内在する商品概念（その完成態は商品論ですでにあたえられている）から導出するかの違い，あるいは商品世界（広義）への上向過程のどのレヴェルに位置しているかの違いがあるだけであって，同じ論理説的な枠組みのなかにあるという点では共通していた。そして，この点ではまた初版と現行版とではほとんど違いはなかったのである。

では，貨幣形成論についてはどうか？　価値形態論についていえば，初版と現行版とでは決定的な違いが存在する。初版段階では，貨幣形成論そのものが成り立たなかったのであり，貨幣の形成とその必然性はもっぱら交換過程論で論定されている。しかも，交換過程論のそれは，現実的な交換の歴史のなかに貨幣形成の必然性をみるという意味で，たんに歴史的貨幣形成論でしかなかった。要するに，初版段階では論理説的な枠組みの内部で貨幣の形成とその必然性が論定できなかった，ということである。

これにたいして，すでにみたように現行版では例の「商品世界の共同事業」の論理が導入されたことにより，論理説的な枠組みのなかで貨幣の形成とその必然性が論定できるようになった。つまり，ここにおいては，もはや貨幣形成論の展開を交換過程章まで待たなくともよくなったというわけである。

ただし，ここではつぎの点に注意しなければならない。現行版においては，上述してきたごとく論理説的な枠組みのなかで〈価値表現の論理〉を貫徹することにより貨幣形成論としての価値形態論の確立がはかられたが，実のところそれはいまだ不備の部分をのこしていたということである。確かに，件の「共同事業」論は，みんなで使う言葉（すなわち「社会的に認められた表現手段」）はみんなでつくる必要があるという意味で，貨幣形成が「社会的行為」（「共同事業」）に媒介されるべきことを論定し，それによって価値形態論に固有の貨幣形成論を定礎することになった。ところが，この論理は，こうして商品世界から排除された特定の一商品が一般的等価物の地位に継続的に固定される理由まで説明しないのである。だが，この点は貨幣形成論の完成にとっては極めて重要である。

一般的等価形態に立つ商品は，その客観的固定性や一般的社会的妥当性を獲得することで，はじめて貨幣として確立される。確かに，貨幣形成が社会

的過程（共同行為，社会的行為）に媒介されねばならぬことは，「共同事業」論で論定されてはいる。また，そこから，こうした過程を経て措定された一般的等価物は当然その貨幣としての客観的固定性や一般的社会的妥当性をもっているのだ，と主張することも可能なのかもしれない。だが，そこでは，それがいかなる理由で一般的等価物が客観的固定性や一般的社会的妥当性を獲得するのかが説明されていないのである。

このばあい，一般的等価物は社会的過程によって貨幣として生成できても，それが貨幣として確立される理論的根拠はあたえられていない，ということである。したがって，これが例の〈価値表現の論理〉をとおしてあたえられぬかぎり，価値形態論は貨幣形成論としては未完のままにとどまるということにならざるをえないのである。

もし仮に，第二形態から第三形態への移行が交換過程論の援用によって行なわれたとするなら，ここで一般的等価物として登場する貨幣商品は，かなりの客観的固定性と一般的社会的妥当性とをもってその地位にとどまることができるであろう。なぜなら，ここで一般的等価物となる商品はどのような商品であってもよいわけではなく，その地位を獲得し保持する何らかの理由（素材的，社会的，その他）をもつからである。価値形態論では，この一般的等価物がいかなる理由でそうした客観的固定性や一般的社会的妥当性を獲得するのかを〈価値表現の論理〉によって説明しなければならないのであるが，その説明は現行版においても欠落していたのである。

では，価値形態論を独自の貨幣形成論として理論的に完成させるためにはどうすればよいのか？　実のところ，この問題は，本章で取り扱うべき範囲を超えており，いずれ本書の第8章であらためて取り上げたいと考えている。本章では，現行版ではじめて貨幣形成論として措定された価値形態論がいまだ改善の余地をひとつ残していたということ，この点を指摘するだけにとどめておきたい。

さて，たとえそれが不十分なものであったとはいえ，現行版で価値形態論が貨幣形成論として展開されるようになった以上，当然のことながら，ここでは交換過程論の理論的意義も変更を余儀なくされるということにならざるをえない。少なくとも，現行版では，交換過程論は唯一の貨幣形成論として

の特権的な地位を降りなければならなくなったのである。そればかりではない。さらに交換過程章における貨幣形成論はたんに歴史的貨幣形成論でしかなかったということから，商品概念から貨幣概念へという理論的な上向過程のなかではたんなる補足的な，二義的な意義しかもちえないものとならざるをえない。

とはいえ，ここで交換過程論そのものの存在も補足的，二義的になったということはできないであろう。交換過程論は，貨幣存在論としては『資本論』の〈上向〉過程に独自の意義を保持しつづけているからである。しかも，それだけではない。マルクス自身気づいていたかどうかは別にして，すでに指摘したように，価値形態論ではその現行版でも一般的等価物のもつべき客観的固定性や一般的社会的妥当性を〈価値表現の論理〉によって論理説的に説明できていなかった。このように，価値形態論が貨幣形成論としては未完のままにとどまる以上，一般的等価物の客観的固定性や一般的社会的妥当性という問題は，結局のところ歴史的貨幣形成論にゆだねざるをえないということである。この意味でも，交換過程論を落としてしまうわけにはいかないのである。

第6節 結　語

さて，こうして価値形態論と交換過程論との独自の理論的関連が明らかになったが，ここから結論できることは，貨幣形成とその必然性の論定が価値形態論ではなく交換過程論でのみ可能だとする通説は少なくとも現行版では否定されなければならない，ということである。たとえそれが完成のためには改善の余地を残しているとはいえ，現行版の価値形態論が独自の貨幣形成論として展開されていることは紛れもない事実だからである。

 1)　久留間鮫造［1957］前編，同［1979］前編二‐六参照。こうした久留間理論は，商品所有者の欲望を価値形態論の不可欠の要素とし，この価値形態論に交換過程論を吸収しようとする宇野理論への批判をふまえて出てきたものである。さしあたり，向坂逸郎・宇野弘蔵編［1948］157‐60頁参照。

2) 武田信照［1982］「本論」第3章および付論参照。なお，本文中に述べたように，武田は，価値形態論では価値尺度としての貨幣，交換過程論では流通手段としての貨幣の形成が論証されると解釈していたが，その後の論稿（［1994］）では，これを「私なりに再構成したマルクス貨幣形成論」（［下］18‐19頁）と述べ，それがたんなる『資本論』解釈ではないことを言明するにいたっている。そして，この貨幣形成論の基礎には「価値尺度としての貨幣の先行的形成という歴史的事実を理論的にどう処理するか」（19頁）という問題が存在するとしたうえで，「交換過程論に先立つ貨幣形成論としての価値形態論の確立によってマルクスはこの事実を説明しうる理論的基礎を構築したと解する」（27頁）。もちろん，武田によれば，こうした「貨幣形成論は歴史的にみれば商品のなかから貨幣が紡ぎだされようとする「交換の初期」を対象とするものであり，まさに「交換の初期」こそ問題の焦点」（33頁）だとされる。ところが，武田の展開した価値形態論においては自身明言したように「商品の価値表現の側面だけが取り上げられて価値概念と価値定在との矛盾を動力とする価値表現の一般的材料＝価値尺度の形成が明らかにされる」（21頁）のだが，だとすれば，そのような論理展開は「交換の初期」を想定したばあいには絶対に不可能なのである。そこでは「価値概念」そのものが成立していないからである。貨幣の歴史的形成を主張する以上，いわゆる論理説的な価値形態論を展開することはできない。そして，貨幣形成を論理説的に展開する以上，そこで論定されるべき貨幣は価値尺度であると同時に流通手段でなければならないということである。

3) 交換過程論では，結果的に流通手段としての貨幣に帰属するような貨幣の機能的定在を論ずることになっていたというのにすぎず，マルクス自身はそうした意識はまるでもっていなかった。この点は，交換過程論のつぎの叙述をみれば明らかであろう。「これまでのところでは，われわれはただ貨幣のひとつの機能を知っているだけである。すなわち，商品価値の現象形態として，または諸商品の価値量が社会的に表現されるための材料として役立つという機能である」（K. I, S. 80‐81.）。この叙述は，いわゆる「全面的交換の矛盾」論によって交換過程に貨幣を導出したあとの叙述であり，このことは彼自身そこで導出した貨幣が流通手段としての貨幣だという意識をもっていないということを物語るものである。

4) 『資本論』第3章では，価値尺度としての貨幣，流通手段としての貨幣を説明したあと，第3節で「貨幣」としての貨幣を取り上げ，蓄蔵貨幣，支払手段，世界貨幣という3つの貨幣機能を説明している。本書のいう「貨幣としての貨幣」とは直接的にはこの3つの機能的定在をもった貨幣を意味するものではなく，こうした機能の前提となる価値尺度であると同時に流通手段

でもあるような貨幣，すなわち完成態としての貨幣を意味する。念のために確認しておきたい。

5) この③の矛盾は，あとでみるように，基本的には初版本文の形態Ⅳと同じ状態を表現している。初版の段階では，これが価値形態論の枠組みのなかで解決できず，結局のところ，「交換過程」章の歴史的貨幣形成論にゆだねられたのである。なお，竹永進［1886］は，この③の矛盾について「「商品に欠けているこの商品の具体的なものに対する感覚」をそなえた商品所有者の行為（想像上の）に即して，多数の一般的等価の同時併存というあの初版本文の「形態Ⅳ」を別様に表現したものにほかならない」（58頁）と指摘している（さらに60頁参照）。この指摘は正しいが，そうした矛盾が現行版においても価値形態論の枠組みのなかで解決されず，なお依然として貨幣形成論が「交換過程」章にゆだねられていたとみる点で，私見とは異なる。本章の第4節で検証するように，現行版では価値形態論の枠組みの内部で貨幣形成論の展開が可能になっているのである。

6) 米田康彦［1980］は，この③の矛盾を「解決する形態はすでに価値形態論で与えられていたのであり，現在必要なのは「社会的行動」「他のすべての社会的行動」なのである」と指摘したうえで，つぎのように論じている。価値形態論も交換過程論もともに「商品に内在する矛盾の外化が主題であるが，価値形態論ではその形態規定性そのものが解明されたのに対し，交換過程論では，その形態規定性の完成を媒介するものが，交換過程の全面的矛盾からその一部である特殊な等価と一般的な等価との対立の収斂，絞り込みという形で明らかにされている」（78－79頁）と。要するに，価値形態論も交換過程論もそこで論定される貨幣は商品に内在する使用価値と価値との矛盾の外化として捉えられねばならぬということである。このばあい注意すべきは，価値形態論と交換過程論との主体概念の違いであって，レヴェラーズたる商品を主語＝主体とする前者でははじめから「商品に内在する矛盾」は問題になりえない。さらにいえば，ここで貨幣形成に必要とされる「社会的行動」「他のすべての社会的行動」は，価値形態論では第二形態から第三形態への移行を媒介する「商品世界の共同事業」としてすでに展開されている，ということである。つまり，それは「現在必要な」だけではなく，すでに必要であったし展開されてもいたということなのである。この点は本章第4節で明確になる。

7) 商品概念は貨幣（一般的等価形態）の存在を不可欠の要素とする。この点についてマルクスもいう。「彼ら（商品所有者たち）が自分たちの商品を互いに価値として関係させ，したがってまた商品として関係させることができるのは，ただ自分たちの商品を，一般的等価物としての別のあるひとつの商

品に対立的に関係させることによってのみである。このことは，商品の分析が明らかにした」(K.Ⅰ, S. 101.)。したがって，商品概念を措定するためには少なくとも第三形態が不可欠とされるのである。

8) マルクスは，『資本論』初版「付録」でつぎのように論じている。「そこで，われわれはリンネル生産者Aと上衣生産者Bとのあいだの物々交換を考えてみよう。彼らが取り引きで一致する前には，Aは，20エレのリンネルは2着の上衣に値する (20エレのリンネル＝2着の上衣) と言い，これにたいして，Bは，1着の上衣は22エレのリンネルに値する (1着の上衣＝22エレのリンネル) と言う。最後に，ながいあいだ商談したあげく，彼らは一致する。Aは，20エレのリンネルは1着の上衣に値すると言い，これにたいして，Bは，1着の上衣は20エレのリンネルに値すると言う」(K.Ⅰ,1 Aufl., S. 628.)。

9) 松石勝彦 [1993] は，この社会的に認められた価値表現手段 (すなわち一般的等価) を形成する「共同事業」について「一般的価値形態では価値表現が「共同事業」だというのにすぎず，この「共同事業」が一特定商品を「一般的等価にする」のではない」(273頁) と解釈している。しかし，仮に価値表現が「共同事業」だとしても，それが一般的等価の成立 (すなわち商品世界の共同事業として一特定商品を一般的等価にすること) なしに行なわれると考えることはできないはずである。

10) 富塚良三 [1962] は，「各商品がそれぞれの「私事」として展開する第二形態と，「商品世界の共同事業」としてのみ成立する第三形態とは本質的に異なり，前者から後者への転換には本質的な困難がある」(264頁) とし，この困難は交換過程論において解決されると主張している。注意すべきは，この富塚説のばあい価値形態論で展開された「商品世界の共同事業」と交換過程的な論理とが完全に同一視されているということである。確かに，「貨幣の形成」必然性を論定する「社会的行為」(＝「共同事業」) は交換過程論においても説かれてはいる。だが，それはいわゆる「全面的交換の矛盾」を解決すべきものとして展開されているのであって，価値概念とそれに照応する価値形態という価値形態論の理論的枠組みのなかで論じられているわけではない，という点に決定的な違いが見出されなければならないのである。

11) これとよく似た論理ならば，初版「付録」のなかにも見出すことができる。こうである。「一商品が一般的な価値形態にある (形態Ⅲ) のは，ただ，その商品がすべての他の商品によって等価物として除外されるからであり，またそうされるかぎりにおいてのみのことである。除外は，このばあいには，除外される商品には依存しない・客・観・的・な・過・程である。一商品は，その除外が，したがってまたその等価形態がひとつの客観的，社会的な過程の結果であるほかは，決して現実に一般的等価物として機能しはしないのである」

(K.I,1 Aufl., S. 646.)。この引用文の「客観的,社会的な過程」という記述に着目して,武田はこう論じている。初版「付録」は「一般的価値形態への移行を促す矛盾とその解決可能性を示しただけではなく,この移行が特定の社会的な共同行為を媒介として初めて可能であることを明らかにした点でも注目しなければならない」と（武田［1982］156頁）。しかしながら,この初版「付録」の段階では,価値対象性が「純粋に」「社会的定在」であるがゆえに,それを表現するためには「諸商品の全面的な社会的関係」によってなされねばならぬという理由から,そうした社会的過程が必然的だと主張されているわけではない。言い換えるなら,純粋に社会的な定在である価値対象性を表現するためには,個々の商品が他の商品の助力なしに行ないうる「私事」によるのではなく,すべての商品の「共同事業」によって——つまり,社会的に認められた表現手段によって——なされねばならぬという理由から,かかる社会的過程の必然性が論定されているわけではないのである。すでに述べたように,価値を表現するためには,みんなが使う言葉を必要とする。そして,その言葉は商品世界の「共同事業」——すなわち「社会的に認められた表現手段」を共同で措定すること,あるいはみんなでひとつの商品を価値表現の材料にすること——によってつくりだすほかはないのだが,初版の段階ではまだそうした主張にはなってはいないのである。つまり,これは,〈価値表現の論理〉によって貨幣生成の必然性を論定したものではなくて,たんに交換過程論の論理の先取りでしかないということである。

12) 初版付録では,第一形態論の「(3)等価形態」の分析のところで,つぎのようなタイトルのもとで呪物性論が展開されている。「δ 等価形態の第四の特性。商品形態の呪物崇拝は等価形態においては相対的価値形態におけるよりもいっそう顕著である」(K.I,1 Aufl., S. 637 - 38.)。なお,ここでの論述は現行版では第4節に移されている。

13) 『資本論』現行版が出版されてから2年後に,マルクス自身が改訂作業を行なったモスト原著・マルクス改訂『資本論入門』(Most［1876］)における,「商品と貨幣」(マルクスによってかなり大幅に書き直されたといわれる箇所) をみれば,物々交換からはじまる,文字どおりの交換の歴史的叙述のなかで貨幣の形成が説明されている。これは,紛れもなく「学校教師風」の説明であるが,初学者にたいしては論理説的な骨格体系をもつ価値形態論の展開を断念せざるをえない以上,こうした歴史物語風の貨幣形成論にならざるをえなかったのは当然であったというべきであろう。これをもって,マルクスが論理＝歴史説に転向したかどうかを議論するのは多分に無理がある。だが,実際にはこの問題をめぐって論争が存在しており,この点は当該『資本論入門』の翻刻版におけるシュヴァルツによるコンメンタールに詳しい。

第III編

関係主義的価値論と資本主義経済

第7章　関係主義的価値概念と労働価値論

　この第7章から，われわれは労働価値論の圏域から離れることになるが，関係主義的価値論の基本的な論理構成は，すでにこれまでの諸章で開示してきている。そこで，まず本章および第8章では，その基本的な論理構成を再確認しつつ，労働価値論とは区別される関係主義的価値論の独自性を明らかにしてゆくことにしたい。

第1節　問題の所在

　経済のサービス化，ソフト化の進展するなか，いわゆるユーティリティをパッケージしたソフト商品などのさまざまな商品形態があらわれ，プラスチック・マネーや電子マネーといった多様な貨幣形態も登場しはじめている。そのいくつかはマルクス学派の立場から原理的に説明可能とはいえ，労働価値論にとってはかなり分の悪い状況になっていることは否定できないであろう。とはいえ，いま価値論そのものが不要になったとは考えられない。経済学が価値論を必要とするのは，本書の立場からいえば以下の理由からである。

　商品，貨幣，資本等々の諸物象を媒介としてヒトとヒトとの関係がとりむすばれ，それによってまた社会的再生産が不断に遂行される，歴史的に独自な経済システムが市場経済もしくは資本主義経済である。ここでは，自己増殖する価値の運動体（主体＝実体としての価値）として理論的に把握される資本の不断の再生産運動を介して，全体としての生産，消費，交換，分配が遂行され，それによってまたわれわれ自身の物質的・社会的生活生産が実現されてゆく。こうした経済システムの独自性とその基本的存立構造を解明す

るための基礎範疇として，価値概念は不可欠である。さらにこれまでの議論をふまえながらいえば，この市場経済のもっとも重要な構成契機のひとつである，貨幣の意味を十全に把握するためにも価値論が必要とされる。価格論だけでは，貨幣の何たるかは決して明らかにできないからである。

このような事情を反映して，労働価値論の妥当性は否定しながらも，貨幣の意味の解明を課題とする価値形態論に関しては，独自の解釈を施したうえでその理論的意義を承認しようとする論者も存在する[1]。そこではまた，価値形態論のなかには労働価値論を克服する可能性が伏在していた，という指摘もなされている[2]。筆者自身もまた，価値形態論の展開のうちにマルクスの経済理論の土台ともいうべき労働価値論を超える革新的部分が胚胎していた[3]，と考える。本章の目的は，それが何であるのか，そしてそれは労働価値論といかなる関係に立つのかを明らかにしてゆくことである。

第2節　商品世界と『資本論』冒頭章の論理構成

ここで，われわれは，価値をひとまず商品や貨幣に付着した呪物的性格として捉えている。このばあい，価値（呪物性）は，商品世界のなかに生きる人々の独特の社会的諸関係が彼ら自身の意識のうちに商品や貨幣のもつ固有の属性（＝「社会的自然的属性」K.Ⅰ, S. 86.）として反映されたものと規定される。

このような価値の把握は，基本的にはマルクスに由来するが，通常理解されている実体主義的な労働価値論に基づく価値概念とは区別すべき点もあり，ここではこれを関係主義的価値概念と名づけている。これがいかなる意味で関係主義的であるのかは，行論のうちに明確化されるはずである。

この関係主義的価値論が示されるのは，『資本論』冒頭の章（以下商品章）の第3節・価値形態論および第4節・呪物性論においてである。ただし，それは必ずしも明確に示されているわけではなかった。本章の狙いは，さしあたりこの関係主義的価値論が商品章ではいかに展開され，それと労働価値論とがどのような関係にあるのかを究明することにある。そのためにまず，価値形態論の理論的な枠組みとそれの商品章のなかでの位置づけをここでもう

一度確認しておかなければならない。

　まず注意すべきは，関係主義的価値論が析出されるべき価値形態論とは，あくまでも論理説的に解釈されたかぎりでのそれだという点である。さらに価値形態論においては商品世界（Warenwelt）という独特の空間が想定されており，この商品世界の理解が決定的に重要な意味をもつということであった。

　すでに本書において明らかにしてきたように，商品章においては，基本的に商品が主語＝主体として論理が展開されている。商品自らが主体となって他の諸商品を自分に等置してゆくような関係をマルクスは価値関係とよんだが，彼は諸商品がこのような自立的な主体となって相互に関係をとりむすぶ空間を商品世界として措定している。（この点については，本書の第3章で詳説したところである。）

　商品世界というマルクス独特の概念は，商品や貨幣などの諸物象が運動の主体としてあらわれ，人間の社会的物質代謝過程がこれら諸物象の運動（すなわち，人間からは自立した固有の運動法則をもって展開する諸物象の運動）に媒介されながら遂行されてゆく，そういった独特の経済的空間をあらわしている。それは，商品経済または市場経済とよばれるものの物象化論的な把握であった。ここにおいてはまた，諸物象が「それ自身の生命を与えられ，それら自身の間でも人間との間でも関係をとりむすぶ独立した姿」（K.Ⅰ, S. 86.）であらわれてくるが，そのことは商品や貨幣などの呪物崇拝に陥った人間たちの社会的運動が諸物象の運動の形態をとり，これを彼らが自覚的にコントロールできず逆に「これによって制御される」（K.Ⅰ, S. 89.），そういった物象と人格との転倒的な関係によって規定されていた。

　こうして，商品世界は，諸物象の社会的関係と諸人格の社会的関係との2つの関係の相互依存的かつ転倒的な空間として概念的に把握される。そこでいま，このような空間を広義の商品世界とし，ここから理論的に人格的諸関係を捨象してもっぱら物象的諸関係のレヴェルでだけ捉えた領域を狭義の商品世界とすれば，商品を主語＝主体とする商品章ではこの狭義の商品世界を前提して理論が展開されている。

　この商品章では，第1・2節の価値・価値実体論でも第3節の価値形態論

でも，その分析の出発点としてあたえられているのは，いずれも二商品の等置関係または価値等式（「簡単な価値関係」ともよばれる）であった。これは，たとえば $W_1 = W_2$ のように示され，一見すると物々交換で成立する商品関係のようにもみえるが，決してそうではない。これの分析によって，そこから商品の価値（さらにはその実体としての抽象的人間的労働）やその表現形態を析出できる商品関係とは，十分発達した商品世界にこそ存在すべきものだからである。もちろん，商品世界の完成形態であれば，そこには一般的等価物としての貨幣が存在し，それがあらゆる商品の交換を媒介している。したがって，$W_1 = W_2$ を構成契機とするような商品世界とは，その完成形態としての商品世界から貨幣が捨象された，ある種の理論的空間だということにならざるをえず，それはつぎのような構造をもつことになる。

商品章では，すでに述べたように例の狭義の商品世界（諸物象の社会的諸関係の領域）が想定されている。ひとまず，この空間はあらゆる商品市場で形成される貨幣を中心とした諸商品の価値関係として——無数の商品によって形成された巨大な価値関係のネットワークとして——捉えられた。要するに，それは，商品世界を構成するすべての種類の商品（W_1，W_2，W_3，W_4，……，W_n）が一般的等価形態にある貨幣（G）に関係行為することにより形成される諸物象の社会的関係であった（$W_1 = G$，$W_2 = G$，$W_3 = G$，$W_4 = G$，……，$W_n = G$）。

さらに，この狭義の商品世界から貨幣を捨象すれば，われわれはまた市場経済を表象する独自の理論的空間に到達することができた。それは，商品世界のあらゆる種類の商品が他のあらゆる種類の商品にたいして価値関係をとりむすぶ，多極的商品関係または多極的価値関係として示される。ここでは，ある種類の商品たとえば W_1 は，商品世界のすべての商品種にたいして価値関係をむすぶ能動的主体としてあらわれる（$W_1 = W_2$，$W_1 = W_3$，$W_1 = W_4$，$W_1 = W_5$，……，$W_1 = W_n$）。と同時に，商品世界のすべての商品種によって関係行為される受動的客体としてもあらわれる（$W_2 = W_1$，$W_3 = W_1$，$W_4 = W_1$，$W_5 = W_1$，……，$W_n = W_1$）。こうした多極的商品関係を構成する商品の価値関係は，つぎの3つの基本形——価値関係Ⅰ（$W_1 = W_2$），価値関係Ⅱ（$W_1 = W_2$，$W_1 = W_3$，$W_1 = W_4$，$W_1 = W_5$，……，$W_1 = W_n$），価値

関係III（$W_2=W_1$, $W_3=W_1$, $W_4=W_1$, $W_5=W_1$, ……, $W_n=W_1$）——に還元することができた。

この価値関係 I〜III は，例の多極的商品関係のなかで諸商品のとりむすぶ社会的関係を，いわばひとつの代表的見本としての商品 W_1 のとりうる価値関係の基本形として示したものである。「生来のレヴェラーズたる商品」(K. I, S. 100.) W_1 は，価値関係 II において，自分以外のあらゆる商品に関係行為する主体である。と同時に，価値関係 III においてはこの商品 W_1 が他のあらゆる商品によって受動的な客体の地位におかれる。そして，このような多極的価値関係のもっとも基本的な構成要素が価値関係 I すなわち簡単な価値関係 $W_1=W_2$ であった。こうして，商品章の出発点であたえられる，二商品の価値等式は，商品世界から貨幣を捨象することによってあたえられる多極的商品関係のもっとも基本的な構成要素である，上述の価値関係 I（$W_1=W_2$）とみることができる。

商品章第1・2節においては，この簡単な価値関係が商品の交換価値として取り上げられ，そこから価値および価値実体が析出される。第3節では，この簡単な価値関係のなかから価値表現関係（価値形態）が析出され，さらに第一形態（$W_1=W_2$）から第二形態（$W_1=W_2$, $W_1=W_3$, $W_1=W_4$, $W_1=W_5$, ……, $W_1=W_n$），第二形態から第三形態（$W_2=W_1$, $W_3=W_1$, $W_4=W_1$, $W_5=W_1$, ……, $W_n=W_1$）へと理論展開（移行）するなかで，一般的等価物すなわち貨幣が措定される。そして，商品章を締めくくる第4節においては，最終的に価値（＝呪物性）と労働との関係が明らかにされている。

以上のように，商品章ではいったん貨幣を捨象した理論的空間（＝多極的商品関係）を措定し，そこから再びあらゆる商品が貨幣を媒介として関係しあう商品世界（狭義）へと理論展開してゆくなかで，商品と貨幣との不可避的な関係がいわば発生的な叙述方法によって明らかにされる。基本的に，商品章の第1〜3節までは狭義の商品世界が前提になるが，第4節では諸物象の社会的関係と諸人格の社会的関係との転倒的かつ相互依存的関係からなる広義の商品世界が措定され，はじめてこのような呪物崇拝と物象化を基礎とする商品世界（広義）独特の論理構造が開示されたわけである。

第3節　価値形態論と関係主義的価値論

さて，価値形態論を構成する論理は大きくはつぎの2つであった。簡単な価値関係のなかから簡単な価値形態を析出し，その基本構造を明らかにする第一形態論，価値形態の発展を簡単な価値形態から貨幣形態まで追究するなかで貨幣存在の論理的必然性を明らかにする移行論である。関係主義的価値概念は，このうち第一形態論において措定されており，とりわけその「相対的価値形態の内実」と題された部分（すなわち内実論）が重要な鍵を握っている。

内実論では価値関係のなかから価値形態が析出されるが，ひとまずそこでは価値関係のなかから自己関係が析出され，この自己関係を価値表現関係すなわち価値形態に読み替えるという，二段構えの手順がとられていた。（その意味と内容については，本書の第4章で詳しく説明している。）

ここで，自己関係（Beziehung auf sich selbst）とは，他者に関係することによって自分に関係することであり，それをとおして自分の自立性を確証するような反省関係のことであった。この反省関係は，たんに相互依存的な関係というのではなく，主体の運動（反省運動）をとおして成立する関係である。他者に関係しながら自分に関係するというのは，自分が他者との関係（類）に解消されずに自分自身を維持するということであり，したがって，あるものが自己関係にあるということは，それ自体として自立性（または自己同一性 identity）をもつ，ということを意味するのである。このような自己関係の論理について，マルクスはつぎのペテロとパウロの反省関係を使って説明していた。

> ある意味では，人間も商品も同じことである。人間は鏡を持ってこの世に生まれてくるのでもなければ，私は私であるというフィヒテ的な哲学者として生まれてくるのでもない。だから，人間はまず他のある人間の中に自分を映してみるのである。人間ペテロは，自分と同等のものとしての人間パウロに関連することによって，初めて人間としての自分自身

に関連する。しかし，それと同時に，ペテロにとっては，パウロの全体が，そのパウロ的な肉体のままで人間種族の現象形態として通用するのである。(K. I, S. 67.)

こうした自己関係が可能なのは，そこにおいてパウロが「そのパウロ的な肉体のままで」両者のあいだにある本質（＝「人間種族」）の現象形態として通用するからであり，そうであるのはまた，この関係をとりむすぶ両者の間に共通の第三者（＝類概念）が存在するからであった。かくして，この自己関係が成立するための論理的条件をいえば，つぎの2点である。①この関係のなかで他者がその自然形態そのままで自分の本質の現象形態として通用すること（だからこそ他者に関係しながら自分に関係できる）。そのためにはまた，②両者のあいだに共通の第三者（＝類概念）が存在すること。

すでに述べたように，マルクスはこのような自己関係を商品の価値関係のなかから析出したのであるが，それはとりもなおさず，この価値関係のなかに商品が価値としての自立性を確証する反省関係をみてとったということである。たとえば，彼は，リンネル商品の上衣商品に対する価値関係を取り上げ，そこからつぎのようにリンネル商品の自己関係を析出している。

> リンネルは，他の商品を価値としての自分に等置することによって，価値としての自分自身に関連する。リンネルは，価値としての自分自身に関連することによって，同時に自分を使用価値としての自分自身から区別する。(K. I, 1 Aufl., S. 16.)

ここでまずあたえられているのは，リンネルが「他の商品を価値としての自分に等置する」価値関係である。商品がこのように他商品にたいして関係行為する自立的な主体としてあらわれてくる領域こそが例の商品世界（ただし狭義）であり，そのなかで諸商品が相互にとりむすぶ社会的関係が価値関係であった。このなかにリンネルの自己関係（＝「リンネルは，……価値としての自分自身に関連する」）が析出される。そして，このような自己関係をとおしてリンネルが「自分を使用価値としての自分自身から区別する」と

いうのは，それによってリンネルが価値としての自立性を反省（獲得）するということである。

　問題は，何ゆえこのような価値関係から自己関係を介して価値表現関係（価値形態）を析出するという，二段構えの手順をとるのかということであった。

　ここで，価値形態論が何よりも商品ならびに貨幣の呪物性を論定する理論であることを想起する必要がある。従来，価値形態論と呪物性論との関係は自明とされてきたにもかかわらず，両者の理論的関連は必ずしも十分には解明されてこなかった。理由は，価値形態論では商品が主語＝主体として理論展開され，呪物崇拝の主体としての人間が表面にあらわれないという点にある。ただし，価値形態論が商品・貨幣の呪物性の解明を企図する以上，呪物崇拝の主体＝人間の存在あるいはその意識を無視することはできない。そして，ここに実は価値形態論独特の論理構造を解く鍵が隠されているのである。

　そこでまず確認されるべきは，価値形態とは価値の現象形態であり，その完成形態はまた交換の当事主体が自らの商品の価値を貨幣で表現する形態だということである。当然，それは，商品に一定の価値が内属し，貨幣にあらゆる商品に対する直接的交換可能性という独特の性質が具わると意識する（そのかぎりで，商品や貨幣を呪物視する）人間およびその意識の存在を前提している。

　他方，価値形態論の出発点であたえられる価値関係は，商品を主語＝主体とし，それはまた諸人格の社会的関係とともに商品世界（広義）を形成する諸物象の社会的関係（狭義の商品世界）の理論的な構成契機をなす。そして，これらの商品や貨幣などの諸物象に媒介されながら独自の社会的関係を形成する人間たちは，特定の経済的諸関係の担い手として相互に関係をとりむすぶが，そのさい彼らの日常意識には，商品や貨幣の価値がそれらに生まれながらに具わった自然的属性のようにみえるのである。これをマルクスは商品や貨幣の呪物的性格とよんだわけだが，それは価値関係のなかであたえられた商品や貨幣の独自の経済的形態規定性がそれらの素材的担い手そのものに具わる諸属性として人々の意識に映し出されたものとして捉えられる。というのは，こうであった。

物象と人格との相互依存的かつ転倒的関係からなる商品世界（広義）は，人間の意識と密接に関わる呪物崇拝をその重要な構成要素にしている。そうである以上，分析者は，商品世界の一方を構成する諸物象の社会的関係だけでなく，他方でこの諸物象に媒介された独特の人格的諸関係を形成する商品生産・交換の当事主体の意識をも分析の対象にする必要がある。そのばあい，まず彼らの意識に映じた諸物象の社会的関係は，分析者にとっては人間の意識内部の主観的な存在として取り扱うべき対象である。同じようにして，この諸物象の社会的関係すなわち諸商品の価値関係（自己関係）やそこで諸商品に与えられた独自の経済的形態規定性も，それが彼らの意識に映し出されているかぎりでは人間の意識内部の主観的・観念的な存在として把握されることになる。

商品や貨幣の呪物性とは，実のところ，こうして商品生産・交換の当事主体の意識内部の主観的・観念的な存在として把握された，それらの客観的・実在的な経済的形態規定性であった。かくして，商品ならびに貨幣の客観的・実在的〈形態規定性〉からその主観的・観念的〈呪物性〉への切り替えは，同じ商品世界を構成する物象的諸関係から人格的諸関係への，あるいは商品主体から人間主体への分析者の視点の転換によって行なわれる。

つまり，そうした転換によって，価値関係を形成する一方の商品は生まれながらに価値をもち，他方の商品はその自然形態そのままで価値をあらわしているかようにみえる，という商品世界に生きる人間の立場で価値関係を捉えることが可能になるのである。それによりまた，この関係は，受動的立場の商品（その使用価値）で能動的主体の地位にある商品の価値が表現される関係として捉えなおされる。こうして，商品の自己関係は価値表現関係（価値形態）へと読み替えられ，そのうえで価値形態論はもっとも十全な価値の表現形態（現象形態）を追求して一般的価値形態（貨幣形態）への到達を目指す，移行論へとすすめられるのである。

次節に移るに前に，ここでつぎの点を確認しておきたい。移行論では，呪物崇拝の主体であり，それゆえまた価値表現の主体である人間にとって，価値がどのように表現される（現象する）のかが問題になる。したがって，そこでは人間の意識に映現する価値が何であるのかはすでに解決済みの問題で

あり，関係主義的価値概念の解明を課題とする本章にとっては移行論への言及は不要である，ということになろう。（なお，移行論については本書の第5章で主題的に取り扱った。）

第 4 節　関係主義的価値概念の論理構造

例の自己関係の成立条件の第一は，この関係のなかで他者がその自然形態そのままで自分の本質の現象形態として通用する，ということであった。自己関係の主体は，このような独自の形態規定性を担う他者との等置関係をとおして自らの本質を反省し，その本質をわがものとした具体的・個別的存在として自立することができる。だがまた，そうした関係が成り立つためには，この関係を形成する主体と客体とのあいだに共通する「ある第三者（ein Dritter）」（K. I, S. 51.）が存在していなければならなかった。

むろん，これ自体は他者でも自分でもない両者に共通のある第三者であり，その意味では〈抽象的な共通性としての普遍〉としてのみ把握されることができた。したがって，このような存在はただそれらの関係の内部でだけあらわれ，そうした関係性を離れたところで自存することはない。つまり，この第三者の存立を支える関係性の内部では，各々の具体的個別はこの第三者（＝類概念）の一構成契機におとされ，その自立性をもちえないからであった。要するに，このような〈抽象的な共通性としての普遍〉とは，いわば関係性のネットワークの枠組みのなかでだけ実像を結び，それを離れては存立できぬ概念だということである[5]。

そこで，自己関係の受動的客体は，このような関係をとりむすぶ両者に共通の第三者（類概念＝本質）の現象形態として通用し，能動的主体はそれとの等置関係をとおしてそうした本質を自らのものとして反省（獲得）する。諸商品は，このような自己関係をとおして，それぞれ固有の経済的形態規定性を獲得し，商品世界に生きる人々の意識には，それが商品や貨幣の呪物的性格（＝価値）として反映されることになる。こうして，ここでは価値が貨幣を含む諸商品に共通するある第三者（＝抽象的な共通性としての普遍）として措定されると同時に，それらの呪物的性格としても措定される[6]。ここで

重要なことは，この2つの価値概念がいずれも人間たちの特定の社会的諸関係のなかで形成されると同時に，この関係そのものを支えるひとつの媒介形式としても把握できる，という点であろう。前者のばあい，それは商品世界の内部に生成した客観的存在として捉えられ，後者（＝商品や貨幣の呪物性）はこの客観的存在が人間たちの意識（主観）に内部化されて，ある種の媒介形式になったものと捉えられる。

他方，このような類概念としての共通の第三者は，そうした関係性の枠組みの内部に存立する〈抽象的な共通性としての普遍〉というかたちで把握されるだけでなく，これを支える関係性そのものとしても捉えることが可能である。だが，このばあいにはまたつぎの点に注意しなければならなかった。[7]

ある主体が他の客体（他者）と同等性関係をとりむすぶ――たとえば，人間のペテロが類的本質において異なった猫のパウロを自分と同じ存在として自分に等置する――だけで，そこに〈抽象的な共通性としての普遍〉概念が形成され，さらにはそれを根拠に自己関係が成立するわけではない，ということである。その成立のためには，やはり両者に共通する第三者（＝類概念）すなわち〈抽象的な共通性としての普遍〉概念が客観的・社会的に承認されていなければならなかったのである。

そしてそのためにはまた，ある主体（自分）によって等置される客体（他者）が，他のあらゆる諸主体によって同じような同等性関係をとりむすばれている状況もしくは構造がそこに存在することが必要である。これは，例の狭義の商品世界における多極的商品関係と同一の構造であり，さらには先にみた人間ペテロと人間パウロとのあいだの反省関係におけるものと実は構造としては同じであった。つまり，ペテロがあの関係のなかで自分の本質を反省できるのは，パウロが「そのパウロ的な肉体のままで」両者のあいだの本質（「人間種族」＝類）の現象形態として通用するからであるが，そうであるのは実際上パウロが自分以外のすべての人間と同じような関係をむすんでいるからであった。かくして，この主体・客体間に共通の第三者（＝抽象的な共通性としての普遍）はそれらの関係性においてあらわされることが可能だとしても，それはたんなる主体・客体の二項関係にはとどまりえないのであって，この第三者（＝類）概念を支える関係性の総体においてのみあらわ

されうる，ということになろう。

　商品の自己関係の成立条件となる第三者概念についていえば，それは何よりも商品世界の全体を構成する諸関係，諸関連の総体として捉えられるべきである。さしあたっては，商品世界の理論的な下部構造ともいえる多極的商品関係（価値関係），さらには狭義の商品世界を構成する貨幣を中心とした諸商品の価値関係，そして，こうした諸物象の社会的関連とそれに媒介された諸人格の社会的関連との相互依存的かつ転倒的関係（要するに，広義の商品世界を構成する諸関係，諸関連の総体）として捉えられねばならない。

　こうして，商品の自己関係の成立条件——すなわち関係をとりむすぶ異種の諸商品に共通する第三者（＝類概念）——が関係そのものとして捉えられると，この自己関係において能動的主体の反省する本質としての価値も，さらにはその受動的客体がその自然形態そのものであらわすところの価値も，いずれもひとつの社会的関係規定として捉えなおされる。そして，このばあいにはまた，商品の価値や貨幣の代表する価値（すなわち，それらの呪物性）も，商品世界に生きる人間たちの独自の社会的諸関係，諸関連が商品や貨幣に固有の属性となって彼らの意識に反映されたものとして規定し直され，ここに関係主義的価値概念が成立するわけである。

　ここにおいて，価値（呪物性）は，商品世界のなかに生きる人々の独特の社会的諸関係が彼ら自身の意識のうちに商品や貨幣のもつ固有の属性として反映されたものとして，関係主義的に規定される。これが，労働連関次元への下向分析なしで，もっぱら商品連関次元における人間たちの独自の社会的諸関係，諸関連を基礎に論定されていることはみてのとおりである。この意味において，この関係主義的価値概念は，労働価値論とは区別されるのであり，理論的にはその上位概念として位置づけられることになる。

第5節　関係主義と労働価値論

　さて，本書では，関係主義的価値理論の立場に立って商品や貨幣の価値（すなわち人々の意識に映現しているそれらの呪物性）が彼らをとりまくいかなる社会的諸関係の反映であり，あるいは，それによって規定された諸物

の客観的な経済的形態規定性の反映であるのかを明らかにしてきた。ここで重要なことは，少なくともこの価値概念がマルクス学派に固有の物象化論的な市場把握（＝商品世界論）や価値形態論を構成する基本的論理によって措定され，しかも労働価値論とは別個にそれがなされうるという点であろう。

　ただし，この関係主義的な価値理論の立場は，労働価値論を必ずしも否定するものではない。もちろん，実体主義的な労働価値論とは相容れぬ部分をもつが，関係主義的な立場から労働価値論を展開することは可能である。それも，商品論を構成する価値形態論（とりわけ内実論）および呪物性論のなかにその基礎を見出すことができる。この点は，すでに本書の第Ⅰ編第１章および第３章において解明されているところではあるが，ごく簡単にその基本的構成を述べるならば，つぎのようであった。

　まず，関係主義的な労働価値論の立場から重視すべきは，商品の「価値性格」という概念であって，これは商品章第４節でつぎのように規定されていた。

　　　互いに非依存的な私的諸労働の独自な社会的性格は，これらの労働の人間労働としての同等性にあり，そして，この社会的性格が労働生産物の価値性格の形態をとる。(K. I, S. 88.)

　　　私的生産者たちの頭脳は，……異種の諸労働の同等性という社会的性格を，これらの物質的に違った諸物の，諸生産物の，共通な価値性格という形態で反映させる。(Ibid.)

　ここには，私的諸労働の同等性という独自の社会的性格が人々の意識に商品の価値性格（呪物性）として反映されるということ，この点が言明されている。これをうけて，関係主義的価値論の立場からまず解明されるべきは，この私的諸労働の独自な社会的性格が商品の価値関係（自己関係）のなかでいかなる経済的形態規定性をあたえられて人々の意識に商品の価値性格として反映されるのか，ということであった。

　まず，人間の意識に商品の価値性格として反映される私的諸労働の独自な

社会的性格とは，その生産物を社会的に有用にする労働の具体性・有用性が捨象された抽象的人間的労働をさす，ということはいうまでもない。さらに，「流動状態にある人間の労働力すなわち人間労働は，価値を形成するが価値ではない。それは凝固状態において，対象的形態において価値になる」(K. I, S. 66.) というところから，この私的諸労働の独自の社会的性格が人々の意識に商品の価値性格として反映されるには，それが抽象的労働の凝固として対象的な形態すなわち価値対象性の形態をとらねばならない，ということである。ただし，ここでは商品がその価値関係のなかでそうした独特の形態規定性をあたえられているというだけのことで，実際にそこから抽象的人間的労働を労働・生産過程で自存化し実体化するというのではない。この点，注意を要する。

したがって，ここでまず明らかにされるべきは，商品がその自己関係のなかで価値としては抽象的人間的労働の凝固であること，すなわちその価値対象性を反省（獲得）している，ということである。言い換えるなら，そうした商品の自己関係がその価値関係から析出されなければならないということである。そして，そのためにはまた，この自己関係の受動的客体の地位におかれた商品がその自然形態そのままで「抽象的人間的労働の物体化」(K. I, S. 72.) として通用する，という独自の形態規定性を獲得している必要があった。なぜなら，そうした独特の形態規定性をもつ他商品との等置関係をとおしてのみ，当該商品は他商品をある種の鏡として，自分もまた同じように価値としては抽象的人間的労働の凝固であることを反省できるからである。

さらに，それが可能となるには，この商品連関に媒介される労働連関次元で，他商品を生産した具体的労働が「抽象的人間的労働の単なる実現形態」(Ibid.) として通用するということが論理的に要請された。なぜなら，そのばあいにのみ，この他商品は抽象的人間的労働の実現形態としての労働の生産物とみなされ，そこから自然形態そのままで単なる抽象的人間的労働の物体化になるという独特の形態規定性を獲得できるからである。そのためにはまた，労働連関次元において自己関係を析出し，そこで受動的客体の地位におかれた労働が抽象的人間的労働の実現形態として通用することを明らかにしなければならないと，いうことになる。

もちろん，この労働連関次元における自己関係も，その成立条件としては商品連関次元におけるそれと同じである。とくにここで重要なのは，この関係をとりむすぶ他者と自分とのあいだに共通の第三者（＝類概念）が存在するという条件だが，このばあいそれは諸労働間の〈抽象的な共通性としての普遍〉ともいうべき抽象的労働によりあたえられている，と考えることができる。そして，こうした類概念（すなわち抽象的労働概念）が関係性の位相で捉え返されたとき，当然そこには関係主義的な労働価値論が成立することになる。

　とはいえ，マルクスが自覚的にこのような関係主義的な立場から労働価値論を展開していたとは主張できないであろう。だが，少なくとも彼はこの私的労働の独自の社会的性格である抽象的人間的労働を関係性の位相で捉えようとしていたことだけは確かである。この点について，彼はこう論じていたからである。

　　私的諸労働の社会的な形態とは，同じ労働としてのそれらの相互の関連である。つまり，千差万別のいろいろな労働の同等性は，ただそれらの不等性の捨象においてのみ存在しうるのだから，それらの社会的形態は人間労働一般としての，人間的労働力の支出としての，それらの相互の関連であって，……ここではこの関連そのものが諸労働の独自な社会的形態として通用するのである。(K. I, 1 Aufl., S. 32.)

第6節　結　語

　こうして，労働価値論は関係主義的な価値理論をベースにこれを再構成できるが，この労働価値論は通常の実体主義的な労働価値論とは区別される必要がある。何よりもここでは，抽象的人間的労働が価値の実体として労働・生産過程で自存することはなく，商品世界という独特の物象化された空間を構成する価値関係の内部でだけ存立するという点で，その理論的位相は決定的に異なる。したがって，ここでは抽象的人間的労働が商品に対象化される，

あるいはそれが凝固して商品の価値対象性を形成するといっても，そのことを商品の価値関係の内部に析出できる（それゆえ，そうした論理的な擬制もしくはある種の仮構の設定によって労働価値論を展開できる）というだけのことで，そこから抽象的労働が労働・生産過程に価値の実体として措定されるということはない。それをやれば，当然にこのベースとしての関係主義的価値理論を離れるからである。したがって，この立場に立つかぎり，労働価値論は関係主義的価値論のベース上で展開されるある種の「道具」（比喩的にいえば，ひとつのアプリケーション・ソフト）の地位におかれることになるであろう。

もちろん，それが労働価値論として措定されるかぎり，実体主義的な労働価値論と同じように，搾取や剰余価値の存在を論証するための，あるいは社会的再生産モデルを構築するための理論装置として用いることは可能である。と同時に，それはまた労働‐価値‐価格という理論的オーダーを必要とするというところから，例の転化問題の解決を不可欠とするという点でも同じである。

ただし，このばあいには市場経済をもっぱら商品（物象的）連関に媒介された労働の交換システムとして捉えることになり，労働生産物以外の商品を基本的に排除するという限界をもつことになる。確かに，労働連関次元における人間の社会的関係にまでさかのぼって価値を規定する方法は，経済構造を支えるヒトとヒトとの関係を経済の深層部分で把握し，その認識をふまえて価値論を展開する点で評価できるとしても，価値理論としてはその適用範囲を狭くするという難点を否定できないであろう。

これにたいして，関係主義的価値論だけを採用したとするなら，その価値概念の適用範囲は大きく広がり一般化されることになる。このばあいには，たとえ労働生産物でなくとも，市場に商品として登場したものはすべて価値をもつ。[8] さらにはまた，この価値の絶対的定在として市場に君臨する貨幣はその意味を価値論によって解明され，資本もまた自己増殖する価値の運動体（あるいは主体＝実体としての価値）としての，その物象化的な存立構造が価値論を基礎に説明されることになろう。

この事実は重要である。なぜなら，本章の冒頭で論じたように価値形態論

のなかに労働価値論を超えるものがあるとすれば，まさにこの意味での関係主義的価値論こそがそれであった，といいうるからである。

1) 貨幣の意味は，価値形態論においては貨幣商品説としての論理的枠組みのなかでつぎのような問題に答えるかたちで明らかにされている。①価値の現象形態として通用する貨幣の特性の根拠は何であるのか（貨幣本質論），②貨幣を含む一般的価値形態がもっとも十全な価値の表現形態である理由は何か（貨幣存在論），③何ゆえにただひとつの商品だけが一般的等価物の地位につくのか，あるいは何ゆえに商品世界のなかからただひとつの商品だけを一般的等価物として排除しなければならないのか（貨幣形成論）。
2) たとえば，Aglietta［1991］，岩井克人［1993］，向井公敏［1995］など。
3) ちなみに，岩井は「マルクスの「価値形態論」が，まさにその展開過程のなかで「労働価値論」そのものを転覆させてしまう論理構造をうみだしてしまうという逆説」（［1993］）を指摘する。
4) マルクスの価値・貨幣論の基本的枠組みがいわゆる論理説であり「論理的貨幣商品説」と特徴づけられることについては，正木八郎［1992］が詳細に論じている。ただし，正木論文はこれの批判的検討として展開されている。
5) マルクスも指摘するように，この第三者は「それ自体としては，その一方でもなければ他方でもない」（K.Ⅰ, S. 51.）が，にもかかわらず彼は，関係をとりむすぶ諸商品をこの第三者に「還元」（Ibid.）することによって，この第三者をそれぞれの商品に帰属せしめ，そこからさらに労働連関次元へ下向して価値の実体としての抽象的人間的労働を析出している。しかし，このような「還元」手続きは，結局のところ〈抽象的な共通性としての普遍〉でしかないものを自存化し実体化するものだといわなければならない。
6) こうして，二重に措定される価値概念を基礎に商品ならびに貨幣概念が成立し，これらの概念は究極的には商品世界を構成する諸関係，諸関連の総体によってその存立を支えられている。この意味において，価値・商品・貨幣の三者は相互前提的で同時成立的な存在であるということができる。
7) この関係主義的な価値論の基礎におかれるヒトとヒトとの関係は「交換過程」章における相互承認を基礎とする社会的関係，すなわち互いに相手を同等の私的所有者として認めたうえで成り立つ関係であり，自己の所有物を他者に譲渡して他者の所有物を領有（獲得）する，そういった独特の諸人格の社会的関係である。
8) こうした関係主義的価値論に立つかぎり，商品価値（呪物性）は，質的には社会的諸関係の反照規定であるが，量的には貨幣1単位の代表する価値す

なわちその一般的購買力をあたえられたものとして、この貨幣単位の確定倍数としての価格形態でその大きさが表現される。このばあい、貨幣1単位の代表する価値は、相対的価値形態に立つ商品総体によってあらわされることになる。ここに、ある種の循環論的構造がみてとれるであろう。価値の表現（価格の形成）は貨幣の特性を前提になされるが、前提となった貨幣の特性をあたえたのは商品自身であること——つまり、それらが相対的価値形態に立って貨幣を一般的等価物に仕立て上げたこと——である。関係主義的価値論とそれを基礎とする価値形態論は、こうした貨幣が貨幣である根拠（すなわち、その特有の循環構造）を明らかにできるのであるが、この点については本書の第9章で取り上げる。

9) この関係主義的価値論の立場に立つ以上、基本的に経済の数量的分析は価格タームを使って行なうことになるが、そのばあいにはつぎの点に注意が必要だろう。①ここにおいて価格は実体的な価値（量）というような収斂すべき均衡値もしくは最適値をもたぬこと、②価格の尺度基準となる貨幣1単位の価値は不断の変動と流動化にさらされており本来的に不安定であること。なおこの詳細については、本書第9章で。

第8章　商品貨幣説から現代貨幣の説明原理へ

第1節　問題の所在

　価値形態論の措定する貨幣は，いうまでもなく商品貨幣（commodity money）である。したがって，ここから現代貨幣を導出するためには，この貨幣（金）がその金属的実質を失ってたんなる価値標章へと変遷する実際の通貨発達史をたどるしかない。

　他方，われわれが労働価値論に立脚するかぎり，価値形態論が論定するのは商品貨幣でなければならぬという事情もある。貨幣は，価値尺度としてはそれが尺度する諸商品と同じ価値実体をもつ労働生産物であるべきだからである[1]。そのばあい，われわれは，実体的価値をもつ貨幣（金）から出発して現実の通貨発達史をたどりながら現代貨幣（＝紙幣またはたんなる価値標章）へと到達し，そのうえで改めて理論的な出発点としての商品貨幣の基礎にたちかえって価値尺度問題を論ずるという，迂回的方法をとらざるをえない。

　この方法をとる以上，現代貨幣たる紙幣（＝価値標章）は実体的価値をもつ金属貨幣の代理物として理論的には位置づけられる。事実，マルクスもそうしており，これを仮に「紙幣＝金属貨幣の代理物」説と名づけておこう。

　もちろん，こうした方法は，かつてのように金本位制が現実に機能し混合流通が実現されている状況下では一定程度の説得力をもつ。さらにいえば，第2次大戦後およそ4半世紀つづいたブレトン・ウッズ体制（＝事実上の金為替本位制）下で，ドル紙幣が金の一定量を代表し（すなわち，何らかの交

換性を保証され），各国通貨がこの基軸通貨としてのドルとのあいだに金を基準とした交換比率をあたえられているばあいにも，「紙幣＝金属貨幣の代理物」説はそれなりの説得力を保持していたといえよう。

ところが，現在のドルは金の裏づけなく事実上の基軸通貨として流通し機能しつづけている。これをどう説明すべきか。現代の紙幣は，金の代理物としてではなく，それ自体の根拠に基づき貨幣として通用しているようにもみえる[2)3)]。こうして，たんなる価値標章たる現代貨幣が実体的価値をもつ金属貨幣との関係を失っている現状では，「紙幣＝金属貨幣の代理物」説はほとんど説得力をもたなくなっている。にもかかわらず，われわれは商品貨幣説をとる以上「紙幣＝金属貨幣の代理物」説に依存せざるをえず，そのばあいにはまた現実の通貨流通の背後に実際にはありもしない金属貨幣の存在を想定して理論を組み立てるという方法をとらざるをえないのである。たとえば，インフレーション論の定番的な道具立てである「流通必要金量」概念などはその典型例であろう。

しかしながら，よく考えてみれば，現代貨幣たる紙幣が本来あるべき金属貨幣の代理物だと主張できる根拠はどこにもないのである。かつては紙幣が金属貨幣の代理物として機能していた，という過去の実績をあげることはできる。だが，商品貨幣説（Theory of Commodity Money）と現代貨幣との理論的連関をこのような過去の実績によって繋ぐことは不可能である。

こうして，価値形態論がたんなる歴史的貨幣形成論であり，そのようなものとして通貨発達史のひとつの出発点＝商品貨幣（貨幣金）を措定する理論でしかないとされるなら，もはや価値形態論はその現代的・理論的意義を失っていると考えざるをえない。紙幣が金属貨幣（商品貨幣）の代理物であることの証明が困難である現状では，そういわざるをえないだろう。

ただし，本書は価値形態論がその現代的・理論的意義を喪失したという立場には立っていない。ここでの目的はそれを論証することである。もっとも，そのためには価値形態論を現代貨幣の説明原理へと組み替えることが不可避であり，それにはまず価値形態論を独自の貨幣形成論として完成させておかなければならない。結論の先取りをすれば，この課題は，呪物性論と価値形態論との理論的関連を解明したうえで，価値形態の発展を論ずることによっ

てその展望がひらかれる。次節から，早速その作業に入ることにしよう。

第2節　価値形態論の基本的構成

　まず，ここでは価値形態論の基本的な論理構成から確認したい。

　価値形態論の課題を貨幣の基礎理論という視角から摘記すれば，基本的には貨幣本質論と貨幣存在論，さらには貨幣形成論をあげることができる。

　貨幣本質論とは，貨幣が価値の絶対的定在としてあらゆる商品に対する直接的交換可能性という特性をもつ根拠を論じ，この意味での貨幣の本質（＝貨幣呪物の秘密）を明らかにする。価値形態論では，これは第一形態論，とくにその内実論で解明されている。

　他方，貨幣存在論の目的は，貨幣が商品世界において必要にして不可欠の存在であること，すなわち貨幣存在の理論的根拠（その存在の必然性，不可避性）を解明することにある。この課題は，価値形態の「発展」を簡単な価値形態から貨幣形態まで論理的に追跡する，いわゆる移行論で果たされるが，そこではまた貨幣存在論だけでなく，一般的等価物＝貨幣の生成を論じた貨幣形成論も同時に展開されている。

　ただし，この価値形態論における貨幣形成論には2つの解釈が成り立つ。ひとつはいわゆる論理＝歴史説的な貨幣形成論であり，他は論理説的に展開されるそれである[4]。もちろん，価値形態論を現代貨幣そのものの説明原理として再構成するためには，後者の論理説的な貨幣形成論の構築が不可欠であり，本書の最終的な課題の成否もこの点にかかっている。

　ここで論理説とは，それ自体としては論理展開（叙述）の方法をさしている。が，他方でこれは対象としての資本主義経済をその全体性において把握しようとするマルクス学派固有の方法と密接に関わる。つまり，そのためには，まず現実の資本主義経済を下向的分析によってより抽象的で簡単な構成契機へと還元し，ついで，そうして獲得された構成諸契機を——資本主義経済内部での経済的諸関係の編成（序列）にしたがって——そのもっとも抽象的で簡単なものからより具体的で複雑なものへと上向的に展開（すなわち理論的に再構成・総合化）しながら，出発点たる資本主義経済の現実へとたち

かえることが必要である。

　論理説とは，基本的にそうした下向的分析と上向的展開という二重の作業をとおして対象自体をそれらの構成諸契機の総体的連関において把握する方法の一局面をさしている。それは，対象を論理的・概念的に再構成してゆく上向的展開の方法であって，価値形態論においては，これが価値形態の発展をたどって最終的に貨幣形態へと到達する独特の論理的展開過程として具体化されることになる。むろん，ここにおいては，現実的交換の歴史的叙述が論理的構成の契機にされるという論理＝歴史説的な方法がとられることは本来ありえない。

　そこで問題は，その下向的分析の出発点と到達点，したがってまた上向的展開の出発点とその到達点である。価値形態論を現代貨幣の説明原理に転換しようとするなら，この下向的分析の出発点＝上向的展開の到達点は当然に現代貨幣でなければならない。さらにいえば，この下向的分析の出発点は現実の資本主義経済だが，その上向的展開の一段階でしかない価値形態論（それを包摂する商品論）の到達点は，「商品世界（Warenwelt）」という独特の理論的空間であることに注意すべきである。

　商品世界とは，物象化論的に把握された商品経済もしくは市場経済のことをいう。それは，商品や貨幣などの諸物象が運動の主体としてあらわれ，人間たちの社会的物質代謝過程が彼らから自立した諸物象の運動に媒介されて遂行される，独特の経済的空間をあらわす。ここでは，諸物象が「それ自身の生命を与えられ，それら自身のあいだでも人間とのあいだでも関係をとりむすぶ独立した姿」（K.Ⅰ, S. 86.）であらわれてくるが，そうした現象は商品や貨幣などの呪物崇拝に支配された人間たちの社会的運動が諸物象の運動の形態をとり，これを彼らが自覚的にコントロールできず逆に「これによって制御される」（K.Ⅰ, S. 89.），そういった物象と人格との転倒的な関係によって規定されている。こうして，商品世界は諸物象の社会的関係と諸人格のそれとの相互依存的かつ転倒的な空間として概念的に把握できるが，ここではこのような空間を広義の商品世界とよび，ここから理論的に人格的諸関係を捨象してもっぱら物象的諸関係のレベルだけで捉えた領域を狭義の商品世界とよぶ。

こうした商品世界からの下向的分析をとおして，価値形態論における上向的展開の出発点として措定されるのが「簡単な価値形態」であり，それは貨幣の萌芽形態もしくは「貨幣の即自態（Ansich：潜在態）」（K.Ⅰ,1 Aufl., S. 16.）として措定される。この簡単な価値形態は，商品世界を構成するもっとも原基的な要素である「簡単な価値関係」$W_1=W_2$ のなかに「ふくまれている」（K.Ⅰ, S. 62.）。そこでまず，現実の貨幣を媒介とする，完成された諸商品の価値関係からこの貨幣の即自態を含む簡単な価値関係への遡及・還元（＝下向的分析）は，以下のようになされえよう。

その下向的分析の出発点は現実の商品世界であるが，直接的には例の狭義の商品世界（諸物象の社会的諸関係の領域）である。ひとまず，この空間はあらゆる商品市場における貨幣を媒介とした諸商品の価値関係として——無数の商品により形成された巨大な価値関係のネットワークとして——捉えられる。要するに，それは，商品世界のすべての種類の商品（W_1, W_2, W_3, W_4, ……, W_n）が一般的等価形態にある貨幣（G）に関係行為することにより形成される諸物象の社会的関係（$W_1=G$, $W_2=G$, $W_3=G$, $W_4=G$, ……, $W_n=G$）である。マルクスのばあい，この下向的分析の出発点における貨幣は商品貨幣＝金であり，われわれにおいては現代貨幣である。それがまた上向的展開の最終的な到達点とされるのである。

ここから簡単な価値関係 $W_1=W_2$ へと遡及・還元してゆくためには，この狭義の商品世界を構成する価値関係から貨幣をいったん理論的に捨象しなければならない。そのことによって，われわれは，商品世界のあらゆる種類の商品が他のあらゆる種類の商品にたいして価値関係をとりむすぶ，多極的価値関係という独自の空間に到達する。これは，完成された商品世界から貨幣だけが捨象された理論的空間である。このなかでは，ある商品 W_1 は商品世界のすべての商品種にたいして価値関係をとりむすぶ能動的主体である（$W_1=W_2$, $W_1=W_3$, $W_1=W_4$, $W_1=W_5$, ……, $W_1=W_n$）。と同時に，それ自身もすべての商品種から関係行為される受動的客体である（$W_2=W_1$, $W_3=W_1$, $W_4=W_1$, $W_5=W_1$, ……, $W_n=W_1$）。こうした多極的商品関係を構成する諸商品の価値関係はさらにつぎの3つの基本形——価値関係Ⅰ（$W_1=W_2$），価値関係Ⅱ（$W_1=W_2$, $W_1=W_3$, $W_1=W_4$, $W_1=W_5$, ……,

$W_1 = W_n$），価値関係Ⅲ（$W_2 = W_1$, $W_3 = W_1$, $W_4 = W_1$, $W_5 = W_1$, ……, $W_n = W_1$）——へと還元される。

　この価値関係Ⅰ～Ⅲは，W_1がかの多極的商品関係のなかでとりうる価値関係の基本形を示す。商品 W_1 は，価値関係Ⅱにおいて自分以外のあらゆる商品に関係行為する主体であると同時に，価値関係Ⅲでは，この商品 W_1 が他のあらゆる商品によって受動的客体の地位におかれる。このような多極的価値関係のもっとも基本的な単位が価値関係Ⅰである。かくて，最後に到達した価値関係Ⅰ（$W_1 = W_2$）こそが，貨幣の即自態を含む簡単な価値関係として措定されるわけである。

　ところで，こうして析出された簡単な価値関係（または価値形態）は，等置関係にある商品 W_1 と W_2，そしてそれぞれの所有者（取引当事者）という４つのファクターから構成されている。ここで重要なことは，すでに述べた価値形態論における上向的展開の到達点としての商品世界（広義）——すなわち，諸物象の社会的関係と諸人格の社会的関係との２つの関係の相互依存的かつ転倒的な空間——の基本構造に対応して，商品と商品所有者（人間）という２つの主語＝主体概念がここに想定されている，ということである。

　ただし，よく知られているように価値形態論の主語＝主体は商品である。むろん，そこで人間の存在が無視されているのではない。価値表現の主体は人間であり，この存在なしに価値形態の形成そのものがありえないからである。この人間はまた，呪物崇拝が支配する商品世界のなかでは，商品が価値（＝呪物性）をもち貨幣があらゆる商品にたいする直接的交換可能性という特性（＝呪物性）をもつと錯認する，つまりはこれらを呪物視するからこそ，それぞれ所持する商品の価値を貨幣で表現しようとする。彼らは呪物崇拝の主体であることによって，はじめて価値表現の主体たりうるのである。

　簡単な価値関係が４つのファクターと２つの主語＝主体概念から構成されている理由も，実はそこにある。最初は狭義の商品世界が想定され，諸商品はそのなかで価値関係（＝諸物象の社会的関係）を形成する能動的主体あるいはその受動的客体として，それぞれに固有の経済的形態規定性を受け取る。この経済的形態規定性が，同じ商品世界（広義）に生きる人間たちの意識に

それらの呪物的性格として反映されるのである。彼らは商品世界のなかでこれらの諸物象の運動に逆に制御されることで自らの生活再生産過程を遂行しうるが，彼らの意識には，これら諸物象に付与された固有の経済的形態規定性がそれらの素材に固有の属性であるかのように映現するのであった。

こうして，諸商品の呪物的性格の理論的根拠が示され，人間が呪物崇拝の主体として措定されることによって，はじめて人間が価値表現の主体として登場できる。そのことによってまた，価値関係のなかからそこに含まれる価値形態を析出することが可能になる。実際，貨幣本質論が展開される内実論では，商品の価値関係のなかから価値形態が析出されるが，そこではまず商品の簡単な価値関係から商品の自己関係が析出され，この自己関係がさらに価値表現関係として読み替えられる，という独特の手続きによって簡単な価値形態の析出が行なわれていた。

要するに，ここでは商品呪物や貨幣呪物の理論的根拠が，価値関係＝自己関係を形成する諸商品（＝能動的主体あるいはその受動的客体）にあたえられた，独特の経済的形態規定性として措定される。さらに，この形態規定性が，呪物崇拝（したがって価値表現）の主体たる人間の意識を介して価値形態（相対的価値形態ならびに等価形態）における独自の形態規定性に読み替えられ，そうした手順によって簡単な価値関係から簡単な価値形態が析出されたわけである。

さて，この簡単な価値形態（第一形態）から出発して，価値形態の発展をたどりながら一般的価値形態（第三形態）を経て最後には現代貨幣へと到達すること，これが本章の目的であった。それゆえ，主たる問題の領域はこの貨幣本質論にではなく，貨幣存在論さらには貨幣形成論，つまりは移行論にある。節を変えて，この問題を取り上げることとしよう。

第3節　貨幣存在論の射程

移行論の基本的テーマは貨幣存在論であるが，そこでは貨幣存在の必然性を現実の商品世界の内部編成から明らかにしてゆくという独特の方法（そのかぎりでは論理説的な方法）がとられている。

それは「諸商品の価値関係にふくまれている価値表現の発展」(K.Ⅰ., S. 62.) を追跡することによって，商品世界における貨幣存在の必然性を明らかにするという方法である。具体的にいえば，価値概念にもっとも照応した価値形態を追跡しながら——つまり，それぞれの価値形態の価値表現上の欠陥を指摘しつつ，より十全な価値の現象形態を究明してゆくなかで——理論展開（形態発展）をはかり，最終的に貨幣形態に到達する方法である。ここでは，こうした移行論に固有の発生的方法を価値表現の論理とよんできた。

この価値表現の論理を基礎とした，移行論における最大の係争問題は，周知のように第二形態から第三形態への移行に関わって存在する。

この移行は，価値表現の論理によって行なわれるかぎり，価値概念に照応する，より十全な価値形態として第二形態から第三形態への移行がなされたというにすぎない。ところが問題は，そのさいマルクスが「逆の連関」という独特の論理を使ったことにあった。この「逆の連関」論は，商品世界のなかの特定の一商品が最終的に一般的等価物に骨化することを否定する局面でも使われ，いわば諸刃の剣でもあったからである。

ここで「逆の連関」論とは，たとえば価値等式 $W_1 = W_2$ がその「逆の連関 (Rückbeziehung)」である $W_2 = W_1$ を含むという論理である。もちろん，ここで逆の連関が適用される価値等式 $W_1 = W_2$ は，価値表現関係（＝価値形態）ではありえない。なぜなら，そのばあいには両形態が「対極的に排除しあう」ためにこうした逆倒それ自体が不可能だからである。では，この逆の連関を含むという $W_1 = W_2$ は何を意味していたのか。

こうした「逆の連関」論の主張は，事実上そこに例の狭義の商品世界が設定され，そこに諸商品の独特の社会的関係（価値関係Ⅰ・Ⅱ・Ⅲ）が前提されていることを意味する。つまり，ここにおいては，あらゆる商品が他のあらゆる商品を自分と同じ価値として関係行為する（価値関係Ⅱの）能動的主体であると同時に，自分自身もまた，あらゆる商品によってそれらの関係行為（＝価値関係Ⅲ）の受動的客体におかれるという，文字どおり多極的な商品関係が成立しているということである。だからこそ，ここでは商品 W_1 の他商品 W_2 にたいする価値関係 $W_1 = W_2$ は，同時にその逆の連関 $W_2 = W_1$ を含むのである。こうしてマルクスは，価値関係Ⅰ・Ⅱ・Ⅲという「諸商品の

価値関係のなかにふくまれている価値形態の発展」を示すかたちで，この価値関係における「逆の連関」を基礎に第二形態から第三形態への移行を行なったのである。

とはいえ，この「逆の連関」論の存在は，移行論の基軸をなす価値表現の論理によっては一商品の一般的等価物への骨化を論定できないことを逆に示唆する，という点にも注意しなければならない。そのことを示すのが『資本論』初版「本文」における形態Ⅳ (K. I, 1 Aufl., S. 34.) であった。

形態Ⅳとは，商品世界に存在するすべての商品の第二形態をあらわすもので，すべての商品が相対的価値形態に立って自分以外の他のすべての商品を等価形態におく関係である。逆にいえば，それは，自らもまた相対的価値形態に立つ他のすべての商品によって等価形態におかれる関係であるといってよい。

要するに，それはあらゆる商品の第二形態の同時併存であり，これを「逆の連関」によって倒置すれば，あらゆる商品の第三形態の同時併存の関係となる。こうして，形態Ⅳは，「逆の連関」論を適用するならば，すべての商品が一般的等価物の地位に立ちうるということ，そのかぎりではまたすべての商品が同時に一般的等価物にはなりえない，ということを明らかにしていたのである。

この結論は，価値表現の論理と「逆の連関」論を用いて第二形態から第三形態への移行を（いわば論理説的に）行なうばあい，必然的に生ずるといってよい。こうした方法で第三形態が措定される以上，そこで一般的等価物の地位についた商品はたんに商品一般としての資格で無差別に選別されているにすぎず，そうであるかぎりは他の商品もすべて同じ資格をもつからある。

こうして措定された第三形態が意味することは，ここでは一般的等価物に独特の経済的形態規定性が付与されること，あらゆる商品がこのような貨幣性を潜勢的にもつが，商品世界ではただひとつの商品が排他的・独占的にこの地位につかねばならぬということである。それはまた商品価値の一般的表現のためには一般的等価物が不可欠である（換言すれば，商品，価値，貨幣は概念構成上，三位一体の関係にある）ことを示すものであって，何らかの特定商品が一般的等価物＝貨幣になる必然性を示すものではない。要するに，

貨幣存在論は貨幣がいかなる意味で商品世界に必要・不可欠かを論ずるものであり，内容的には，完成された商品概念，したがってまた価値概念があたえられたとき，貨幣がどう概念規定されるのかを解明する（「観念的に表現すれば，価値形態は価値概念から発していることを論証する」K. I, 1 Aufl., S. 34.）のである。これは，いうまでもなく貨幣存在論に固有の課題であり，貨幣本質論や貨幣形成論とはまた違った独自の理論的意義を有するのである。

もっとも，一方で貨幣存在論をかたちづくる発生的方法そのものは，貨幣形成論とまったく無関係だということもありえない。少なくとも，貨幣存在論で一般的等価物として措定される商品が何によって貨幣に転化する（すなわち，一般的等価物へと骨化し，その貨幣としての固定性，継続性を獲得する）のかを明らかにするという意味での貨幣形成論なら，それは貨幣存在論における発生的方法の延長線上に論定されるべきだし，またされなければならない。

そこで，このような一商品の一般的等価物への骨化を論ずる貨幣形成論が明らかにすべき貨幣形成の条件とは，つぎの2つである。①特定の一商品を一般的等価物として商品世界から排除する社会的行為もしくは社会的過程の存在，②一般的等価物＝貨幣としての客観的固定性や一般的社会的妥当性の獲得。重要なことは，この貨幣形成論が貨幣存在論における発生的方法の延長線上にあり，そのかぎりでこれがまた価値表現の論理を基礎に展開されるべきだということである。それは，いわば価値形態論に固有の貨幣形成論なのである。

第4節　貨幣形成論の展開

上述した意味での貨幣形成論は，現行版『資本論』でみることができた。マルクスは，そこでは積極的に価値形態論を貨幣形成論として展開していた。いままで誰も試みなかった「貨幣形態の生成を示すこと」「光まばゆい貨幣形態に至るまで追跡すること」（K. I, S. 62.）を言明していることや，形態発展の論理的な推進力として機能する移行規定に顕著な前進面がみられることなどから，そのことははっきりしている。

この現行版の大きな特徴は、第二形態から第三形態への移行に「商品世界の共同事業」という新しい論点が加わった点である。これによって現行版では、商品世界から特定の一商品を一般的等価物として排除する社会的過程が、以下のようなかたちで価値形態論のなかに組み込まれることになった。

　第一形態も第二形態も個別商品の「私事」としてあたえられるが、「一般的価値形態はただ商品世界の共同事業として成立する」。この形態において明確にあらわれていることは、純粋に「社会的な定在」である価値対象性は「ただ諸商品の全面的な社会的関係によってのみ表現される」ということ、それゆえ「諸商品の価値形態は社会的に認められた形態でなければならない」（K. I, S. 80-81.）ということであった。言い換えるなら、「社会的定在」たる価値を表現するためには社会的通用力をもった表現手段が必要だが、そのようなものは商品世界の「共同事業」でつくりだすほかはない、ということである。

　つまり、価値表現とは何よりもまず社会的に共通の媒体（＝言葉）を不可欠とし、一般的等価物としての貨幣はこうした社会的に通用する媒介手段（みんなが使う言葉）として措定されて価値概念にもっとも照応した価値形態になる。一般的等価物＝貨幣は、このように社会的に認められた価値表現手段として措定され、はじめて商品価値を統一的かつ一義的（単純）に表現できるのである。このような社会的通用力をもった一般的等価物＝貨幣の形成には、それを可能にする共同行為、社会的行為が不可欠であり、この意味では貨幣も言葉と同じ社会的産物だということである。

　現行版では、こうして新たに導入された「共同事業」論によって貨幣形成の必然性とその根拠が価値表現の論理に基づいて明らかにされる。重要な点は、これがたんにあらゆる商品と交換可能な一般的交換手段を生み出す社会的過程というのではなく、価値を統一的かつ単純に表現できる一般的等価物＝貨幣を形成する社会的過程（＝共同行為、社会的行為）だということであり、そうした一般的通用力をもった価値表現手段の社会的形成過程について論じている、ということである。これは、価値表現の論理によって貨幣形成を説く価値形態論の方法的特徴であり、交換過程論との区別もこの点にあった。

交換過程論では、「交換の歴史的な広がりと深まり」のなかで商品に内在する使用価値と価値との対立が必然的に外化してゆく（貨幣結晶をつくりだす）というかたちで、貨幣形成を必然化する「社会的過程」が明らかにされている。これにたいして、この価値形態論に固有の貨幣形成論は、価値表現の論理を貫徹することによって一商品の一般的等価物への骨化の必然性を論定するのである。

こうして、現行版のマルクスは、一般的等価物＝貨幣が形成される社会的過程を価値形態論のなかに組み込むことに成功している。とはいえ、これは必ずしも貨幣形成論の完成を意味していなかった、という点に注意しなければならない。

第5節　貨幣形成論の完成

すでにみたように、「共同事業」論は、みんなで使う言葉はみんなでつくる必要があるという意味で、貨幣形成が社会的過程に媒介されるべきことを論定し、そのことによって先述した貨幣形成の第一条件をクリアしている。しかし、これは、その第二条件をクリアすることまでは保証していないのである。

実のところ、この「共同事業」論では、商品世界のなかから排除された特定の一商品が一般的等価物の地位に継続的に固定される理由までは説明できない。となれば、相変わらず、客観的固定性や一般的社会的妥当性を獲得した一般的等価物の措定という意味での貨幣形成は、たとえば多様な物品貨幣から最終的に金属貨幣（金、銀）へと収斂してゆく交換の歴史的過程にゆだねざるをえず、価値形態論は貨幣形成論としては完成されていないということになる。

では、何が欠けていたのか？

結論からいえば、ここでは価値表現の主体である人間（＝商品所有者）自身が論理の前面に出てこなければならなかった。つまり、狭義の商品世界から広義の商品世界へと場面転換をはかり、価値形態論の主語＝主体を商品から人間に切り替えなければならない、ということである。

それというのも，人間が一般的等価物のなかに貨幣特性（＝一般的購買力）を認めるようになるためには，当該の一般的等価物に付与された独特の経済的形態規定性が，彼らの意識にその呪物的性格として反映されることが必要であった。そのためにはまた，この一般的等価物が，それにふさわしい客観的固定性や一般的社会的妥当性を獲得していることが条件である。一般的等価物がその地位に一定期間継続して固定されることで，はじめてこの一般的等価物に付与される形態規定性が，それに固有の属性（呪物性）として人間の意識に反映されるのである。要するに，こうした一般的等価物としての固定性，継続性なしには，貨幣呪物の形成それ自体が不可能だということである。

特定の一商品が継続して一般的等価物の地位に固定され，その客観的固定性や一般的社会的妥当性があたえられ，そこに貨幣呪物が形成されて，ようやく人間を主体とした貨幣による価値表現（＝完成された価値形態の措定）が可能になる。このことはまた，われわれが価値表現の論理を貫徹することをとおして，何ゆえに貨幣呪物が形成され一般的等価物が貨幣へと生成しなければならないのかを論定できるということを意味する。つまり，それは一般的等価物の客観的固定性や一般的社会的妥当性の獲得という理論レヴェルで価値形態論に固有の貨幣形成論が成立する[5]，ということを意味しているのである。

第6節　商品貨幣から現代貨幣へ

最後に残された課題は，価値形態論を現代貨幣の説明原理に転換させるというこの章本来の目的であるが，そのための論理的な必要条件はすでに確保されている。

まず確認すべきは，人間が価値表現の主体である以上，一般的等価物は必ずしも商品でなくともよいということである。確かに，人間が商品に対象化されている価値（＝社会的必要労働時間）を表現し尺度しようとするなら，この価値表現の材料としての一般的等価物は商品でなければならず，しかもそれは労働生産物でなければならない。しかし，商品所有者すなわち呪物崇

拝の付着した商品世界に生きる人間たちは，自ら所持する商品の価値の大きさを一般的（＝統一的かつ単純）に表現しようと欲するだけで，そこに対象化された社会的労働の大きさを表現しようとするわけではない。マルクスのばあいも，貨幣の価値尺度機能は市場における価格変動を通して結果的にそれが可能になるというのであって，人間たちが自覚的に諸商品の価値またはそこに含まれている社会的必要労働時間を貨幣で表現できるというのでは決してない。このことは，彼の労働貨幣論に対する批判をみれば明らかである。

したがって，自分の所持する商品の価値（その交換力能＝呪物性）を一般的に表現しようとする人間にとっては，諸商品にもっとも十全な価値表現形態をあたえる一般的等価物＝貨幣は必ずしも商品貨幣である必要はない。たんなる価値標章であっても，その貨幣単位（＝価格標準）が一定の購買力を代表するかぎり，その価格標準をとおして商品価値を社会的に通用する形態で一般的に表現することは可能だからである。こうして，人間を価値表現の主体とするなら，そのことによって一般的等価物＝貨幣は実体的価値をもった商品貨幣からたんなる価値標章へと転換されることが可能となる。

われわれは，ここに示された商品貨幣からたんなる価値標章への移行（＝上向的展開）が，文字どおり価値形態論の骨格体系をなす価値表現の論理に基づいて行なわれる，という点に注意すべきである。それは，実体的価値をもつ貨幣金がその金属的実質を失いながら単なる価値標章へと転化してゆく通貨発達史をたどるのではなく，いわば論理説的に行なわれるということにほかならない。

まとめよう。すでにみたように，論理説的な貨幣形成論として価値形態論を完成させるためには，第三形態の措定以降その理論次元を広義の商品世界へと転換し，そこでの主語＝主体を商品から人間に切り替える必要があった。このことによって，一般的等価物として商品世界（狭義）のなかから排除された一商品がはじめて貨幣としての客観的固定性や一般的社会的妥当性をあたえられ，価値形態論は独自の貨幣形成論として完成されることになるからである。そして，この完成を導いた広義の商品世界への転換（同時に，その主語＝主体の切り替え）は，他方で貨幣商品がたんなる価値標章へと転化してゆく理論的根拠をあたえ，そのことによってまた価値形態論を商品貨幣説

から現代貨幣の説明原理へと組み替えることを可能にする。

かくて，この完成された価値形態論がその上向的展開によって商品世界（広義）を論理的に再構成してゆくなかで明らかにしているのは，つぎのことである。商品世界の独特の論理構造は，①ただひとつの商品を一般的等価物として商品世界（狭義）から排除し，②これに一般的等価物としての客観的固定性や一般的社会的妥当性をあたえることによって貨幣（＝商品貨幣）として論理的に生成せしめ，さらには③この実体的価値をもった商品貨幣をたんなる価値標章へと転化させてゆく，ということである。

第7節 結 語

最初に述べたように，価値形態論を現代貨幣の説明原理に組み替えるためには，労働価値論の放棄が避けられなかった。少なくとも，狭義の商品世界から広義のそれへと次元転換し，その主語＝主体を商品から人間に切り替えて商品貨幣からたんなる価値標章への移行を論定する理論局面では，どうあっても労働価値論からは離れざるをえなかった。労働価値論を保持すれば，結局のところ商品貨幣からも離れられないからである。

しかし，だからといって，ここでわれわれは価値論そのものを放棄する必要はない。労働価値論をも包摂する，より一般的な価値論に依拠すればよいのである。そのような一般化された価値概念として，われわれは関係主義的な価値概念をもつ。そのばあい，価値は，ひとつの経済的カテゴリーとしての商品，貨幣，資本などの諸物に付着した呪物的性格として捉えられ，それはまた商品世界に生活する人々の独特の社会的諸関係が彼ら自身の意識の内にそれら諸物のもつ固有の属性（＝「社会的自然的属性」K.I, S. 86.）のように映現したものとして規定されることになる[6]。

最後に，労働価値論から離れたところでも価値形態論が十分な適用可能性をもつ貨幣の一般的説明原理だということ，このことを結論にして本章を締め括ることとしたい。

  1) 価値形態論は，労働価値論とむすびつけられることによって，ある種の貨

幣形成論としての商品貨幣説の性格を決定的なものとする。そのかぎりでは，価値標章を含む現実的貨幣を説明する基礎理論としての可能性は著しく狭められる。この点に関連して，正木八郎［1992］では，『経済学批判要綱』段階においては「貨幣＝象徴論的議論がみられる」が「労働価値説の体系構成上の位置が確定するにつれて，また価値形態論構成の基本的要素（つまり『資本論』段階での価値表現メカニズム）が形成されるにつれて貨幣＝象徴論的論議は影を潜める」（11頁）ことが指摘されている。

2) 1997年5月30日付『朝日新聞』の「21世紀への提言」の中で，岩井克人は「なぜ，まだドルが基軸通貨か」と問い，「ここに働いているのは，貨幣が貨幣であるのは，それが貨幣として使われているからであるという貨幣の自己循環論法です」と論じている。なお，この貨幣観の基礎には岩井の労作［1993］で示された独特の貨幣理論が存在するが，これはマルクス価値形態論の組み替えによって構築されたものである。

3) かつて金属貨幣しか世界貨幣として機能できなかった理由は，私見によれば，いまだ世界市場で商品世界が未完成であったからだということになる。第2次世界大戦後の世界経済（＝国際経済関係）がより同質化・一元化するなかで，この領域でも商品世界が発展・確立され，それとともに一国民通貨でたんなる価値標章でしかないドルが国際金融機構の諸機能を媒介に事実上の世界貨幣として機能できるようになったのである。したがって，たんなる価値標章が基軸通貨として機能できるという現代貨幣の秘密は，まさしく商品世界の基本的構造そのものの内に隠されているというべきである。

4) よく知られているように，価値形態論で論理説と論理＝歴史説の違いがクローズアップされるのはバックハウス［1978］の問題提起からである。確かに，バックハウスの指摘のように，『資本論』初版「本文」までは価値形態論がもっぱら概念的＝論理的に展開されており，論理＝歴史的な展開となるのは現行版（その端緒としての初版付録）からだということは事実である。ただし注意すべきは，こうした論理＝歴史説的な叙述は基本的に貨幣形成に関わる部分にかぎられているということで，価値形態論の基幹部分を構成する貨幣本質論や貨幣存在論は，なお依然として初版「本文」以来の論理説的な方法が貫かれている。

5) この固有の貨幣形成論は，一般的等価物が最終的に金に固定されてゆくプロセスを取り扱う，一般的価値形態から貨幣形態への移行論に対応するようにも考えられる。ただしマルクスのばあい，この移行はたんに当時の現実的貨幣（＝本位貨幣）であった金貨幣に到達するプロセスとしてだけ位置づけられており，それが価値表現（したがってまた価値形態）の完成に不可欠な貨幣呪物の形成プロセスとして論じられてはいないという点に注意を要する。

この問題に関連して，武田は，金が「価値の本性に相応しい物理的性質」をもつことから，貨幣形態が「価値概念に照応した価値形態を最終的に完成」させるためにも不可避（必然的）であるとして，この移行を価値表現の論理によって行なっている（武田［1982］350‒51頁参照）。これはある意味でマルクス価値形態論の不十分さを補完するものだが，武田のばあいも，ここで貨幣呪物の形成を問題にしていないという点ではマルクスと同じである。ここでいう固有の貨幣形成論とは，確かに一般的等価物が金貨幣に収斂する事態を否定するものではないが，金貨幣の形成プロセスではなく，一般的等価物＝貨幣としての継続性，固定性そのものの獲得を問題にしているのである。

6) 関係主義的価値概念は，必ずしも労働価値論と対立・矛盾しない。この点については前章で明らかにしたとおりである。

第9章 市場システムと貨幣呪物
―― 貨幣呪物の再生産メカニズム ――

第1節 問題の所在

　貨幣は，あらゆる商品にたいする直接的交換可能性（＝「直接的一般的交換可能性」K. I, S. 84.）もしくは一般的購買力という特性をもつ。もちろん貨幣そのものはたんなる物でしかなく，それ自体が一般的購買力という社会的な属性をもつわけではない。だが，商品世界ではそれが貨幣の自然的属性であるかのように人々の意識に映現するのである。このような貨幣に付着する幻想（謎）が貨幣の呪物性である。

　貨幣論の要諦は，何よりもまずこの貨幣特性，いってみれば貨幣が貨幣である理由をどう説明するかというところにある。先頃，その独自の貨幣論展開によって注目を集めた岩井克人［1993］は，貨幣商品説としてのマルクス価値形態論では現代貨幣（紙幣）を説明できないとし，価値形態論を独自に再構成することによって「貨幣商品説（Commodity Theory of Money）」と「貨幣法制説（Cartal Theory of Money）」という貨幣論における「相反する二つの創世記」（岩井［1993］81頁）をのり超えようと試みている。

　その理論的核心は岩井理論に独自の「貨幣形態Z」の措定にある。これは，全体的価値形態B（＝第二形態）と一般的価値形態C（＝第三形態）とのあいだに「無限の循環論法」を設定することによって導き出されるものである（岩井［1993］52‐56頁）。その理論的核心は「貨幣が貨幣であるのは，それが貨幣であるから」（64頁）という論理であって，これは貨幣論の要諦を文字どおりの「循環論法」によって答えようとするものである。このような循環

論的な論理構造は，のちにみるように貨幣存在に特有のものということもできるが，岩井理論における「循環論法」はつぎのような論理であった。

まず，岩井理論は，貨幣だけではなく商品にも貨幣と同じような「交換可能性」があたえられるという主張を基礎に構築される。すなわち，商品の側から貨幣にあたえられる商品にたいする「直接的な交換可能性」[a] と，貨幣の側から商品にあたえられる貨幣にたいする「直接的な交換可能性」[b] である。この [a] [b] 2つの「交換可能性」の根拠について，岩井理論は価値形態論によってこれを説明している。すなわち，[a] 商品の方向からみた貨幣の「交換可能性」($W=G$) は一般的価値形態Cで説明し，また [b] 貨幣の方向からみた商品の「交換可能性」($G=W$) は全体的価値形態Bで説明する。もちろん，価値形態論の固有の論理にしたがえば，この2つの同時成立は決してありえない。岩井理論における例の循環論法は，こうして本来的に同時存在が不可能なものを両立させることによって導き出されるのである。[1][2]

この岩井貨幣論を特徴づけているのは，貨幣があらゆる商品にたいする直接的交換可能性（呪物性）という特性をもつのはなぜか（つまり「それが貨幣である」理由は何か）という貨幣論の根本問題を未解決にしたままで理論構築がなされている，ということである。貨幣は，一般的等価形態におかれることによって独特の経済的形態規定性があたえられる。この貨幣の特性を説明する，価値形態論のもっとも重要な論理にしたがうかぎり，一般的価値形態Cから全体的価値形態Bへの再逆転によって「無限の循環論法」を導き出し，これを貨幣に適用することは不可能である。再逆転された全体的価値形態Bにおいては，もはや貨幣にはその独特の形態規定性（＝一般的購買力）が付与されない，したがってそれは貨幣たる地位を降りねばならぬからである。

つまり，貨幣が貨幣である理由を説明する一般的価値形態Cから全体的価値形態Bへと論理が再逆転してしまうなら，貨幣は貨幣である理由を喪失するのであり，そこから貨幣論の根本問題（すなわち貨幣があらゆる商品にたいする直接的交換可能性をもつのはなぜかという問題）は解決不可能になる。これを再逆転しても貨幣が相変わらず一般的購買力を保持しつづけるという

離れ業が可能だったのは，結局のところ，岩井理論が貨幣特性の理論的根拠を価値形態論の固有の論理によって説明しない——言い換えれば，一般的等価形態におかれた商品にあたえられる独特の形態規定性によって貨幣の特性を説明していない——からでしかない。

ただし，貨幣が貨幣である理由はそれが貨幣であるからだという認識それ自体は，必ずしも間違いであるとはいえない。貨幣存在にはそのような「循環論法」的に説明できる部分があることも事実だからである。では，そのような貨幣存在に固有の循環論的な論理構造とはいったい何か？

それは，一般的等価物（価値表現の材料）としての貨幣の理論と現実とのあいだにみられる，つぎのような循環論的な論理構造である。

(a) 貨幣は，あらゆる商品にたいする価値表現の材料にされることによって，独特の経済的形態規定性（＝貨幣特性）があたえられる。
(b) 貨幣は，その特性（＝一般的購買力）をもつがゆえに，あらゆる商品によって価値表現の材料にされる。

これも，貨幣存在に特徴的にみられる，ある種の循環論的構造である。すなわち，貨幣は，(a)価値表現の材料にされるから独特の特性（＝呪物性）があたえられ，また(b)そうした独特の特性をもつからあらゆる商品の価値表現の材料にさせられる。このばあい(a)で論定された貨幣特性は(b)の価値表現の根拠になると同時に，また(b)の価値表現が(a)の貨幣特性の根拠になる。このときにもまた「貨幣が貨幣である理由は，それが貨幣であるから」だという循環論法が成り立つのである。

両者の関係をもう少し正確にいえば，論理(a)は価値形態論によって明らかにされた価値表現メカニズムすなわち「理論」であり，(b)は価値表現の「現実」そのものである。言い換えるなら，(a)は「現実」のなかに隠された根拠（＝貨幣特性）を説明すべき「理論」として措定されるのにたいして，(b)はこの「理論」の立場からすれば，いわばその根拠を前提にしてはじめて説明できる「現実」そのものである。したがって，ここにおいては，「理論」が「現実」の根拠になると同時に，「現実」が「理論」の根拠になる関係が成立している。このような関係があったからこそ，商品世界という現実から価値形態論という理論の析出が可能だったともいえるのである。

もちろん，このばあいの循環論法は，岩井理論とは違って「それが貨幣である」理由は何かという貨幣論の根本問題を解決不可能にすることはない。そのことは，この循環論法のなかに貨幣論の根本問題を解決する「理論」（＝価値形態論）が含まれており，それがまた「現実」によって支えられるという関係が存在することから明らかである。

ただし，このばあいには，また別の問題が発生する。ここでいう「理論」すなわち価値形態論によってあたえられる貨幣（＝商品貨幣）と，それを支えるべき「現実」のなかの貨幣すなわち現代貨幣（＝価値標章）とのあいだの理論的関連をどのようにつけるのかという問題である。これを取り扱うためには，現実の流通過程に赴いたうえで，そこにおける貨幣機能（とくに価値尺度機能と流通手段機能）を分析してゆく必要がある。

本章の目的は，流通過程における貨幣機能の分析をとおして，価値形態論によって措定される貨幣（＝商品貨幣）と現実の貨幣すなわち現代貨幣（＝価値標章）とのあいだの理論的関連を明確にし，そのことをふまえて関係主義的価値論に基づいた貨幣論（とりわけ貨幣機能論）の基礎を確立しておくことにある。

第 2 節　貨幣特性の理論的根拠と価値尺度機能

最初に述べたように，貨幣論の要諦は貨幣が貨幣である理由をどう説明するかにある。この貨幣が貨幣である理由（すなわち貨幣特性）について，マルクス学派はこれを価値形態論によって説明する。ごく大ざっぱにその要点だけを摘記すれば，以下のようであった。

1　貨幣特性の理論的根拠

貨幣は，あらゆる商品にたいして価値表現の材料を提供する一般的等価物の地位にあり，それによって貨幣はその現物形態そのもので価値の現象形態（＝価値姿態）として通用する。このばあい，あらゆる商品にたいする直接的交換可能性（＝一般的購買力）という貨幣特性の実質は，商品価値そのもの（いわば個々の商品のもつ他商品との交換力能＝商品呪物）に帰着する。

第9章　市場システムと貨幣呪物　333

価値形態論では，貨幣がこの価値の肉体化として，いわばその化身として措定されることによって，その特性の根拠が示されるわけである。さらにいえば，この貨幣特性もしくは貨幣呪物の実質は，商品価値の実体としての抽象的人間的労働の無差別性・同質性に求められている。これは，いうまでもなくその価値論が労働価値論であることからきている。

　また，この価値実体としての抽象的人間的労働（すなわち「私的諸労働の独自な社会的性格」K.Ⅰ, S. 88.）は，マルクスのばあい，諸商品の価値関係・交換関係（＝商品連関）に媒介された労働連関次元における「私的諸労働の社会的関連」（K.Ⅰ, S. 87.）として関係性の位相で捉えられることがある。そこで，いまこの関係主義的な観点に注目するならば，このばあい貨幣特性もしくは貨幣呪物の根拠は，商品連関（諸物象の社会的関連）に媒介された「私的労働の社会的関連」，すなわち市場経済システムに独自の社会的物質代謝過程のなかに——いわば市場経済システムの内的編成そのもののなかに——求められているといってよい。

　ところで，本書第7章においては，マルクスの価値形態論のなかにその労働価値論を超える革新的な価値理論すなわち関係主義的価値論が胚胎していることを示した。もともとマルクスは，価値実体としての抽象的人間的労働を商品連関に媒介された労働連関次元での「私的労働の社会的関係」として把握し，価値またはその実体を関係主義的に捉える視点をもっていた。関係主義的価値論は，この視点をさらに徹底して押し進めて労働価値論そのものをも相対化する理論的基礎を構築しようとするものであった。

　このばあい，価値はもっぱら商品や貨幣などの諸物に付着した呪物的性格として捉えられ，それはまた商品世界に生きる人々の独特の社会的関係が彼ら自身の意識のうちに商品や貨幣のもつ固有の属性（＝「社会的自然的属性」）として反映されたものとして規定される。

　すでに指摘したように，マルクスは，商品や貨幣の呪物性の根拠を求めて労働連関次元におけるヒトとヒトとの社会的関係（すなわち「労働における諸人格の社会的関連」K.Ⅰ, S. 87.）にまで下向している。これにたいして，関係主義的価値論においては，この人々の社会的関連がもっぱら商品連関次元において把握され（労働連関次元にまで下向することなく），商品や貨幣

の価値（＝呪物性）が商品世界に生きる人々の意識に反映された彼ら自身の独特の社会的関係（すなわち諸物象に媒介された諸人格の社会的関係）として捉えられる。

とはいえ、この関係主義的価値論に立つばあいも、貨幣の特性（＝一般的購買力）すなわちその呪物性は基本的に価値形態論によって説明されるのである。つまり、このばあいも、貨幣の特性は、それがあらゆる商品にたいして価値表現の材料を提供する一般的等価物の地位にある——それによって貨幣がその現物形態そのもので価値の現象形態（＝価値姿態）として通用する——というところから説明される。両者の違いは、ただ、この価値を労働価値論として規定するか、あるいはこれを関係主義的に解読してより一般的な理論レヴェルで捉えるかということだけである。いずれのばあいも、貨幣特性を商品世界の内的編成から根拠づけようとする点では同じものだといいうる。

それでは、このような関係主義的価値論を採用したとき、商品世界における貨幣の第一機能ともいうべき価値尺度機能はどのようなものとして捉えられるのか。とりわけ、この機能は貨幣の特性（＝呪物性）とどのような理論的関連をもつのであろうか。ひとまずは、この点を確認しておこう。

2 貨幣特性と価値尺度機能

マルクス学派のばあい、貨幣の価値尺度機能とは原理的にはまずあらゆる商品にたいして価値表現（価値尺度）の材料を提供する機能である。理論的には、これも価値形態論を基礎に説明される。価値形態論では、一般的等価形態におかれた貨幣がその物体（現物形態）そのもので価値の絶対的定在（体化物）として通用することが明らかにされ、そこから相対的価値形態に立つ商品の価値が一般的等価形態におかれた商品の使用価値一定量で表現（または尺度）されるという基本原理が導き出される。

ただ、労働価値論では、貨幣は内在的価値尺度（＝労働時間）にたいして外在的価値尺度として捉えられており、そこからまた独自の機能が貨幣（＝一般的等価物）にあたえられる。労働価値論では、貨幣の価値尺度機能とは何よりもまず諸商品に対象化されている社会的労働（＝社会的必要労働時

間）または価値の大きさを表現（尺度）する機能である。ただし，このばあいそれはあくまでも理論的な可能性でしかない。実際には，貨幣の価値尺度機能とは，諸商品に価格をあたえ，そのことによって諸商品を同名の量的にのみ異なった大きさとして社会的・一般的な比較を可能にする機能である。そして，そのためには貨幣の呪物性（＝あらゆる商品にたいする直接的交換可能性すなわち一般的購買力）があたえられているということが前提である。

さらに，商品に価格をつけるためには，現実の貨幣は一片も必要ではなく，ただ表象されただけの，観念的な貨幣が価値尺度として機能する。言い換えるなら，商品に価格をつける交換当事者たちの意識のなかに一定の「価値」（＝一般的購買力）をもった貨幣が存在し，その貨幣1単位（＝価格標準）の代表する「価値」があたえられていれば，この貨幣との交換割合というかたちで価格をあらわすことができる。ひとまず，価格とは，このような貨幣（その1単位の代表する価値＝購買力）の確定倍数であらわされた商品の価値（＝呪物性すなわち商品に内属する他物購買力または交換力能）であって，これは貨幣1単位あたりの「価値」すなわち一般的購買力（＝貨幣呪物）があたえられていることが前提である。

われわれが労働価値論から離れて関係主義的価値論だけに立つならば，貨幣の価値尺度機能とは，商品に対象化されている社会的労働の量を尺度し表現する機能ではもはやなくなる。そこにおいては，貨幣の価値尺度機能は，もっぱら諸商品に価格形態をあたえ，そのことによって諸商品を同名の異なった大きさとして表示し相互に比較可能にする機能だけにとどめられる。ただし，このばあいも貨幣の価値尺度機能の前提になるのは，貨幣の特性（＝一般的購買力，呪物性）であって，この貨幣の秘密は価値形態論によって解明されるのである。

このように，労働価値論から離れたところで貨幣の価値尺度機能を捉えるなら，貨幣は必ずしも労働生産物たる商品貨幣でなくともよい。つまり，その素材的な価値を無視しうる紙幣などのたんなる価値標章であっても何ら問題がない，ということになる。

しかしながら，そうなるとここにはひとつの問題が出てくる。周知のように，価値形態論そのものは労働価値論を基礎としていわゆる貨幣商品説とし

て仕立てあげられている。このばあい，貨幣は基本的に商品貨幣であって，価値尺度としての貨幣も原則として労働生産物としての商品から一般的等価物に転化したものとして捉えられなければならない。ところが，すでにみたように関係主義的価値論に立てば価値尺度としての貨幣は労働生産物としての商品貨幣である必要はなく，はじめからたんなる価値標章として存在してもよいということになる。そして，この価値標章としての貨幣が現実の貨幣（すなわち現代貨幣たる紙幣）なのである。

しかも，この関係主義的価値論でも貨幣の特性（呪物性）は価値形態論によって説明される。とすれば，この関係主義的価値論において価値尺度として機能するたんなる価値標章（＝現代貨幣としての紙幣）と，他方の価値形態論で論定される一般的等価物としての貨幣商品とはどのような関係にあるものとして把握されなければならないのか？

次節で，この問題を考察しよう。

第3節　理念的・原理的貨幣の存在と現代貨幣

すでに本書第8章において明らかにしているように，価値形態論を単純な貨幣商品説ではなく，現代貨幣（価値標章）を説明できる基礎理論に組み替えるためには，マルクス価値形態論の基本的枠組み（労働価値論）から離れて関係主義的価値論の固有の立場から価値形態論を再構成することが必要であった。そのためには，まず論理説的な貨幣形成論として価値形態論を完成させなければならず，具体的には第三形態（一般的価値形態）の措定以降その理論次元を例の広義の商品世界へと転換し，そこでの主語＝主体を商品から人間に切り替える必要があった。

このことによって，一般的等価物として商品世界（狭義）のなかから排除された一商品がはじめて貨幣としての客観的固定性や一般的社会的妥当性をあたえられ，価値形態論は独自の貨幣形成論として完成されることになったのである。そして，この完成を導いた広義の商品世界への転換と，その主語＝主体の切り替えは，他方で貨幣商品がたんなる価値標章へと転化してゆく理論的根拠をあたえ，そのことによってまた価値形態論を商品貨幣説から

現代貨幣の説明原理へと組み替えることを可能にしたわけである。

　このばあい，価値形態論で措定された一般的等価物はあくまでも商品貨幣であり，たんなる価値標章としての現代貨幣にたいしては，ある種の理念的・原理的貨幣としての位置づけがあたえられることになる。そこで，問題はこの両者の理論的関連をどうつけるのか，ということになる。

　まず確認すべきは，この価値形態論で措定された一般的等価物（＝商品貨幣）は，商品世界がその固有の論理にしたがってその内部から不断に紡ぎ出してくる理念的・原理的貨幣だということである。商品世界がそのような理念的・原理的貨幣を不断に産出しつづける論理構造をもっているということは，貨幣の必然性を論証すべく価値関係のなかに含まれる価値形態の発展を追跡しながら商品世界を理論的に再構成していった，発生論的プロセスをとおして解明されている。つまり，そうした発生論的な論理的手続きそのものが，理念的・原理的貨幣の再生産（産出）構造を理論的に検証するプロセスになっていたということである。

　さらにいえば，現代貨幣（価値標章）は，この理念的・原理的貨幣が価値標章化され現実的貨幣に転化したものとして捉えられなければならないということである。したがって，そのもてる貨幣特性の理論的根拠は，この理念的・現実的貨幣に付与されている独自の形態規定性によってあたえられている。ただし，ここではつぎの点に注意しなければならないだろう。

　このばあい，現実的貨幣としての価値標章は理念的・原理的貨幣のある種の代理物として措定されているとみることもできるが，これは第8章で言及した「紙幣＝金属貨幣の代理物」説とは区別されなければならない，ということである。

　「紙幣＝金属貨幣の代理物」説においては，現実的貨幣としての価値標章は，一般的等価物としての貨幣（金）がその金属的実質を失ってたんなる価値標章へと変遷する実際の通貨発達史を介して導出されている。そこでは，価値形態論で措定される一般的等価物＝商品貨幣（理念的貨幣）と現実の貨幣（＝価値標章）との関連は，そうした交換過程の歴史的プロセスによって媒介されざるをえないということである。つまり，このばあい価値形態論の論理的枠組みの内部で理念的貨幣と現実的貨幣との存在根拠が同時にあたえ

られているわけではないのである。したがって，「紙幣＝金属貨幣の代理物」説にあっては，一般的等価物としての貨幣（金）は現実的貨幣と同時存在するものでは決してなく，歴史的に過去の存在であり異なった時間枠に属しているのである。

これにたいして，ここでいう理念的・原理的貨幣は，いわゆる論理説的な方法によって現実の商品世界（広義）のなかから価値標章たる現実的貨幣（現代貨幣）と同時に理論的に導出される。そのかぎりで，両者はともに現実の商品世界の下向分析によってあたえられた，いわば生きた抽象として捉えられなければならない。したがって，両者が導出される理論的空間は，現実の商品世界と完全に一致した時間のなかでのみ設定可能であり，その論理的な操作可能性も当然そうした時間枠の内部に存在しうる——交換過程の歴史的プロセスによって媒介されるわけではない——ということである。

もちろん，そうしたことが可能になる背景には，商品世界が不断に理念的・原理的貨幣を産出する論理構造をもち（維持・再生産し）つづけ，そのことによってまた現実的貨幣（価値標章）に，そのもてる特性（＝一般的購買力）の根拠＝存立基盤をつねにあたえつづけているということがある。だからこそ，たとえば，それまで通用力をもっていた価値標章が廃止され新しい価値標章が登場することになれば，その価値標章の一般的購買力は，旧来の価値標章との交換比率があたえられぬかぎり，結局のところ商品世界に伝統的な一般的等価商品たる金との関係に立ち返らざるをえない，ということにもなるのである。

いずれにしても，ひとたび商品世界が確立されると，そこでの固有の論理にしたがって理念的・原理的貨幣がその内部から不断に紡ぎ出され，そのことによってそこから転化した現実的貨幣にそのもてる貨幣特性の理論的根拠が不断にあたえられつづけることになる。この点がさきの「紙幣＝金属貨幣の代理物」説との決定的な違いである。それはまた，商品世界に関する理解の相違から出てくるのであって，この理念的・原理的貨幣としての一般的等価商品を不断に産出しつづける商品世界の基本的な論理構造についてはすでに本書の第Ⅰ編および第Ⅱ編において明らかにしたとおりであった。

さらにここで重要なことは，この商品世界のなかでは理念的・原理的貨幣

によってあたえられた現実的貨幣の特性（＝呪物性）が現実の流通過程をとおして維持・再生産されてゆく，そうしたメカニズムを商品世界そのものが内蔵している，ということである。次節においては，この商品世界に内蔵された独特のメカニズムを明らかにしたい。そのことによって，本書のよって立つ関係主義的価値論の立場から，価値形態論によってあたえられる理念的・原理的貨幣と現実的貨幣（＝価値標章）との理論的関連，さらには流通過程における貨幣の価値尺度機能と流通手段機能との理論的関連を明らかにすることができるからである。

第4節　流通過程における貨幣呪物の再生産

これまでの展開をとおして，価値形態論は，関係主義的価値論を基礎に価値標章を含む現実的貨幣を理論的（原理的）に把握するための基礎理論として再度確認されることになった。ここでは，こうした関係主義的価値論を基礎にした価値形態論をふまえて，貨幣の価値尺度機能さらには流通手段機能を検討し，貨幣がこの2つの機能をとおして，その呪物性（＝一般的購買力）を不断に保持し再生産（更新）しつづけてゆくメカニズムを明らかにしよう。

1　呪物性としての貨幣価値

まず確認すべきは，諸物象の社会的関係と諸人格の社会的関係の相互依存的かつ転倒的関係という独特の構造をもつ商品世界にあっては，人々は商品ならびに貨幣の呪物崇拝に囚われ，そのことによってはじめて商品価値を尺度（表現）するという行為が可能になる，ということである。また，すでにみたように現象レヴェルでは貨幣の価値尺度機能とは諸商品に価格をあたえる機能であり，そのためには交換当事者の意識のなかに貨幣1単位（＝価格標準）あたりのもつ「価値」（＝一般的購買力）が認められているということが不可欠であった。

こうした貨幣の価値尺度機能は流通手段機能の理論的前提だが，実際には流通手段であることによって，貨幣は価値尺度として機能できるということ

が重要である。商品の購買（貨幣の支払い）または販売（貨幣の受け取り）という行為があって，つまり，貨幣が基本的に流通手段として機能するなかで，はじめて貨幣のもつ一般的購買力が一定の大きさとして実証され，そのことをとおして人々の意識のなかで不断に再生産（更新）されてゆくのである。

かくして，貨幣の価値尺度としての機能は，その流通手段としての機能に基礎づけられている。これは「観念的な価値の尺度のうちには，硬い貨幣が待ちかまえている」(K.Ⅰ, S. 118.) というレトリックで示される一般的な意味とならんで，貨幣の呪物性がその使用（つまり商品の購買や販売）によって実際に確証され，人々の意識にそれが一定の大きさをもった一般的購買力として不断に刻印されつづける，という意味である。このように，貨幣は，それが流通手段として機能しつづけることによってその一般的購買力（＝呪物性）を一定の大きさとして不断に維持し再生産しつづけることができる。

ただし，このような貨幣１単位あたりのあらわす一般的購買力（＝呪物性）の大きさ，つまりその量的規定は，事情の如何によって変化してしまうことは当然にありうる。しかし，それが流通手段として機能しつづけるかぎり，呪物性そのものを失うことは決してない。この意味で，貨幣は，実際に流通しつづけることによって不断に貨幣として再生産されつづけるのである。

もちろん，ここでいう貨幣１単位（＝価格標準）の代表する「価値」すなわち一般的購買力の大きさとは，商品世界に生きる人々の意識のなかに存在するという意味で観念的な存在である。理論的には，その「価値」（＝一般的購買力）の大きさは，相対的価値形態に立つ無数の諸商品（商品総体）によって表現され，それはまた現実的交換の繰り返し（購買手段としての貨幣の機能）をとおして不断に維持・再生産（更新）されてゆく。

このさい注意すべきは，このような貨幣の「価値」（＝呪物性）は，交換当事者たちの一人ひとりの意識のなかに存在する観念的存在として把握するだけでは不十分だ，ということである。他方で，それは現実的な流通手段として機能する貨幣のもつ「価値」（＝一般的購買力）という客観的な存在なのであり，そのような客観的なレヴェルにおいても把握される必要があるからである。実際，この客観的レヴェルにおいてみるなら，流通手段としての

貨幣は，流通過程における現実の通流をとおしてその「価値」を不断に維持し再生産しつづけている。

以下では，この客観的な存在としての貨幣（すなわち流通手段としての貨幣）の「価値」が，どのようなメカニズムをとおして不断に維持・再生産されているのか，そのメカニズムを明らかにしてゆこう。

貨幣は，流通過程のなかでは商品変態 $W_1 - G - W_2$ を媒介する流通手段 (means of circulation) として機能している。この商品変態 $W_1 - G - W_2$ は，分析者の観点からはある種の価値の運動（＝循環［circulation］運動）として捉えられる。しかし，これはその運動の終点が使用価値であり，その運動の背後にいる人間たちの目的はそれの消費（生産的消費も含む）におかれている。したがって，この価値の運動そのものは，商品 W_2 が消費過程に出てしまうことで消滅する。そのため，これは（本書第10章で取り上げる）資本の運動にみられるような，循環 (circulation) 運動の主体であると同時にその変態 (metamorphose) 運動の実体でもあるような価値の運動としてあらわれない。あくまでも，それは分析者の観点からみたばあいの商品の形態変換の一環としてしかあらわれない，ということである。こうして，商品の形態変換 $W_1 - G - W_2$ の内容はつぎのようなものとなる。

個々の商品（W_1, W_2）は，市場すなわち流通過程に登場した段階で価値（＝呪物性）を付与され，その持ち手変換 $\begin{smallmatrix} W-G \\ G-W \end{smallmatrix}$ によって，その価値が実現される。言い換えれば，商品 W_1 の価値は，商品から貨幣（＝「諸商品の自立化された価値」K. I, S. 130.）に姿態変換し，そのことによっていわば社会的に評価された価値（＝実現された価値）に転化する。他方，貨幣 G に姿態変換した商品 W_1 の価値は，再度，商品 W_2 に変態することによって，もとの商品形態に戻り，当該商品が市場の外に――消費または生産的消費の過程――に出てゆくに及んでその価値を消失する。（それがふたたび価値を付与されるのは，それが何らかの理由によって商品として流通過程――すなわち商品世界――に舞い戻ってきたときである。）

これにたいして，貨幣のほうは流通過程（市場）の内部でつぎつぎと持ち手を換えてゆくが，それ自身が現物形態そのもので体現する「価値」（＝社会的に評価され実現された価値）そのものを消失することはない。むしろ，

商品の持ち手変換 $\begin{smallmatrix} W & G \\ & \times \\ G & W \end{smallmatrix}$ を媒介するごとに，当該の商品（つぎの段階では流通の外に出る商品 W_1）の価値を実現して「商品の脱皮した姿態」または「商品の絶対的に譲渡されうる姿態」(K.I, S. 124.) としての実質を不断に更新しつづける。言い換えるなら，自らにあたえられた呪物性を購買手段として機能しつづけるなかで確証しつつ，この呪物性（＝一般的購買力）を一定の大きさとして不断に維持・再生産してゆくのである[6]。

　他方，この貨幣という形態で価値が実現されたことによって，商品そのものはその商品としての使命をはたし終えて価値を消失し，いわば抜け殻状態となって流通の外に出てゆく。このばあい，商品は流通に入りこむ段階で価値（＝呪物性）を付与され，そこで持ち手を換えて流通の外に出た段階で価値を消失することはすでに指摘したとおりである。商品の形態変換 W_1-G-W_2 に即していえば，商品 W_1 はその第一の変態で価値を消失して流通の外に出，W_2 も同じように貨幣 G が再度変態を遂げた段階で価値を消失して流通の外に出る。この運動のなかで「価値」を保持しつづけるのは貨幣 G だけである。そこで，この観点から商品の形態変換 W_1-G-W_2 のなかに含まれる貨幣 G の運動を捉えてみるならば，つぎのようになる。

　貨幣 G は，商品 W_1 の購買者の手からその販売者の手へと移転する過程で，商品 W_1 の価値を実現して「商品の脱皮した姿態」すなわち価値姿態となる。つぎに，貨幣 G は，その持ち手が購買する商品 W_2 の販売者の手へと移されると同時に，商品 W_2 の価値を実現して当該「商品の脱皮した姿態」すなわち価値姿態となる。このようにして貨幣は，流通過程の内部にとどまり運動するなかで，自らをつねに実現された価値として更新・保持しつづけることができる。かくして「流通は絶えず貨幣を発汗するのである」(K.I, S. 127.)。

　こうして，流通手段としての貨幣は，流通過程における現実の通流をとおして，その客観的存在としての「価値」（一般的購買力または呪物性）を不断に維持し再生産しつづけている。そして，これがまた商品世界に生きる人々の意識のなかで不断に維持・再生産されつづける観念的な存在としての貨幣「価値」にたいして客観的な根拠をあたえることになるのである。

　もちろん，貨幣が客観的・現実的な流通過程の内部で，そのような特性

——すなわち「商品の脱皮した姿態」または「商品の絶対的に譲渡されうる姿態」（＝一般的購買力＝呪物性）——を不断に更新し・再生産しつづけることができるのは，貨幣それ自身の運動の結果ではない。この貨幣の運動を媒介し支えているのは，商品自身の形態変換（総変態）運動 W_1-G-W_2 なのである。つまり，流通過程の内部では貨幣だけがその運動をとおして価値を保持しつづけることができるとしても，この「流通手段としての貨幣の運動は，実際には，諸商品自身の形態運動にほかならない」（K.Ⅰ, S. 130.）からである。そして，このような「流通手段としての貨幣の運動」や「商品自身の形態運動」となってあらわれる価値の運動を機構的に支えているのは，いうまでもなく物象化され呪物崇拝に支配された転倒的世界すなわち商品世界そのものであり，そうした独特の空間を構成している諸関係，諸関連の総体なのである。

　この点を確認したところで，つぎには，これまでとはまた違った角度から問題の貨幣「価値」を論じておきたい。

2　貨幣価値の長期的平均値の意味

　すでに明らかにしてきたように，貨幣は，流通過程における通流をとおして，その「価値」（＝一般的購買力）を不断に維持・再生産（更新）されつづけている。貨幣「価値」（＝呪物性）はまた，交換当事者たち一人ひとりの意識のなかに存在する観念的・個別的な存在であるばかりではなく，客観的・社会的な存在としても把握されなければならない。そのかぎりでは，この貨幣1単位のもつ「価値」（＝一般的購買力）も，その客観的・社会的な水準を確定できるし，されなければならないということになる。

　そこで，これを客観的・社会的に捉えるとすれば，それはどのようなものだろうか。何よりもまず，それは商品取引を行なう人々の意識のなかで観念的・個別的に措定される価格（すなわち商品の貨幣への観念的な転化形態）ではなく，現実的市場で社会的に実現された価格を基礎にしなければならない。そのうえで，貨幣「価値」は，相対的価値形態から等価形態へとその地位を逆転させられた「他のすべての商品体の無限の系列」（K.Ⅰ, S. 83.），いわゆる逆の物価表によってあらわされることになる。むろん，これは貨幣

「価値」(＝貨幣呪物としての一般的購買力)の相対的な表現,しかも観念的ではなく客観的な表現という意味である。

さらに付け加えるとすれば,この物価に一定の循環的変動が認められるなら,問題の貨幣「価値」についても,ある種の長期的平均値がその変動の重心として設定されうるということになる。そのばあい,この貨幣1単位の「価値」(＝一般的購買力)は,たとえば長期平均的に形成される,ある種の均衡物価水準を基礎に,そこで成立する物価表を逆に読むことによってあたえられることになろう。

ただし,ここではつぎの点に注意しなければならない。関係主義的価値論だけに依拠するなら,貨幣ならびに価格についての基本的な了解はつぎの2点になるということである。①ここにおいて価格は実体的な価値(量)というような収斂すべき均衡値もしくは最適値をもたぬこと。②価格標準となる貨幣1単位の「価値」は不断の変動と流動化にさらされており本来的に不安定であること。

とはいえ,この基本的な了解から,筆者は資本主義経済における価格の平均化機構もしくは価格水準形成機構の存在まで全面的に否定するつもりはない[8]。価格が平均化もしくは均衡化傾向をもつかどうかは,市場(より正確には資本主義経済)のパフォーマンスの問題であるばかりではなく,その安定性は貨幣や価格以外の要素(たとえばハイエクのいう「現場の人」[9]の存在や取引慣行などの「制度」的要素,さらには在庫管理などの技術的要素)によって補強されるかどうかでも決まるのであり,貨幣規定そのものから論定すべきではない[10],と考えるからである。

3　市場システムそのものへの呪物崇拝

そこで,たとえば自由競争段階の資本主義にみられた,ある種の均衡価格(たとえば生産価格)への市場価格の収斂というような平均化機構の存在が認められる場面においては,価格変動の均衡値(最適値)を想定する価値論や市場モデルは,ある種の「道具」としての有効性を保持している,と判断している。とりわけ,ほぼ10年周期の恐慌を繰り返してきた19世紀の資本主義においては,「生産価格」の形成は理論的に想定可能な範囲内にあるとい

えるが，ただし，この均衡価格としての生産価格は新古典派経済学の想定するような均衡価格では当然にありえない。つまり，それは，たんなる市場参加者の主体均衡を基礎に成立するような均衡価格では決してなく，いわば矛盾累積もしくは不均衡累積の帰結としての周期的恐慌を含む，産業循環の1サイクルを前提とした価格水準形成機構のもとで成立する平均価格だからである。[11]

このような平均価格の想定が許されるのは，理想的平均（長期・静態）の状態を設定して短期的な撹乱要因を捨象することにより，ひとつの独自な社会的再生産システムとして存立する資本主義経済の構造解析を行なうための「道具」としての有効性が認められるばあいである。したがって，その自覚のうえに（つまり限界を承知のうえで）適用されているかぎりでは問題はない，ということである。

そうした限定なしに，無邪気に（新古典派経済学のように）市場システムの自己調節的な「均衡」化機構（＝資源最適配分）と均衡価格の成立を想定することになるなら，それこそ市場システムそのものへの呪物崇拝に陥っている，というべきであろう。それは，商品世界において，ヒト（person）とヒトとの関係がモノ（thing）とモノとの関係となってあらわれ，このモノとモノとの関係のなかで自立化した「モノの論理」（＝市場メカニズム，価格メカニズムあるいは「価格ノルム」など）にヒトが逆にコントロールされる，ある種の転倒現象をそのまま「均衡」化機構（＝資源最適配分機構）としてポジティヴに承認したものにほかならないからである。[12] 商品，貨幣さらには資本にたいする呪物崇拝を超えて，こうした市場システムそのものにたいする呪物崇拝があらわれてくれば，資本主義経済の物象化と呪物崇拝もその極点に達するのであって，新古典派経済学こそはその思想的表現として存在する，といいうるであろう。

以上は，客観的存在としての貨幣「価値」を論定するさい，そこに必然的に包含されている（この意味では不可避的な）理論領域である。この問題への言及をふまえて，貨幣「価値」（すなわち，そのもてる一般的購買力であり，またその呪物的性格）は，より十全に論定されることになるのである。さて，この結論を得たところで，本章における問題それ自体の総括へと移る

ことにしよう。

第5節 結　語

　貨幣呪物の再生産という観点から重要なのは，貨幣が流通過程（市場）の内部でつぎつぎと持ち手を換えてゆく——言い換えれば，流通手段，さらに具体的には購買手段として機能してゆく——なかで，諸商品（つぎの段階では流通の外に出てしまう諸商品）の価値を実現し，それにより自らを「商品の脱皮した姿態」または「商品の絶対的に譲渡されうる姿態」として不断に維持・更新しつづけるということである。さらにはそのなかで，自らにあたえられた特性である一般的購買力（＝呪物性）を確証しつつ，それを一定の大きさとして不断に維持・再生産（更新）してゆく，ということである。

　もちろん，貨幣は流通手段として機能することを通じて，諸商品の価値（価格）を実現し，それによって自らを「商品の脱皮した姿態」または「商品の絶対的に譲渡されうる姿態」として不断に維持・更新しつづけるのであるが，実際にはそれによって自らの特性（呪物性，一般的購買力）そのものを新たに生み出しているわけではない。ここで貨幣がその流通手段としての機能をとおして維持・再生産（更新）しているのは，実はその一般的購買力の大きさ（量的規定）なのである。

　したがって，この貨幣呪物の内実が何であるのかということは，また別のかたちで明らかにされなければならない。それを解明するのは，いうまでもなく価値形態論であった。商品ならびに貨幣の呪物性は，関係主義的価値論においては商品世界のなかで独特の生活再生産活動を行なう人々のとりむすぶ社会的諸関係の表現として捉えられるが，価値形態論が解明しているのは，まさしくこれらの社会的諸関係が商品や貨幣の固有の属性（社会的自然属性）としてあらわれるそのメカニズムなのである。

　ところが，このことが十分に認識されないと，貨幣のもつ一般的購買力の大きさが流通のなかで不断に更新・維持（再生産）されているという事実から，「貨幣が貨幣である理由は，それが貨幣であるから」だという商品世界のもつ特有の循環論法に振り回されることになる。その結果，現実的貨幣の

特性（＝呪物性）はただ価値形態論によってのみ解明されうるということがみえなくなってしまうのである。

1) これと同じ批判は，貨幣の「交換可能性」をまた独自の価値形態論の論理にしたがって説明する宇野学派の立場からもなされている。侘美光彦［1993］参照。

2) 本文中の［a］［b］２つの「交換可能性」における「無限の循環論法」は，実際上は，流通手段として現に機能している貨幣の存在を想定することによってのみ説明可能になるだろう。つまり，貨幣が流通手段として機能する流通（$W-G-W$）の第１段階（$W-G$）において，相対的価値形態に立つ商品（$W=G$）の側から貨幣にあたえられる商品にたいする「直接的な交換可能性」［a］を見出し，そしてその第二段階（$G-W$）において，相対的価値形態に立つ貨幣（$G=W$）の側から商品にあたえられる貨幣にたいする「直接的な交換可能性」［b］を見出すことで，そうした「無限の循環論法」の説明が可能になる。したがって，実際には岩井理論は，商品の方向からみた貨幣の「交換可能性」［a］については価値形態論（とくに一般的価値形態C）の論理で説明できるにしても，他方の貨幣の方向からみた商品の「交換可能性」［b］については，現実に流通手段として機能する貨幣の存在を前提して——つまり，流通手段としての貨幣が不断に諸商品と交換されているという事実を逆に商品の側から照射することによって——説明するしかないのである。この点に関連して，大野節夫［1996］は，岩井理論の措定する貨幣形態Zが「商品と商品との交換を媒介する貨幣形態」（92頁）でしかないことを的確に指摘している。

3) 「金による商品価値の表現は観念的なものであるから，この操作のためには，やはりただ表象されただけの，または観念的な金が使われる。……価値尺度という機能においては，貨幣は，ただ表象されただけの，または観念的な貨幣として役立つ」（K. I, S. 111.）。

4) Cutler, A./Hindess, B./Hirst, P./Hussain, A.［1978］は，マルクスのいう価値尺度機能が労働価値論と商品貨幣説を基礎に説明されているという理由で「価値の尺度を貨幣の規定的機能と見なすことができない」（p. 12.訳14頁）と主張する。かわりに彼らが貨幣機能として認めるのは，諸商品に価格をあたえる機能としての「価格の尺度」機能である。この点では本書の立場に近いものが認められるが，実際にはその用語法における違いのみならず，価値ならびに価格についての基本的な認識の違いがある。この点については，つぎの注５を参照されたい。

5) カトラーらは，マルクスのいう価値尺度機能が労働価値論と貨幣商品説を基礎に論定されるかぎりで否定されねばならないとし，かわりに商品に価格をあたえる機能として「価格の尺度機能」を措定する。そのさい，この「価格の尺度」と流通手段とはつぎのような関係において捉えられている。「貨幣経済においては，価格を貨幣単位で表現することが，貨幣経済では財貨が財貨と交換されるのではなく，貨幣と交換されるという事実の必然的な相互関係となっている。いずれにせよ，貨幣は流通手段としての資格において価格の尺度，あるいは計算の単位でなければならない」(Cutler, A./Hindess, B./Hirst, P./Hussain, A.［1978］p. 18.訳22頁)。ここからわかるように，彼らは「価格の尺度」機能を流通手段機能の理論的前提として論理的な先後関係にあるものとは捉えずに，「必然的な相互関係」として捉える。これは，彼らが価値と価格とを区別しないということを示している。価格は商品に内属する固有の経済的力能としての価値（＝呪物性）の貨幣による相対的表現（＝価値形態）と把握されるかぎりで，価値と価格との区別や価値尺度機能と流通手段機能との論理的先後関係の認識が重要になるが，価値論そのものを否定するカトラーらにとってはこうした関係そのものが成立しないのである。

6) このように，貨幣特性が流通のなかで不断に維持・再生産されてゆくようになると，その現実的貨幣の特性（＝呪物性）そのものが商品世界そのものによって産出される理念的・原理的貨幣によってあたえられているとはみえなくなる。逆に，この貨幣特性（貨幣呪物）は商品世界の外部から，たとえば貨幣流通に関わるさまざまな諸制度を包括する国家主権によりあたえられ，そのことによって貨幣が価値表現の材料になっているかのようにみえてくるのである。こうした見解の代表は，よく知られているようにクナップ『貨幣国定学説』(Knapp［1923］)である。また，吉沢英成［1981］は，素材的価値から解放された現代貨幣の価値が「国民国家の主権」によって支えられていると考える点で，このクナップ貨幣国定説を継承している。吉沢はこう主張する。「法定不換紙幣も，それが経済的ななにものにも支えられていないからといって，それ自体に価値がないのではない。この購買力はこの紙幣自身の価値が支えている。原始貨幣の貨幣としての価値が，あるいは金貨幣の貨幣としての価値が宗教などに支えられているのと同様，紙幣の貨幣としての価値は近代国家の制度によって支えられているというべきであろう」(222-23頁)。「もともと，歴史上の経験からすれば，商品貨幣から本来の商品貨幣を本位とする代位貨幣へ，すなわち管理貨幣への過程は，おそらく国家が成立し，主権が確立してくる過程に対応しているとみられる。主権の確立につれて貨幣の形態は変化してくる。すなわち，あたかも貨幣を貨幣たら

しめる価値が素材による価値から主権によるものへ，両要素からなる混合形態を長い中間項としつつ，移行してゆく。そして現代貨幣は国民国家の主権によって支えられ，いわゆる素材的価値から解放されている」（219頁）。ここからわかることは，吉沢においても「貨幣を貨幣たらしめる価値」がそのもてる特性（＝一般的購買力）にある，と考えられていることである。この点では私見も同じだが，その違いも明白である。私見のばあい「貨幣を貨幣たらしめる価値」（＝呪物性）を付与できるのは，さまざまな制度を包括する国家主権ではなく商品世界であり，その発達がまた近代国家に固有の諸制度や国家主権をも規定してきた，と捉える。したがって，その内部に発達した商品世界を抱えこんだ国民国家がなしうることは，商品世界がその存在を必然（不可避的なもの）にし，理論的にはその内的編成のなかから不断に紡ぎ出されてくる理念的・原理的貨幣の代替物を提供し，それに一般的等価物としての客観的固定性や社会的一般的な妥当性をあたえることであり，貨幣にたいしてその呪物的性格（＝「貨幣を貨幣たらしめる価値」）そのものをあたえることではない，ということである。

7) しかし，現象としてはこれが逆にあらわれる。「貨幣は，絶えず商品の流通場所で商品に取って代わり，それによって貨幣自身の出発点から遠ざかることにより，諸商品を絶えず流通部面から遠ざける。それゆえ，貨幣の運動は商品流通の表現であるにもかかわらず，逆に，商品流通が貨幣の運動の結果にすぎないものとして現れる」（K. I，S. 196.）。

8) 現代フランス思想，とくにルネ・ジラールの暴力論の援用によってマルクスの価値形態論を独自な貨幣形成論として再構成した Aglietta［1976］のばあい，その独自の貨幣認識からこの価格の平均化機構もしくは価格水準形成機構が否定され，したがってまたそれに基礎づけられる価値論そのものが否定されている。この問題に関する彼らの基本的スタンスは，つぎの文章のなかに如実に示される。「本書の試論の目的は，貨幣を真正面から取り上げることである。そうするためには，18世紀の後半に経済学が構築されて以降，経済学の前提をなしてきたものを放棄しなければならない。……この出発点によれば，経済的事物に共通する質が当然のごとく自明のものとされ，社会の首尾一貫性があらかじめ前提されている。価値論が目的とするのは，自然量や均衡についての数量体系を記述することである。貨幣にできることといえば，これらの自然量の規定から姿を消すことだけである。貨幣は非本質的なものとして斥けられる。つまり，貨幣は，道具としての実在性をもつだけで，理論的な実在性はもたないのである」（Aglietta［1976］pp. 15-16. 訳8-9頁）。

9) Hayek［1945］p. 83. 訳62頁。

10) 周知の宇野理論における貨幣の価値尺度機能は，こうした価格の平均化機構を貨幣規定そのもののなかに組み込んだものにほかならない。宇野理論では，購買手段としての貨幣による価格の実現のなかに貨幣の価値尺度機能を見出すが，この認識はさらに突き詰められて，繰り返しの購買によって「一定の基準」（＝価格水準）が形成され（究極において価値と価格との量的不一致が解消され）てゆくことのなかに本来的な貨幣の価値尺度機能があると捉えられている。当然ここまでくれば，この宇野価値尺度論をさらに徹底させた論理が提示されることになる。つまり，そこに積極的に資本の通約機構を導入し，この資本の運動による価格水準（＝価値）形成機構をとおして貨幣の価値尺度機能が遂行されるメカニズムの提示である。そうした試みの代表として，高須賀義博［1981］があげられる（とくに18－35頁参照）。ただし，高須賀理論は，ひとつの理論的な評価体系としての価値概念を成立させる平均化メカニズムのなかで貨幣の価値尺度機能を捉えてゆこうとする点で，最終的に宇野理論とは異なった理論的地平に立つことを付言しておかなければならない。高須賀は，遺稿のなかでこう論じている。「貨幣（価格）論や信用の機能論は価値を前提にして説かれるべきものではなく，逆に価値を成立せしめる平均化メカニズムとして，その中で説くべきものである」（同［1992］）。

11) ここでいう価格水準形成機構（メカニズム）をどのようなものとして把握するのかは重要である。マルクス学派のばあい，こうしたメカニズムが成立する市場は，資本の再生産・蓄積運動を駆動力とする資本制的な社会的再生産過程の媒介機構（＝生産と消費との連結環）として捉えられることはいうまでもないが，だからこそまたそれは「不断の不均等の不断の平均化」といった絶えざる変動過程として「無規律性」の態様において把握されなければならない。この資本主義経済を特徴づける「無規律性」と価値論との理論的関連を究明したものとして，小幡道昭［1988］がある。

12) 「価格ノルム」とは，Ｇ・Ｍ・ホジソンの用語である。それは，市場からあたえられるさまざまな情報と，市場を形成する諸制度とを基礎に，人々の意識のうちに形成された，ありうべき価格水準についての予想的ノルム――あるいは一定の将来期間において支配すると予想される価格のノルム――を意味する。市場の参加者は，歴史的時間を通じた価格の運動についての大ざっぱな経験を基礎に，それを商慣習やルーチン，売り手と買い手の暗黙の倫理などの存在といった市場の制度的諸要因と結びつけることで将来的な価格水準についての予想的ノルムをもつことができるし，そうした価格ノルム形成が可能になる環境こそ「制度としての市場」にほかならないということである。そこで，こうした立場に立つなら，このような「価格ノルム」の存在

こそが古典派経済学の自然価格概念やマルクスの生産価格概念の形成された現実的(物質的)基盤であった,とみることも可能となろう。なお,この問題に関連してホジソンはこう論じている。「スミス,リカード,マルクス,スラッファの著作においては,価格ノルムは全体的な利潤率やその他の調整が完全に作用しおえた想像上の長期的均衡状態に関連している。それらは日々の価格変動の「重心」であると想定されている場合もある。しかし,「制度的」な価格ノルムは歴史的時間の中の過程の産物であって,機械的ないし重力的な類比は誤解を招きやすい。価格ノルムは,部分的には,予想と,そして制度の正当化的および情報的機能に依存している。これらの属性は,古典力学における過程とは異なって,価格ノルムの形成を支配する過程を不可逆的なものにしている。スミスからスラッファにいたる「古典派」的伝統においては,情報問題と過程の不可逆性はほとんど注目されず,そのかわりに長期の定常状態が焦点に据えられていた」(Hodgson [1988] p. 187.訳199頁)。

第10章　資本と市場経済

第1節　問題設定

　資本主義経済のもっとも重要な経済主体は，いうまでもなく資本である。この資本の活動，あるいは資本の再生産・蓄積運動によって資本主義経済全体の再生産と発展が規定されている。
　ここでいう資本とは，むろんたんなる生産手段一般のことではない。それは，流通（分配を含む）過程および生産（生産的消費を含む）過程のなかで運動しながら——貨幣資本（＝現金，各種預貯金などの多様な貨幣諸形態），さらには生産資本（＝独特の人的組織とそれと固有の有機的連関をもって結合された工場設備，諸施設，機械，備品類などの生産手段），そして商品資本（＝在庫商品，搬送品，店頭商品など）といった多様な諸形態をとりながら——その運動プロセスの全体をとおして利潤を獲得しつつ自己拡大してゆく継続的運動体として捉えられている。要するに，それは日常われわれが企業（または会社）とよんでいるものの別名である。むろん，これはある一定の歴史段階で特定の諸条件のもとで成立する特殊歴史的な存在として捉えることが重要である。
　こうした資本の運動は，個別資本のばあい，損益計算書や貸借対照表などの財務諸表にもっともよく示される。たとえば，損益計算書は一定期間の企業の活動状況をフローのレヴェルであらわし，貸借対照表は一定期間中の企業活動の結果をストックのレヴェルであらわす。これらは，いずれも資本の運動を価格タームで表現するものであるが，この価格は商品もしくは物品の

貨幣との交換比率＝関係（Verhältnis）であり，それ自体としてはモノとモノとの関係である。つまり，資本の活動は，この財務諸表においてはモノとモノとの関係（＝物象的諸関係）としてあらわれるのである。

　もちろん，こうしたモノ（＝物象）の運動の背後には人間たちの織りなす社会的諸関係，社会的運動が存在する。したがって実際には，彼らの資本内部に形成される独特の社会的関係（ヒトとヒトとの関係または諸人格の社会的関係）とそれを基礎とする彼らの多様な諸活動があり，それが現象レヴェルでモノとモノとの関係となってあらわれるのである。といっても，彼らは勝手気ままに活動するわけではない。特定の目的と，それに固有の行動原則にしたがって活動するのであり，あとで詳述する「資本の論理」――要するに，モノとモノとの関係・運動のなかでモノ自身が創り出した，文字どおりの「物象の論理」――によって彼らの行動はきびしく制約され規制されているのである。

　では，この資本における物象（Sache）と人間（Person）との関係はどうなっているのか。これを明らかにすることが本章の基本的課題なのであるが，ひとまずここで結論を先取りすれば，以下のようになる。

　ヒトとヒトとの関係がモノとモノとの関係となってあらわれ（物象化），このモノとモノとの関係のなかで形成される物象（＝資本）の論理によって逆にヒトとヒトとの関係が制御される，物象と人格との転倒的な相互依存関係（総体）。――これが資本である。これは，いわばひとつの生産関係として，関係主義的な観点から概念的に把握された資本であり，こうした資本の物象化論的な関係構造は，いかなる企業形態においても（個人企業であろうと株式会社であろうと），それらが資本としての存立構造（内実）を等しくするかぎり基本的にはまったく変わることがない。

　本章の目的は，このような生産関係としての資本概念の理論的構造を確認し，そのうえで現代のもっとも主要な企業形態＝株式会社において，それがどのようなかたちをとっているのかを明らかにすることにある[1]。

　以下では，この資本の運動過程を資本主義経済全体の再生産構造のなかでまず確認し，そこから資本概念を明確化してゆく作業からはじめることとしよう。

第2節　市場システムと資本の再生産運動

　資本主義経済は，自己増殖する価値の運動体としての資本の再生産運動に媒介されて，全体としての経済過程（生産，消費，交換，分配の諸過程）が遂行され，それによって，われわれ自身の物質的および社会的生活再生産が実現されてゆく歴史的に独自な社会的生産＝経済システムである。

　この経済システムの独自な再生産構造については，さまざまなかたちで論ずることができるが，ここでは多少わかりやすく視覚的（図解的）に説明するために社会的生産過程の概念図（**図2**）を使ってみよう。それにより，あとで明らかにする資本主義システムの物象化構造がより捉えやすくなるはずである。

1　市場システム

　この概念図（**図2**）は，資本主義システムの理論的基礎をなす市場システムの再生産構造を図解したものである。ここでは，生産，消費，流通（交換），分配という，経済＝社会的生産過程を構成する基本的な諸過程が（極めて単純で抽象的ではあるが）市場システムに固有の連関をもって描かれている。

　ここにおいては，私有財産制度と広汎に展開された社会的分業の存在によ

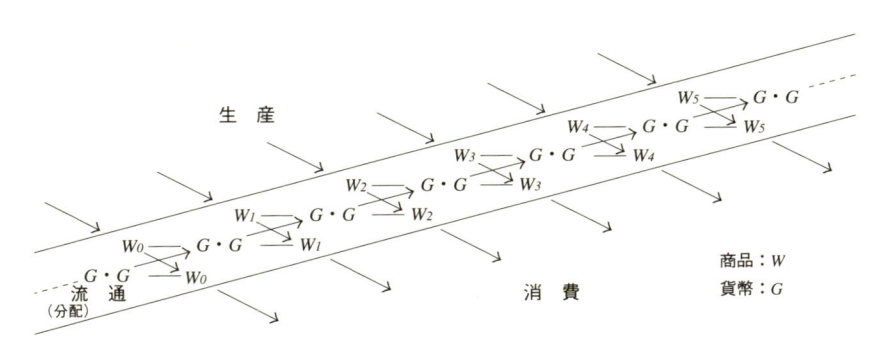

図2　資本主義・市場経済の基本構造

って分離された生産と消費が，流通過程における商品と貨幣との交換によってむすびつけられている。市場とは狭義には流通過程であるが，この市場機構に媒介されて，多種多様な経済的な諸資源——生活手段，生産手段（労働対象，労働手段），労働力，貨幣資本（資金），技術，知識，情報，等々——が，それらを必要とするさまざまな部面に配分される。この流通過程が分配過程を含むのは，つぎの理由による。

市場システムのもとでは，分配は広い意味での生産要素の提供にたいする報酬（その支払い＝受け取り）として捉えられる。ここにおいては，基本的な生産要素はすべて商品として存在し，その交換（すなわち生産要素の提供と報酬の支払い＝受け取り）もまた市場を介して行なわれる。たとえば，労働力は市場において販売され（$W_1 - G$），労働者はその対価として得た貨幣（賃金）で彼自身を（家族を含めて）再生産してゆくために必要なさまざまな生活手段を購入し（$G - W_2$），消費することによって自らの生活再生産を実現する。そこに形成される $W_1 - G \cdot G - W_2$ 過程は，流通過程であると同時に労働者の生活再生産を媒介する過程である。そして，そのうちの G（賃金）は貨幣表現された労働者の分配ぶん，W_2 は社会的総生産物のうちの労働者への分配ぶん（実物ターム）を意味するのであって，流通が分配を含むことはここから明らかであろう。

つぎに流通過程の内部に目を転ずるなら，ここでは商品（W）と貨幣（G）とが独特の運動を展開していることがみてとれる。商品は，生産過程から流通過程に入り，ここでその交換を貨幣によって媒介され（その持ち手を換え）て消費過程（生産的消費過程をも含む）に出てゆく。また，ここにおいて流通手段として機能する貨幣は，商品交換をつぎつぎと媒介しながら流通過程の内部を通流（Umlauf, currency）している。

生産過程からこの流通過程にさまざまな商品を投げ入れる主体が，資本（企業）である。資本にとって，流通過程は自らの再生産運動を媒介する過程であり，この点は資本の運動 $G - W \langle A, Pm \rangle \cdots P \cdots W' - G$ をその連続性において捉えてみれば一目瞭然となる。

$$G - W \langle A, Pm \rangle \cdots P \cdots W' - G \cdot G - W \langle A, Pm \rangle \cdots P \cdots W' - G \cdots\cdots$$

この資本の再生産過程を媒介している形式（$\cdots W'-G \cdot G-W \cdots$）は，流通過程を構成する商品流通（$W-G \cdot G-W$）と同じであり，ちょうどそれは流通過程が労働者の生活再生産過程を媒介するのと形式としては一致している[2]。

両者の違いは，労働者の生活再生産過程が，資本の再生産運動に媒介されてはじめて実現されるという意味で従属変数であるのにたいし，資本の再生産運動は独立変数だという点にある。要するに，資本はこの資本主義経済システムを動かす駆動力あるいはエンジンであり，資本の不断の再生産運動に媒介されてはじめて全体としての生産，消費，流通，分配が動く，逆にいえば資本が動かぬかぎり何も動かないシステムというのが資本主義経済の特徴なのである。ここに，資本が資本主義経済のもっとも重要な経済主体とされる理由がある。

2　資本：主体＝実体としての価値

資本主義経済のエンジンとしての資本 $G-W \langle A, Pm \rangle \cdots P \cdots W'-G$ は，自己増殖する価値の運動体として，価値概念を基礎に概念的に把握される[3]。また，この資本の運動は，その形態としては貨幣資本 G からはじまってふたたび貨幣資本 G' に還る，ある種の循環（Zirkulation, circulation）運動である。と同時に，流通過程‐生産過程‐流通過程という資本の運動プロセスのなかで貨幣資本→生産資本→商品資本→貨幣資本と，つぎつぎに資本それ自体が姿を変えてゆく姿態変換（Metamorphose, metamorphosis）運動としても捉えられる。

このように，その形態をつぎつぎと変えながら，変わることのない本質的存在は「実体（Substanz）」とよばれる。ここにおいては，価値そのものがそうした資本の運動（＝姿態変換運動）の実体として把握されるのである[4]。他方でまた資本は，資本主義経済を動かすエンジンとしてはひとつの運動の主体でもあり，こうして資本は，主体＝実体としての価値，すなわち自己増殖する価値の運動体として捉えられることになる。この点，マルクスはこう述べている。

価値はここではひとつの過程の主体になるのであって、この過程のなかで絶えず貨幣と商品とに形態を変換しながらその大きさそのものを変え、原価値としての自分自身から剰余価値としての自分を突き放し、自分自身を増殖するのである。なぜならば、価値が剰余価値をつけ加える運動は、価値自身の運動であり、価値の増殖であり、したがって自己増殖であるからである。(K. I, S. 169.)

　こうした捉え方は、資本の運動をもっぱら物象化論的な観点から捉えたものである。と同時に、ここで注目すべきは、利潤を獲得しつつ自己拡大する継続的運動体としての資本（企業）が価値概念ならびに主体・実体概念を理論的装置として把握されている、ということである。

　このように、主体＝実体としての価値、すなわち自己増殖する価値の運動体として資本を（もっぱら物象的側面からのみ）把握するのは、一人ひとりの人間からは自立した存在——それ固有の論理と行動原理をもつ存在——として資本を捉えるためである。が、いうまでもなく、この資本を形成する諸物象の運動（諸物象の社会的関連）の背後には、特定の社会的・経済的諸関係の人格化として規定された人間たちの運動（諸人格の社会的関連）が存在している。（このような論理展開そのもののなかに関係主義的観点が貫かれていることに注意されたい。）

　では、この資本の物象化的構造の背後にあるヒトとヒトの関係、すなわち資本内部の諸人格の社会的関係とはどのようなものか。またそれは、自己増殖する価値の運動体としての資本（＝諸物象の社会的関係）といかなる理論的関連を有するのか。

第3節　「資本の論理」の形成と「資本家」概念

　さて、資本は価値概念ならびに主体・実体概念を用いて自己増殖する価値の運動体として把握されたが、これは実のところ資本をもっぱらモノのレヴェル、物象的レヴェルでだけ捉えたものでしかなかった。ところが、資本は「たんなるモノではなくて、モノによって媒介されたヒトとヒトとのあいだ

の社会的関係である」(K.Ⅰ, S. 793.)。

　したがって，こういった物象的諸関係・運動の背後には，当然にこの資本を企業体として現実的に活動させている，さまざまな役割や機能を担った人々の社会的関連・運動が存在する。たとえば，企業のさまざまな活動領域——すなわち，人的・物的な生産諸要素の調達，商品の生産と販売，そして財務，人事などに関わる多様な管理業務等々の企業活動領域——には，固有の指揮・命令関係をともなう管理システムと，それに支えられる上下的な秩序関係からなる階層的組織が形成され，そのなかで人々の業務・活動がさまざまに展開されているのである。

　「企業は人なり」という俚諺があるが，この意味ではまさに資本は，その独自の階位制と活動領域において特定の機能と役職を担う諸個人の織りなす，社会的な諸関係・諸関連の総体として捉えることもできるのである。

　もちろん資本は，このような人的レヴェルでだけ捉えられるような，たんなる社会的関係にだけ還元することはできない。それは「モノによって媒介されたヒトとヒトとのあいだの社会的関係」だからである。

　問題は，このヒトとヒトとの関係がいかにしてモノ（＝物象）によって媒介されるか，である。このモノとヒトとの独特の（いわば転倒的で相互依存的な）関係，これが社会的関係としての資本概念（＝物象と人格との転倒的な相互依存的関係の総体〔ensemble〕）そのものなのであるが，この存立構造を明らかにするためのキーコンセプトは「資本の人格化」という概念である。むろん，ここで人格化される資本は，モノのレヴェルでは自己増殖する価値の運動体（主体＝実体としての価値）として捉えられている。したがって，それはいわば物象（モノ）の人格（ヒト）化なのである。

　ただし，モノがヒトに変身するわけではない。資本の人格化とは，自己増殖する価値の運動体としての資本の論理（＝その目的と機能）の担い手となり，それに独特の意思や意識をあたえられた人格（＝個人）すなわち「資本家」のことをいう。この点マルクスはつぎのように述べている。

　　　この運動（資本の運動―引用者）の意識ある担い手として，貨幣所持者は資本家になる。彼の一身，またはむしろ彼のポケットは，貨幣の出発点

であり帰着点である。あの流通の客観的内容——価値の増殖——が彼の主観的目的なのであって，ただ抽象的な富をますます多く取得することが彼の操作の唯一の起動的動機であるかぎりでのみ，彼は資本家として，または人格化され意思と意識をあたえられた資本として，機能するのである。(K. I, S. 168‐69.)

　ここで資本家は「人格化され意思と意識とをあたえられた資本」すなわち資本の人格化として規定されている。より多くの利潤（剰余価値）を獲得することが彼の主観的目的なのであるが，当初これ自体は貨幣所持者の「絶対的な致富衝動」から出てきたものである。ところが，これが資本の運動のなかで資本自身の目的となり，逆にたんなる貨幣所持者（＝私的所有者）を資本の人格化すなわち資本家として規定し返すのである。
　そして，ここにおいては，資本の人格化としての資本家の諸機能を規定する資本の目的（＝価値増殖）が資本自身の「魂」として，あるいはその「生命衝動」として捉え直されることになる。

資本家としては彼はただ人格化された資本でしかない。彼の魂は資本の魂である。ところが資本にはただひとつの生命衝動（Lebenstrieb）があるだけである。すなわち，自分を価値増殖し，剰余価値を創造し，自分の不変部分，生産手段でできるだけ多量の剰余労働を吸収しようとする衝動である。(K. I, S. 247.)

　こうして資本の人格化としての資本家は，資本の論理，「資本の魂」を自らのものとし，より多くの利潤（剰余価値）獲得を目指して資本構成諸要素（貨幣資本，生産資本，商品資本）にたいして合目的，合理的に関係行為する——すなわち，効率的な経営活動を展開する——ことになる。
　資本家をこうした行動に駆り立てるのは，自己増殖する価値の運動体としての資本の内的な生命衝動なのであるが，市場ではこうした内的衝動をもつ資本が複数集まることによって，諸資本間の競争が展開される。
　この競争とそこに成立する市場の諸法則（＝物象の論理）は，当然のこと

ながら資本の人格化としての資本家に影響をあたえる。つまり，彼らの判断・決定，行動は，資本の外部にあるこの客観的な経済法則を前提せざるをえないと同時に，それによって実際上もまた制約されるのである。

そのうえ，この競争戦は，自由競争のもとでは適者生存，弱肉強食の論理をもって展開される。具体的には，それは特別利潤（特別剰余価値）の獲得をめぐる諸資本の競争として展開される。つまり，一物一価法則によって成立する市場価値（社会的価値）を基準とし，この基準よりも低い個別的価値を実現することで獲得される特別利潤（特別剰余価値）をめぐる競争として，そしてそのための新生産方法の導入を核とした生産力競争として展開されるのである。

こうした環境のもとでは，競争のなかで一定の生産力水準を維持できない資本，したがってまた一定範囲の利潤（剰余価値）を獲得できない資本は，資本としての存在そのものを否定されることになる。こうして特別利潤（剰余価値）をめぐる諸資本の競争は，生産力競争であると同時に，そこから資本の存在そのものをかけた生存競争へと転化するのである。

もともと，より多くの利潤・剰余価値を獲得すること（＝価値増殖）は資本の内的衝動（生命衝動）として規定されていた。ところが，ここではそれがひとつの外的な強制規定に転化する。剰余価値獲得を自己目的とした運動体（価値増殖体）であること——この資本の本質は，資本の内部から規定されているばかりでなく，ここでもう一度資本の外部から客観的に（その総体的関連のなかで）規定し直されるのである。

資本の人格化としての資本家は，こうして内的・外的に二重に規定された資本の本質を具体化し実現すべく，合目的的かつ合理的に資本を運動させなければならない。そして，その結果が蓄積のための蓄積，生産のための生産という資本制生産システムに特徴的なプロセスとなってあらわれるのである。この点については，『資本論』のなかに有名な一節がある。

> 蓄積せよ！　蓄積せよ！　これがモーゼで予言者たちなのだ！　「勤勉は材料を与え，それを倹約が蓄積する」だから，倹約せよ！　倹約せよ！　すなわち，剰余価値または剰余生産物のできるだけ大きな部分を

資本に再転化せよ。蓄積のための蓄積，生産のための生産，この定式のなかに古典派経済学はブルジョア時代の歴史的使命を言い表した。……古典派経済学にとっては，プロレタリアはただ剰余価値を生産するための機械として認められるだけだとすれば，資本家もまたただこの剰余価値を剰余資本に転化するための機械として認められるだけである。(K. Ⅰ, S. 621.)

では，この資本の人格化，すなわちここでいう「機械」としての資本家は，どのような意味において「機械」のように合目的的かつ合理的に行動するのか。

◆「資本家」概念

資本家が「剰余価値を剰余資本に転化するための機械として認められる」ためには，資本の運動プロセス——すなわち，貨幣資本からはじまって生産資本，商品資本などへの姿態変換を経て再び貨幣資本の形態に還ってくる資本の循環運動のプロセス，さらにはその循環運動が不断に繰り返される資本の再生産・蓄積運動のプロセス——のなかで，資本の目的（＝利潤追求）にもっとも適合する手段・方法を選択・決定し，行動するという，いわゆる資本合理性または経営合理性の原則にしたがって行動しつづけることが必要である。

ここで，資本合理性または経営合理性の原則とは，資本がその運動プロセスのなかで用いる経済的・経営的諸資源——すなわち，特定の質と量からなる労働力，労働対象，労働手段，さらには貨幣資本（資金），技術，知識，情報など——を資本の目的（＝利潤追求）にとってもっとも有利なかたちで結合させ運動させるために，資本家がしたがわなければならない客観的な経営行動原則である。

この資本合理性，経営合理性の原則は，$G-W\langle A, Pm\rangle \cdots P \cdots W'-G$という資本の循環運動の不断の繰り返し（＝資本の再生産運動）——すなわち，それ自体としては物象と物象との社会的関係・運動プロセスとしてあらわれる——のなかでつくりだされ確立される。いわば，それは，自己増殖

する価値の運動体としての資本そのものが自らの運動過程のなかでさまざまな試みや失敗をとおして確立し客観化した，物象自身の論理にほかならないのである。

そうして確立された資本合理性，経営合理性の原則のなかには，特定の資本にだけ当てはまる個別的な原則もあれば，当該の資本が属する特定の産業部門に妥当する特殊的な原則もあり，産業一般あるいは資本一般に通用する普遍的な原則も存在する。これらは，いずれも資本の人格化としての資本家が遵守しなければならない合理性の原則であり，資本の目的とともに資本家（＝資本の人格化）の行動を制約し規制する「資本の論理」の重要な構成契機のひとつである。

このような独特の資本の論理に規定された「資本の人格化」としての資本家の機能を引き受けるのは，個人企業のばあいには，いうまでもなく資本の所有主体である個人資本家である。

ただし，このばあい，彼は資本の人格化（機能主体）であるまえに資本の所有者であり，そのかぎりで彼は，資本として機能する貨幣，商品，生産手段などを私的に消費できるし，また必要とあらば，これをまるごとひとつの「商品」として他人に売り渡すことすらできる。

もちろん，資本家が，そうしたかたちで資本にたいして振る舞う（verhalten）なら，彼のその資本にたいする関係行為（Verhalten）はもはや資本の人格化（＝資本の機能主体）たる資本家としてのそれではなく，たんなる資本所有者（資本を私有財産として所有する者）としての行為であるということになるだろう。

このように，個人資本家のばあいには，資本の人格化（機能主体としての資本家）とたんなる資本所有者（＝所有主体としての資本家）との２つの人格性を一人の資本家があわせもっている。だからこそ，ときにはそれが分裂し「個々の資本家の高く張った胸の中では，蓄積欲と享楽欲とのファウスト的葛藤が展開されるのである」（K.I, S. 620.）。

一般に，個人資本のばあい，資本の所有主体と機能主体とは資本所有者の人格において統一されている。だが，理論的には両者は分離可能であり，その資本構成諸要素（貨幣，商品，生産手段など）にたいする関係行為もそれ

ぞれ異なった主体（人格）によって行なわれうる。この点については，マルクスが『資本論』第3巻第23章「利子と企業者利得」のなかで「総利潤の質的分割」を取り扱ったさいに貨幣資本家と機能資本家とを区別して議論しているところからも明らかであり，現代的問題としてはこれが株式会社における株主と経営者との関係（＝所有と経営の分離）となってあらわれるわけである。

　現代の支配的な企業形態である株式会社のばあい，この機能主体と所有主体の分離がどのようなかたちであらわれるかについてはあとで取り上げることにする。ここでは，資本の人格化（＝機能主体）としての資本家が，資本の生産過程（より一般的には企業活動の諸過程）における人的組織をどう編制するのか，そのことによって，ひとつの社会的関係としての資本（＝物象と人格との転倒的・相互依存関係）はどのような構造をとるか，という問題をまず論じておきたい。

第4節　主体としての資本と資本の人格化

　この節では，まず資本家＝資本の人格化を頂点とする，資本（企業）内部の階層的組織（＝ヒトのヒトにたいする指揮・命令関係に媒介された管理・統制のヒエラルキー）の構造を取り上げる。

　こうした資本内部の階層的組織を解明するための鍵となるのが，物象的諸関係（社会的・経済的諸関係）の人格化，すなわち資本の人格化としての資本家である。この人格化された物象的諸関係（資本の人格化としての資本家）が，現実的には資本内部のヒトとヒトとの関係を規制し，それに固有の指揮・命令関係をもつピラミッド型の階層的組織をつくりあげるのである。この意味で，資本の人格化としての資本家は，自立した物象＝資本と，逆にこの物象の論理（＝資本の論理）によって規律づけられる人間たち——すなわち，本来の主体として物象的諸関係そのものをつくりだしながら，逆にこの物象的諸関係によって制御される人間たち——とのあいだを仲立ちする，ある種の媒介者として位置づけられることになる。要するに，それは資本関係内部における物象化構造とそこでの疎外のメカニズムを明らかにする，ひ

とつの理論的な結節点なのである。

　そこで，まず確認すべきは，資本家が労働過程において資本の人格化として労働者を管理・統制（＝支配）できるのは，資本主義経済そのものの再生産過程をとおして労働力商品化の条件が不断に維持・再生産されつづけ，それによって労働の資本への形式的包摂＝従属が基本的に実現されているからだ，という点である。

　この資本による労働の包摂＝従属は，生産力の発展（＝分業・協業システムの深化）にともなって労働の質が変化させられ，もはや資本（それの準備する機械，設備，機構などの諸条件）なしには労働することが不可能になるにつれて，形式的な包摂から実質的な包摂へとすすんでゆく。それとともにまた，資本の活動領域における垂直的な秩序関係をもった階層的組織の形成，すなわち資本家を頂点とする労働過程の組織化＝秩序化もまた高度化してゆくことになる。

　この資本による労働の包摂＝従属の高度化過程と資本内部の階層的組織構造の形成について，マルクスは『資本論』第１巻において「協業」（第４編第11章）「分業とマニュファクチャー」（第12章）「機械と大工業」（第13章）という直接的生産過程の発展をたどるなかで考察している。もちろん，こうした資本内部の階層的組織の形成は，彼が主に分析した直接的生産過程のみならず，流通過程をも含めた資本の活動領域の全般にわたって行なわれるのであって，ここではその点をも考慮して議論をすすめてゆく必要があろう。

　とはいえ，資本内部の指揮・命令関係をともなう階層的組織形成における基礎は「協業（Kooperation）」一般であり，これは資本主義的生産様式の基本形態として資本主義の全発展過程を貫いている。[6]

　協業とは「同じ生産過程で，または同じではないが関連のあるいくつかの生産過程で，多くの人々が計画的にいっしょに協力して労働するという形態」（K. I, S. 344.）である。ここに生み出される結合労働は，個々の労働の単純な総和からなる生産力を超える，より高い生産力を発揮する。つまり，協業は，独自の生産力としての結合労働の社会的生産力，または社会的労働の生産力を創出するのである。[7]

　ただし，資本主義のもとにおいては，この独自の生産力を実現するために

は資本家の指揮あるいは指図が不可欠である。たとえばオーケストラは，指揮者が存在することによって，管楽器，弦楽器，打楽器などのさまざまな楽器演奏者たちの個別的諸活動が媒介され，管弦楽というひとつの全体運動のもつ一般的な機能が果たされる。協業のもとでの「直接的に社会的な，あるいは共同的な労働」(K. I, S. 350.) のばあいも同様である。この協業が資本のもとで行なわれるなら，この指揮や監督や媒介の機能は資本の独自な機能となり，それに特有の性格と形態をもつのである。

　こうした資本家の指揮は，形式上はあくまでも専制的な形態をとる。つまり，生産の社会的性格そのものから出てきた指揮の内容は，ここでは労働者に剰余労働を強要する資本家の機能として，上下的な秩序関係をもって「きびしく規制する権威の形態」(K. III, S. 888.) をとってあらわれ，労働者に相対するのである。この資本家の権威と専制は，協業がさらに大規模に発展するようになれば，さらに特有の形態をとって展開される。すなわち，そこでは資本家の指揮・監督権限の特定労働者への委譲が行なわれ，それによってまた垂直的で重層的な階位制からなる独特の人事組織が形成されるのである。この資本内部の階層的組織の形成について，マルクスは工場制度を例にとって以下のように説明している。

　　資本家は，彼の資本が本来の資本主義的生産の開始のためにどうしても必要な最小限度の大きさに達したとき，まず手の労働から解放されるのであるが，今度は，彼は，個々の労働者や労働者群そのものを絶えず直接に監督する機能を再び特別な種類の賃金労働者に譲り渡す。ひとつの軍隊が士官や下士官を必要とするように，同じ資本の指揮の下で協働するひとつの労働者集団は，労働過程で資本の名によって指揮する産業士官（支配人，Managers）や産業下士官（職工長，formen, overlookers, countre-maîtres）を必要とする。監督という労働が彼らの専有の機能に固定するのである。(K. I, S. 351.)

　ここにおいて，資本家の権威と専制は「労働過程の，完全な階層制として編制された社会的な機構の形態」(K. III, S. 888.) をとってあらわれ労働者に

相対する。かくして，労働過程における資本家の専制と支配は，こうして形成される資本内部の階層的組織を基礎とし，ほかに賃金諸形態を利用した労働刺激策や賞罰制度などを組み合わせながら具体的に展開されることになるのである。

さて，こうした資本家の指揮・監督権限の委譲による資本内部の垂直的な秩序関係をもつ階層的組織の形成は，個人資本のばあい，この組織の最上部にあって企業活動全体を統括する，いわゆる「産業司令官」の役割が資本所有者から労働者（＝経営者または機能資本家）の手に委ねられるに及んで，その頂点に達する。もともと，資本の人格化としての機能に関しては，資本所有者がそれを担わなければならない必然性はなく，資本の所有主体と機能主体とが分離する可能性は存在していた。それは，ちょうど「音楽指揮者がオーケストラの楽器の所有者であることは少しも必要ではないし，彼が他の楽士たちの「賃金」に何かのかかわりをもつということも指揮者としての彼の機能には属しない」(K. Ⅲ, S. 400.) というのと同じことである。

資本にとっては（その所有者にとっても），この経営者が資本の人格化としてひたすら「まじめ」に資本合理性，経営合理性を追求し，資本の目的を達成してくれればよいのである。この経営者は，その機能としてみれば資本の人格化であり，紛れもなく資本家グループの一員である。そして，彼は資本所有者にたいしては労働者でもあるが，しかし，むろんただの労働者ではなく「資本家としての，すなわち他人の労働の搾取者としての労働者なのである」(K. Ⅲ, S. 401.)。

いずれにしても，ここではただ資本の所有主体と機能主体との分離の可能性があること，そして資本の機能主体となった労働者（＝機能資本家）はひとつの社会的関係として把握される資本概念（＝物象と人格の転倒的・相互依存関係）のなかでは資本家グループに属し資本範疇（＝人格的レヴェル）の一構成契機であること，こうした点を指摘しておくにとどめよう。

ところで，ここで確認しておくべきは，資本内部の階層的組織は基本的には協業を基礎に構築されるが，その編制の仕方にもまた協業のもつ特性が利用されているということである。

人間は協業のもとにおかれると，その社会的接触をとおして互いに他人を

意識し，相互に刺激しあって自然に競争をはじめる傾向がある。この協業のもつ特性についてマルクスはつぎのように指摘している。「多くの力がひとつの総力に融合することから生ずる新たな潜勢力は別としても，たいていの生産的労働では，たんなる社会的接触が競争心や活力を生みだして，それらが各人の個別的作業能力を高める。このことは，人間は生来，アリストテレスがいうように政治的な動物ではないにしても，とにかく社会的動物だというところからきているのである」(K.I, S. 345‐46.)。

かくして，社会的動物としての人間の性向は，協業の生産力効果をもたらす。これを資本家は階層的組織の編制においても利用するのである[9]。つまり，この労働者間に生ずる自然の競争心や活力に資本の論理による方向づけと基準をあたえ，その競争に勝ったものを資本内部の垂直的・重層的な階位制の上位につける。そのことによって，労働の指揮・監督権限を順次上から委任して上下的秩序関係をもつ階層的組織を資本内部に編制してゆくわけである。

資本の論理による厳しい労働者の管理・統制は，当然のことながら労働者の現実的ないし潜在的反抗を生み出す。協業規模の拡大はこの現実的・潜在的な反抗力をいっそう強めてゆく傾向にあり，資本による労働者の管理・統制にはこうした反抗を防止し抑制することも含まれている。資本家が協業の特性を利用した人事政策を採用するのは，これが賃金諸形態を利用した労働刺激策や賞罰制度とならんで労働者の反抗を抑止する効果をもっているからである。

もちろん，こうした資本内部の組織編制の基本原理として貫かれているのは資本の論理である。これは，$G-W\langle A, Pm\rangle \cdots P\cdots W'-G$ という不断の資本循環運動（＝物象的諸関係）のなかで形成・確立され，その背後にあってこの資本を動かそうとする人間たちの運動（＝諸人格の社会的関係）を逆に規制し制御する。具体的には，この資本の論理は資本家（機能主体）において人格化され（物象的諸関係＝資本の人格化），そして，この資本家の専制と支配のもとで階層的組織の形成と，そこに属する人々の諸活動の管理・統制が行なわれる。ここにおいては，文字どおり物象（＝資本）の人間にたいする支配‐従属の関係が，人間の人間にたいする支配‐従属の関係となってあらわれてくるのである。

ただし，ここではつぎの点に注意しなければならない。確かに，利潤の最大化を至上命令とする「資本の論理」は，どの国の，どの時代の資本においても厳しく貫かれ，資本内部のヒトとヒトとの関係（＝諸人格の社会的関係）を規律づけている。この点は，19世紀の資本主義であろうと20世紀あるいは21世紀の資本主義であろうと，さらには米英のアングロサクソン型であろうと，ドイツ・フランスの大陸型の資本主義であろうと，日本型資本主義であろうと変わることがない。ここには，ヒト（person）とヒトとの関係がモノ（thing）とモノとの関係となってあらわれ，このモノとモノとの関係のなかで自立化した「モノの論理」（＝物象的論理）にヒトが逆にコントロールされる，物象的諸関係の自立化あるいは広い意味での物象化が共通して存在する，ということである。

しかしながら，この同じ「資本の論理」によって規律づけられる，ヒトとヒトとの関係は決して同じではない。ヒトとヒトとの関係は，それぞれの国に固有の歴史や伝統に根ざした，倫理や道徳，宗教，さらには人間・社会観，自然観，美意識，等々の文化的要素によって支えられている部分が大きいからであり，そうした文化的要素如何によってはこの関係を制御するところの物象的論理の貫徹の仕方もそれぞれに異なってこざるをえないからである。この意味で，資本内部のヒトとヒトとの関係（＝諸人格の社会的関係）を規律づける資本の論理の貫徹様式が，たとえば日本資本主義とアメリカ資本主義とではかなりの違いが存在すること（その雇用関係の違いなど）も，極めて当然のことといわなければならないのである。

もちろん，念のために繰り返しておけば，この貫徹様式が違っているからといって，物象的論理としての資本の論理そのものには何の変更もなく，こうしたひとつの生産関係としての資本を構成する物象と人格との転倒的な相互依存関係もまったく変わるところがない。それ自体は，たとえ国が違いその歴史的・文化的段階が違っても，また現代の支配的な企業形態である株式会社のもとでも，19世紀の支配的企業たる個人企業のもとにおいても，基本的には何ら変わることがないのである。この意味で，資本は資本なのであって，この資本の再生産・蓄積運動に経済全体の再生産がゆだねられているなら，どんなに異形のものであってもそれは資本主義経済以外の何ものでもな

いということなのである。

　ただし，株式会社については，これとはまた別の考察を必要としている。それは，株式会社が資本の存在形態としてはひとつの完成段階を示すものだからである。以下では，この問題をとりあげながら，自己増殖する価値の運動体としての資本概念をさらに掘り下げてゆくことにしよう。

第5節　資本概念と株式会社における「会社自体」について

　資本はひとつの社会的関係であり，そうした関係主義的な観点から把握された資本は，物象と人格との転倒的な相互依存の関係として捉えられる。
　このようなひとつの社会的関係として捉えられる資本概念は，これを物象的側面からだけみれば，$G-W\langle A, Pm\rangle \cdots P \cdots W'-G$ という循環運動の不断の繰り返しのなかで自己増殖しつづける価値の運動体として捉えられ，またこれを人格的側面からみれば，所有主体と機能主体から構成される資本家グループ，そして，そのもとに形成される企業内部の垂直的な秩序関係をもった階層的組織という，人間たちの独自の社会的関係として捉えられる。
　もちろん，資本はそのものは，たんなる諸物象の社会的関係でも，たんなる諸人格の社会的関係でもなく，この物象的社会関係と人格的社会関係との転倒的な相互依存の関係として把握されなければならなかった。このような資本の存立構造については，諸人格の社会的関係が諸物象の社会的関係となってあらわれ，この物象的諸関係のなかで形成される資本の論理によって逆に諸人格の社会的関係が規制され制御される――具体的には，この物象的諸関係の人格化（＝資本の人格化）たる資本家を頂点とする階層的組織のなかで人々が資本の論理の支配のもとで活動させられ――そのことによって物象のヒトにたいする支配‐従属の関係がヒトのヒトにたいする支配‐従属の関係になってあらわれる，という物象と人格との転倒的な相互依存関係として資本を把握するなかで明らかにしてきたところである。
　こうしたひとつの生産関係としての資本を構成する物象と人格との転倒的な相互依存の関係構造は，また現代の支配的な企業形態である株式会社のも

とにおいても，基本的には何ら変わることがない。

1　株式会社制度の特徴

　株式会社は，現代におけるもっとも支配的な企業形態であるが，その制度的特徴は以下の2点に見出すことができる。①その出資が譲渡自由な等額株券購入というかたちで行なわれること。②会社債権者にたいする出資者全員の有限責任原則が法的に確認されていること。[10]

　まず，譲渡自由な等額株券制についていえば，これは株主の出資金の回収を可能にする一方で，ひとつの結合資本として存在する現実資本（機能資本）からの出資払い戻しを廃絶して，企業の継続的活動を保証している。その意味で，この制度は，自己増殖する価値の運動体としての資本にもっとも合致した企業形態をつくりだす。また有限責任制は，出資者のリスクを軽減することによって資金の広汎な動員を容易にし，もう一方の譲渡自由な等額株券制とあいまって大規模な結合資本の形成を促して，必要資本量の厖大化への対応を可能ならしめる。

　この必要資本量の増大傾向と企業活動の継続性への要求は，資本主義の発展のなかで産業資本における固定資本の巨大化とともに強められてきたものであり，譲渡自由な等額株券制と有限責任制からなる株式会社制度の確立は，いわば資本主義発展の必然的な所産とみることができよう。[11]

　こうした制度的特徴をもつ株式会社における資本は，多数の出資者（＝株主）の拠出した資金が結合されてひとつになったものであり，株主はこの結合資本としての現実資本を構成する多様な形態の企業財産にたいする共同所有者として存在する。ただし，ここでは企業財産が個々の出資者＝株主に帰属することはなく，形式的には法人という単一主体が所有するというかたちをとるのである。

　法人とは，複数の人間から構成される団体もしくは組織体の権利・義務関係をちょうど一個の自然人のそれのように処理するために，法技術的な措置として設定されたものである。多数の出資者から構成される株式会社では，この法人が企業財産の共同所有者たる出資者集団（＝結合資本家）を代表するかたちで対外的に統一的かつ単一の権利義務の主体として法的に認められ，

それによってこの法的人格が企業財産の所有主体として，また労働者や他の第三者との諸取引契約の主体として社会的に通用するのである。

こうして，この株式会社制度のもとでは所有が二重化されると同時に，資本も現実資本（＝機能資本）と擬制資本（＝株式）とに二重化される。現実資本として機能する貨幣，商品，生産手段などの企業財産にたいしては，法人がその形式的，法的な所有者となり，資本の意志決定や行為は，法人を代表する業務執行機関によって遂行される。他方，共同出資によって会社を設立した株主は，もはや現実資本（企業財産）にたいする直接的所有の関係にはなく，ただ擬制資本＝株券に関してのみ私有財産としての処分権（所有権）を行使できるにすぎない。つまり，ここで株主は，現実資本の持ち分をあらわす株券の所有をとおして企業財産にたいする間接的な所有者となるのである。[12]

ところで，この現実資本（結合資本）にたいする統一的かつ単一の所有主体として把握された法的人格は「会社自体」とよばれる。[13]この会社自体が，企業財産（現実資本）にたいする所有主体としての自立性を確立し，個々の出資者＝株主とは別の人格であることを明確化するのは，株式会社の制度的特徴である株式の自由譲渡制と有限責任制とその全面的展開によるのであるが，問題はその会社自体の企業財産にたいする所有の実質をどう捉えるかにある。

会社自体はたんなる法的人格でしかなく，企業財産（現実資本）の所有者としての意思や意識をもっておらず，それ自身としては行為主体でもない。要するに，それは所有の実質を何らもたないのである。ところが，現実的にはこれが所有の実質をもつかのようにあらわれる（erscheinen）。では，この会社自体に所有の実質をあたえるのは何なのか。

以下では，この点をまず明らかにしよう。それによって，株式会社という独自の企業形態における資本（＝ひとつの社会的関係）のあり方が視界に入ってくるはずである。

2　「会社自体」の現実資本にたいする所有の実質

まず結論から先にいえば，この会社自体（＝法人）に所有の実質をあたえ

るのは，自己増殖する価値の運動体としての資本（主体＝実体としての価値）の存在と，その人格化としての資本家の機能（意思行為）にほかならない[14]。要するに，そうした所有の実質，すなわち会社の財産を剰余価値獲得のために所持したり処分しようとする意思と意識とをもつ真の主体こそ，生産関係として捉えられた資本そのもの——すなわち，自己増殖する価値の運動体として実体化され自存化させられた資本（主体＝実体としての価値）と，この資本（＝物象的諸関係）の人格化としてその機能（意思行為）を担う経営者とが織りなす，物象と人格との転倒的な相互依存関係としての資本そのもの——なのである。

したがって，ここでは，資本の人格化（機能主体）としての資本家，具体的には経営者が会社自体の企業財産にたいする所有の実質を支える，ということになる。では，彼はこの会社自体にたいしてどのような関係に立ち，また彼のどのような行動が会社自体の現実資本にたいする所有の実質を支えるのか。

これを明らかにするためには，この会社自体（法人）による現実資本（企業財産）にたいする関係行為と，個人資本家（自然人）による現実資本にたいする関係行為との違いを明確にしておく必要がある。まずは，個人資本家のばあいからみてゆこう。

資本所有者たる個人資本家は，貨幣資本，商品資本，生産資本，等々の現実資本の構成諸要素にたいして，それらの所有主体として振る舞う（関係行為する）が，この関係行為はつぎの2つを区別することができる。

(A) たんなる資本所有者としての関係行為
(B) 資本の人格化（＝機能主体）としての関係行為

通常この両者は不可分であり，(A)の関係行為が(B)のそれの基礎になるという関係にある。だが，ときとして(A)の関係行為だけが突出するということも否定できない。たとえば，資本所有者が資本の人格化（機能主体）としての立場を忘れて現実資本（企業財産）を私的に消費したり，あるいは私的な目的で企業ごと他人に売り渡したりするばあい，資本所有者はこの(B)の立場から離れて(A)のたんなる資本所有者としての関係行為だけを行なっているのである。

また，(B)の資本の人格化（＝機能主体）としての現実資本にたいする関係行為は，特定の経済的・経営的諸資源を一定の目的・用途に割り当てて結合させ，それによってまた生産された商品を販売して利潤を獲得するという企業の基本的活動にとって不可欠のものである。具体的には，さまざまな労働対象，労働手段などの生産諸要素を購入し，労働者との雇用契約や土地や資金などの借入契約などをむすび，さらには生産された商品を販売する，等々といった企業活動そのもののなかでこれが行なわれる。

　この(B)の関係行為は，すでに述べたように個人資本家においては(A)のそれを前提になされるが，これが(A)の基礎を離れて，資本所有者ならざる，たんなる経営者（＝資本の人格化）によって担われる可能性もある。いわゆるトップ・マネージメント（産業司令官）の地位と役割が資本の非所有者たる経営者に委ねられるケースである。

　このばあい，重要なことは，この経営者の関係行為は現実資本（企業財産）の法律的所有者たる個人資本家の代理人としてのそれにすぎないということであり，この関係は株式会社のばあいにも基本的に妥当するということである。

　株式会社においては，資本の二重化と所有の二重化が生じ，現実資本（＝企業財産）にたいする法的・形式的な所有者は会社自体（法人）となる。ここにおいてもまた，(B)の現実資本にたいする関係行為はもっぱら資本の非所有者である経営者によって行なわれるが，彼らのばあいその関係行為はここでの現実資本（企業財産）の所有者たる会社自体の代理人としてのそれなのである。

　こうして，会社自体の権利義務に関わる関係行為の代理人としての経営者は，資本の人格化として機能することによって——すなわち資本の論理を自らの行動原理として現実資本にたいして関係行為することによって——会社自体に現実資本にたいする所有の実質をあたえているのである。

　もちろん，この経営者が現実資本の所有者たる会社自体の代理人として認められるのは，彼が現実資本にたいしてただ資本の人格化として関係行為するかぎりにおいてである。それゆえ，この会社自体の所有の実質は，たんに資本の人格化としての経営者ばかりではなく，この経営者において人格化さ

れた資本（＝自己増殖する価値の運動体）をも含めて，ひとつの生産関係としての資本によって——すなわち，物象と人格との転倒的な相互依存関係として把握される資本そのものによって——支えられている，といわなければならないだろう。

3　株式会社資本における物象化の進展・深化

さて，資本が資本として存立するためには，資本内部に垂直的・上下的な秩序関係からなる階層的組織が存在し，そうした組織のもとでの人々の諸活動が資本の論理によって統制され管理されているということが必要であった。

言い換えるなら，その内部に資本の論理を体現する資本家（資本の人格化）を頂点とするピラミッド型の管理・統制のヒエラルキーが形成され，この組織がまた利潤獲得という資本の目的と資本合理性，経営合理性の原則に即して継続的に活動させられていること，こうした条件のもとでのみ資本は資本として，すなわち労働者および労働への支配機構として存立するのである。

このような資本の存立構造については，ヒトとヒトとの関係がモノとモノとの関係となってあらわれ（物象化），このモノとモノとの関係のなかで形成される物象の論理（＝資本の論理）によって逆にヒトとヒトとの関係が制御され規律づけられる，物象と人格との転倒的な相互依存関係として資本を把握するなかで明らかにしてきたところである。そして，こうした資本の物象化論的な関係構造のもっとも基軸的なコンセプトが，例の資本の人格化（機能主体）としての資本家概念であった。

このような物象化論的な関係構造は，個人資本であろうと株式会社であろうと，両者が資本としての存立構造（内実）を等しくしているかぎり，基本的にはまったく変わらないが，ただし資本の二重化と所有の二重化が生じている株式会社のばあい，つぎの点に注意しなければならない。

まず，ここにおいて株主は現実資本にたいする間接的所有者となり，ただ擬制資本たる株券に関してのみ私有財産としての直接的な処分権（所有権）を行使しうるにすぎない。つまり，資本の共同所有者である株主は，ここに

おいては現実資本にたいする直接的な処分権（所有権）を失い，ただ現実資本ならざる擬制資本にたいしてだけ，たんなる資本所有者として振る舞う——いわば(A)の関係行為を行なう——ということである。

また，この株主に代わって現実資本の所有者として認められた会社自体は，現実資本にたいする株主たちの共同所有の関係（＝諸人格の社会的関係）が物象化されたものであり，この物象化された諸人格の社会的関係そのものがひとつの自立した所有主体（＝会社自体）として社会的に通用させられている，とみることができる。つまり，株式会社制度のもとにおいては，資本の所有レヴェルにおける物象化の進展あるいはその深化が生じているということである。

ここでは，つぎの点に注意しなければならない。この会社自体は，株式会社における会社自体の自立化を重視する論者によっては，企業財産にたいする実質的な所有主体として措定されるだけでなく，同時にこの会社自体が資本の人格化＝資本家として規定されるばあいがある，ということである。[15] つまり，ここにおいては，株式会社における会社自体（＝法的人格）の成立が「資本の人格化」として捉えられ，この資本の人格化がまた個人資本における「資本家」と同じ存在とみなされることによって〔資本家←資本の人格化←会社自体〕という結論が導かれるわけである。

確かに，マルクスのばあい，資本家は資本の人格化として捉えられてはいる。しかし，だからといってこの意味での〔資本家←資本の人格化←会社自体〕という推論過程が成立することはありえない。なぜなら，会社自体はたんなる法技術に媒介された資本の「法人格」化であるとはいえても，マルクスがいう意味での（つまり物象化論的な意味での）社会的もしくは経済的諸関係の人格化では決してないからである。上の推論は，会社自体＝資本の「法人格」化をマルクスのいう「資本の人格化」と同一視し，そこから会社自体＝資本家と結びつけたものであって，本来の意味での「資本の人格化」規定による資本家概念ではないのである。

要するに，株式会社における会社それ自体の成立は，物象化された社会的・経済的諸関係の人格化ではなく，むしろ逆に（上述したように）株主たちの現実資本にたいする共同所有関係（＝諸人格の社会的諸関係）の物象化

として捉えられなければならないということ、この点を再度確認しておきたい。

第6節　結　語

こうして、株式会社においては、資本所有レヴェルの物象化の進展・深化を背景に、ひとつの物象化された社会的関係としての会社自体が生身の人間（自然人）に代わって現実資本の所有主体としての地位を占めることになる。ここにおいて人間は現実資本そのものにたいする直接的な所有の関係を失い、現実資本は人間たちからは自立した疎遠な存在であることをますますあらわにするのである。[16]

この意味で、株式会社は資本の存在形態としてはひとつの完成段階を示すものといわなければならない。と同時に、これはいわば資本の脱人格化の過程であり、過去の死んだ労働たる資本（＝物象）の生きた諸個人への支配がますます純化・徹底させられてゆく過程である、ということもできるであろう。

1) 現代日本経済は資本主義であるのか否か、資本主義だとすればどのような資本主義なのか、という問題をめぐる論争が1980年代の前半になされている。これは、現代日本の巨大株式会社における個人株主の持ち株比率が極めて低く、個人資本家の存在を無視しうる（言い換えれば、所有と経営の分離が行なわれ経営者支配が確立されている）ことを背景にしていた。この論争そのものは実証的研究によって決着がつけられるべき性質のものであるが、その基底部分で問題になっていた、つぎの2点——資本が資本である理論的根拠は何か、この資本の人格化＝資本家とはどのような存在か——は理論的研究によって結論を得なければならない事柄である。究極のところ、これは資本主義とはどのような経済システムなのかという問題に帰着する。本書はこの問題にたいする筆者なりの答えを提示することを目的にしている。なお、この論争に関しては、さしあたり以下の諸文献が参照されるべきである。西山忠範 [1981]，[1982] [1983] [1984]，奥村宏 [1980]，[1981a] [1981b] [1983]，三戸公 [1983a]，[1983b]，富森虔児 [1977]，[1982]，柴垣和夫 [1981‐82]，北原勇 [1984] 等々。

2) 資本の再生産運動のばあい，資本は生産過程Pから流通過程に入って再び生産過程Pに循環する。ところが本文中の社会的生産の概念図では生産過程‐流通過程‐消費過程となって，資本にとっての生産過程と社会的生産過程の消費過程とが重なっている。これは，資本の生産過程が同時に生産的消費の過程になっていると考えれば整合する。また同じことは労働者の生活再生産にもいいうる。彼らの消費過程は，資本主義システム全体からみれば労働力商品の生産（再生産）過程なのである。
3) ここでいう商品，貨幣，資本などの価値は，それらの社会的属性であって自然的属性ではない。それは，特定の歴史段階におかれた人々の独自の社会的諸関係のなかで産出され，不断に維持・再生産されているものとして把握されなければならない。こうした点については，先行する諸章で明らかにしてきたところである。
4) 「価値がここでは，過程を進行しつつある自分自身で運動する実体として現れる」(K. I, S. 169.)。
5) 「彼（資本家）のあらゆる行動が，ただ彼において意思と意識とをあたえられている資本の機能でしかないかぎりでは，彼にとって彼自身の私的消費は彼の資本の蓄積から盗みとることを意味するのであって，ちょうどイタリア式簿記で私的支出が資本に対する資本家の借方に現れるようなものである」(K. I, S. 619.)。
6) 「同じ労働過程での比較的多数の賃金労働者の同時使用は，資本主義的生産の出発点をなしている」(K. I, S. 354.)。あるいは協業は「歴史的にも概念的にも資本主義的生産の出発点をなしている」(K. I, S. 341.)。「協業の単純な姿そのものは，そのいっそうの発展した諸形態とならんで特殊な形態として現れるとはいえ，協業はつねに資本主義的生産様式の基本形態なのである」(K. I, S. 355.)。
7) 「彼らの協業は労働過程にはいってからはじめて始まるのであるが，しかし労働過程では彼らはもはや自分自身のものではなくなっている。労働過程にはいると同時に彼らは資本に合体されている。協業者としては，一つの活動有機体の手足としては，彼ら自身はただ資本の一つの特殊な存在様式でしかない。それだからこそ，労働者が社会的労働として発揮する生産力は資本の生産力なのである」(K. I, S. 352‐53.)。
8) 経営者を「資本の人格化」として捉える先駆的な業績として，浅野敞［1974］がある。従来，経営者または専門経営者は，資本を充用し機能を担当する資本家ではない存在として「機能資本家」と区別されていたが，浅野は「「資本の機能の担当者」であるがゆえに「経営者」として規定されなければならないのであり，したがって，「機能としての資本」の人格化した範

疇として規定されなければならない」（215頁）として，機能資本家と経営者とをともに資本の人格化として同一レヴェルで捉えた。本書もまたこの解釈を踏襲している。

9) こうした協業内部の階層的組織の形成は，必然的に権力関係の創出をともなう。ここでは，その創出メカニズムそのものにふれられなかったが，須藤修［1988］はM・フーコーの「パノプティコン（一望監視施設）」概念を援用して，また石塚良次［1996］は独自の「サンクション」概念を援用してこの問題への切り込みを試みている。

10) 株式会社制度そのものは，すでに産業資本主義の確立以前に前期的商人資本による特権的・独占的株式会社として存在していたが，ここで問題にするのは産業資本の一形態としてのそれである。株式会社の前期的形態については，大塚久夫［1969］を参照。

11) 資本主義の発展そのものが株式会社を必然化させたという点については，北原［1984］84–92頁参照のこと。その必然性を規定した要因として，北原はとくに「企業活動の継続性の要求」を重視している。

12) 株式会社のもとで成立する法人格，株主，業務執行機関について，有井行夫［1981］は，これをマルクスの資本家概念（＝個人資本家）の3つの構成契機たる「人格」「所有」「意思行為」が分離・自立したものとして捉える。有井理論によれば，「株式会社は当該社会の編制原理であり直接的主体である産業資本によって措定され」たもの（〔上〕73頁）であり，現代の巨大株式会社における「所有と機能の分離」「経営者支配」などの現象もマルクスの資本家概念によって原理的に説明可能なものとされる。

13) 株式会社における会社自体の成立に最初に注目したのは，ラテナウ（W. Rathenau, *Vom Aktienwesen: Eine geschaftliche Betrachtung*, Berlin, 1917.）であるとされる。わが国では戦後，これが大隅健一郎［1948］によって紹介され，川合一郎［1958］によってこの会社自体の自立化が議論されている。その後，鈴木芳徳［1974］が「会社資本それ自体が所有主体となる」（126頁）「会社自体」論を展開し，1980年代に入って北原勇［1980］がこの会社自体の実質的所有の内容を明確に打ち出すに及んで，この議論の本格的展開がみられることとなった。注1で示した，日本資本主義の性格規定をめぐっての論争も，この論議と密接にして不可分の関連をもって展開されたものである。

14) 会社の意思行為の規定要因に関して，森恒夫［1988］ではつぎのように論じられている。「会社の意思決定や行為は法人を代表する機関（そこに位置する自然人）によって対外的に行われ，それが会社の意思決定や行為と「認められる」のであり，そうした意思決定や行為を根本的に規定するのは少な

くとも形式的には法人に集約されている出資者＝株主の意思とならざるをえない」(20頁) と。ここでは，資本家が資本の人格化として自己増殖運動体たる資本の機能 (＝意思行為) の担い手になっていること，そして彼らの「意思決定や行為を根本的に規定するのは」この自己増殖する価値の運動体としての資本であることが無視されている。「法人に集約されている出資者＝株主の意思」とは，結局のところたんなる資本所有者の意思ということで，それ自体としては資本の機能主体 (＝資本の人格化) の意思とは区別されねばならない。株主は資本の基礎にある私的所有を代表し，そのかぎりで私的所有者の人格性——それは人間存在に深く関わる根元的な欲望に直接に繋がり，ときには理不尽にも不条理にもなるエゴイスティックな致富欲，貨殖欲となってあらわれる——を否定しようもなく抱え込んでいる存在である。これにたいして，資本の人格化＝資本家のばあい，その意思行為の規定要因は，資本の無限の再生産・循環運動のなかで固有の合理性原則として確立された「資本の論理」であって，この意味でそれはひとつの物象的機構として客観的に確立されたものである。森は，注12でみた有井説にたいしては，資本概念の理論的前提 (基礎) としての私的所有の存在の独自的意義を強調し，「当該社会の編制原理であり直接的主体」としての資本のもとに私的所有をも理論的に再編成しよう (概念的に構成し返すそう) とする有井説を批判しており，この点ではまた筆者も異論をもたない。しかし，であればこそ，資本の人格化 (＝機能主体) としての資本家の意思とたんなる資本所有者の意思との違いを明確に区別しておく必要があったように思われる。

15) たとえば，つぎの論述をみよ。「現代巨大企業において，資本制個人企業における「資本家」にあたる存在を求めるとすれば，それは「会社それ自体」——正確にはその所有にもとづく支配を代行する経営管理組織をそなえた「会社それ自体」の他にはありえない。……資本制個人企業でも，資本が自己目的化した自己増殖を無制限的に追求する運動を展開するのであり，「資本家」はかかる資本の運動を担う，資本の人格化に他ならない」(北原 [1984] 232頁)。「株式会社企業の意思形成と経営執行の機能が個々の出資者の手を離れて客観的な機関のうちに対象化されてくるのは，株式会社が株主とは独立の人格 (法人格 legal entity) を付与され，「会社自体」が一個の人格として現れてくるのと軌を一にしている。そして，この人格化はまさに資本の人格化にほかならない」(植竹晃久 [1984] 107頁)。「株式会社だけがもつ「会社自体」という表象および有限責任制は，資本物神の極限の姿であると同時に，この結合資本の人格化にほかならない。資本の人格化が資本家である以上，結合資本家を人格化した結合資本家は，個々の自然人でない「会社自体」(法人) とならざるをえない。したがって結合資本家としての「会

社自体」が，さしあたり現実資本の所有者として現れる」(森杲［1985］156頁)。

16) なお，経営者支配の確立した巨大株式会社（＝会社自体）が，他企業の支配のためにいわゆる支配証券の取得によって支配株主となっているばあい，この所有主体としての会社自体がたんなる資本所有者（この場合には擬制資本＝株式を私有財産として所有するもの）として振る舞うことによって，結果として資本（＝諸物象）の生きた諸個人への支配をさらに高次化するとみることができよう。

補論　資本主義経済認識と経済学の方法

　第10章では，資本主義経済の基本的構造をふまえたうえで，この資本主義経済を動かす原動力（エンジン）ともいうべき「資本」について説明してきた。ここでは，その補論として（さらには全体の総括と今後の問題提起の意味をも含めて），こうした資本の不断の再生産・蓄積運動に駆動される資本主義経済を経済学はどのような観点から，どのような方法によって把握し分析してきたのかを論じ，そのうえで価値論を基礎とした経済学がいかなる方法論的な意味をもちうるのかについて最終的に確認してゆきたい。

　そこで，諸経済学（派）における，それぞれ独自の分析視点を明らかにするためにも，ここではまず経済学の研究対象としての資本主義経済の基本的構造についての共通理解を確認しておく必要がある。そのためには，資本主義経済システムの再生産構造をわかりやすく視覚的（図解的）に説明するため第10章で用いた社会的生産過程の概念図が好適であろう。

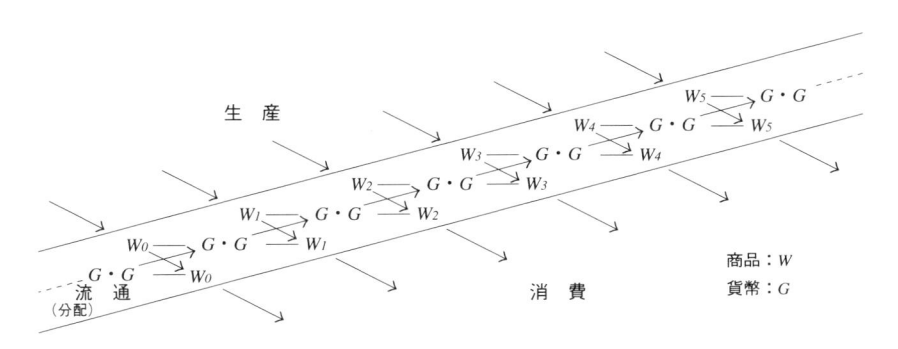

資本主義・市場経済の基本構造

すでにみたように、この概念図は資本主義経済システムの理論的基礎をなす市場システムの再生産構造をもっとも単純かつ抽象的なレヴェルで図解したものである。社会的再生産過程とは、生産、消費、流通（交換）、分配が途切れることなく連続的に繰り返され、それによって経済全体の存続——われわれ一人ひとりの人間の社会的・物質的な生活再生産——が不断に実現されてゆくプロセスのことであり、通常われわれが経済とよんでいるものである。上の概念図では、生産、消費、流通（交換）、分配という、経済＝社会的生産過程を構成する基本的な4過程が市場システムに固有の連関をもって描かれている。

ここにおいては、経済全体の生産過程と消費過程とが商品（W）と貨幣（G）とから物的に構成される流通過程（狭義の市場機構）によって結びつけられている。この流通過程に媒介されて、多種多様な経済的な諸資源がそれらを必要とするさまざまな部面に配分されると同時に、その内部で分配過程（さまざまな生産要素の提供とその報酬）が遂行されている。この流通の内部においてはまた、諸商品（W_1, W_2, W_3,……W_n）が生産過程から流通過程に入り、ここでその交換を貨幣（G）によって媒介されて消費（または生産的消費）過程に出てゆくという運動を繰り返し、この商品交換を媒介しながら貨幣が流通過程の内部を通流（Umlauf, currency）している。

資本主義経済においては、生産過程からこの流通過程にさまざまな商品を投げ入れる主体は資本（企業）であり、資本にとってはこの流通過程が自らの再生産運動を媒介するプロセスとなっている。もちろん、資本は、さまざまな商品を流通過程にもち込んでくるまえに、あらかじめ貨幣（資本）を流通に投入しており、この資本の先導性に媒介されることによってまた流通過程の基本的構成要素である商品循環 $W-G-W$ も実現されるという関係にある。この意味で、資本はこの経済システムにおける真の運動の担い手であると同時にその主体なのである。要するに、自己増殖する価値の運動体として、流通過程－生産過程－流通過程という運動プロセスのなかで貨幣資本→生産資本→商品資本→貨幣資本（$G-W\langle A, Pm\rangle\cdots P\cdots W'-G'$）という姿態変換運動を繰り返す資本は、この資本主義・市場経済システムを動かす駆動力あるいはエンジンだということであり、この資本の不断の再生産運

動に媒介されてはじめて全体としての生産，消費，流通，分配が動く，逆にいえばこの資本主義・市場経済とは資本が動かぬかぎりその再生産そのものが成り立たない経済システムだ，ということである。

さて，生産，消費，流通，分配という4つのプロセスからなる，資本主義・市場経済システムの基本的な再生産構造を以上のように概括したところで，つぎに諸経済学（派）がこの経済システムのどこに着目して，これをどのように把握しようとしてきたのかについてみてゆこう。

アダム・スミス（1723‐90）以降の経済学の歴史を鑑みれば，経済学は，この資本主義経済システムを大きくは4つの視点から分析してきたといえる。再生産と発展，そしてミクロおよびマクロという分析視点である。

再生産（その延長線上に発展）という分析視点を重視するのはスミスやリカードウに代表される古典派経済学およびマルクスの経済学であり，ミクロ視点は古典派経済学のあとに主流派の位置についた新古典派経済学の主たる研究領域，そしてマクロ視点は1930年代にこの新古典派経済学の危機（J・ロビンソンの言う「経済学の第一の危機」）を救うべく「新しい経済学」をひっさげて登場した，ケインズの経済学によって確立されたものである。以下，それぞれの特徴について簡単に論じてゆこう。

周知のように，古典派経済学は科学としての経済学のはじまりとされる。その創設者であるスミスの主著『国富論』（1776年）は，重商主義的な「富」把握への批判をとおして，諸国民の富が貨幣（金，銀）にあるのではなく日常の消費物資にあり，その源泉が労働にあることを明らかにしている。彼はまた，一国を富ませるのは貨幣の蓄積ではなく，より大きな規模での生産（＝拡大再生産）にあると考え，生産過程（＝富の生産）に分析の中心をおいた最初の経済学者であった。

他方，古典派経済学の確立者とされるリカードウは，当時のイギリスにおける階級構造を基礎にする賃金，利潤（利子），地代という所得の分配過程（＝富の分配）を分析し，ときに分配の経済学者とよばれている。ただし，リカードウがもっとも関心をよせていたのは，将来的により大きな生産を実現するために必要な資本蓄積の原本（ファンド）たる利潤（率）の長期的傾向にあった。彼は，スミスと同じように，より大きな規模での富の生産を実

現するための条件を明らかにしようとして分配問題に取り組んだのであり，この意味で彼は古典派的正統に位置する生産の経済学者でもあったのである。このような彼の経済学の特徴は，その利潤率低下論においてもっとも典型的に表現されている。それは，古典派経済学に固有の再生産という分析視角から展開されているだけではなく，資本主義経済の長期的な構造変化をも視野に入れていたものであった。この後者の分析視点が，発展（長期的構造変化）という独自の理論領域へとつながるのである。

　こうした古典派経済学の分析視点を批判的に継承したのがマルクスであった。彼の経済学は，社会認識・歴史認識の学（＝経済学批判）として構想され，経済・社会の生理学・病理学という特徴をもっている。このマルクスの経済学上の成果をここでのコンテキストをふまえて明らかにするなら，資本主義経済は，資本の自立的な再生産・蓄積運動をとおして全体としての生産，流通，分配，消費が遂行され（すなわち経済全体の再生産が行なわれ），それによってわれわれ自身の物質的・社会的生活再生産が実現されること，言い換えるなら資本が動かなければ何も動かないシステムであることを理論的に解明した点であろう。さらに，彼は，この経済全体の再生産のプロセスが恐慌というドラスティックな現象を含みつつ周期的に変動すること，そうした周期的変動（あるいは景気循環）をとおして資本主義経済そのものの長期的な構造変化が起こることを明らかにしようとした。要するに，マルクスは，このような経済変動——つまり産出量の変化，市場における需要や供給，価格の変化，さらには分配や消費などの変動が有機的に絡みあった，全体としての経済変動——を引き起こす原動力として，さらには資本主義経済の長期的な構造変化の基本的原因として資本の蓄積運動を捉えたのであり，こうした観点から資本の分析に力を注いだのである。彼の主著『資本論』がその偉大な成果であり，ここには再生産と発展（その衰退，没落過程をも含む）という古典派以来の分析視角が資本という基軸的概念のもとに統合されたうえで，独自の経済学が展開されていたのである。

　古典派経済学のあと主流派の地位についたのは，マルクス経済学ではなく新古典派経済学とよばれる学派であった。これは，イギリスではジェボンズにはじまりマーシャルによって確立されるケンブリッジ学派，オーストリア

ではメンガー，ベーム・バヴェルクおよびウィザーに代表されるオーストリア学派，スイスではワルラスによって形成されパレートに引き継がれるローザンヌ学派などに分かれる。この新古典派経済学は，学派による市場観（資本主義観）の違いも無視できないが，基本的には「限界」概念を用いて価格分析を中心に新しい経済学を展開し，いわゆるミクロ経済学の基礎を確立した点では共通している。このミクロ経済学の出発点となった「限界」という考え方は，個人の立場，それも消費者の選択行動から出てきたものである。こうした出自に着目すれば，この新古典派経済学は，古典派の生産者視点の経済学にたいして消費者視点の経済学という特徴づけも不可能ではなかろう。

ただし，こうして1870年代以降いわゆる「限界革命」によって主流派の地位についた新古典派経済学も，1930年代（大恐慌，大不況時代）には，当時の慢性的な大量失業を理論的に説明できずにその権威を失墜してしまう。このとき，この主流派の経済学の危機を救うために，J・M・ケインズが「新しい経済学」（『雇用，利子および貨幣の一般理論』1936年）をもって登場し，これによっていわゆるマクロ経済学の基礎が確立されることになったことは周知である。

以上のごく簡単な経済学の歴史をふまえて，ここでは，古典派およびマルクスの経済学における再生産（とくに資本蓄積を媒介とした拡大再生産）および発展という分析視点——あるいは再生産・資本蓄積視点——と現代の主流派経済学の二大研究領域ともなったミクロおよびマクロ視点とを対比的に論じてゆくこととしよう。まずは，ミクロ経済学，マクロ経済学のそれぞれの特徴について確認し，そのうえでこれらと再生産・資本蓄積視点に立つ経済学とを比較的に論じてゆくこととしたい。

まず，ミクロ経済学は価格分析を中心とした経済学である。したがって，その分析の中心は流通過程（狭義の市場機構）におかれており，そこに無数に存在する諸商品の市場をとおして経済的な諸資源（労働力，生活手段，生産手段，技術，資金等々）がどのようなメカニズムに媒介されて，それらを必要とする経済の諸部面に配分されるのかを明らかにしようとする。言い換えるなら，ミクロ経済学は，この市場においてその構成員たる消費者（家計）や企業がそれぞれ自己にとってもっとも有利なように合理的に行動（選

択行動，最適化行動）するということを前提し，そのうえでそれぞれの市場行動をとおして価格がどのような水準に決定されるのか，あるいは価格がどのような水準に決定されたときに経済全体として資源の最適配分が行なわれるのかを主題的に研究するのである。

ここで，われわれは，ミクロ経済学が分析対象とする価格の形成現場である流通過程の社会的再生産におけるその独自の位置づけに注目すべきである。すでにみたように，流通過程は市場経済全体の生産過程と消費過程をむすびつける，社会的再生産過程の連結機構として存在しており，それはまた形式（形態）的には販売と購買 $\substack{W \to G \\ G \to W}$ の無数の積み重ねからなる。そして，ミクロ経済学の分析対象とする価格は，この流通過程を構成する $\substack{W \to G \\ G \to W}$ のなかで商品と貨幣との交換割合として形成されるのである。

以上のようなコンテキストにおいて流通過程を捉え，そこに成立する価格を理解するなら，価格形成を論ずることは同時に経済全体の再生産メカニズムを取り扱うことに通ずる――言い換えるなら，この価格の分析によって経済全体の再生産（生産，消費，交換，分配）がどのようなメカニズムをとおして遂行されるのかを明らかにできる――という点は極めてわかりやすい事柄だといわなければならない。ところが，基本的に再生産視点を欠落する新古典派のばあいには，これが決して自明の事柄とはならないのである。彼らにとって，価格とは経済全体としての再生産を可能ならしめる諸商品の交換条件を示すものと捉えられるのではなく，個々の交換当事者にとっての交換成立の望ましさ（パレート最適を想起せよ）もしくは財と生産要素の希少性の指標を示すものでしかなかったからである。

こうして，新古典派のミクロ経済学と古典派およびマルクスの経済学とのもっとも大きな違いは，この価格（価値）理論をめぐって存在するということがわかる。市場における需要と供給との関係を基軸として価格を捉え，その均衡点を求めることにより，資源配分問題の取り扱いを展望する，というのが新古典派の基本的観点であった（ワルラスの一般均衡論はそのひとつの完成形態であろう）。これにたいして，価格のなかに網の目のような分業連関を見出し，そのコスト構造から社会的再生産の量的構造を明らかにして，いわば再生産論との理論的連関を重視するのが，古典派およびマルクスの価

値・価格理論（自然価格論，価値・生産価格論）であった。

　このような観点からみたとき，限界革命を起点とした新古典派経済学の特徴としてつぎの諸点が指摘されなければならないであろう。流通過程における価格形成は，それが社会的再生産過程の結節点としての位置づけをもつ以上，実のところは価格形成をとおした資源配分メカニズムの解明それ自体が社会的再生産過程の把握に間違いなくつながっている。にもかかわらず，新古典派経済学のばあいには，再生産論視点の欠落から，そこで論定される「均衡」価格が古典派のように明確に再生産可能価格として設定されず，たんに消費者や企業家といった交換当事者たちにとっての最適値（効用極大化，利潤極大化）を実現する価格としてしか設定されないのである。新古典派経済学にあっては資本蓄積＝拡大再生産論が著しく貧弱なものとならざるをえなかったという理由のひとつは，この点に見出すことができるようにも思われる。

　つぎに，マクロ経済学の理論的特徴をみてゆこう。マクロ経済学は，所得分析を中心とした経済学であり，別名「国民所得論」とよばれている。ここで所得とは，賃金，利潤，利子，地代，その他のことであり，これは原則としてつねに新しく生産された価値（純生産物または付加価値，マルクス学派における価値生産物 $V+M$ に対応する部分）から支払われるのである。

　この所得はまた，マクロ経済学においては，生産（＝純生産物，付加価値），および分配（＝賃金，利潤，利子，地代，等々）のレヴェル，さらにはこの生産され分配された純生産物がどう処分されたのかという支出のレヴェルで捉えられている（三面等価の原則：生産＝分配＝支出）。こうして，マクロ経済学では，この3つのレヴェルで捉えられた国民所得（産出量）水準の変化とその原因の分析が主題的に取り扱われる。

　このばあい，ここでの論脈に照らして重要なことは，マクロ経済学においては純生産物（所得）が最初にみた社会的再生産過程を構成する，生産，消費，流通，分配という4つの経済過程のそれぞれの局面で把握され，それの循環＝再生産構造が取り扱われている，ということである。とはいえ，例の「三面等価」においては，生産および分配（したがってまたそれを包含するところの流通）は指示されているが，消費過程は明示されてない。が，この

消費はつぎのようなかたちで支出のなかに包含されているのである。

　ここでいう支出は，生産され分配された純生産物（所得）の流通過程における処分の仕方を意味している。それは，まず①消費として支出され（流通過程から消費過程への流れ），さらには②設備投資，住宅投資などの投資として支出される（投資を生産的消費として捉えるならば，これもまた流通過程から広い意味での消費過程への流れとなる）のである。

　こうして，いわゆる「ケインズ革命」に始まるマクロ経済学は，産出量（国民所得）水準の変化とその原因を，生産，分配（流通），支出（消費および投資）という社会的再生産過程における基本的な諸過程のそれぞれで取り扱い，その循環＝再生産を論じている。こうしたところから，このマクロ経済学は，ある意味では古典派以来の社会的再生産論をかたちを変えて復活させたものとみることも可能であろう。いわゆるポスト・ケインジアンのなかにネオ・リカーディアン（スラッフィアン）やマルクス学派の経済学者たちが合流していったのも，ゆえなしとはしないところなのである。

　以上，ミクロ経済学，マクロ経済学のそれぞれの特徴を概説してきたが，最後にこの2つの分析視点とマルクス経済学との違いを明らかにしておこう。

　まず，こうした対比のなかでマルクスの経済学を捉えるばあい，何よりもその特徴としては独創的な資本概念（自己増殖する価値の運動体または主体＝実体としての価値）の存在が強調されなければならないであろう。現代の主流派経済学（いわゆる近代経済学）が，ミクロ経済学とマクロ経済学との両面をもつように，マルクスの経済学もまた固有の価値・価格論および社会的再生産論（たとえば再生産表式論，恐慌・産業循環論など）をもつが，その両領域にまたがって理論上の基軸的機能を果たすのは資本概念なのである。

　すでに確認しているように，社会的再生産過程は流通過程に媒介され，したがってまたそれは量的（または規模的）にはそこを通過するそれぞれの商品の価値・価格の大きさに規定されているが，この社会的再生産過程の量的変動（産出量＝国民所得水準の変動）を究極において規定しているのは資本の再生産＝蓄積運動なのである。それゆえにマルクス経済学のばあい，経済変動，すなわち産出量（国民所得）水準の変動は，あくまでも総資本の再生

産・蓄積運動の結果として起こるという認識が決定的な意味をもつことになる。

ここからまた，産出量水準の変化が生産，分配（流通），支出（消費および投資）のレヴェルで取り扱われる社会的再生産論の展開も，マルクスのばあいには，ケインズのように，ある一定の大きさをもった（ただし完全雇用国民所得水準かどうかはわからぬ）均衡国民所得水準の決定という，生産力水準一定でしかも１回限りの変化を扱う理論プロセス（短期，静態）にとどまるということはありえない。ケインズのばあい，その理論が短期・静態論の枠組みを超えられなかったのは，その分析的・理論的意義を別にしてしまえば，彼が新古典派の伝統のなかで育ったことから社会的再生産論の視角（問題意識）が希薄で，そこからまた資本蓄積＝拡大再生産過程という優れて長期・動態論的な問題設定をとりえなかったからだ，ともいいうるのである。

これにたいして，マルクスの経済学にあっては，こうした社会的再生産論の展開は，総資本の蓄積運動の結果として，必ず長期の動態的な経済変動の過程——循環的側面（＝産業循環過程）と趨勢的な側面（＝経済発展過程）との二側面をもつ——として取り扱われることになる。

しかも，それは，景気循環過程へのマクロ経済学的なアプローチのように，社会的再生産過程のたんなる量的変動（産出量＝国民所得水準の変動）というかたちで取り扱われるのではない。彼のばあいには，この問題が，一方ではこの社会的再生産過程の結節点をなす流通過程に成立する諸商品の市場価格の，資本の運動を媒介とした動態的調整過程（＝生産価格論）として取り扱われており，この諸商品の市場価格の均衡価格（＝生産価格）への動態的調整過程の理論的取り扱いそのものが景気循環過程の理論的アプローチ（恐慌・産業循環論）へとむすびつけられているのである。この点では，マルクスの方法と理論のもつ特質と優越性とが諸経済学（派）との比較のうえで正しく評価される必要があろう。

もちろん，このばあい生産価格をある種の均衡価格として取り扱うからといって，この生産価格の成立する市場システムをもっぱら自己調節的な「均衡」化機構（＝資源最適配分機構）として捉えることは許されない。そのよ

うな新古典派的な市場把握は，第9章で指摘したように，市場システムそのものにたいする呪物崇拝でしかなく，そうした見方そのものが資本主義経済の物象化と呪物崇拝の深化をあらわしているのである。

さて，本書において何度か述べてきたように，資本主義経済は，自己増殖する価値の運動体として規定された資本の再生産運動（蓄積運動）に媒介されるかたちで，生産，消費，流通，分配という経済全体の再生産過程が遂行され，そのことによってわれわれ一人ひとりの人間の物質的・社会的な生活再生産が実現されてゆく，歴史的に独自な社会的生産＝経済システムであった。つまり，この経済システムは資本が動かなければ何も動かず，この意味において資本こそがこの経済システムの真に現実的な主体なのである。

したがって，こうした独自の社会的物質代謝過程からなる資本主義システムを研究対象とする以上，経済学は，これを再生産さらには発展という視点から分析するばあいだけでなく，ミクロ視点あるいはマクロ視点からこれを分析するばあいにもまた，この経済システムの真の運動主体たる資本とその独特の再生産・蓄積過程を考慮の外におくことはできないのである。経済分析の開拓という観点からみたとき，マルクスの経済学史上の不朽の功績は，まさにこの意味での資本概念の重要性を十二分に解明したこと，しかもそれを関係主義的存在観，物象化論，呪物崇拝論等々から構成される，固有の歴史・社会認識を基礎に展開したところにあった，ということができるであろう。

では，そのような立場から，経済学はどう展開されるべきなのか。当然のことながら，経済学の歴史のなかで開拓されてきた4つの主要な分析視角──ミクロ，マクロ，再生産さらには発展──からの理論展開が経済学の基本を構成することになるであろう。ただし，この4つの分析視角のそれぞれで用いられる価格タームは，もはや労働価値論によって説明される必要はない。要するに，それは本書で解明してきた呪物性としての価値概念によって基礎づけられるからであり，理論的には関係主義的価値論によってのみその基礎をあたえられるからである。

また，ここでミクロ視点からの経済学といっても，方法論的個人主義による主体均衡論をベースとした価格理論が展開されるということではありえな

い。それは，新古典派経済学のように価格分析が中心となるのではなく，それよりもさらに広い領域が対象となる。基本的には，本書で明らかにしたモノとヒトとの転倒的な相互依存関係（すなわち広い意味での物象化）のみられる経済領域がそれである。言い換えれば，ヒト（person）とヒトとの関係がモノ（thing）とモノとの関係となってあらわれ，このモノとモノとの関係のなかで自立化した「モノの論理」（＝市場の論理や資本の論理など）によってヒトが逆にコントロールされる，そうした広い意味での物象化の支配する，制度としての市場および資本の内部編成と，そこでなされるさまざまな調整過程が主たる分析の対象なのである。

　さらに，マクロ視点からの経済分析も主流派経済学とは区別されるべきものが存在する。何よりもまず，マクロ的集計量――すなわち，純生産物の生産，分配，支出（＝消費および投資）の諸量――の変動は，あくまでも資本主義経済システムの真の運動主体たる資本とその独特の再生産・蓄積運動を基礎に把握され，それはまた経済全体の再生産とその発展という視点から分析される，ということである。したがって，このマクロ視点からの経済分析は，短期・静態論の理論的枠組みや過度の均衡主義的な枠組みに囚われるということはありえず，必ず総資本の蓄積運動の結果としてあらわれる，長期の動態的な経済変動過程として取り扱われなければならないのである。

　いまや，さまざまな方向に枝分かれして，いわばその解体過程をむかえているマルクス経済学ではあるが，そこに何らかの共通項が見出されるとしたら，以上に述べてきたようなマルクス学派独特の資本概念（＝自己増殖する価値の運動体）を基軸にして，それぞれの経済学を展開しているということであろう。

　最後に，本書の立場をもういちど確認しておこう。経済学は何よりもまず価値論に基礎づけられなければならない。価値論なしには，商品世界を覆い尽くす呪物崇拝は読み解けず，また資本主義経済の特異な物象化構造も解明できないからである。このことは，資本主義経済が価値によって規律づけられる経済システムであるかぎり，つねに真実でありつづけるはずである。そして何よりも，さまざまな慣習的，法的，政治的，その他の社会的諸制約によって彩られる「制度」的種差やそれらの変容を貫いて，資本主義を資本主

義たらしめる基本的な社会的諸関係（ハードコア）を理論的に確定するためにも，価値論が不可欠なのである。

　ただし，それはもはや労働価値論である必要はない。その上位概念としての呪物性としての価値を説明できる，関係主義的価値論――言い換えるなら，上述した関係主義的存在観，物象化論，呪物崇拝論などを背景とした価値論――が必要とされる。そして，その内容は本書において説明してきたように，これによって資本主義経済の物象的構成契機である，商品（＝使用価値と価値との矛盾的統一物），貨幣（＝価値の絶対的定在），資本（＝自己増殖する価値の運動体）を把握できると同時に，このそれぞれの概念内容の開示（展開）をとおして，資本主義経済の歴史的な独自性とその基本的な存立構造（あるいは，その社会的物質代謝過程における特殊歴史性）とを明らかにできるものでなければならない，ということである。

　以上の確認をもって，本書全体の締め括りとしよう。

参考・引用文献

Aglietta, M.［1976］*Regulation Et Crises Du Capitalisme*：*L'experience des Etats-Unis,* Calmann-levy, Paris. 若森章孝・山田鋭夫・太田一廣・海老塚明訳『資本主義のレギュラシオン理論』大村書店，1989年。

Aglietta, M. / Orléan, A.［1982］*La violence de la Monnaie*, Presses Universitaires de France. 井上泰夫・斉藤日出治訳『貨幣の暴力』法政大学出版局，1991年。

赤堀邦雄［1980］「サービス商品の価値と抽象的人間的労働」関東学院大学『経済系』第124集。

─────［1982］「「相対的価値形態の内実」は何を説明しようとしているのか──武田信照氏に対する反批判として──」関東学院大学『経済系』第132集。

雨宮照雄［1984］「欧米価値論論争の意義」『経済評論』10月号。

有井行夫［1981］「現代資本家論とマルクスの人格・所有理論（上）（下）」『金融経済』187号，188号。

─────［1991］『株式会社の正当性と所有理論』青木書店。

有江大介［1990］『労働と正義──その経済学史的検討──』創風社。

有賀裕二［1985］「書評　ウルリッヒ・クラウゼ著，高須賀義博監訳『貨幣と抽象的労働』」中央大学『商学論纂』第27巻第2号。

Arther, C.［1976］"The Concept of Abstract Labour", *Bulletin of the Conference of Socialist Economists*, No. 14.

浅野　敞［1971］「「価値形態」に関する一考察」和歌山大学『経済理論』122号。

─────［1974］『個別資本理論の研究』ミネルヴァ書房。

Backhaus, Hans-Georg［1978］"Materialien zur Rekonstruktion der Marxschen Werttheorie 3", *Gesellschaft* 11, Suhrkamp.

Böhm-Bawerk, E. von［1896］"Zum Abschluß des Marxschen System", in：*Sonder-Abzug aus Staatswissenschaftlichen Arbeiten, Festgaben für Karl Knies*, herausgegen von O. V. Boenigk. 木本幸造訳『マルクス体系の終結』未來社，1969年。

Bortkiewicz, L. von［1907］"Zur Berichtigung der gurundlegenden theoretischen Konstruktion von Marx im dritten Band des 'Kapital'", *Jahrbucher für Nationalökonomie und Statistic*, Bd. 34.「『資本論』第三巻におけるマルクスの基本的理論構造の修正について」玉野井芳郎・石垣博美訳『論争・マルクス経済学』法政大学出版局, 1969年, 所収。

―――― [1906-07] "Wertrechnung und Preisrechnung im Marxschen System", *Archiv für Sozialwissenschaft und Sozialpolitik*, Bd. 23, 25.「マルクス体系における価値計算と価格計算」石垣博美・上野昌美編訳『転形論アンソロジー』法政大学出版局, 1982年, 所収。

Brewster, B. [1976] "Fetishism in *Capital* and *Reading Capital*", *Economy & Society*, Vol. 5, No. 3.

Castoriadis, C. [1978] "From Marx to Aristotle, from Aristotle to Us", *Soclal Research*, Vol. 45, No. 4, Winter.

Cutler, A. / Hindess, B. / Hirst, P. / Hussain, A. [1978] *Marx's Capital and Capitalism Today*, Vol. 2, Routledge & Kegan Paul, London. 岡崎次郎・塩谷安夫・時永淑訳『資本論と現代資本主義 II』法政大学出版局, 1988年。

De Vroey, M. [1981] "Value, Production, and Exchange", in: Steedman et al., *The Value Controversy,* Verso Edition and NLB, London.

―――― [1982] "On the Obsolescence of the Marxian Theory of Value: A Critical Review", *Capital & Class*, No. 17.

Eldred, M. / Hanlon, M. [1981] "Reconstructing Value‐form Analysis", *Capital & Class*, No. 13.

Fine, B.(ed.) [1986a] *The Value Dimention*, Routledge & Kegan Paul, London.

―――― [1986b] "Note: A dissenting note on the transformation problem",: in Fine, B.(ed.) [1986a] pp. 209-14.

Foley, D. K. [1982] "The Value of Money, The Value of Labour Power and Marxian Transformation Problem", *Review of Radical Political Economics,* Vol. 14, No. 2.

―――― [1986] *Understanding Capital, Marx's Economic Theory*, Harvard University Press, Cambridge, Massachusetts, and London. 竹田茂夫・原伸子訳『資本論を理解する――マルクスの経済理論――』法政大学出版局, 1990年。

藤本義昭 [1978]「価値形態の秘密について――「相対的価値形態の内実」の解釈を中心に――」『大阪市大論集』第30号。

―――――[1990]「マルクス貨幣形態生成論の論理」大阪市立大学『経済学雑誌』第90巻第5・6号。
福田泰雄[1986]「相対的価値形態の内実――価値の実体と形態――」『一橋論叢』第96巻第2号。
Gerstein, I. [1976] "Production, Circulation and Value; The Significance of Transformation Problem in Marx's Critique of Political Economy", *Economy & Society*, Vol. 5, No. 13.
Gleicher, D. [1983] "A Historical Approach to the Question of Abstruct Labour", *Capital & Class*, No. 21.
花崎皋平[1972]『マルクスにおける科学と哲学』社会思想社。
Hayek, F. A. [1945] "The Use of Knowledge in Society", in : *Individualism and Economic Order*, Routledge & Kegan Paul, London, 1964. 田中眞晴訳「社会における知識の利用」田中眞晴・田中秀夫編訳『市場・知識・自由――自由主義の経済思想――』ミネルヴァ書房，1986年，所収。
Hegel, G. W. F. [1969] *Wissenschaft der Logik*, II, in : *G. W. F. Hegel Werke in zwanzig Bänden, Auf der Grundlage der Werke von 1832-1845 neu edierte Ausgabe*, Bd. 6, Suhrkamp, Frankfurt. 武市健人訳『大論理学』中巻〈ヘーゲル全集 7〉岩波書店，1966年。
―――――[1970] *Enzyklopädie der philosophischen Wissenschaften* I, in : *G. W. F. Hegel Werke in zwanzig Bänden, Auf der Grundlage der Werke von 1832-1845 neu edierte Ausgabe,* Bd. 8, Suhrkamp, Frankfurt. 松村一人訳『小論理学』下巻〈岩波文庫〉岩波書店，1952年。
Hilferding, R. [1904] *Böhm-Bawerks Marx-Kritik*, Marx-Studien, Bd. 1, Wien. 「ベーム・バウェルクのマルクス批判」玉野井芳郎・石垣博美訳『マルクス経済学研究』法政大学出版局，1955年，所収。
Himmelweit, S. / Mohun, S. [1981] "Real Abstraction and Anomalous Assumption," in : Steedman et al., *The Value Controversy.*
平田清明[1969]『市民社会と社会主義』岩波書店。
―――――[1971]『経済学と歴史認識』岩波書店。
廣松 渉[1983]『物象化論の構図』岩波書店。
―――――編[1986]『資本論を物象化を視軸にして読む』岩波書店。
―――――[1987]『資本論の哲学（増補版）』現代評論社（旧版1974年）。
広田精孝[1984]「価値形態論と交換過程論」種瀬茂・富塚良三・浜野俊一郎編『資本論系』第2巻，有斐閣，所収。

菱山　泉［1990］『ケネーからスラッファへ——忘れ得ぬ経済学者たち——』名古屋大学出版会。
──────［1993］『スラッファ経済学の現代的評価』京都大学学術出版会。
Hodgson, G. M. [1988] *Economics and Institutions : A Manifest for a Modern Institutional Economics*, Polity Press, London. 八木紀一郎・橋本昭一・中矢俊博訳『現代制度派経済宣言』名古屋大学出版会，1997年。
飯田和人［1985］「スミスの価値尺度論について——商品・貨幣論研究序説——」明治大学『社会科学研究所紀要』第23集。
──────［1988］「相対的価値形態の内実——初版『資本論』の検討を通して——」明治大学『政経論叢』第57巻第1・2号。
──────［1989］「商品世界と価値形態——交換価値に関する若干の考察——」明治大学『政経論叢』第57巻第3・4号。
石垣博美・上野昌美編訳［1986］『転形論アンソロジー』法政大学出版局。
石塚良次［1986］「物象化の次元累進と生産価格の成立」廣松渉編『資本論を物象化を視軸にして読む』岩波書店。
──────［1990］「市場システムと物象化」『情況』8月号。
──────［1996］「価値論序説」『広松渉を読む』情況出版，所収。
伊藤誠・桜井毅・山口重克編訳［1978］『論争・転形問題——価値と生産価格——』東京大学出版会。
伊藤　誠［1986］「最近の欧米価値論論争を省みて」『思想』12月号。
岩井克人［1993］『貨幣論』筑摩書房。
梯　明秀［1959］『ヘーゲル哲学と資本論』未來社。
片岡浩二［1999］「貨幣とは何か？」『横浜国立大学教育人間科学部紀要Ⅲ・社会科学』第2集。
川合一郎［1958］「現代資本主義の財政・金融政策」『現代資本主義講座』第3巻，東洋経済新報社，所収。
Kemp, T. [1982] *Karl Marx's 'Capital' Today*, New Park Publications, London.
King, J. E. [1982] "Value and Exploitation : Some Recent Debates", in : I. Bradley and M. Howard (ed.), *Classical and Marxian Political Economy*, The Macmillan Press, London.
衣川　恵［1994］「「転化問題」論争」本間要一郎・富塚良三編『資本論体系5』有斐閣，所収。
北原　勇［1980］「巨大企業における「所有と支配」」一橋大学『経済研究』第

31巻4号。

―――― [1984]『現代資本主義における所有と決定』岩波書店。

Knapp, G. F. [1923] *Staatliche Theorie des Geldes*, 4 Aufl., Duncker & Humblot, Munchen. 宮田喜代蔵訳『貨幣国定学説』有明書房，1988年。

Krause, U. [1979] *Geld und abstrakte Arbeit : Über die analytischen Grundlagen der Politischen Ökonomie*, Campus, Frankfurt. 高須賀義博監訳『貨幣と抽象的労働――政治経済学の分析的基礎――』三和書房，1985年。

久留間鮫造 [1957]『価値形態論と交換過程論』岩波書店。

―――― [1979]『貨幣論』大月書店。

Levine, A. / Wright, E. O. [1987] "Marxism and Methodological Individualism", *New Left Review*, No. 162, March / April.

Lichtenstein, P. M. [1983] *An Introduction to Post-keynesian and Marxian Theories of Value and Price*, The Macmillan Press, London. 川島章『価値と価格の理論』日本経済評論社，1986年。

Lipietz, A. [1982] "The So-Called 'Transformation Problem' Revisited", *Journal of Economic Theory*, Vol. 26, No. 2.

―――― [1984] "The So-Called 'Transformation Problem' Revisited : A Brief Reply to Brief Comments", *Journal of Economic Theory*, Vol. 33, No. 2.

Lukács, G. [1923] *Geschichte und Klassenbewußtsein, Studien über Marxistische Dialectik*, der malik-Verlag, Berlin. 平井俊彦訳『歴史と階級意識』未來社，1962年。

Marx, K. [1845-46] "Thesen über Feuerbach", in : *Karl Marx-Friedrich Engels Werke* (MEW), Bd. 3, Institut für Marxismus-Leninismus beim ZK der SED, Dietz Verlag, Berlin, 1958. 真下信一訳「フォイエルバハ・テーゼ」大内兵衛・細川嘉六監訳『マルクス・エンゲルス全集』第3巻，大月書店，1963年。

―――― [1857-58] *Grundrisse der Kritik der Politischen Ökonomie (Rohentwurf) 1857-1858, Anhang 1850-1859*, Dietz Verlag, Berlin. 高木幸二郎監訳『経済学批判要綱』大月書店，1958年，第1分冊。

―――― [1859] *Zur Kritik der politischen Ökonomie*. in : *MEW*, Bd. 13, Dietz Verlag, Berlin, 1961. 杉本俊朗訳『経済学批判』大内兵衛・細川嘉六監訳『マルクス・エンゲルス全集』第13巻，大月書店，1964年。

―――― [1863-67] "Resultate des unmittelbaren Produktionsprozesses", in : *Karl Marx-Friedrich Engels Gesamtausgabe* (neue *MEGA*), 2, Abteilung, "Das Kapital" und Vorarbeiten, Bd. 4, Karl Marx Ökonomische Manuskripte 1863-1867, Text・teil 1, Dietz Verlag, Berlin, 1988f. 岡崎次郎訳『直接的生産過程の諸結果』大月書店，1970年。

―――― [1867] *Das Kapital, Kritik der politischen Ökonomie*, Bd. 1, erste Auflage, in : neue *MEGA*, 2, Abteilung, Bd. 5, Dietz Verlag, Berlin, 1983. 岡崎次郎訳『資本論第1巻初版』大月書店，1976年。

―――― [1962-64] *Das Kapital, Kritik der politischen Ökonomie*, 3 Bande, in : *MEW*, Bde. 23-25, Dietz Verlag, Berlin. 岡崎次郎訳『資本論』『マルクス・エンゲルス全集』第23-25巻，大月書店，1965-67年。

―――― [1965-68] "Theorien über den Mehrwert (1861 - 3)", in : *MEW*, Bde. 26, 1, 2, 3 Teile, Dietz Verlag, Berlin. 大内兵衛・細川嘉六監訳『マルクス・エンゲルス全集』第26巻，第1・2・3分冊，大月書店，1969-70年。

正木八郎 [1983]「マルクス価値形態論の論理構造について」大阪市立大学『経済学雑誌』第83巻第6号。

―――― [1987]「価値移転と〈観念的評価〉」大阪市立大学『経済学雑誌』第87巻第5・6号。

―――― [1989]「マルクス価値論の再検討(1)(2)――実態概念の展開にむけて――」大阪市立大学『経済学雑誌』第90巻第1・2号。

―――― [1992]「マルクスの貨幣商品説再考」大阪市立大学『経済学雑誌』第93巻第2号。

松石勝彦 [1972]『独占資本主義の価格理論』新評論。

―――― [1993]『資本論の解明』青木書店。

松本有一 [1989]『スラッファ体系研究序説』ミネルヴァ書房。

Medio, A. [1972] "Profits and Surplus Value : Appearance and Reality in Capitalist Production", in : E. Hunt and Schwartz(ed.), *A Critique of Economic Theory*, Penguin Education, Hamondsworth, Middlesex. 上垣彰訳「利潤と剰余価値：資本主義的生産における外観と実態」伊藤誠・桜井毅・山口重克編・監訳『欧米マルクス経済学の新展開』東洋経済新報社，1978年，所収。

Meek, R. L. [1977] *Smith, Marx, & after : Ten Essays in the Development of Economic Thought*, Chapman & Hall, London.

見田石介 [1963]『資本論の方法』弘文堂。

―――――［1980］『ヘーゲル大論理学研究』第 1 - 3 巻，大月書店。
三戸　公［1983a］『財産の終焉』文真堂。
―――――［1983b］「個人所有・機関所有パラダイムの意義――奥村宏氏の書評に応える――」『経済評論』6 月号。
望月清司［1973］『マルクス歴史理論の研究』岩波書店。
望月俊昭［1979］「「価値形態」に関する一考察――等価物の「価値体」としての規定について――」成城大学『経済研究』，第67号。
―――――［1983a］「価値形態論研究におげる混乱――久留間氏の訂正をめぐって――」成城大学『経済研究』第80号。
―――――［1983b］「価値形態論研究における誤解――久留間氏の「回り道」論をめぐって――」成城大学『経済研究』第81号。
Mohun, S. [1985] "Abstract Labor and its Value-Form", *Science and Society*, 48:4.
――――― (ed.) [1994a] *Debates in Value Theory*, St. Martin's Press, New York.
―――――［1994b］"Value Value-Form and Money," in：Mohun, S.(ed.) [1994a].
森　恒夫［1988］「現代資本主義と「経営者支配」――現代株式会社の所有・支配に関する諸説の検討――」明治大学『経営論集』第35巻 4 号。
森　呆［1985］『株式会社制度』北海道大学図書刊行会。
Morishima, M. [1971] *Marx's Economics : A Dual Theory of Value and Growth*, Cambridge University Press. 高須賀義博訳『マルクスの経済学――価値と成長の二重の理論――』東洋経済新報社，1974年。
―――――［1973］*Marx's Economics*, Cambridge University Press. 高須賀義博訳『マルクスの経済学――価値と成長の二重の理論――』東洋経済新報社，1974年。
―――――［1974］"Marx in the Light of Modern Economic Theory", *Econometrica*, Vol. 42, No. 4.
Morishima, M. / Seton, F. [1961] "Aggregation in Leontief Matrix and the Labour Theory of Value", *Economica*, Vol. 29, No. 2.
Morishima, M. / Catephores, G. [1978] *Value, exploitation and growth : Marx in the Light of Modern Economic Theory*, McGraw-Hill Book Co, London. 高須賀義博・池尾和人訳『価値・搾取・成長』創文社，1980年。

Moseley, F. [2000] "The "New Solution" to the Transformation Problem : Sympathetic Critique", *Review of Radical Political Economics*, Vol. 32, No. 2.

Most, J. [1876] *Kapital und Arbeit, Ein popularer Auszug aus "Das Kapital" von Karl Marx, zweite verbesserte Auflage*, Herausgegeben von der Marx-Engels-Stiftung, Wuppertal, 1985. モスト原著・マルクス改訂，大谷禎之介訳『資本論入門』岩波書店，1986年，テキスト分冊。

向井公敏 [1973]「『経済学批判要綱』における領有法則の転回について」大阪市立大学『経済学雑誌』第69巻第6号。

─── [1986]「『資本論』冒頭商品再考──単純商品生産説批判──(1)」『同志社商学』第37巻第5・6号。

─── [1995]「貨幣の現象学（上）──マルクス価値論のプロブレマティーク(3)」同志社大学『同志社商学』第46巻第5・6号。

中川 弘 [1984]「冒頭〈商品〉の性格規定をめぐる論争」種瀬茂・富塚良三・浜野俊一郎編『資本論体系──商品・貨幣──』第2巻，有斐閣，所収。

中野 正 [1958]『価値形態論』公文俊平・竹内靖雄・堀元・杉浦克己・吉沢英成編『中野正著作集』第1巻，日本評論社，1987年，所収。

中谷 武 [1994]『価値，価格と利潤の経済学』勁草書房。

尼寺義弘 [1978]『価値形態論』青木書店。

─── [1992]『ヘーゲル推理論とマルクス価値形態論』晃洋書房。

二階堂副包 [1961]『経済のための線型数学』培風館。

西山忠範 [1981]『日本は資本主義ではない』三笠書房。

─── [1982]「溺者の藁か法人資本主義論──奥村宏氏と柴垣和夫氏への反論──（上）（下）」『経済評論』10月号，11月号。

─── [1983]「法人資本主義論の虚妄──奥村宏氏と富森虔児氏への再反論──」『経済評論』12月号。

─── [1984]「支配関係の構造・序説──企業と国家の支配構造仮説および北原説批判──」『経済評論』9月号。

小幡道昭 [1988]『価値論の展開──無規律性・階級性・歴史性──』東京大学出版会。

大井 正 [1970]『唯物史観における個人概念の探求』未來社。

大石雄爾 [1989]『マルクスの生産価格論』創風社。

─── [2000]『労働価値論の挑戦』大月書店。

置塩信雄［1977］『マルクス経済学——価値と価格の理論——』筑摩書房。
奥村　宏［1980］「企業集団についての覚え書」『証券経済』第132号。
―――――［1981a］「「所有論」ノート」『証券経済』第135号。
―――――［1981b］「会社と株主との関係」『証券経済』第138号。
―――――［1983］「法人所有と機関所有——三戸公氏への反論——」『経済評論』9月号。
大野節夫［1992］『マルクス経済学のパラダイム——労働による商品の取得——』大月書店。
―――――［1996］「資本主義と貨幣」同志社大学『経済学論叢』第47巻第4号。
大隅健一郎［1948］『株式会社法変遷論』有斐閣。
大塚久夫［1969］『株式会社発生史論』『大塚久夫著作集』第1巻, 岩波書店, 所収。
Pasinetti, L. [1977] *Lectures on the Theory of Production*, The Macmillan Press, London. 菱山泉・山下博・山谷恵俊・瀬地山敏訳『生産理論——ポスト・ケインジアンの経済学——』東洋経済新報社, 1979年。
Pilling, G. [1972] "The Law of Value in Ricard and Marx", (*Economy & Society*, Vol. 1, No. 3), in : Fine, B. (ed.) [1986a].
―――――[1980] *Marx's Capital Philosophy and Political Economy*, Routledge & Paul, London.
―――――[1986] *The Crisis of Keynesian Economics A marxist View*, Croom Helm, London & Sydney.
Roberts, B. [1987] "Marx and Steedman", *Capital & Class*, No. 32.
Roosevelt, F. [1975] "Cambridge Economics as Commodity Fetishism", *The Revew of Radical Political Economics*, Vol. 7, No. 4, Winter.
Rubin, I. I. [1973] (tr. by Samardzija, M. et al.) *Essays on Marx's Theory of Value*, Black Rose Books, Montréal.
ルービン, イリーチ I. [1993]『マルクス価値論概説』竹永進訳, 法政大学出版局。
酒井凌三［1988］「投下労働価値とU. Krauseの「抽象的労働」」『名古屋学院大学論集』第25巻第1号。
向坂逸郎・宇野弘蔵編［1948］『資本論研究』河出書房。
Samuelson, P. A. [1971] "Understanding the Marxian Notion of Exploitation : A Summary of the So-called Transformation Problem Between Marxian Values and Competitive Prices", *Journal of Economic Litera-*

ture, Vol. 9, No 2, June. 白銀久紀訳「マルクス搾取概念の理解——マルクスの価値と競争価格とのいわゆる転形問題の要約——」伊藤誠・桜井毅・山口重克編訳『論争・転形問題——価値と生産価格——』東京大学出版会，1978年，所収。

真田哲也［1984］「マルクス経済学批判の方法的前提について」『一橋論叢』第91巻，第2号。

――――［1985］「マルクスの実体概念の物象化」社会思想史学会年報『社会思想史研究』第9号，北樹出版。

――――［1986］「価値形態と価値実体論——「回り道」をめぐって——」種瀬茂編著『資本論の研究』青木書店，所収。

佐藤金三郎［1979］「商品生産の所有法則」一橋大学『経済研究』第30巻第3号。

――――［1982］「商品の物神崇拝」真実一男・尾上久雄・柴山幸治編著『国家と市場機構』ミネルヴァ書房，所収。

柴垣和夫［1981-82］「いわゆる法人資本主義についての覚書」『社会科学研究』第33巻第5・6号。

柴田信也［1972］「商品の物神性について」『山形大学紀要（社会科学）』第4巻第1号。

下平尾勲［1975］『貨幣と信用』新評論。

塩沢由典［1981］『数理経済学の基礎』朝倉書店。

――――［1983］『近代経済学の反省』日本経済新聞社。

Smith, Adam. [1776] *An Inquiry into the Nature and Causes of the Wealth of Nations*, ed. by Edwin Cannan, 2 vols, London, 1950. 大内兵衛・松川七郎訳『諸国民の富』〈岩波文庫〉岩波書店，第1分冊，1959年。

Sraffa, P. [1960] *Production of Commodities by Means of Commodities. Prelude to a Critique of Economic Theory*, Cambridge University Press. 菱山泉・山下博訳『商品による商品の生産　経済理論批判序説』有斐閣，1962年。

Steedman, I. [1977] *Marx after Sraffa*, Verso Edition and NLB, London.

――――et al. [1981] *The Value Controversy*, Verso Edition and NLB, London.

須藤修［1988］『ノイズと経済秩序——資本主義の自己組織化——』日本評論社。

鈴木鴻一郎［1959］『価値論論争』青木書店。

鈴木芳徳［1974］『信用制度と株式会社』新評論。
Sweezy, P. M.［1942］*The Theory of Capitalist Development：Principles of Marxian Political Economy*, Monthly Review Press, New York. 都留重人訳『資本主義発展の理論』新評論，1967年。
─── (ed.)［1949］*Karl Marx and The Close of his System by Eugen von Böhm-Bawerk's Criticism of Marx by Rudolf Hilferding*, Kelley, New York. 玉野井芳郎・石垣博美訳『論争・マルクス経済学』法政大学出版局，1969年。
平子友長［1979］「マルクスの経済学批判の方法と形態規定の弁証法」岩崎允胤編『科学の方法と社会認識』汐文社，所収。
侘美光彦［1993］「貨幣とは何か，資本主義の危機とは何か──岩井克人著『貨幣論』について──」東京大学『経済学論集』59巻3号。
髙橋洋児［1981］『物神性の解読』勁草書房。
髙須賀義博［1979］『マルクス経済学研究』新評論。
─── ［1981］『現代のインフレーション』新評論。
─── ［1985］『マルクス経済学の解体と再生』御茶の水書房。
─── 編［1989］『シンポジウム『資本論』成立史──佐藤金三郎氏を囲んで──』新評論。
─── ［1991］『鉄と小麦の経済学──下降の経済学──』世界書院。
─── ［1992］「『資本論』の問題点と〈下降の経済学〉」『経済研究』第43巻第1号。
武田信照［1977］「商品の呪物性」愛知大学『法経論集（経済経営編）』第84号。
─── ［1982］『価値形態と貨幣』梓出版社。
─── ［1984］「価値形態論と交換過程論・貨幣の必然性に関する論争」種瀬茂・富塚良三・浜野俊一郎編『資本論体系』第2巻，有斐閣。
─── ［1984-85］「価値形態論の主題──赤堀邦夫氏の批判におこたえして──（上）（下）」愛知大学『法経論叢』第106号，107号。
─── ［1994］「価値形態・呪物性・交換過程──松石勝彦氏の批判におこたえして──（上）（下）」愛知大学『法経論集（経済経営編）』第134号，第135号。
竹田茂夫［1984］「西ドイツにおける価値論の新展開(1)── U. Krause の価値形態分析──」法政大学『経済志林』第52巻第2号。
竹永　進［1985］「価値形態の発展と抽象的人間労働」『金融経済』211号。
─── ［1986］「価値形態論と交換過程論」大阪市立大学『経済学雑誌』第

86巻第6号。
───── [1988]「価値形態論の基礎構造」『経済理論学会年報』第25集，青木書店。
───── [1993]「イ・イ・ルービン著『マルクス価値論概説』第2版から第3版への改訂について──20年代ソ連の価値論論争のひとこまと第3版における抽象的労働論──」大東文化大学『経済論集』第57号。
玉野井芳郎［1977］『経済理論史』東京大学出版会。
富森虔児［1977］『現代資本主義の理論』新評論。
───── [1982]「巨大会社と「資本家の物化」」北海道大学『経済学研究』第32巻3号。
富塚良三［1962］『恐慌論研究』未來社。
───── [1976]『経済原論』有斐閣。
───── [1980]「価値表現の「回り道」の論理と交換過程の矛盾──久留間鮫造著『貨幣論』によせて──」種瀬茂・富塚良三・浜野俊一郎編『講座資本論の研究』第2巻，青木書店。
───── [1983]「価値表現の「回り道」の論理と交換過程の矛盾・再論」福島大学『商学論集』第51巻第4号。
鶴田満彦［1994］「「下降の経済学」と数量体系」中央大学『商学論纂』第35巻第5・6号。
植村博恭［1985］「〈労働の還元〉と抽象的労働──欧米マルクス価値論論争の展望──」横浜国立大学『エコノミア』第84号。
植村博恭・磯谷明徳・海老塚明［1998］『社会経済システムの制度分析──マルクスとケインズを超えて──』名古屋大学出版会。
植竹晃久［1984］『企業形態論──資本集中組織の研究──』中央経済社。
梅沢直樹［1991］『価値論のポテンシャル』昭和堂。
宇野弘蔵［1950］『経済原論』上巻，岩波書店。
海野八尋［1993］「価値論の基本的課題──価値の実在性と価値論の有効性──」金沢大学『経済論集』第30号。
和田 豊［1989-90］「生産価格論における総計一致命題の「復活」と止揚──新たな枠組みの形成にむけて──」『岡山大学経済学会雑誌』第21巻3号，第22巻第1号。
───── [1999]「欧米における転化問題論争の現局面──1990年代の研究を中心に──」『岡山大学経済学会雑誌』第30巻3号。
Winternitz, J. [1973] "Values and Prices：A Solution of the So-called

Transformation Problem", *Economic Journal*, June. 伊藤誠・桜井毅・山口重克編訳『論争・転形問題——価値と生産価格——』東京大学出版会，1978年，所収。

Wolff, R. D. / Callari, A. / Roberts, B. [1984] "A Marxian Alternative to the Traditional "Transformation Problem"", *Review of Radical Political Economics*, Vol. 16, No. 2 and 3.

山口祐弘［1991］『ドイツ観念論における反省理論』勁草書房。

山本広太郎［1977］「単純な価値形態について——価値，その実存と現象——」大阪市立大学『経済学雑誌』第76巻第3号。

山内　清［1980］「価値表現の「回り道」について——「価値物 Wertding」の意義——」『経済学研究』東京大学経済学研究会，第23巻。

———　［1981］「貨幣形成における「逆の連関」論理」『金融経済』191号。

———　［1999］『価値形態と生産価格』八朔社。

米田康彦［1980］「価値形態論と交換過程論における矛盾」相沢与一・市川佳宏・下平尾勲・中川弘・真木実彦・吉原泰助・米田康彦『講座資本論の研究資本論の分析(1)』第2巻，青木書店，所収。

———　［1993］「価値論の問題性——価値実体の「論証」をめぐって——」中央大学『経済学論纂』第34巻第2号。

吉田憲夫［1995］『資本論の思想——マルクスと廣松物象化論——』情況出版。

吉沢英成［1981］『貨幣と象徴——経済社会に原型を求めて——』日本経済新聞社。

頭川　博［1978］「単純商品流通の性格規定」一橋大学『一橋論叢』第79巻第3号。

———　［1979］「価値概念と価値形態」高知大学『高知論叢』第8号。

———　［1980］「価値形態と交換過程——商品と貨幣とへの商品の二重化——」『金融経済』182号。

あとがき

　やっと出版にこぎつけてからこんなことをいうのも気が引けるが，ちょっと全体の頁数が多すぎたとの思いが強い。本書第Ⅰ編の一部分と第Ⅱ編からなる商品・貨幣論研究（価値形態論，呪物性論，交換過程論）の段階でひと区切りつけておけば，これほど大部のものにはならなかったし，その部分だけならもっと早い段階で本になっていた。また，第Ⅰ編の残りの部分と第Ⅲ編各章からなる筆者自身の積極説については，前者とは切り離して理論展開したほうがよかったかもしれないとの気持ちも残る。

　それでも，これをひとつにせざるをえなかったのは，自らの積極説の系統性・体系性を配慮したということもあるが，何よりもいまマルクス経済学（とりわけ，その価値論）が直面している危機的状況が大きい。一言でいえば，いまどきマルクス労働価値論をめぐるテキスト・クリティークや解釈論争だけをしていられない，という雰囲気である。もちろん，学問とはそのようなものではない。が，あれこれ考えているうちに，結局は行くところまで行ってしまい，別のひと区切り（すなわち本書）ができてしまった。もはや，これ以上の逡巡（頁数増加）は許されないということで，世に問われることになったのが本書である。

　筆者の大学院時代の恩師，故平瀬巳之吉先生とは，ひとつの約束があった。教科書を書くまえに専門の研究書を著しこれを世に問う，というものである。かなり長い時間がかかってしまったが，これでようやく約束を果たせたことになる。もっとも，このような内容の著作になろうとは，当時の平瀬先生も筆者にとっても意想外のことではあった。筆者が大学に職を得て最初に発表した論文は「古典的貨幣数量説の基本構造とその批判」（『政経論叢』第46巻第4号，1978年2月）というもので，院生時代からの研究の積み重ねのひとつの成果であると同時に，筆者自身の計画ではこの先に平瀬先生晩年の労作『実

物分析と貨幣的分析』（未來社，1979年）で提示された研究領域をさらに追求し開拓してゆきたいとの展望があった。

　それがいつのころからか，方向が変わっていったのは，筆者自身の理論的基盤とすべきマルクス経済学をその始源に遡って根本的・体系的に理解しようと努めはじめてからである。当時，内田義彦，平田清明に代表される「市民社会派」に属すると目される人々や，文字どおり活火山のような勢いで活動をつづけていた廣松渉とそのシューレに属する研究者たちが，活発で分厚いマルクス研究を展開していた。それに刺激されるようなかたちで，筆者もまた『経済学・哲学草稿』を中軸とした初期マルクス研究から入り，スミス研究に迂回し，さらには『経済学批判要綱』に代表される中期マルクス研究へとすすんだ。最終的に『経済学批判』『資本論』段階の商品・貨幣論研究へと辿り着いたときには，すでに1980年代の終わりにさしかかっていた。その間，散発的なかたちで論文発表や研究会・学会報告などを行なうアウトプットはしてきたが，どちらかといえばインプットばかりで研究ノートだけがかなり大量に残されたものの，ほとんど成果らしい成果をあげることのできない状態が長くつづいた。あとから振り返れば，あの論文を書けずにノートばかりを作りつづけた80年代が，研究者としてはもっとも充実した日々を過ごせていたような気もする。

　80年代末になると，ようやく本書の土台となるような基本的構想がまとまりはじめ，論文のかたちを取りはじめるようになった。たとえば「相対的価値形態の内実——初版『資本論』の検討を通して——」（『政経論叢』第57巻第1・2号，1988年8月）あるいは「商品世界と価値形態——交換価値に関する若干の考察——」（同，第57巻第3・4号，1989年2月）などである。前者は，価値関係のなかから自己関係を析出し，これを価値表現関係として読み替えるという，例の「内実」論の基軸的論理を初版『資本論』のなかから検証した論文であり，後者は，価値形態論を含む商品論が商品世界という独特の物象化構造からなる論理的空間のもとで展開されていることを明らかにした論文である。

　上記2論文を，いわば先触れとして，その後およそ10年のあいだに書きためられた論文が本書を構成することとなった。以下，この構成について記し

たい。

　本書の第Ⅰ編第１章（補論を含む）および第３章は，既発表論文・報告等としては「商品世界の基本構造」（経済理論学会第40回全国大会〔静岡大学〕自由論題報告，1992年），「搾取および呪物性の説明原理としてのマルクス労働価値論の可能性——価値関係説の立場から——」（『政経論叢』，第62巻第２・３号，1994年１月）および「呪物崇拝と市場経済システム」（同上，第62巻第４・５号，1995年５月）を基礎に再構成したものである。また，第３編第９章は「市場システムと貨幣呪物——貨幣呪物の再生産メカニズム——」（『明治大学社会科学研究所紀要』第36巻第１号，1997年10月）をほぼ原形をとどめないほどに換骨奪胎するかたちで再構成したものである。残りの諸章については，その基礎となった既発表論文名を以下に記すことにする。

第２章：「価値の量的規定と物量体系」（『政経論叢』第68巻第５・６号，2000年３月）
第４章：「商品語と価値形態」（同上，第58巻第１・２号，1989年８月）
第５章：「価値形態の発展（上）（下）」（同上，第61巻第１号，1992年９月，第61巻第５・６号，1993年３月）
第６章：「貨幣の必然性について」（同上，第62巻第１号，1995年２月）
第７章：「関係主義的価値概念と労働価値論」（『経済理論学会年報』第33集，青木書店，1996年10月）
第８章：「商品貨幣説から現代貨幣の説明原理へ」（同上，第35集，青木書店，1998年10月）
第10章：「資本について——関係主義的観点から——」（『政経論叢』第65巻第１・２号，1996年12月）

　さて，こうした書物の「あとがき」には，お世話になった方々のお名前をあげ，感謝の言葉を述べるのが通例である。どうしようかとも迷ったが，人並みにやらせていただくこととした。

　相田慎一，有江大介，石塚正英，梅沢直樹，大石雄爾，大野節夫，岡林茂，中川雄一郎，新村聡，服部正治，山内　清，吉田憲夫——これらの諸氏

とは，研究領域が同じばあいもあるが，在外研究時や研究会後の飲み会等で知り合い意気投合した人々もおり，人さまざまである。上記の拙稿に懇切なコメントを寄せてくれた人もいるし，そうでない人もいる。共通していることは，筆者とほぼ同じ研究世代で経済理論学会か経済学史学会かに所属する研究者であり，いずれも自らの立派な専門研究書を著して筆者に贈呈してくれた人々だということである。それらの書物は，わが書棚に鎮座して，ことあるごとに「早く自著を出したまえ」とばかりに筆者にプレッシャーをかけつづけてきた（なお，筆者にとっての師匠筋や大先輩にあたる諸先生についてはお名前をあげるのを遠慮させていただきました。また共通分野外さらには訳書や共著本を贈呈して下さった方々についても同様です。念のため）。なかには2冊以上の豪の者もおり，それらが居並ぶ重々しさと「入超」（贈られるばかり）を余儀なくされている心苦しさといったらないが，もともと怠け者の筆者にとっては文字どおりの「良薬」として働いてくれたものである。この場を借りて，あらためて御礼申し上げたい。

なお，これらの人々と同じ種類のプレッシャーと刺激を筆者にあたえつづけてくれた研究者に，竹永進，石塚良次，真田哲也の3氏がいる。これらの諸氏とは研究領域が一時接近していたこともあり，ずいぶん前になるが「教科書研究会」なるものを作り，しばらくのあいだ活動したことがあった。マルクス経済学に標準的な教科書が存在していないので，何とかしようというわけであった。結局，それぞれの経済学教科書にたいする思い入れの違いを確認することはできたが，教科書はものにならなかった。できなかった自分なりの理由を探れば，筆者自身の拠って立つ理論的基盤が不確かだったということであり，究極的には価値理論（マルクス経済学のもっとも重要な理論的基礎）の共有化を図れなかったことが大きかったと思う（当時の筆者の考え方については「経済原論の方法と課題」[『経済学教育』経済学教育学会，第13号，1994年] を参照されたい）。

では，いまならどうか。恐らくは，もっと困難になっているのではないか。経済学批判を標榜するマルクス経済学の難しさもあろうが，新古典派のような標準的教科書をもちえないのはやはり深刻な問題だといわざるをえない。本書の第10章・補論は，その思いもあって書き下ろしたものである。

感謝の意を表するということなら，正木八郎氏の名をあげないわけにはゆかない。本書の最初の出発点ともなった第Ⅱ編の内容は久留間理論と武田理論の影響が大きいが，本書の全編にわたって色濃く影を落としているのは廣松理論であり，いまひとつは正木八郎氏の研究成果（歩み）である。氏の廣松理論や価値論にたいする真摯で誠実な理論的スタンスから実に多くのものを学ばせて戴いた。また，氏が近年「経済学批判の貨幣論的再構成」を意識して仕事をされるようになってからは，これと自覚的に対峙することで筆者自身の理論的ポジションを確証し，踏み固める作業をさせてもらってもいる。本書のもとになった，いくつかの冗長極まりない拙稿に辛抱強くつきあって下さったばかりか，厳正なコメントや励ましを戴いたことにたいしても，心から感謝申し上げたい。

　ところで，筆者が経済学研究の道に入るきっかけとなったのは，学生時代に偶然手にとって読んだ平瀬巳之吉先生の労作『経済学四つの未決問題』（未來社，1967年）であった。大学院へは，この本の著者と直接に話がしたいという一心で進学した。経済学への憧れだけはあっても基本的素養のない筆者にたいして，それこそ経済学のイロハから指導して下さったのは平瀬先生であった。1980年代に入って筆者が研究の方向を変え，なかなか思うような成果を出せずにいたときも，その眼差しはいつも温かかった。不肖の弟子としては，かえってそれが何とも申し訳なく辛かったことを忘れられない。その学恩に報いるには，あまりにも遅く，またあまりにも拙いものでしかないが，このささやかな成果を平瀬巳之吉先生にささげたい。

　また，数年前に退職されてしまわれたが，明治大学の加藤泰男先生，森恒夫先生，さらには「戦後日本研究会」に集う現職の諸先生方にも，本書のもとになる諸論文を研究会等で討議して下され，さまざまな有益なご教示を戴いた。この場を借りて，御礼申し上げたい。

　ナカニシヤ出版の津久井輝夫氏には，お世話になってきている。おつきあいとしてもかなり長い。10年ほど前にある翻訳書の出版でお世話になって以来，単著の出版というプレッシャーをかけつづけてきて下さってもいる。その粘りと辛抱強さの前には，ひたすら逃げをうつか，黙って頭をたれるしかなかった。昨今のような出版事情の悪いなか，このような専門研究書の出版

を引き受けて下さったばかりか，いつでも変わりなく叱咤激励してくれたことに，衷心からの感謝を申し上げる。

　最後に，私事にわたって恐縮だが，わが家族のみんなに感謝したい。

　2000年　秋

飯田和人

人名索引

ア 行

赤堀邦雄　218, 222
アグリエッタ(Aglietta, M.)　123, 310, 349
浅野敵　219, 377
雨宮照雄　120
有井行夫　67, 68, 378, 379
有江大介　171, 172
有賀裕二　127, 128
アリストテレス(Aristotelēs)　367
石垣博美　120
石塚良次　180, 181, 378
磯谷明徳　180
伊藤誠　120
岩井克人　310, 327, 329-331, 347
ウィーザー(Wieser, F. von)　385
ウィンターニッツ(Winternitz, J.)　121
植竹晃久　379
上野昌美　120
植村博恭　120, 125, 1998
宇野弘蔵　225, 226, 253, 288
ウルフ(Wolff, R.D.)　80
海野八尋　69
梅沢直樹　70
海老塚明　180
エルドレド(Eldred, M.)　122
大井正　25
大石雄爾　80, 121, 122
大隅健一郎　378
大塚久雄　378
大野節夫　81, 126, 347
置塩信雄　77, 79, 80, 121, 169
奥村宏　376
小幡道昭　350

カ 行

梯明秀　170
ガーシュタイン(Gerstein, I.)　122
カストリアディス(Castriadis, C.)　57, 58, 69, 158, 173
片岡浩二　180
カッセル(Cassel, G.)　5
カテフォレス(Catephores, G.)　122
カトラー(Culter, A.)　347, 348
カルトゥリエ(Cartelier, J.)　180
川合一郎　378
北原勇　377-379
衣川恵　120
キング(King, J.E.)　124
クナップ(Knapp, G.F.)　348
グライヒャー(Gleicher, D.)　122
クライン(Klein, L.R.)　30
クラウゼ(Krause, U.)　62, 73, 81-83, 89, 108-118, 122, 125-127
グラムシ(Gramsci, A.)　67
久留間鮫造　21, 188, 189, 205, 214, 215, 218, 219, 221-223, 225, 254, 258-260, 270, 288
ケインズ(Keynes, J.M.)　30, 383, 385, 388, 389
ケネー(Quesnay, F.)　123
ケンプ(Kemp, T.)　172

サ 行

酒井凌三　125
向坂逸郎　288
桜井毅　120
佐藤金三郎　67, 68, 254
真田哲也　171, 222, 223
サムエルソン(Samuelson, P.A.)　30, 74, 124
ジェボンズ(Jevons, W.S.)　384
塩沢由典　123
シートン(Seton, F.)　79, 83, 121
柴垣和夫　376
柴田信也　68, 69
下平尾勲　222
シュヴァルツ(Schwarz, W.)　292
ジラール(Girard, Rene)　349

人名索引

スウィージー (Sweezy, P.M.) 74, 77, 120, 121
鈴木鴻一郎 253
鈴木芳徳 378
スティードマン (Steedman, I.) 89, 100-107, 120, 124, 125, 129
須藤修 378
スミス (Smith, A.) 3-6, 48, 134, 175, 222, 351, 383
スラッファ (Sraffa, P.) 83, 89-98, 100, 101, 105, 106, 107, 114, 115, 124, 125, 351

タ 行

平子友長 26
高須賀義博 67, 79, 80, 88, 89, 120, 122, 123, 125, 127, 130, 169, 254, 350
高橋洋児 26, 27, 174
侘美光彦 347
竹田茂夫 125
武田信照 172, 218, 221, 223, 225, 226, 253, 255, 258-260, 289, 292, 328
竹永進 173, 222, 226, 253, 290
玉野井芳郎 226, 253
頭川博 67, 222, 253
ド・ヴルイ (De Vroey, M.) 81, 122, 123
富塚良三 219, 223, 225, 226, 253, 255, 291
富森虔児 376

ナ 行

中川弘 67
中谷武 128
中野正 253
二階堂副包 123
尼寺義弘 225, 253, 254
西山忠範 376

ハ 行

ハイエク (Hayek, F.A.) 344
パシネッティ (Pasinetti, L.) 123, 124
ハースト (Hirst, P.) 347, 348
バックハウス (Backhaus, H.-G.) 254, 327
花崎皋平 168

パレート (Pareto, V.) 385, 386
ハンロン (Hanlon, M.) 122
菱山泉 106, 123, 124
ヒックス (Hicks, J.R.) 30
ヒメルバイト (Himmelweit, S.) 81, 122
平田清明 25, 26, 68
ピリング (Pilling, G.) 67, 172
ヒルファーディング (Hilferding, R.) 75, 121
広田精孝 253
廣松渉 25, 26, 56, 57, 157, 163, 171, 173, 223
ヒンデス (Hindess, B.) 347, 348
ファイン (Fine, B) 120
フォイエルバハ (Feuerbach, L.A.) 7, 167, 168
フォーリー (Foley, D.K.) 81
フォン・ノイマン (von Neuman, J.) 79, 80, 83, 85, 90, 97, 122, 123
福田泰雄 221, 222
フーコー (Foucault, M.) 378
藤本義昭 218, 222, 254, 255
フセイン (Hussain, A.) 347, 348
ブルースター (Brewster, B.) 153, 161, 173
フロベニウス (Frobenius, F.G.) 84
ベイリー (Bailey, S.) 157
ヘーゲル (Hegel, G.W.F.) 168, 170, 184, 219, 220
ベーム・バヴェルク (Böhm-Bawerk, E. von) 54, 75, 121, 385
ペロン (Perron, O) 84
ホジソン (Hodgson, G.M.) 27, 120, 350, 351
ポパー (Popper, K.R.) 172
ボルトケヴィッチ (Bortkiewicz, L.von) 74-77, 79, 80, 121, 122, 124

マ 行

正木八郎 129, 169, 171, 173, 180, 219, 256, 310, 327
マーシャル (Marshall, A.) 384
松石勝彦 170, 222, 255, 291
松本有一 124
マルクス (Marx, K.) 5, 7, 8, 12, 14, 17,

19,22,23,26,31,35-37,41,45-54,56,
58-60,62,63,67-69,71,72,75,77-78,
80,103-105,108,116-118,121-123,
129,130,134,135,137,139,144,147-
151,155,163,164,166-174,184,189,
199,200,202,206,214-216,219,221,
222,224,225,228-230,233,235,238-
240,242-246,249,253,254,256,259,
267,271,275-278,283,288-292,295,
296,299-301,308,310,312,316,319,
321,323,325,327-329,333,347-349,
351,356,383,384,389,390
見田石介 170,219,220,225,226,253
ミディオ(Medio, A.) 121,122
三戸公 376
向井公敏 67,310
メンガー(Menger, C.) 385
望月清司 25
望月俊昭 222,223
モスト(Most, J.) 292
モズリー(Moseley, F.) 81
モハン(Mohun, S.) 81,122,172
森昊 380
森恒夫 378,379
森嶋通夫 79,80,83,121-124,169

ヤ 行

山内清 220,223,254,255

山口重克 120
山口祐弘 170
山本広太郎 219,222,223
吉沢英成 348,349
吉田憲夫 26
米田康彦 120,169,256,290

ラ・ワ行

ライト(Wright, E.O.) 8,25
ラテナウ(Rathenau, W.) 378
リカードウ(Ricardo, D.) 90,351,383
リッピ(Lippi, M.) 120
リピエツ(Lipetz, A.) 81
リヒテンシュタイン(Lichtenstin, P.M.) 123
ルカーチ(Lukács, G.) 25
ルーズベルト(Roosevelt, F.) 172
ルービン(Rubin, I.I.) 122,173,181
レヴィン(Levine, A.) 8,25
レオンチェフ(Leontief, W.W.) 83,126,127
ロバーツ(Roberts, B.) 80
ロビンソン(Robinson, J.V.) 30,383
和田豊 120
ワルラス(Walras, M.E.L.) 66,385,386

事 項 索 引

ア 行

移行論 20,21,135,146,148,186,218,
224,227,229-231,234,240,242,243,
247,248,252,267-269,278,281,302,
303,314,318-320
意識 6,9,18,19,22,39,45-50,53,60,
69,71,125,130,134,135,141,145,146,
148-152,154,163,170,216-218,247,
251,279,282,285,301-307,317,318,
324,326,329,333,335,339,340,342,
343,350,358,372,377

異種的(諸)労働の人間的労働一般への還元
17,55,57,58,64,143,156-158,190-
192,204,207,222
異種の諸労働の同等性という独自の社会的
性格 306
一般的社会的妥当性 286-288,321,323,
324,326,336
一般的等価物 23,43,60,148,169,230,
244,250-252,256,257,259-265,268-
273,275,277,278,280-282,284,286-
288,290,291,297,298,310,314,320-
328,331,332,334,336-338,349

事項索引　415

宇野理論　218, 288, 350
黄金時代　79, 80, 83, 85, 86, 88-90, 97, 99, 122, 123

カ　行

会社自体　369, 371, 373, 375, 376, 378-380
価格水準(=価値)形成機構　344, 349, 350
価格の尺度規準　311
価格標準　325
下向　32, 44, 133, 134, 136, 156, 159, 194, 200, 206, 210, 213, 220, 243, 255, 265, 314-316, 338
仮構(の・的)世界　79, 80, 84, 88-90, 100, 115, 120
価値概念に(もっとも)照応する(した)価値形態　230, 234, 236, 240, 247, 248, 269, 270, 274, 278
価値から生産価格への転化　75, 76, 80
価値関係　18, 20, 21, 35, 44, 52, 53, 57, 65, 133-136, 139, 140, 142, 144-147, 149, 150, 152, 154, 155, 157, 170, 176, 185-194, 196, 197, 199-205, 207, 209-211, 214-218, 220, 221, 228, 232, 233, 235, 239, 247-250, 253, 260, 268, 270, 272, 275, 279, 281, 296, 297, 300-302, 305-309, 316-320, 333, 337
　　──の基本形　233, 240, 269, 272, 298, 317
価値形成労働の独自的性格の現出　155, 190, 192, 203, 204, 206-208, 244, 245
価値形態の発展　20, 21, 135, 218, 224, 227, 233, 248, 269, 270, 278, 314, 315, 320, 337
価値形態論　12, 13, 16, 17, 20, 22, 23, 44, 45, 54, 57, 60, 126, 130, 135, 140-142, 146, 148, 152, 156, 157, 171, 184-186, 188, 195, 200, 218, 220-224, 227, 228, 230, 247, 251-260, 263, 265-268, 270-272, 274-276, 278-292, 295, 296, 299, 301, 306, 309-317, 321-335, 337, 339, 347, 349
価値尺度　23, 218, 252, 256, 258-260, 289, 312, 325, 332, 334-336, 339, 340, 347, 348, 350

　　外在的──　334
価値性格　34, 45-50, 60, 64, 68, 69, 132, 134-136, 142, 143, 145, 146, 148, 151, 152, 190, 191, 193, 202, 216, 250, 306, 307
　　──顕現論　135, 136, 142, 143, 171
　　──(の)顕現　190, 192, 193, 201, 203, 206, 209, 244, 245
価値存在の現出　190, 199, 200, 220
価値体　190, 194, 210, 211, 217, 218, 223, 243, 244
価値体系　76, 79, 112, 115, 119, 122, 124, 127, 129
価値対象性　46, 49, 60, 135, 142, 145, 188, 193, 197, 198, 201, 203, 209, 212, 213, 223, 246-248, 250, 280, 281, 292, 307, 309, 322
価値の実存形態　190, 197-199
価値の質的規定　71-73, 108, 116, 117, 119, 120, 125
価値の質的分析　9, 13, 14, 24
価値の生産価格への転化　121, 122
価値の絶対的定在　32, 59, 263, 266, 334, 392
価値の内在的尺度　63, 64
価値の量的規定　5, 6, 13, 15, 16, 71-73, 79, 116, 117, 119
価値の量的分析　13, 15, 16, 25, 67, 169
価値表現
　　──の発展　232, 233, 272, 282, 319
　　──の論理　216, 217, 219, 228, 230, 236, 248, 249, 251, 256, 278-280, 282, 283, 286-288, 292, 319, 320, 322-325, 328
　　──(の)メカニズム　21, 187, 188, 194, 209, 216, 223, 327, 331
価値標章　23, 252, 253, 256, 312, 313, 325-327, 332, 335-339
価値物　135, 139, 190, 197-200, 204, 212, 213, 219, 221, 223, 254
価値不要論　16, 74, 82, 83, 89, 100, 101, 105, 107, 120, 129
価値本質論　72, 80, 108, 123, 129, 130
価値論　3-7, 9, 12, 13, 24, 26, 53, 59, 63-65, 72, 73, 82, 84, 86, 88, 107, 108, 119, 120, 125, 130, 169, 179, 180, 294, 326,

333, 348, 349, 381, 391, 392
　　新しい―― 84
　　――論争 121
株式会社 353, 363, 368-371, 373-376, 378-380
株主 370, 371, 374, 376, 378-380
貨幣 1 単位
　　――あたりのあらわす一般的購買力 340
　　――(あたり)の(代表する・もつ)価値 311, 335, 339, 340, 343, 344
貨幣(の)「価値」 339-345
貨幣形成 21
　　――の必然性 248, 257, 258, 261, 264, 265, 270, 271, 274, 278, 279, 281, 283, 322
貨幣形成論 21, 22, 218, 247, 248, 258, 260, 261, 265, 266, 271, 276-278, 280-284, 286-290, 292, 310, 313, 314, 318, 321, 323-326, 328, 336, 349
　　歴史的―― 265, 278, 286, 288, 289
　　論理的―― 265
貨幣呪物 14, 31, 47, 59, 60, 130, 146, 147, 149, 175, 216, 247, 261, 314, 318, 324, 327-329, 333, 335, 344, 346
貨幣商品説 22, 252, 253, 256, 310, 329, 335, 347, 348
貨幣存在
　　――の必然性 184, 187, 216, 224, 230, 248, 254, 256, 318, 319
　　――の理論的根拠 257, 261, 262, 264-268, 270, 274, 277, 278, 283-285, 314
　　――論 248, 258, 261, 265, 266, 268, 271, 278, 284, 285, 288, 310, 314, 318, 321, 327
貨幣特性 23, 324, 329, 331-334, 337, 348
貨幣の呪物性(呪物的性格) 34, 47, 53, 128, 145, 148, 150, 157, 301, 303
貨幣の必然性 20, 184, 230, 251, 257, 260, 261, 265, 266, 337
貨幣本質論 248, 266, 267, 270, 274, 310, 314, 318, 321, 327
関係行為 43, 136, 140, 168, 239, 272, 362, 372, 375
関係主義 14, 22, 24, 26, 128, 153, 159, 161-165, 168, 171, 173, 177, 184, 305,

333, 353, 369
　　――的(な)解読 20
　　――的(な)(労働)価値(概念・把握・論) 3, 9, 11-14, 17, 19, 20, 22-25, 131, 154, 179, 294-296, 299, 303, 305, 306, 308-311, 326, 328, 332-336, 339, 344, 346, 390, 392
　　――的(な)存在観 26, 163, 164, 390, 392
　　――の認識論的基盤 20
関係性 8, 14, 19, 138, 140, 141, 159-162, 165-167, 216, 217, 303, 304, 308, 333
還元 57-59, 61-66, 72, 81, 82, 109, 111, 114, 115, 118, 119, 126, 143, 155-158, 204-208, 221, 222, 310, 316
　　――係数 109-115
技術係数行列 84-88, 90
擬制資本 371, 374, 375, 380
基本関係 109, 110, 112, 113, 115
逆の連関 225-228, 238, 239, 248, 253-255, 271-273, 276, 277, 319, 320
　　「――」肯定論 226
　　「――」否定論 225, 226
　　「――」論理 21, 224-227, 233, 238-240, 243, 252, 253, 255, 271, 274-277, 283, 319, 320
客観主義的価値把握 6, 9
客観主義的価値論 4
客観的固定性 286-288, 321, 323, 324, 326, 336, 349
協業 364-366, 377
　　――の生産力効果 367
共同事業 246, 247, 255, 281, 291
　　「――」論 248, 280, 286, 287, 322, 323
均衡 7, 89, 123, 345, 351, 386, 387, 389
均等利潤率 86, 106, 113, 116, 129
具体化された価値 211, 217, 244
具体的諸労働 110, 114
具体的諸労働(=私的労働)の抽象的労働(=社会的労働)への同質化・還元機構 109
具体的(有用)労働 54, 55, 57, 60, 62, 81, 82, 109, 111-113, 116-118, 142, 144, 148, 192, 193, 197, 203-206, 208, 210, 211, 222, 244
　　――の物体化 208, 211

事項索引　417

クラウゼ・モデル　108, 115
経営者　366, 372, 373, 376-378, 380
経済学　5-7, 24, 40, 42, 107, 108, 175, 180, 381, 383, 384, 390, 391
経済人　7, 30, 39, 40, 67
経済的規定性　10
経済的形態規定性　11, 18, 19, 135, 148-150, 155, 170, 193, 215, 217, 268, 301-303, 306, 317, 318, 320, 324, 330, 331
経済的諸関係の人格化　375
経済的諸関係の担い手　7, 34, 38-40, 125, 149, 247, 260, 285, 301
経済的諸範疇　3, 4, 6, 9, 14, 18, 22, 71, 119
形態IV　256, 270, 271, 274, 277, 278, 290, 320
結合資本　370, 371, 379
現実資本　370-376
現代貨幣　22, 23, 312-316, 318, 324, 326, 329, 332, 336-338, 348, 349
交換価値　3-5, 15, 34, 35, 41, 71-73, 119, 159, 160, 242
交換過程論　13, 20, 21, 184, 218, 251, 253, 255-261, 265, 266, 271, 274, 278, 281, 283-292, 322, 323
「交換」(Wechsel)の可能性　52, 53
「交換」(Austausch)の可能性　52, 53
行動主義的なアプローチ　106, 125
個人資本家　362, 372, 373, 376, 378
古典派　71, 351, 385, 386
────経済学　90, 134, 351, 361, 383, 384
古典派 - マルクス(的)系譜　91, 106, 107
固有値　85, 87, 97, 99, 114

　　　　サ　行

再生産　14, 24, 31-33, 76, 90, 106, 125, 133, 173, 177-180, 329, 337, 339-343, 346, 348, 352, 353-356, 361, 364, 368, 377, 381-385, 387, 388, 390, 391
────可能価格　76, 106, 387
最大成長率　85-87, 99
最大利潤率　88
搾取の説明原理　14, 15, 61, 62, 64, 107
産業循環　345, 389
自己関係　18, 19, 21, 136-139, 142-150, 152, 155, 156, 165, 166, 168, 170, 171, 188-191, 193-196, 199-201, 204-206, 210-215, 217, 220, 221, 227-229, 231, 232, 235, 239, 245, 247-250, 268, 272, 275, 279, 299-303, 305-307, 318
────の論理　139-141, 155, 157, 158, 165, 168, 171, 190, 191, 209, 212, 216, 219, 228, 245, 248, 249, 268, 269, 299
自己増殖する価値の運動体　24, 31, 32, 59, 294, 309, 354, 356-359, 361, 369, 371, 372, 374, 379, 382, 388, 390-392
市場価格　15, 74, 106, 122, 124, 125, 344, 389
市場システムそのものへの(にたいする)呪物崇拝　345, 390
自然価格　90, 107, 124, 351, 387
実質賃金率　86, 106, 129
実体化　70, 108, 141, 144, 161-163, 167, 307, 310
実体主義　60, 118, 140, 141, 154, 161-165, 171, 172, 216, 219, 295
質的価値表現のメカニズム　214
私的(諸)労働
────の社会的関連　41, 157, 160, 162, 163, 175-177, 333
────の社会的性格　41, 48-50, 53, 60, 71, 116, 131, 134, 135, 159, 160, 162, 163, 175-177, 192, 203, 306-308, 333
────の社会的労働(＝同質労働)への抽象化機構　108, 130
紙幣　313, 329, 335, 336
「紙幣＝金属貨幣の代理物」説　312, 313, 337, 338
資本家　7, 76, 125, 357-367, 369, 374-379
資本合理性，経営合理性(の原則)　361, 362, 366, 374
資本主義を資本主義たらしめ(てい)る(基本的な)社会的諸関係　12, 391
資本呪物　14, 31, 59
資本蓄積　30, 385, 387, 389
資本の人格化　358-364, 366, 367, 369, 372, 373, 375-379
資本の二重化と所有の二重化　373, 374
資本の論理　10, 38, 353, 357-359, 362, 363, 367-369, 373, 374, 379, 391
────の貫徹様式　368
資本 - 労働間の分配関係(分配率)の決定機

構　　107,120,127
『資本論』　12,13,16,20,25,33,43,48,
　　54,56,60,67,69,70,74,75,140,155,
　　160,168,171,175,184,216,219,222,
　　228,257,288,289,292,295,321,327,
　　360,363,364,384
　　――初版　　69,201,255,256,258,271,
　　291,320,327
社会人　　40,67
社会的一般的(な)妥当性　　349
社会的過程　　17,55-59,144,156-158,
　　163,222,257,258,264,265,270,286,
　　292,321-323
社会的還元機構　　57,64,65
社会的関連　　134
社会的行為　　257,258,261,264,270,280,
　　281,286,287,291
社会的再生産　　10,33,66,107,125,294,
　　350,382,386-389
社会的(な)自然(的)属性　　47,49,68,69,
　　132,147,148,151,295,326,333,346
社会的諸関係の総体　　7,8
社会的諸関係の担い手　　8,40
社会的性格
　　異種の諸労働の同等性という――
　　　　48,49,177
　　資本主義を資本主義たらしめている――
　　　　179
　　商品を生産する労働の――　　41
社会的生産　　14,24,31,33,34,36,37,44,
　　56,62,65,66,132-134,154,157,175,
　　207,354,377
社会的抽象化機構　　70
社会的な定在　　246,280,292,322
社会的・物質的な生活再生産　　382
社会的労働　　17,61,73,108-110,116-
　　118,128,153,154,334,335,377
尺度単位としての単純労働　　61-63,65
　　――同質労働　　15,16,58,59,62,65,
　　70,117
　　――労働の同質性　　61,62,117
自由度1の体系　　76,92
主観主義的価値把握　　6,9
主観主義的価値論　　4
主体=実体としての価値　　24,31,59,
　　294,309,356-358,372,388

呪物崇拝　　5,13,14,16,26,31,33-37,42,
　　45,46,49,52,55,60,68,69,107,119,
　　129,132,140-146,149,151,158,171-
　　173,175,200,215-217,243,245,247,
　　251,279,282,285,292,296,298,301,
　　302,315,317,318,324,339,343-345,
　　390,391
　　――論　　45,54,150,390,392
呪物性としての価値　　5,6,9,11,13,14,
　　16-19,22,24,71,73,116-119,390,392
呪物性の説明原理　　14,53,59-61,63,64,
　　108,130,131,140
呪物性論　　12,21,45,54,125,150,157,
　　161,259,282,292,301,306,313
循環論　　311,329-332,347
使用価値　　3,35,41,46,52,54,55,57,72,
　　116,132,134,139,143,144,148,154,
　　157,206-208,211,212,214,218,223,
　　231,234,241,242,246,250,251,261,
　　262,265,284,323,341
　　――と価値との矛盾　　32,251,252,
　　258,261,264,284,290,392
上向　　32,33,35,44,184,219,260,265,
　　266,286,288,314-317,325,326
譲渡自由な等額株券制　　370
商品価値　　69
商品貨幣　　23,252,312,313,324-326,
　　332,335-337,348
　　――説　　22,312,313,325,327,336
商品語　　20,184,190,194,195,212-214,
　　222,223
商品呪物　　14,31,46-48,53,59,60,61,
　　68,130,147,149,175,216,217,252,
　　318,332
商品世界(広義)　　5,9,13,14,16-19,21-
　　23,30,33,34,36-46,49,52,53,55-57,
　　59,64,67-69,71,111,116,129,131-
　　133,135,136,139,140,141,143-145,
　　149-155,158-160,162,164,167,169-
　　174,176,184,185,186,193,200,202,
　　203,209,215-218,232,233,236,242,
　　244,246,250,254,257,258,260-262,
　　264-272,275,276,278,279,284-286,
　　295-298,300-306,308,310,314-323,
　　325-327,329,331,333,334,336-340,
　　342,343,345,346,348,349,391

事項索引　　419

狭義の―― 43-45,133,134,136,145,
　152,164,166,167,169,217,226,231,
　232,239,240,245,250-252,269,271,
　272,274,277,296-298,301,304,305,
　315-317,319,323,325,326,336
　――の共同事業　245-247,280,281,
　286,290-292,322
　――の内部編成　269,272,275,318
商品の呪物性(呪物的性格)　19,34,45-
　48,50,53,55,69,128,131,134,142,
　145,146,148,150,157,193,216,251,
　301,303,318
商品連関　41,42,44,45,65,134,140,
　142,144,155,156,160,163,164,166,
　173,175,176,188,190,192,193,200,
　203-205,208,211,213,220,243,245,
　305,307,308,333
商品論　21
剰余価値　14-16,32,59,66,71,76,78,
　103-105,122,309,357,359,360,372
　――率　79,82,103,116,122,127,128,
　169
諸関係,諸関連の総体　7,9,11,19,22,
　159,163,164,167,174,305,310,343,
　358
諸人格の社会的(諸)関係　11,18,37,40,
　42,43,67,69,132,133,149,170,172,
　216,260,285,296,298,301,310,334,
　339,353,367-369,375,376
諸人格の社会的関連　25,26,38,39,41,
　160,164,167,305,357
諸人格の物象的関係　150,169,317
諸物象と諸人格との相互連関的で転倒的な
　関係　200
諸物象の運動　35-37,42,132,215,296,
　315,318
諸物象の社会的運動　36
諸物象の社会的(諸)関係　18,26,37-42,
　44,67,69,132,133,136,141,144,146,
　149,150,170,172,216,217,260,285,
　296-298,301,302,315-317,339,369
諸物象の社会的(諸)関連　39,164,167,
　217,222,233,305,333,357
所有と機能の分離　378
所有と経営の分離　363,376
所有の実質　371,373

人格　6,8,10,25,40,135,371,375,378,
　379
新古典派　30,90,386,389,390
　――経済学　5,7,89,107,123,345,383-
　385,387,391
スラッファ・モデル　91,106,107
スラッファ理論　16,74,83,89,90,106,
　123-125,129
スラッフィアン　16,30,81-83,89,100,
　108,119,120,129,130,388
斉一成長モデル　79,83,85
生活再生産　318,346,355,356,377
生産価格　15,65,71-83,86,88-90,101,
　102,105-107,113,116,121,122,125,
　129,168,169,179,223,344,345,351,
　389
　――体系　76,82,83,86,88,101,113,
　121-123,127,129
　――論　75,89,101,106,107,129,387,
　389
生産価値論　62
生産関係　10-12,90,164,168,174,178,
　353,368,370,372,374
生産技術　103,106,129
生産方法　93,101
生産力　10,38,88,377
制度　10-12,27,30,31,58,179,180,344,
　348-351,391
生理学的
　――意味での人間エネルギー(人間的労
　　働力)の支出　118,154,155,163,
　　171,206
　――(な)価値規定　122,171
全体性　8,9,163
全面的交換の矛盾　258,261,263,285,
　289,291
総計一致(の)二命題　72,74,75,79-81,
　88,122

タ　行

第一形態論　20,21,135,186,187,228,
　229,245,248,267,299,314
体化労働説　16,59,62,66,72-74,80-83,
　89,108,109,118-120,122,123,129
第三者　140,157,162,166,167,193,199,
　207,208,215,216,246,300,303-305,

308, 310
対立・排除の関係　136
多極的価値関係　43, 44, 152, 269, 272, 297, 298, 316
多極的商品関係　43, 44, 133, 134, 136, 164, 166, 167, 169, 173, 226, 231, 235, 239, 245, 271, 274, 297, 298, 304, 305, 316, 317, 319
他物購買力　4-6
単純商品流通　33
単純流通　33, 67
単純労働　55, 57, 59, 62, 63, 65, 66, 70, 116-118, 206
逐次(的)修正転化論　77, 79
抽象化　63, 64, 130, 143, 158
抽象化機構
　社会的な労働の——　163
　労働の社会的な——　56
　労働の——　17, 57, 155, 158, 159
抽象的な共通性としての普遍　140, 141, 155, 161, 162, 216, 217, 303, 304, 308, 310
抽象的人間(的)労働　14, 16, 31, 45-47, 50, 53-57, 60-64, 69, 70, 74, 109, 116, 130, 131, 148, 156, 157, 164, 171, 185, 188, 190, 192, 193, 197, 199, 201-211, 213, 218, 222, 223, 244, 297, 307, 308, 310, 333
　——の直接的物質化　244
　——の物体化　142, 164, 192-194, 203, 208, 211, 307
抽象的労働　15-17, 19, 20, 49, 50, 52, 55, 57, 58, 60-65, 70, 72, 81, 82, 108-118, 123, 128, 130, 134, 140-145, 153-155, 157-167, 176, 177, 308, 309
　——説　16, 62, 72-74, 80-83, 89, 108, 109, 116-120, 122, 126, 129-131, 173, 181
抽象的労働の物体化　154
直接的(な)交換可能性　5, 34, 47, 48, 50, 132, 146-148, 154, 175, 176, 218, 234, 263, 266-268, 301, 314, 317, 329, 330, 332, 335, 347
賃金率　92, 97, 107, 113 120
テクノロジー　88, 93, 115, 124
転化問題　15, 16, 59, 67, 72-74, 79-82, 88, 116, 129, 309
転化問題論争　74, 75, 77
転化論　75, 77, 83, 86, 122, 129
　——論争　120
道具　64-66, 70, 125, 152, 153, 174, 309, 344, 345, 349
同質化　63, 114, 117-119, 130, 175, 177
　——された(諸)労働　72, 115
同質労働のドグマ　62, 72, 109, 118, 119, 124
同質労働の二類型　59, 62
同等性関係　166, 191, 193, 195-197, 199, 200, 206, 219, 226, 254, 304
投入係数行列　84, 85, 87, 90, 97-100, 115
特別利潤(特別剰余価値)をめぐる競争　360
取り替え　192, 193, 203, 208, 210, 211

　　　　ナ　行

内在的価値尺度　334
内実論　136, 141, 142, 156, 165, 173, 184, 187-191, 195, 201, 203, 212, 214, 218, 229, 248, 267, 268, 274, 279, 299, 306, 314, 318
内的編成
　市場経済システムの——　176, 333
　市場経済の——　178, 180
　商品世界の——　334, 349
内部編成
　市場および資本の——　391
　市場経済の——　177
　現存のシステムの——　178
二段構え　194, 216, 299, 301
　——の理論的手続き　189, 214, 215
日常意識　140, 144, 149-151, 172, 185, 186, 216, 217, 301
人間たちの社会的運動　36, 37, 132, 296, 315
人間的労働　15, 16, 55, 61-66, 70, 116, 117
人間的労働一般　55, 56, 62, 143, 156, 160, 204-207, 213, 222, 245, 308
人間労働の物質化　211, 214, 223
人間労働の物体化　211, 223
認識論　7, 24, 123, 153, 161, 162, 165, 168
　——的な因果関係の逆転　152-154

ネオ・リカーディアン　388

ハ 行

媒介形式　304
発生的
　　——(に)概念規定　184
　　——な叙述方法　298
　　——(な)方法　186,187,319,321
発生論　284
　　——的な論理的手続き　337
　　——的プロセス　337
発展　24,179,180,383-385,389,390
反省関係　18,136,137,218,227-229,235,239,245,247-250,268,279,299,300,304
反省の論理　168,194,229,236,242,248,279
ヒトとヒトとの(社会的)関係　9-11,18,26,38,40,294,309,310,333,345,353,357,358,363,368,374,391
費用価格の生産価格化　75-77,79
表現の論理　194,229,240,242
標準還元　83,89,113-116,127,128
標準商品　89-91,93,96,97,99,114,115,124
標準体系　83,89-91,93-100,115
広い意味での物象化　10,38-40,42,368,391
複雑労働　57,59,63,65,66,116,118
　　——の単純労働への還元　58,65,73,82
２つの意味をもつ「交換」概念　52
２つの社会的関係の相互依存的かつ転倒的な(経済)空間　132,133
物質代謝　9-11,14,19,24,34,37,153,157,159,163,164,175-177,185,296,315,333,390,392
物質的・社会的生活生産　294
物質的ならびに(および)社会的(な)生活再生産　3,24,31,354,384,390
物象化　9,10,26,37,38,41,42,67,151,152,172,296,298,308,315,343,345,353,374-376,390
　　——構造　14,18,24,36,39,40,42,354,363,391
　　——論　21,26,56,125,151,157,306,353,357,375,390,392
　　——論的な関係構造　374
物象的諸関係の自立化　9,26,38-40,132,368
物象と人格との転倒的な相互依存関係　18,43,45,64,149,152,170,315,353,358,363,366,368,369,372,374
物象と物象との社会的関係　37,361
物象と物象との社会的関連　38
物象の論理　39,353,359,363,374
物体化された価値　210
物的剰余率　93,94,124
物量体系　13,15,16,71,73,82,83,86,88-90,93-95,98,99,101,102,105-107,114,115,119,120,123,125,127,129
フロベニウス(固有)ベクトル(フロベニウス・ベクトル)　79,83-85,88,97,99,115
文化的要素　39,41,368
分析者　47,49,51,52,55,57,68,140,141,143-145,149-151,155-158,162,164,166,170,172,201,207,209,214,215,218,219,231,243,247,261,302,341
平均化機構　15,71,344,349,350
平均利潤率　76-79
ペテロとパウロの反省関係　137,166,299
ペロン・フロベニウスの定理　83,84,87,90,123
法人　370,371,373,378,379
方法論的個人主義　7,125,390
方法論的全体主義　7,9,25
ホーキンス・サイモンの条件　85,126
ポスト・ケインジアン　30,388
本質　6-8,50,60,69,138,140,141,152,153,161,162,166-168,170,172,173,185,186,193,199,202,208,216,217,220,230,250,261,303-305,314
本質 - 現象構造　153,161,172,173
本質の同等性　19,138-140,142,143,144,155,157-159,165-167,188,191,193,196,205,206,229,230,234,241

マ・ヤ行

マクロ　383,385,387-391

魔術をかけられ逆倒した世界　18,131-133
マルクス学派　5,7,25,30,31,45,67,124,294,306,314,332,334,350,387,388,391
マルクスの経済学　383,386,388,389
マルクス・ルネサンス　73,74,79,80,82,83,88,89,100,108,120
回り道　21,57,185,189,204,205,213,221,222,250,251
「——」の論理　156,188,189,214,215
ミクロ　383,385,386,388,390
みんなが使う言葉　230,242,249,280,281,322
モノとモノとの関係　9,18,38,40,345,353,368,374,391
モノとモノとの関連　10
モノの論理　10,18,38,345,368,391
有限責任性　370,371

ラ 行

利潤率　59,86,88,92,96,97,99,101,102,104-107,120,124,125,127,169,351,383,384
理念的・原理的貨幣　23,336-339,348,349
流通手段　23,218,252,256,258,260,289,332,339-342,346-348,355
量的価値規定　16,73
量的価値分析　169
量的規定　71,72,116
類　61,63,73,117,118,128,137,141,161,163,165,166,168,216,217,250,255,256,299,300,303-305,308
類概念としての同質労働　15-17,19,61,62,64,70,117,130,140,159,167
類概念としての労働　116
——の同質性　61,62,116-118
歴史的貨幣形成論　313
歴史的時間　31,179,350,351
労働価値　19,20,22,69,109-113,125,129,154
労働価値論　4-6,13,15,16,19,20,31,45,60,61,72,74,75,79,82,83,107,109,119,120,122,134,145,152,153,168,169,184,221,294,295,305,306,308-310,312,326,328,333-335,347,348,390,392
——批判　16,75,83,89,106,107
新しい——　79-81,89
大野節夫の——　81
現代の——　16,73,118
実体主義的な——　22,306,308,309
従来の——　109
伝統的な——　77,80,81,129
マルクス(の)——　12,14,15,20,53,69,71,80,130,131
マルクス以後の——　82
労働者　78,85-87,101-103,124,125,127,364-367,373,377
労働の異質性　118
労働の資本への形式的包摂＝従属　364
労働の社会的還元機構　57
労働の社会的性格　49,153
労働の社会的(な)抽象化機構　17,59,62
(諸)労働の抽象化　58,72,108,156,173
労働の同質化　17,72,108
労働の同質性　58,59,61,73,117
労働の同等性　50,51,53,150,160,177,181,308
労働連関　144
多極的な——　164,166,167
労働連関次元　41,44,45,65,126,134,140,142,143,155-157,160,163,164,166,173,188,190,193,194,200,201,203-205,207,208,210,211,213,220,244,245,255,305,307,309,310,333
——における(商品の)自己関係　192,193,203,308
論理説　227,253,254,265,274,275,277,278,283,285,286,288,289,292,296,310,314,315,318,320,325,327,336,338
論理的現実性　88,89,97,100,120
論理＝歴史説　227,253,254,275,276,283,292,314,315,327

■著者略歴

飯田和人（いいだ・かずと）
1948年　北海道に生まれる
1972年　明治大学商学部卒業
1977年　明治大学大学院政治経済学研究科博士課程単位取得退学
現　在　明治大学政治経済学部教授（専攻／経済理論，経済学史，マルクス経済学）
著訳書　"The Theoretical Structure of Fetishism and the Relationistic Value Theory"（『政経論叢』第67巻，3・4号，1999年），「商品貨幣説から現代貨幣の説明原理へ」（『経済理論学会年報』第35集，青木書店，1998年），「関係主義価値概念と労働価値論」（同上，第33集，青木書店，1996年），「呪物崇拝と市場経済システム」（『政経論叢』第62巻，4・5号，1995年），「搾取および呪物性の説明原理としてのマルクス労働価値論の可能性」（同上，第62巻，2・3号，1994年），Ｇ．ピリング『ケインズ経済学の危機―経済学批判として―』〔共訳〕（昭和堂，1991年），他。

市場経済と価値──価値論の新機軸──

2001年7月30日　初版第1刷発行

（定価はカバーに表示してあります）

著　者　飯　田　和　人
発行者　中　西　健　夫

発行所　株式会社　ナカニシヤ出版
〒606-8316　京都市左京区吉田二本松町2
TEL（075）751-1211
FAX（075）751-2665
http://www.nakanishiya.co.jp/

© Kazuto IIDA 2001　　　　印刷・製本／亜細亜印刷
＊落丁本・乱丁本はお取り替え致します。
Printed in Japan
ISBN4-88848-651-4　C3033

松尾秀雄著	市場と共同体	四二〇〇円
服部正治著	自由と保護 ——イギリス通商政策論史——	三〇〇〇円
植村邦彦著	「近代」を支える思想 ——市民社会・世界史・ナショナリズム——	三五〇〇円
岡村東洋光著	ジョン・ロックの政治社会論	三五〇〇円
ハワード／キング著 振津純雄訳	マルクス経済学の歴史（上）（下）	（上）四六〇〇円 （下）五二〇〇円
高増明・松井暁編	アナリティカル・マルキシズム	二六〇〇円

＊表示は二〇〇一年七月現在の本体価格です。

―― ナカニシヤ出版 ――